21世纪高等院校金融学教材新系

投资学

（第四版）

Investment

毛莹 徐晟 江涛 主编

东北财经大学出版社 大连
Dongbei University of Finance & Economics Press

图书在版编目（CIP）数据

投资学 / 毛莹，徐晟，江涛主编．—4版．—大连：东北财经大学出版社，2024.2

（21世纪高等院校金融学教材新系）

ISBN 978-7-5654-5153-9

Ⅰ.投… Ⅱ.①毛… ②徐… ③江… Ⅲ.投资学-高等学校-教材 Ⅳ.F830.59

中国国家版本馆CIP数据核字（2024）第028064号

东北财经大学出版社出版

（大连市黑石礁尖山街217号 邮政编码 116025）

网 址：http://www.dufep.cn

读者信箱：dufep@dufe.edu.cn

大连雪莲彩印有限公司印刷 东北财经大学出版社发行

幅面尺寸：170mm×240mm 字数：374千字 印张：17.75 插页：1

2024年2月第4版 2024年2月第1次印刷

责任编辑：田玉海 责任校对：何 群

封面设计：张智波 版式设计：原 皓

定价：45.00元

教学支持 售后服务 联系电话：（0411）84710309

如有印装质量问题，请联系营销部：（0411）84710711

第四版前言

党的二十大报告指出："增强……投资对优化供给结构的关键作用。"

投资，简而言之，就是投入资本，它是主体对未来收益在当前时点所付出的机会成本。随着我国社会财富和个人财富的增加、金融市场的不断完善与发展，投资已经成为企业和个人参与社会的一项重要经济活动。就其哲学本质而言，投资是出于对未来的预期，利用可获得的信息对未来进行预测，反过来又评估现在，从而进行投资与否的决策。作为一种理论，投资学进行一种一般性的学术指导，归纳的是高度抽象的逻辑。然而，作为一种实务，投资行为所要遵循的原则和希望达到的目标却非常简单，即收益最大化。由于未来存在不确定性，我们难以真正在实践中对投资行为进行非常准确的把握。例如，有时候概率极小的"黑天鹅"事件却可能让高预期的收益瞬间化为乌有。长期以来，许多中外学者在投资学领域都进行了深入的研究，形成了一系列投资学理论与方法，如马柯维茨的投资组合理论、罗斯的套利定价模型、布莱克和斯科尔斯的BS期权定价模型。其实，理论研究的最终任务就是指导公众投资者，帮助投资人做出理性的投资决策，除此之外，投资行为的理论研究对于政策制定者和市场监管者来说也十分重要。

在高等院校经济管理类专业中，投资学依然被列为重要的课程之一。本书编写的目的是，通过阐述投资学的基本原理与理论，使经济管理类本科生以及广大投资爱好者全面了解投资相关的基本理论，掌握投资理论的核心内容和应用策略，强化对具体投资业务的认识和理解，以培养投资分析和决策能力。

本书距上一次修订已逾三年。这三年中，最重大的事件莫过于疫情，疫情从供需两端直接或间接冲击世界经济，导致全球供应链和国际金融市场受到重挫，投资情绪及投资环境恶化。目前，全球经济已开始了缓慢复苏，但仍存在许多不确定性和潜在风险。进入新时代，面对新一轮科技革命和产业变革深入发展的时代潮流，以习近平同志为核心的党中央团结带领全国各族人民，以大战略、大智慧在危机中找新机、于变局中开新局，为实现我国社会经济持续健康发展注入了动力。投资应关注新兴产业、科技创新等领域的发展机会，同时也要注意防范风险，保持科学理性的投资态度。

本次修订，系统体现习近平新时代中国特色社会主义思想和党的二十大精神，强化理论联系实际、教材育人理念，扎根中国大地，以培养学生的创新精神和实践能力为重点。主要更新处有：第1章着重添加了稳妥推进利率双轨合一是走好利率市场化改革的"最后一公里"，以及实现从全面小康到共同富裕是中国式现代化理论创新的新使命；第2章着重添加了启动金融市场开放新引擎的内容；第3章着重添加了积极防范化解重大经济金融风险的内容；第4章着重添加了从四方面构建中国特色估值体系、服务好中国资产定价的内容；第5章着重添加了促进有效市场与有为政府相结合、推动经济高质量发展的内容；第6章着重添加了人工智能时代的潜力股存算一体芯片介绍；第7章着重添加了期货和衍生品领域新法律的内容；第8章着重添加了引导保险资金更大力度地支持资本市场的内容；第9章着重添加了着力增强政府投资对全社会投资的带动作用、推动数字经济与科技创新引领经济高质量发展的内容。

本次修订由武汉纺织大学毛莹教授、中南财经政法大学徐晟教授、江涛老师主持完成。毛莹教授和徐晟教授负责全书基本框架的修订以及书稿的总纂。其中，毛莹教授负责第1、9章的修订；徐晟教授负责第2、3、5、6章的修订；江涛老师负责第4、7、8章的修订。另外，本书微课视频、案例以及思政专栏的修订由中南财经政法大学徐晟教授、江涛老师负责修订完善。

本书力求以通俗、简洁的语言系统阐述投资学的基本知识和理论，辅以图表、案例、专栏的方式来介绍投资方面的知识，并尽量结合我国资本市场的具体情况。本书共分为9章，分别从投资理论、投资工具与市场、投资决策三个方面进行介绍。第1章主要从货币时间价值、利率理论与投资环境方面对投资学基础进行介绍。第2章介绍金融市场、金融工具以及常用的证券指数。第3章介绍投资组合理论的基本知识，包括风险与效用理论、资产组合等。第4章介绍资产定价理论，包括资本资产定价模型与套利定价模型。第5章介绍有效市场假说。第6章介绍投资分析，包括基本面分析和技术分析。第7章介绍衍生工具的投资，包括远期合约、期货、期权和互换。第8章介绍投资决策与评价。第9章介绍实物投资，包括产业投资、风险投资与大宗商品投资。为方便教学，本书配有电子课件，请选用本书的老师登录“www.dufep.cn”免费下载。

另外，本书参阅了大量相关文献和资料，从国内外同行专家的研究中获得了许多素材，再次向文献的作者表示诚挚的敬意和感谢。因篇幅有限，在参考文献中未能一一列出的引用书目，相关作者可通过出版社或直接及时与我们联系，我们会按照相应的版权使用规定给予相应补偿。由于编者水平有限，时间紧迫，本书存在的疏漏、不当之处在所难免，恳请各位专家、读者不吝赐教，以便我们将来再版时予以修订和完善。

作　者
2024年元月

目　录

第1章

投资学基础

★ 导读

本章讨论怎样比较不同时点所获资金收入的价值。我们将阐明一个道理：不仅流入流出的资金数额对投资很重要，资金流入流出发生的时间也很重要。为了对不同时点流入或流出的资金进行比较，本章将引入一个非常重要的概念——资金的时间价值，并介绍贴现、利率和收益率的概念及计算方法。

★ 关键概念

资金的时间价值（time value of capital）　现值（present value）　终值（final value）　单利（single rate）　复利（compound rate）　报酬率（return）　无风险利率（risk-free interest rate）　风险溢价（risk premium）　实际利率（real interest rate）　名义利率（nominal interest rate）

投资（investment）是一个重要的经济范畴，它源于商品经济活动。党的二十大报告中指出了“投资对优化供给结构的关键作用”。在经济生活中，人们往往希望通过各种合法的手段，不断增加他们的财富或赚取利润，以满足未来的消费。我们为了在未来得到更多的财富而放弃眼前的消费进行投资活动。这就引出了进行投资评价时要考虑的一个基本问题，即决策者为了实现获得更多的财富或利润，必须对现在能收到的资金和以后能收到的资金进行比较。最重要的是，决策者必须决定未来获得多少收入才能补偿投资者放弃的眼前消费（即资金）。

§1.1 货币时间价值理论

1.1.1 货币的时间价值

为了帮助读者理解货币时间价值的有关概念和方法，我们假定投资在未来获得的收益是已知的。我们还将忽略通货膨胀的影响，假定决策者所处的经济环境的通货膨胀率为零，也就是说，今天的1元和将来的1元能买到同样数量的商品。做出确定性和零通货膨胀假设只是为了方便读者理解，一旦弄懂了这些基本问题，我们在以后章节中就不再作这样的假设了。

为了对不同时点所获资金收入的价值进行比较，我们必须认识到：**资金具有时间价值，也就是说，同样一笔资金，早收到比晚收到的价值大**。原因很简单，早收到的资金可以再投资获利。比如，某个投资者（所有者或公司股东）正在考虑下面的投资项目：现在投入10 000元，从明年开始获利。在决定是否进行该项投资时，投资者肯定会关心未来几年能获多少回报。如果知道回报低于10 000元，一个理性的投资者肯定不愿投资。

我们假定该项投资在未来获得的总回报为12 000元。这时投资者应该进行投资吗？到目前为止，要回答这个问题，我们掌握的信息还不够。我们缺少两个关键信息：收入发生的时间，以及如果不进行该项投资10 000元可以按照多高的利率获得利息收入。如果现行利率为10%，12 000元的收入发生在1年以后，投资者这时就可以做出理性的选择了：要么进行该项投资，要么把10 000元按10%的利率存入银行。如果把10 000元存入银行，利率为10%，那么到年底，投资者可以得到的本利和为11 000元。计算过程如下：

$$V_1 = SI(1 + \mathrm{r}) = 10\,000 \times 6\% \times (1 + 0.1) = 11\,000\ (\text{元}) \tag{1.1}$$

式中：V_1为1年后获得的收入；SI为投资额；r为利率。

显然，投资者会选择上面的投资机会，因为投资能带来更高的收益。但是，如果投资者必须等到两年后才能得到12 000元的话，他肯定不会选择这个投资机会。这是因为，如果把10 000元按10%的利率存入银行，两年后可获得的收益是：

$$V_2 = SI(1 + \mathrm{r})(1 + r) = SI(1 + r)^2 = 10\,000 \times 1.1^2 = 12\,100\ (\text{元}) \tag{1.2}$$

式中：V_2为2年后获得的收益；其他符号所代表的意义同前。

这个例子说明了现金流量发生时间的重要性，那种认为未来获得的收入和现在获得的收入等值的观点是错误的。实际上，如果12 000元的收入在5年后才能获得，投资者就更不愿意进行该项投资了，因为把10 000元按10%的利率存入银行后，5年后可获得16 105.1元（$10\ 000 \times 1.1^5$）的收入。而该项投资最终只能获得12 000元。决策者要决定是否进行某项投资，或者要把不同投资项目进行排序，他就必须找到一种能比较不同时期所获收入价值的方法。上面介绍的方法就是这类方法中的一种，即把当期的资金价值换算成其他资金收入发生时点的价值。上面计算的方法可以加以推广，得到计算任何数量的资金在未来任何时点价值的公式。计算未来值的公式如下：

$$第n年的未来值 = V_n = V_0(1 + r)^n \tag{1.3}$$

式中：V_0为即期的资金价值。

上例中，V_0等于10 000元，r等于10%。当n等于1时，V_1的价值等于11 000元；当n等于2时，V_2等于12 100元；当n等于5时，V_5等于16 105.1元。这说明，如果利率为10%，10 000元1年后的价值是11 000元，2年后的价值是12 100元，5年后的价值是16 105.1元。公式1.1至1.3可以用来计算任何数量的资金按任何利率在未来任何时点的价值。例如，15元在20年后的价值按16%的利率计算，结果是：

$$V_{20} = 15 \times (1 + 16\%)^{20} = 291.912（元）$$

1.1.2　未来值与贴现

未来值是一个很有用的概念，它有助于理解资金的时间价值。但决策者在考查投资项目时，往往面临的是流入和流出资金组成的序列（现金流量），仅仅把现在投入的资金和未来某个时点获得的单笔收入进行比较是不够的，因此我们需要把发生在不同时点的现金流量换算到一个共同的参考时点上，以便于进行直接比较。

例如，一项投资要求现在投入1 000元，在接下来的5年内可获得一系列的现金收入，见表1-1。虽然我们可以把所有的资金都换算成投资项目的最后一笔资金发生的时点上（也就是第5年年底），但最好是把发生在未来的现金流量都换算成现在的价值，也就是把现在当作基准参考时点。我们只需要把计算未来值的计算方法倒过来就可以了。上例中按16%的利率计算，得到15元20年后的价值为291.912元。那么反过来，按16%的利率计算，20年后的291.912元在现在的价值，或者叫现值，就是15元。同理，按10%的年利率计算，5年后的16 105.1元的现值为10 000元。在比较寿命期不相同的多个项目时，把现在（而不是未来的某个时间）当作共同参考时点的方法更具有优越性。例如，如果要把两个项目进行比较，一个项目的期望寿命是5年（即现金流量将在5年内陆续发生），另一个项目的期望寿命是9年，那么把现金流量换算成现值比换算成未来值更容易。

因为如果把两个项目放在未来某个时点上进行比较，就需要把5年期的项目和9年期的项目的现金流量都换算成第9年的未来值。另外，站在现在的角度反映项目的价值更容易让人理解。

在未来获得的一定数额收入的现值可用未来值除以$(1+r)^n$，计算公式如下：

表1-1　　1 000元的投资在5年内的现金流入　　单位：元

年份	现金流入
1	100
2	237.5
3	300
4	325
5	400

$$现值 = P = V_n/(1+r)^n \tag{1.4}$$

已知未来值，计算现值的方法又叫贴现。公式1.1至公式1.4不仅可以将任何未来值贴现成现值，还能把不同时点上获得的资金收入换算到同一参考时点上。我们可以把表1-1列出的现金流入贴现成现值，然后将它们的现值之和同需要投入的1 000元的投资进行比较。假如利率（或贴现率）为10%，则现金流量按（1+r）^{n}的现值可见表1-2。

表1-2　　贴现的现金流现值

年份	现金流入（元）	$(1+r)^n$	现值（元）
1	100	1.1	90.91
2	237.5	1.21	196.28
3	300	1.331	225.39
4	325	1.4641	221.98
5	400	1.61051	248.37

5年的现金流入现值之和为982.93元。由此可见，虽然5年内现金收入的总和为1 362.5元，但这些收入的现值却不足983元。通过把现金流量换算成现值就能考虑资金的时间价值，也就能将现金流量的现值和产生现金流量所需投入的资金进行直接比较。如果现值少于要投入的资金（1 000元），那么就不值得进行该项投资。与不进行投资相比，进行投资会使投资者损失17.07元（1 000−982.93）。如果决策者不考虑资金的时间价值，只是简单地把现金流量相加，那么他可能就会根据现金流量总和大于投入资金而错误地进行该项投资。为了进一步明确进行该项投资并非明智之举，我们还可以看一看，如果把1 000元存入5年期计息存款账户后现金流量的情况。投资者可以在5年中的每1年提取和该项投资所产生的现金收入数额相等的利息，最后剩下大约27.5元，见表1-3。

因此，如果不进行该项投资，投资者在第5年年底多获得27.4875元，其现值为17.068元，这个值正好是进行投资后产生的现金流量的现值之和与投入资金的差额。

表1-3　　**1 000元存入5年期计息存款账户的现金流情况**　　单位：元

(1) 年	(2) 年初实际投资额	(3) 利息收入（年利率为10%）	(4) 年末本利和 （2）+（3）	(5) 年末提取资金额	(6) 年末剩余资金额 （4）-（5）
1	1 000	100	1 100	100	1 000
2	1 000	100	1 100	237.5	862.5
3	862.5	86.25	948.75	300	648.75
4	648.75	64.875	713.625	325	388.625
5	388.625	38.8625	427.4875	400	27.4875

这个例子说明了考虑资金时间价值的重要性，同时还说明在决定是否应该进行某项投资之前，把未来值贴现成现值具有重要意义。资金时间价值的概念和把未来现金流贴现成现值的方法对投资项目的评价起着非常重要的作用。只有通过现值的计算，决策者才能比较不同时点上获得收入的价值。如果不考虑资金的时间价值，很有可能使决策者对投资项目的有利性和不利性做出错误的判断。

专栏1-1

复利的威力大于原子弹

“复利的威力大于原子弹！”这句话出自爱因斯坦，当然这两者不在一个维度上，无法比较。但是，“复利”这个事如果用得好，会带来财富的大幅增长，并且时间越久，增长越多。

有人测算过美股200年的走势，发现200年前投入1美元，第200年就变成了100多万美元，而年化增长率仅6%。这就是复利的威力！巴菲特作为一个世界级别的富豪，他有80%的财富是在60岁后才积累起来的，这也是因为复利。

权且把他现在的身家算为100亿美元，则60岁之前身家只有10亿美元。60岁之后10亿美金涨到了100亿美元，这就是复利的威力。为什么到后面才涨那么多，体现出复利的威力呢？这个就要从数学上好好算算了。

我们假设一个定投的案例。假设第一个月存1 000元钱，这笔钱以10%的年利率在复利场景下放够7年就会翻一番，变成2 000元钱。这样只看收益率是挺高的，但7年时间才增值1 000元钱，其实你感受不到多大威力，因为账户金额的基数太小了。

可是我们再把这笔账往后算，假设你经过长期定投，账户已经积累了100万元。再过7年，账户里的100万元就变成200万元；再过7年，200万元就变成400万元。如果，在开始那7年间，你还每年往账户里增加投钱，那意味着在第7年末账户里的金额一定超过200万元，甚至可能到300万元；而再过7年，这300万元可能就变成800万元了。

看到这里，是不是觉得复利就是财富中的原子弹呢？

资料来源：虚妄生.复利的威力你真的了解吗？[EB/OL].［2020-06-18］. https：// xueqiu.com/8655740326/151908839？page=1.此处有改编.

微课1-1 货币的时间价值

§1.2 利率与收益率

在上一节中，我们每计算一次投资收益都会用到一个利率值。那么何谓利率？是什么使它成为计算收益率、货币时间价值时必不可少的要素？

1.2.1 利率

1.生活中的利率

在我们日常生活中，贷出款项收取利息（interest）已经成为很自然的事情。货币因贷放而会增值，或者说，货币贷出会有回报。这已深植于人们的经济观念之中。但是，历史上对于利息确曾有过否定的看法。随着社会由自然经济向商品货币经济的全面发展过渡，人们日益正视利息的存在。17世纪，英国古典政治经济学创始人威廉·配第指出，利息是同地租一样公道、合理、符合自然要求的东西。他说："假如一个人在不论自己如何需要，在到期之前却不得要求偿还的条件下，出借自己的货币，则他对自己所受到的不方便可以索取补偿，这是不成问题的。这种补偿，我们通常叫作利息。"杜尔阁也认为，索取利息是正确的。他的论证是："对贷款人来说，只要货币是自己的，他就有权要求利息；而这种权利是与财产所有权分不开的。"

现代西方经济学对于利息的看法就是沿袭着这样的思路。比如，基本的观点就是**把利息理解为投资人让渡资本使用权而索要的补偿**。补偿由两部分组成：对机会成本的补偿和对风险的补偿。机会成本是指投资人由于将钱借给A而失去借给B的机会招致损失的最起码的收入；风险则是指在让渡资本使用权的情况下所产生的将来收益不能落实的可能性。

2.利息的实质

利息的存在，使人们对货币产生了这样一种神秘的感觉，似乎货币可以自行增值。这是涉及利息来源或者说利息实质的问题。

对于这个问题，马克思曾有深刻的分析。马克思针对资本主义经济中的利息指出："贷出者和借入者双方都是把同一货币额作为资本支出的。但它只有在后者手中才执行资本的职能。同一货币额作为资本对两个人来说取得了双重的存在，这并不会使利润增加一倍。它之所以能对双方都作为资本执行职能，只是由于利润的分割。其中，归贷出者的部分叫作利息。”这样的分析论证了利息实质上是利润的一部分，是利润在贷放货币资本的资本家与从事产业经营的资本家之间的分割。

马克思关于利息实质的分析可以从英国古典经济学家的理论分析中找到线索。18世纪中期的马西第一次指出，利息是利润的一部分。马克思指出，取息的合理性，不是取决于借入者是否赚到利润，而是取决于它（所借的东西）在适当使用时能够产生利润，富人不自己使用自己的货币，而是把它贷给别人，让别人用这些货币去赚取利润，并且把由此获得的利润的一部分为原主保留下来。明确劳动是财富源泉和利润是工人所创造的价值的亚当·斯密，对利息曾这样说明：“以资本贷人取息，实无异于由出借人以一定部分的年产物，让与借用人。但为报答这种让与，借用人须在借用期内，每年以较小部分的年生产物，让与出租人，称作利息；在借期满后让与出借人，称作还本。”

对于这样的过程，以剩余价值论的观点可以概括为：在典型的资本主义社会中，利息体现了贷放货币资本的资本家与从事产业经营的资本家共同占有剩余价值以及瓜分剩余价值的关系。

3.利息转化为收益的一般形态

从上面的分析可以看出，利息是资本所有者由于贷出资本而取得的报酬，它来自生产者使用该笔资本发挥营运职能而形成的利润的一部分。显然，没有借贷，便没有利息。

但在现实生活中，利息已经被人们看作收益（yield）的一般形态：无论资本是贷出还是没有贷出，利息都被看作资本所有者理所当然的收入——可能取得的或将会取得的收入。与此相对应，无论是借入了资本还是运用的本是自己的资本，经营者都总是把自己所得的利润分为利息与收入两部分，似乎只有扣除利息所余下的利润才是经营的所得。于是利息率（interest rate）就成为一个尺度：如果投资回报率不大于利息率则根本不需要投资。

利息之所以能够转化为收益的一般形态，马克思作过细致的分析，主要是由于以下几个原因：

第一个原因，也是最重要的原因，在于借贷关系中利息是资本所有权的果实这种观念被广而化之，取得了普遍存在的意义。在货币资本的借贷中，贷者之所以可以取得利息，在于他拥有对货币资本的所有权；而借者之所以能够支付利息，在于他将这部分资本运用于产业营运的过程之中，形成价值的增值。一旦人们忽略整个过程中创造价值这个实质内容，而仅仅注意货币资本的所有权可以带来利息这一联系，货币资本自身天然具有收益性的概念便植根于人们的观念之中。

第二个原因来自利息的悠久历史。利息，早在“资本主义生产方式以及与之相适应的资本观念和利润观念存在以前很久就存在了”，利息早已成为传统的看法。因此，无论货币是否作为资本使用，它都可以带来收益。

第三个原因在于，利息虽然就其实质来说是利润的一部分，但同利润率有一个极明显的区别：利润率是一个与企业经营状况密切联系因而事先捉摸不定的量；而利息率则是一个事先就极其确定的量，无论企业家的生产经营情形如何，都不会改变这个量。因此，对于企业主来说，一旦利息作为独特的范畴存在，企业主收入事实上就只是总利润超过利息的余额所采取的对立形式。利息率的大小，在其他因素不变的条件下，直接制约企业主收入的多少。在这个意义上，用利息率衡量收益，并以利息表现收益的观念及做法，就不奇怪了。

1.2.2 利率的种类

利息率，通常简称为利率，是指借贷期满所形成的利息额与所贷出的本金额的比率。西方的经济著述中也称之为到期的回报率、报酬率（return）。

1.基准利率与无风险利率

在讨论利率水平问题时，有一个“基准利率（benchmark interest rate）”的概念经常可以见到。顾名思义，基准利率应是指在多种利率并存的条件下起决定作用的利率，即这种利率发生变动，其他利率会相应变动。因而，了解这种关键性利率水平的变化趋势，也就可以了解全部利率的变化趋势。

在市场经济中，基准利率是指通过市场机制形成的无风险利率（risk-free interest rate）。由于利息可以界定为投资人让渡资本使用权而索要的补偿，因此，利率是反映补偿的“度”。一般来说，利息包含对机会成本的补偿（compensation）和对风险的补偿，那么利率则包含机会成本补偿水平和风险溢价（risk premium），也称为风险报酬、风险酬金水平。之所以称风险为“溢价”，是由于风险的存在而必须超出机会成本补偿支付更多的金额。于是形成这样一个表达式：

利率=机会成本补偿水平+风险溢价水平

利率中用于补偿机会成本的部分往往是由无风险利率表示的。在这个基础上，由于风险的大小不同，风险溢价的程度也千差万别。相对于千差万别的风险溢价，无风险利率也就成为“基准利率”。

其实在现实生活中，并不存在绝对无风险的投资，准确地说，只有风险相对最小的投资。目前，可以选作风险相对最小因而可以称为无风险利率的，在市场经济国家，只有政府发行的债券利率，即国债利率。

2.实际利率与名义利率

在借贷过程中，从债权人方面说，不仅要承担债务人到期无法归还本金的信用风险，而且要承担货币贬值的通货膨胀风险；而从债务人方面说，如果货币升值，则会遭遇通货紧缩的风险。实际利率（real interest rate）与名义利率（nominal interest rate）的划分，正是从这个角度进行的。

实际利率，是指物价水平不变，从而货币购买力不变条件下的利息率。例如，假定某年度物价水平没有变化，甲从乙处取得1年期的10万元贷款，年利息额5 000元，实际利率就是5%。

但物价水平不变这种情况在当今世界的现实经济生活中是很少见的。自20世纪30年代以来，物价水平不断上涨的通货膨胀局面是一种普遍的趋势。如果某一年的物价水平上涨3%，即通货膨胀率为3%，年末收回的100元本金实际上仅相当于年初的97.09元，本金损失率近3%。为了避免通货膨胀给本金带来的损失，假设仍然要取得5%的利息，那么粗略地计算，必须把贷款利率提高到8%。这样，才能保证收回的本金和利息之和与物价不变以前的数值相当。这个8%的利率就是名义利率。当然，实际中也存在物价下跌的通货紧缩局面，但均较为短暂。或许是因由于此，对于物价水平的下降，人们通常不用通货紧缩来说明，而采用“负”通货膨胀的术语。例如，物价水平下降3%，则说是出现了-3%的通货膨胀。

因此，所谓名义利率，即是指包括补偿通货膨胀风险的利率。概略性的计算公式可以写成：

$$R=I+P \tag{1.5}$$

式中：R为名义利率；I为实际利率；P为借贷期内物价水平的变动率，它可能为正，也可能为负。

由于通货膨胀对于利息部分也有使其贬值的影响。考虑到这一点，名义利率还应调整。这样，名义利率的计算公式可以写成：

$$R=(1+I)(1+P)-1 \tag{1.6}$$

3.单利与复利

单利（simple interest）与复利（compound interest）是利率两种不同计算方法下的利息。

单利是对已过计息日而不提取的利息不计利息。利息和本利和的计算公式分别为：

$$C = P \times r \times n \tag{1.7}$$

$$P_{T+1} = P_T(1 + r \times n) \tag{1.8}$$

式中：C为利息额；P 、P_T为本金；r为利息率；n为借贷期限；P_{T+1}为本金和利息之和，简称本利和。

例如，对于一笔为期3年、年利率为6%的50万元贷款，有：

利息总额=500 000×6%×3=90 000（元）

本利和=500 000×（1+6%×3）=590 000（元）

复利是将上期利息并入本金计算下一期利息的一种方法。例如，按年计息，第一年按本金计息；第一年末所得的利息并入本金，第二年则按第一年末的本利和计息；第二年末的利息并入本金，第三年则按第二年末的本利和计息；如此类推，直至信用契约期满。中国对这种复利计息方法通俗地称为“息上加息”。其计算公式是：

$$S = P \times (1 + R)^n \tag{1.9}$$

若将上述50万元的实例按复利计算本利和和利息，则分别是：

$500\ 000\times(1+6\%)^3=595\ 508$

595 508-500 000=95 508（元）

即按复利计息，可多得利息95 508元。

从上面的计算过程可以看出，在确定的借贷期内，按复利计息的次数越多，投资人的利息收入就越高。当然，筹资人的利息成本也就越高。

微课 1-2 单利与复利

1.2.3 利率与收益率的关系

在涉及利率问题的研究和实践中，有一个使用非常广泛的收益率概念与利率概念并存。收益率实质就是利率。作为理论研究，这两者无实质性区别。而在实际生活中，由于种种原因——往往是习惯的原因——使两者出现差别。

例如，为了对不同期限的投资项目收益率进行比较，往往需要将不到1年期的利率转化为年率，这需要换算。在西方的一些国家，要把月率转为年率来表示，习惯的做法是以12乘月率，如此算出的结果也获得“利率”的称谓。显然，这样换算极不精确。设Y代表年率，R_m代表月率，精确的年率换算应该引入复利观念，其计算式应是：

$$Y = (1 + R_m)^{12} - 1 \tag{1.10}$$

为了区别于习惯的年度的利率称谓，如此求出的Y则称为年度的收益率。

再如，如无息债券之类，本身就没有规定利率。如果根据拍卖成交价逆算出收益的大小，叫“收益率”也极其自然。至于票面标明利率的债券，在二级债券市场上的交易中，价格波动使持有者的收益大小与票面利率有别，从而也有个计算收益率的问题。

又如，有些年金的积累和支用，有些储蓄的零存整取和整存零取，有些消费信用的分期贷放和还款，往往只有一个总额、一个到期期限、一个期限内的分期期数和一个每期存、取、贷、还的金额；总额和分期支付额大多为整数。

专栏 1-2

高利贷的前世今生

早在西周时期，我国就已经出现了高利贷。《周礼》中有记载“听称责以傅别”，换成大白话就是说在审理借贷纠纷时要有凭据、证据，这个记载从侧面反映了当时民间借贷关系已经存在。

到了战国时期，这种靠放贷谋利的手段已经非常普遍了。战国四君子之一的孟尝君，在其封邑薛地放贷款收取利息，作为供养三千门客的财源。据记载，有一年，薛地收成不好，很多人交不了利息，孟尝君手下去收利钱的人仍“得息钱十万”，可见他放贷的规模已经相当大了。

到了秦汉时期，虽然我国重农轻商，但商业仍然得到发展，借贷的行为更加普遍。据传，汉景帝刘启为了平定诸侯叛乱，需要大量军费，汉朝的将领们就向商人借过高利贷。由于民间借贷利息过高，很多百姓苦不堪言，为了长治久安，刘启还专门对借贷利息的高低定下过规矩。

大唐时，我国鼎盛一时，长安街的大唐西市更是南来北往的客商不断，出现了典当行之类的机构，可以说，有贷款机构的大唐西市是我国最早的金融借贷市场。坊间传闻，唐朝末年黄巢起义军在广州一带杀死西域商人十二万之多，就是因为他们勾结官府放高利贷，逼得民不聊生，引发了民愤。

北宋时期，王安石推出“青苗法”，将官方粮库里存粮折算成本钱，按百分之二十的利率贷给农民、城市手工业者，以缓和民间高利贷盘剥的现象，同时增加政府的财政收入，以达到“民不加赋而国用足”，改善了北宋“积贫”的现象。但“青苗法”在实施过程中出现了一系列的问题，变质为官府辗转放高利贷的苛政，于元丰八年（1085年）神宗去世后废止。

元代时期，蒙古贵族被明令禁止直接经商，他们通过代理阶层（斡脱商人利益集团）发放高利贷，年息百分之百，次年转息为本，本再生息，称“羊羔利”或“羊羔息”。当时的老百姓一旦负债，很多人就会因为不能偿还最终家破人亡甚至灭族。后来元朝政府设立斡脱所，管理和约束斡脱商人经营商业和放债谋利的事情。

到明清时期，典当行、钱庄、票号等具有现代意义的金融机构逐渐发展成熟，信贷市场更为兴盛。当然“驴打滚”之类的手段也是更加猖獗，民国终止了几千年的封建王朝却没能有效抑制住高利贷的发展，很多百姓依然因为借高利贷失去希望，甚至丢了性命。

中华人民共和国成立后，国家出台了一系列的政策整顿民间高利贷，一直到改革开放，高利贷几乎完全消失了。

改革开放后，民间借贷慢慢出现，但长时间是处于地下的。温州商人头脑灵活众所周知，为了谋利便出现了民间集资组织“抬会”。20世纪80年代中后期“抬会”爆发了危机。有传言说，短短3个月内，温州全市有若干人自杀，若干人潜逃，若干人被关押，若干家庭破产。传言未经证实，但是高利贷危害性可见极大。

为了进一步促进发展，我国逐步放开民间金融市场，允许成立小额贷款公司之类的民间信贷机构，近年来更是出现了民营银行，国家不断地规范金融市场，对于需要资金的商人们这是极大的利好消息。

然而，一些不法分子利用互联网搞“套路贷”“裸贷”之类，传统的地下高利贷借着网络拓展市场，更有甚者，银行内部人士伙同放高利贷的一起“套路”借款人，用暴力催收等手段威逼借款人，搞得很多人苦不堪言。

影响经济正常运行、影响居民正常生活的高利贷这种旧事物，即使死灰复燃，也一定会被规范，在全国上下一心的努力下，这个毒瘤一定会被清除。

资料来源：财富日课.高利贷的前世今生［EB/OL］.［2017-04-01］. https: //www.douban.com/note /613882529/.此处有改编.

§1.3 投资环境

投资收益总是和投资市场环境有千丝万缕的联系，投资者想要获得更大的收益，就必须把投资环境研究透彻。投资环境包括宏观经济环境、行业环境、货币金融环境以及监管制度等内容。

1.3.1 宏观经济环境

在证券市场上，虽然不同的投资主体有不同的行为目的和行为方式，但是，无论是发行者、管理者还是投资者，除了对证券市场有丰富的知识和经验外，都首先要对宏观经济的景气循环有深刻而全面的了解。“选股不如选时，选时不如选势。”这里的时与势，就是指宏观经济形势，如果能够对宏观经济形势有正确的认识和预测。证券投资活动可以说就取得了一半的成功。因此，对宏观经济形势的分析和预测至关重要。

1.经济周期

任何一个国家的经济都有周期，经济周期波动直接影响整个社会的投资、生产和消费，影响上市公司的经营业绩。由于经济运行呈现的周而复始、循环往复的周期性变化，股市行情也必然呈现周期性的变化。在市场经济和金融市场发达的国家中，经济状况与股市行情之间存在相互影响、互为表里的关系，股市是表、经济是里。可以说股票市场是经济的“晴雨表”“温度计”“预报器”，经济活动的任何变化都会立即在股价上显示出来。

在正常情况下，股市变化周期要比经济变化周期提前一个阶段，即先行一个阶段“消化”经济周期变化的“利好”或“利淡”因素，股市活跃，是人们对经济发展前景看好的重要标志。活跃的股市，会吸引大量闲置资金涌入资金市场，给经济发展注入活力，促使经济回升，随着股市高涨期的到来，股票买卖更加活跃，企业就容易通过发行股票筹集更多的资金，促使经济形势也进入高涨期。当经济发展到一定热度、即将进入衰退时，股价会领先下跌，股市将进入下降期。股市价格下降到一定程度，会出现有价无市的局面，这就是停滞期。这种周期性循环反复地出现，就要求投资者在股市价格周期性变动的不同阶段，相应地采取不同对策。例如，在高涨期，股票价格呈上升趋势，经济形势也表现出美好前景，众多投资者踊跃购买股票而促使股价不断上升，股票价格已经达到相当高的水平，这时应该停止购买，并适当分批出手。

根据经济周期规律判断股票走势，关键是掌握分析一些经济指标，如经济增长速度、投资规模和结构、个人消费、商品价格指数、股份化进度等指标。在分析这些指标时，要结合股市中普遍的预期来分析经济指标对股价的影响。一般情况下，显示经济增长的指标有利于股价上扬，而预示经济衰退的指标会导致股价下挫。但有时也有相反的情况，如1990年末，投资者都预测美国经济衰退，美联储为了刺激经济会降低利率，股价则将上涨，所以，投资者一看到公布的失业率很高，就大量购买股票，结果使本该下跌的股价反而上涨。这就是说，在进行宏观层次的分析时，一定要具体情况具体分析，要看投资者期待的是什么。

2.政治环境

政治环境是投资环境的一个重要内容，指影响投资的国内外政治活动和政府的政策措施，包括政局稳定程度、政权更迭、对外关系的变化、战争状态、政府机关办事效率、政策法规、国际政治的重大变化等。政治与经济是密不可分的，政治及每项政策的变化都会引起经济变化，也必将波及股市。

一般说来，政治上的大选之年，股市异常活跃。在美国，四年一次的总统选举，使证券市场显示出每四年一次的循环投资机会。考虑到总统上任初期可能会改变政策，于是对这种政策改变是否有利于股市的预测就使得选举年度股价大幅度波动。但一般来讲，在大选之年政府为了表现政绩，多采取扩张性经济政策，所以，从1968年以来，总统竞选年股价平均上涨13.7%，而正常年份平均上涨只有4.2%。在美国历史上，民主党上台时股价多上扬，共和党当选时，股市多下跌，这主要与各党的大政方针有关。至于最激烈的政治形态——战争，对股市的影响则更为明显。

法律是否健全，涉及投资者的安全。一般而言，法律不健全的股市多具投机性，股市涨跌无规律可循，人为操纵、不正常交易较多，股市变化有时与经济变动关系不大。如果一个国家和地区法律体系及监督机制健全、执法公平，股市一般较稳定，其重大涨落一般多与政治经济变动有关联。

从近些年我国证券市场情况看，我国股市对政治形势的变动尤其敏感，股市行情与政治的相关性特别强，国家政策的变动、政府官员有关股市的言行，都可能导致股市行情变动。我国证券市场起步较晚，法律和体制还有需要健全和完善的地方，经验不多，这是不利的一面；但我国政局稳定，经济持续以较高速度发展，投资环境不断改善，这是有利的一面。

3.财政政策

财政政策是现代市场经济中最重要的宏观调控手段之一。财政政策的制定和运用对整个国家经济有广泛而深远的影响，这种影响必然要反映到证券市场上。一个国家的财政政策包括公债政策、税收政策和政府支出政策等，这些方面的内容本身就构成了证券市场宏观调控体系的一部分，作用力也是比较大的。

一般来讲，在刺激经济恢复和发展时，财政政策的作用和效果更为显著。当经济不景气，处于萧条之中，私人投资和消费不足，财政当局采取扩张的财政政策会刺激经济恢复，改善投资环境，厂商更容易增加投入，提高产出水平。对企业来讲，由于实现利润和可分配利润增加，分红基金也相应扩大，企业股利增加，股价会相应上升。就居民来讲，因经济复苏，居民个人所得会增加，从而增加了投资信心和投资欲望，股市趋于活跃，价格指数上扬。相反，当经济遭受通货膨胀威胁，政府采取紧缩性财政政策，则可能导致股价下跌。

1.3.2 行业环境

行业分析是企业分析的基础。研究一家公司，首先要对公司所属行业的基本情况及经营特征进行分析。行业分析包括分析行业所属的不同市场类型、行业生命周期以及其他影响行业发展的因素等，这对正确进行投资决策也是非常必要的。

1.行业的市场类型

行业可分为四种市场类型：完全竞争、垄断竞争、寡头垄断和完全垄断。对这四种市场类型特征的归纳见表1-4。

表1-4 行业的市场类型

市场类型	厂商数量	产品差异情况	典型部门	厂商对价格控制程度
完全竞争	多	产品同质	农产品	无控制能力
垄断竞争	较多	产品存在实际或想象中的差异	轻工业	有一定控制能力
寡头垄断	几家	同质或略有差异	重工业	有相当的控制能力
完全垄断	一家	单一产品	公用事业	有很大的控制能力

从竞争程度看，上述四种市场类型是依次递减的关系。一般而言，竞争越充分的行业，投资壁垒越少，进货成本越低，其产品价格和公司盈利受供求关系左右越大。例如，农产品市场中，任何一个厂商都不能靠单独行动影响产品价格和市场，市场价格是由整个行业供求关系决定的。反之，垄断性行业由于企业对产品价格和市场控制能力很强，获利情况良好，风险较小，但投资壁垒较多，投资机会也较少，进入成本比较高。例如，属于寡头垄断市场的石油、钢铁等重工业，它们生产规模很大，整个市场为少数大企业所占据，新企业很难进入。同时，寡头企业之间为协调各自的利益往往形成卡特尔，卡特尔内部订有一系列协议，以便确定卡特尔的产品数量、价格、各企业销售额和销售区域等。卡特尔对市场价格有很强的操纵能力，对属于卡特尔组织的企业也有较强的控制。

投资者除了解各行业所处市场类型外，还要对该行业企业数量、销售量、职工人数等进行调查，以便估量企业在本行业中所处的地位。

2.行业的生命周期

任何一个行业都要经历一个由成长到衰退的发展演变过程，通常行业的生命周期可分为开创期、扩展期、稳定期和衰退期四个阶段，其特征见表1-5：

表1-5 行业生命周期

指标	开创期	扩展期	稳定期	衰退期
厂商数量	很少	增多	减少	很少
利润	亏损	增加	较高	减少乃至亏损
风险	较高	较高	减少	较低

同行业不同公司的业绩状况虽然各有不同，但与该行业所处整体发展阶段有密切关系。当公司所处行业蒸蒸日上时，该行业所有公司的成长性都看好；当公司所处行业开始衰退时，某些公司很难逃出日落西山的命运。

股价在行业不同生命周期的表现是：

（1）在行业开创期，整个行业还缺乏技术和经验，生产成本高，市场需求量小，销售收入较低，企业不但没有盈利，反而亏损，投资风险较大，股价变动频繁，企业数量少。在开创期，由于发展前景并不明显，有些公司可能退出或被合并，但保留下来的公司则具有很大发展潜力。

（2）在行业扩展期，各项技术已经成熟，经营管理也日益规范，市场需求不断扩大，销售数量迅速增加，企业开始有利润并逐步增加，逐步由高风险、低收入转变为高风险、高收入，厂商也大量增加，竞争趋于激烈，生产厂商因竞争发生两极分化，许多公司因实力不强、经营不善等原因在竞争中遭淘汰，能站稳脚跟的可获得越来越多的利润。整体行业趋于稳定、成熟且利润丰厚，同时风险也较大，股价可能出现大起大落现象。

（3）随着市场需求趋于饱和，产品销量增长放慢，大量盈利的机会减少，整个行业开始步入稳定期，各公司已稳定占有一定比例的市场销售份额，公司在产品质量、性能、售后服务等非价格手段方面的竞争虽然仍很激烈，但新企业很难进入。行业利润因垄断而达到很高水平，而投资风险相对较小。这是行业生命周期的鼎盛阶段，延续的时间较长，公司股票价格基本稳定。

（4）衰退期是行业生命周期的最后阶段。在此阶段，行业成长继稳定期后的放慢而继续下滑，出现停滞甚至衰退。由于拥有更新技术和产品的相关行业或替代行业逐渐兴起，原行业市场需求和产品销售开始下降，利润减少，一些公司开始向其他有利可图的行业转移资金，使原行业厂商数目减少，行业开始走向衰退。衰退期公司股价逐渐下跌，投资者应予以规避。

当然，并非每个行业的发展历程都与上述四个阶段完全吻合，这四个阶段只是行业生命周期的一般情况，具体到某一行业，由于受行业性质、政府干预等因素影响，实际周期的变化要复杂得多。有些行业在进入衰退期时，有时由于及时进行自我改造和技术更新以及其他原因反而会再次快速成长。有些行业本该进入高速发展时期，但可能受非经济因素影响而未能按预期时间实现。不过，投资者对整个行业所处阶段的把握，有利于在股市中作长远规划时不迷失方向。例如，当某行业正处于其扩展阶段前期时，它将会加速发展，但风险也是很大的。投资者就要从该行业中选出能够渡过竞争难关而进入稳定阶段的企业。

3.政府产业政策

政府颁布的法令措施，有些是针对所有行业的，也有一些是针对特定行业的。这些针对特定行业的法令措施，就会对该行业上市公司股价产生影响。

任何一个政府为了实现其经济发展目标，都会采取不同的产业政策。产业政策的鼓励或限制体现了国家对优化投资结构、产业结构、技术结构和外贸结构的意志。当政府要重点发展某行业，就会在税收、信贷、产品定价权、原材料保证、进出口自主权等方面给予优惠和扶植，以保证这些行业优先发展。这些措施就可能刺激该行业的股价上升。

此外，由于股市中预期心理的作用，通常在政府部门酝酿、讨论、修订有关法规和政府措施时，股票就开始涨跌变动，到正式实施时，变动幅度达到高潮。

4.相关行业变动的影响

相关行业变动对股价的影响一般表现在以下几个方面：

（1）如果相关行业的产品是该行业产品的代用品，相关行业产品价格若提高，就会增加该行业产品的市场需求，公司市场销售量增加，利润也相应增多，股价上升；反之则下降。比如茶叶价格上升，可能对经营咖啡制品公司股票的价格产生有利影响。

（2）如果相关行业的产品是该行业产品的原材料，那么，原材料价格的变动必然引起该行业生产成本的变动。若相关行业产品的价格上升，该行业生产成本必然提高，利润会相应减少，股价则会出现下降趋势；反之则上升。比如，棉花价格上涨，就可能会使生产纺织品的公司股票价格下跌。

（3）如果相关行业的产品与该行业的产品是互补关系，相关行业产品价格若上升，则会对该行业内部公司股票价格产生利淡反应。

微课 1-3　行业环境

1.3.3　货币金融环境

货币政策和财政政策都是国民经济宏观调控的重要手段。在向市场经济转变的过程中，货币金融政策的影响力应该说远远大于财政政策，当然，也必然对证券市场产生直接影响，可以预见，随着改革开放的深入，我国货币金融环境必将对股市产生更为深刻的影响。

1.货币利率

利率是金融商品的价格或价格参照系数，是连接储蓄和投资的转换器。同时，利率的升降变化必然引起股价的变动。一般来讲，利率与股价之间呈反向变动关系，即利率下降、股价上升，利率上升、股价下降。这是因为：首先，当利率上升时，公司的借款成本增加，公司不易获得必要的资金，这就使公司不得不缩减生产规模，则未来的利润必然减少，股价因此下降；反之，股价则会上升。其次，当利率上升时，投资者必然会从证券市场抽出一部分资金转向银行，从而使股价下跌；反之，股价则会上升。再次，在利率上升时，投资者评估股票价值所用的折现率也会上升，从而使股票估值下降，股价相应下降；反之，股价则会上升。

2.货币供应量

货币供应量与股价之间有着密切关系。货币供应量的过度增加将会导致通货膨胀。而通货膨胀对股票市场走势的影响是复杂的，它既有刺激股票市场的作用，又有压抑股票市场的作用。低度通货膨胀刺激生产和物价，增加公司盈利和可分配的股利，股利的增加使股票更具吸引力，于是股票价格随之上涨。但通货膨胀达到一定程度后，将会推动利率上涨，使企业成本相对增加，利润减少，股利下降，股票价格下跌。当刺激作用大时，股票市场的走势将与通货膨胀的趋势一致；当压抑的作用大时，股票市场的走势将与通货膨胀的趋势相反。

为什么通货膨胀会引起股票涨跌呢？当物价缓慢上升，其上涨率大于借款利率上涨率时，一般工商企业存货价值上升。由于产品价格上涨幅度大于借款成本增加幅度，企业利润增加，所以股价上升。但如果物价上涨幅度太大，生产成本亦会大幅度上升，一旦增加的成本无法全部转嫁，就会使利润下降，所以股价下跌。另外，基于保值心理，投资者会抽出资金转投其他可保值的物品，从而使股市由于缺少资金而使股价下跌。

当通货膨胀发生时，投资者为追求既定风险下预期报酬率的极大化，必须寻找能够预防通货膨胀损害的金融商品进行投资。因为不同的投资项目对应长期通货膨胀率的能力不同，投资者选择具有避免通货膨胀能力的项目进行投资就可增加获利性。另外，人们为了保值，也可能将资金用于购买耐用商品，不用于金融投资。不过就证券而言，投资于普通股相对于其他固定收入的证券对通货膨胀更具应变能力，更能够防止通货膨胀的损害。

3.货币汇率

一国汇率的变动也是影响股价变动的重要因素。各国的汇率会经常浮动，或政府对汇率进行必要的调整，这对经济、贸易及金融部门都有广泛的影响。汇率的变动对证券市场的影响，我们可以从两个方面分析。

一方面，外汇市场中的汇率变动对国际资本流动，特别是短期资本流动，有很大影响。当一国汇率下浮时，国内资金持有者和外国投资者为了防范汇率风险，会在外汇市场中卖出该国货币买入外币。汇率持续下浮，会引起市场预期变化，甚至导致资本外逃，使该国投资规模缩小，直接影响证券市场价格。反之，汇率上浮，会吸引外国资本涌入该国，如某些货币贬值国的资金会向该国转移，其中一部分资金将进入证券市场，市场行情可能因此上涨。

另一方面，汇率变动对一国国际贸易收支发生影响，从而间接影响证券市场的价格。当一国汇率下浮时，如果外币汇率上升的幅度大于国内出口商品价格上涨的幅度，以外币表示的本国出口商品价格在国际市场上的价格就会下降，使需求增加，从而刺激和扩大该国出口商品的生产和出口，出口的利润也会增加。同时，汇率下浮还会抑制该国的进口。反之，当一国汇率上浮时，不利于出口，则会刺激该国进口增加。汇率的变动通过影响两国的经济、贸易而间接地影响证券市场。汇率变动对经济、贸易的影响，若利大于弊，股市由于受经济、贸易看好的影响，股价将会上扬；反之，则下降。汇率变动对股价的影响，就从事生产经营的进出口贸易公司来讲，主要表现在：（1）若公司生产的产品绝大多数销向海外市场，当汇率提高时，则产品在海外的竞争力被削弱，公司盈利状况下降，股价会下降。日元汇率曾大幅度提高而使日本汽车行业的股票受挫就是一个典型的例子。（2）若公司的某些原料依靠进口而生产的产品主要在国内销售，汇率提高就会使进口的原料成本降低，盈利增加，该公司的股票价格则会趋于上涨。

1.3.4 监管制度

1.证券市场监管的必要性

证券市场监管是指证券管理机关运用法律、经济手段以及必要的行政手段，对证券的发行、交易等行为以及证券投资中介机构的行为进行监督管理。对证券市场的监督管理是一国宏观经济监督管理体系中不可缺少的组成部分，对证券市场的健康发展意义重大。

证券市场是集投资主体的广泛性，投资客体的多样性，投资活动的复杂性、风险性和投机性于一体的市场。它既有促进国民经济发展的积极作用，同时，也容易出现欺诈、操纵、过度投机等不良行为，一旦证券市场出现这些不良行为，就会陷于混乱，对社会经济伤害极大。

证券市场监管的目的在于：运用、发挥证券市场机制的积极作用，限制其消极影响；保护投资者利益，保障合法的证券交易活动，监督证券中介机构，使其依法经营，防止人为操纵、欺诈等不法行为，维持证券市场的正常秩序；根据国家宏观经济管理的需要，运用灵活多样的方式，调控证券发行与交易规模，引导投资方向，使之与经济发展相适应。因此，监管的必要性是十分明显的。

2.我国证券监管的法律法规

我国证券市场建立以来，证券市场法治建设受到了高度重视。目前已初步建立起以《中华人民共和国公司法》（以下简称《公司法》）、《中华人民共和国证券法》（以下简称《证券法》）为核心，包括证券市场行政法规、部门规章和规范性文件在内的证券市场法律法规体系，其内容涵盖了证券、期货、证券投资基金等领域。证券市场法律体系的建立和完善，确立了集中统一的监督管理体制，对推动我国证券市场长期稳定健康发展、保护投资者利益、维护证券市场秩序起到了重要作用。

涉及证券市场的法律法规分为三个层次。第一个层次是指由全国人民代表大会或全国人民代表大会常务委员会制定并颁布的法律。第二个层次是指由国务院制定并颁布的行政法规。第三个层次是指由证券监管部门和相关部门制定的部门规章。

（1）法律。

①《证券法》。《证券法》是证券领域的母法，其核心在于保护投资者的合法权益，维护社会经济秩序和社会公共利益。它共分14章，分别为：总则、证券发行、证券交易、上市公司的收购、信息披露、投资者保护、证券交易所、证券公司、证

券登记结算机构、证券服务机构、证券业协会、证券监督管理机构、法律责任和附则。《证券法》最近一次修订是2019年12月28日第十三届全国人民代表大会常务委员会第十五次会议进行，修订后的《证券法》于2020年3月1日实施。

②《公司法》。《公司法》的调整范围包括股份有限公司和有限责任公司，其核心在于保护公司、股东和债权人的合法权益，维护社会经济秩序。《公司法》确立了我国公司的法律地位及设立、组织、运行和终止等过程的基本法律准则。

③《中华人民共和国证券投资基金法》（以下简称《证券投资基金法》）。《证券投资基金法》的调整范围是证券投资基金的发行、交易、管理、托管等活动，目的是保护投资人及相关当事人的合法权益，促进证券投资基金和证券市场的健康发展。《证券投资基金法》分为15章135条，包括总则，基金管理人，基金托管人，基金的运作方式和组织，基金的公开募集，公开募集基金的基金份额的交易、申购与赎回，公开募集基金的投资与信息披露，公开募集基金的基金合同的变更、终止与基金财产清算，公开募集基金的基金份额持有人权利行使，非公开募集基金，基金服务机构，基金行业协会，监督管理、法律责任、附则。

④《中华人民共和国刑法》（以下简称《刑法》）。《刑法》中关于证券犯罪或与证券有关的主要规定有：欺诈发行股票、债券罪，提供虚假财务会计报告罪，擅自发行股票和公司、企业债券罪，内幕交易、泄露内幕信息罪，编造并传播影响证券交易虚假信息罪、诱骗他人买卖证券罪，操纵证券市场罪等。

⑤《中华人民共和国会计法》（以下简称《会计法》）。《会计法》共7章52条，内容包括总则，会计核算，公司、企业会计核算的特别规定，会计监督，会计机构和会计人员，法律责任，附则。《会计法》规定的禁止性行为包括：第一责任人禁止行为、会计核算禁止行为、其他禁止性行为。

（2）法规。

证券监管方面的法规主要有：《上市公司证券发行管理办法》（2006年5月8日起施行）、《企业债券管理条例》（1993年8月2日起施行）、《中国证监会股票发行核准程序》、《合格境外机构投资者境内证券投资管理暂行办法》、《外资参股证券公司设立规则》等。这些法规对证券的发行、上市、交易作了限制性规定。

（3）规章。

证券监管方面的规章主要有：①《证券期货违法行为行政处罚办法》；②《上市公司信息披露管理办法》；③《客户交易结算资金管理办法》；④《证券交易所管理办法》；⑤《公司债券发行与交易管理办法》；⑥《中国证券监督管理委员会限制证券买卖实施办法》；⑦《证券市场禁入暂行规定》。

专栏1-3

提升外商投资法治营商环境

习近平总书记在博鳌亚洲论坛2018年年会开幕式上发表主旨演讲，提出“投资环境就像空气，空气清新才能吸引更多外资。过去，中国吸引外资主要靠优惠政策，现在要更多靠改善投资环境”。如何创造更有吸引力的投资环境？法治是最好的营商环境。为落实好《中华人民共和国外商投资法》，以法治推进更高水平对外开放，2019年12月，国务院通过《中华人民共和国外商投资法实施条例》。制定外商投资法律，落实落细实施规范，就是要营造好投资环境，规范外商投资管理权力，积极促进外商投资，保障外商投资权利，建立法治化的营商环境，提升我国市场对外商投资的吸引力。

规范权力运行机制，全面激发外商投资市场活力，重点在于推进国家治理体系和治理能力现代化，需要强化对权力运行的制约和监督，完善权力配置和运行制约机制。“善除害者察其本，善理疾者绝其源。”只有让权力沿着制度化和法治化的轨道运行，才能防止权力运行不规范。调整、修订或取消与外商投资法律相违背或不相符的规章，从外商投资的基本问题、投资促进、投资保护、投资管理、现有外商投资企业组织形式过渡期的安排、港澳台投资的法律适用等六方面，“明确和细化法律的有关规定、增强制度的可操作性，保障外商投资法有效实施”。该条例更为突出的特色是：从确定权力归属、划清权力边界、厘清权力清单等方面，改变“量体裁衣”带来的不平等对待，规范政府权力的运行，保障外商投资权利，推动法治政府、诚信政府建设。

资料来源：齐恩平．提升外商投资法治营商环境［N］．天津日报，2020-01-07.

3.我国证券监管模式

为了有效防范和化解证券市场风险，促进证券市场健康发展，各国都致力于建立全国统一的证券市场体系和与之相适应的集中统一的监管体制，把营造公开、公平、公正的市场环境和保护投资者利益作为市场监管的主要任务。我国及时总结了证券市场发展的经验教训，确立了指导证券市场健康发展的“法制、监管、自律、规范”八字方针，初步形成了有中国特色的集中统一的监管体系。

（1）证券市场监管的原则。

①依法管理原则。我国证券市场形成和发展的历史充分说明了依法监管的重要性。依法监管首先要求“有法可依”，从目前情况看，我国的证券法律法规体系正逐步健全，但还需要进一步制定相关细则；其次，依法监管还要求“有法必依”，加强对证券市场违法违规行为的查处力度，维护证券市场的正常秩序。

②保护投资者利益原则。投资者保护不仅关系资本市场的规范和发展，而且也关系整个经济的稳定增长。投资者，尤其是中小投资者，由于信息不对称、持股比例小，相对于控股股东和管理层处于弱势地位等原因，需要重点保护。投资者保护得好，投资者对市场就有信心，入市的资金和人数就多。从资本市场的发展历程来看，保护投资者利益，让投资者树立信心，是培育和发展市场的重要一环，是监管部门的首要任务和宗旨。国际研究表明，一国或地区将投资者的利益保护得越好，资本市场就越发达，抵抗金融风险的能力就越强，对经济增长的促进作用也就越大。投资者保护不仅在我国有很强的现实性，而且在全球范围来讲也是个共性问题，即使在成熟的市场，侵害中小投资者利益的事件也时有发生。因此，严厉打击侵害中小投资者利益的行为，是各国证券监管的首要任务。

③“三公”原则。证券市场监管的根本任务在于维护公开、公平、公正的市场环境，规范各种投融资主体在进入与退出市场、投资机会、享受服务、获取信息等方面都享有完全平等的权利。监管机构有责任营造公平的市场氛围，禁止直接经手人员及有关人员利用职务之便从内幕交易中谋利。

④监督与自律相结合的原则。这一原则是指在加强政府、证券主管机构对证券市场监管的同时，也要加强从业者的自我约束、自我教育和自我管理。国家监督与自我管理相结合的原则是世界各国通行的做法。国家对证券市场的监管是证券市场健康发展的保证，而证券从业者的自我管理是证券市场正常运行的基础。

（2）证券市场监管机构。

我国证券市场政府监管体系由中国证券监督管理委员会、派出机构以及证券监管特派员办事处组成。自律性监管机构包括证券交易所、证券业协会等。

（3）证券监管体制。

证券监管体制主要可以分为集中型监管体制、自律型监管体制和中间型监管体制。集中型监管体制也称集中立法型监管体制，是指政府通过制定专门的证券法规，并设立全国性的证券监督管理机构来统一管理全国证券市场的一种体制。在自律型监管体制下，政府除了一些必要的国家立法之外，很少干预证券市场，对证券市场的监管主要由证券交易所、证券商协会等自律性组织来执行，强调证券从业者自我约束、自我管理的作用，一般不设专门的证券监管机构。中间型监管体制是指既强调立法管理又强调自律管理，可以说是集中型管理体制和自律型监管体制互相协调、渗透的产物。

我国现行证券市场监管体制属于集中型监管体制，具有集中型监管体制的基本特点：

①我国虽然基本上建立了证券市场监管的法律法规框架体系，但是，这一体系尚不完善，所以，仍需要强有力的监管。

②我国设立的监督机构包括全国性的证券监管机构，负责监督、管理全国证券市场。目前，我国证券监管机构是以国务院下属的中国证券监督管理委员会为主体，由中国人民银行和财政部、国家发改委、地方政府及有关部委、地方证券监管部门共同组成的一个有机体系。

③从1997年开始，证券交易所直接归中国证监会领导，强化了证券市场监管的集中性和国家证券主管机构的监管权力。

在证券监管的实践中，我国借鉴国外的成功经验并结合自身情况，选择集中型证券监管体制，其主要原因有以下几个：

第一，证券交易活动中经常出现投机过度、信息披露失真、机构操纵、内幕交易、欺诈等违规现象，如果没有一个集中统一的权威性证券监管机构，就难以有效地监管证券市场，难以保证证券市场健康、平稳运行。

第二，我国在长期的经济管理实践中，积累了丰富的集中型组织、指导和管理的经验，对于在社会主义市场经济体制转轨过程中建立起来的证券市场，选择采用以政府监管为主导的集中型监管体制模式，可以发挥我们已经具有的集中型管理经验的优势，促进市场监管的完善。

第三，我国目前证券从业人员的素质还不高，自我约束、自我管理的能力不强，自律意识比较淡薄。此外，我国证券业发展的时间比较短，缺乏行业自律监管的经验。

★ 思政课堂

新知新觉：发挥投资的关键作用

【归类】宏观经济研究

【属性】国家意识、治国理政

投资是扩大内需的重要方面，对于加快形成以国内大循环为主体、国内国际双循环相互促进的新发展格局至关重要。2020年年底召开的中央经济工作会议指出："形成强大国内市场是构建新发展格局的重要支撑，必须在合理引导消费、储蓄、投资等方面进行有效制度安排。""十四五"时期推动经济社会发展，必须优化投资结构，保持投资合理增长，发挥投资的关键作用，加快构建新发展格局。

加大对产业链供应链短板弱项的投资支持，畅通国内大循环。产业链供应链部分领域关键核心技术存在"卡脖子"问题，是阻碍我国产业发展的重要因素。须着力补齐产业链供应链短板弱项，发挥投资对优化供给结构的关键作用，畅通国内大循环。加大对创新主体的投资支持力度，引导其加大研发投入，努力突破关键核心技术，促进产业发展自主可控；健全鼓励自主创新、原始创新的制度政策体系，激发创新主体积极性，形成激励创新投资的长效机制。支持技术平台、创新平台和产业基础设施建设，提升产业基础能力，推动基础研究和产业技术创新融合发展，推动产业数字转型、智能升级、融合创新。探索重大科技基础设施建设运营多元投入机制，为重要产品和关键核心技术攻关提供融资支持；进一步明确政府出资产业投资基金的功能定位，促进实现公共政策目标和经济效益目标有机统一；发挥投资补助等投资政策的重要作用，提升关键核心零部件和软件自主化水平。

加强国内国际联通设施投资建设，促进国内国际双循环畅通。按照引进外资和对外投资、进口和出口协调发展需要，以互联互通项目为重点，加快完善交通基础设施和物流设施网络，强化开放大通道建设，充分利用国内国际两个市场两种资源，畅通国内国际双循环。完善口岸、跨境运输和信息通道等开放基础设施，加快建设开放物流网络和跨境邮递体系，加强航空口岸和枢纽建设，进一步完善国家物流枢纽布局，提高物流运行效率。聚焦关键通道、关键城市和关键项目，与有关各方共建高质量、可持续、安全可靠、价格合理、包容可及的基础设施，推动陆上、海上、天上、网上互联互通。加快国际物流通道、枢纽、网络体系建设，补齐境外支线物流网络等短板。加强与海上丝绸之路沿线国家海运基础设施联通，通过联通基础设施网络和完善物流供应链体系，推动共建"一带一路"高质量发展，吸引全球更多优质资源要素，畅通国内国际双循环。

保持投资合理增长，为畅通经济循环提供良好宏观环境。保持投资合理增长，能够充分释放经济增长潜力，为构建新发展格局提供良好市场环境。加快补齐基础设施、市政工程、农业农村、公共安全、生态环保、公共卫生、物资储备、防灾减灾、民生保障等领域短板。推动企业设备更新和技术改造，扩大战略性新兴产业投资。推进新型基础设施、新型城镇化、交通水利等重大工程建设，支持有利于促进城乡区域协调发展的重大项目建设。发挥政府投资撬动作用，激发民间投资活力，释放民间投资积极性和创造性。保持投资合理增长还能为扩大消费创造条件，促进投资与消费良性互动。发挥投资在改善困难群众生产生活条件、增加低收入人口收入等方面的重要作用，增强低收入人口消费能力；支持农村地区物流服务网络建设，促进农村家电、汽车、电商消费；大力提升县城公共设施和服务能力，改善基层消费环境；鼓励社会投资投向改善景区、特色旅游资源地区的旅游交通等设施，扩大文化旅游消费；引导社会投资进入教育、医疗、养老等领域，满足人民群众不断增长的高品质民生服务需求。

资料来源：张长春. 新知新觉：发挥投资的关键作用［N］. 人民日报，2021-01-25（9）.

★ 本章小结

1.投资可定义为牺牲即期、确定的消费换取未来更多的预期消费的任何活动。不仅收入或支出的金额对投资决策很重要，资金收入或支出的时间也很重要。

2.资金具有时间价值。对同样数额的资金来说，早收到比晚收到的价值大，因为早收到的资金可以再投资获利。

3.补偿由两部分组成：对机会成本的补偿和对风险的补偿。

4.利息率，通常简称为利率，是指借贷期满所形成的利息额与所贷出的本金额的比率。

5.基准利率是指通过市场机制形成的无风险利率。

6.投资环境包括宏观经济环境、行业环境、货币金融环境以及监管制度等内容。

★ 综合训练

1.1　单项选择题

1.甲某拟存入一笔资金以备3年后使用。假定银行3年期存款年利率为5%，甲某3年后需用的资金总额为34 500元，则在单利计算情况下，目前需存入的资金为（　　）元。

A.30 000　　B.29 803.04　　C.32 857.14　　D.31 500

2.当一年内复利m次时，其名义利率r与实际利率i之间的关系是（　　）。

A.$i=(1+r/m)\ m-1$　　B.$i=(1+r/m)-1$

C.$i=(1+r/m)-m-1$　　D.$i=1-(1+r/m)$

3.某人拟进行一项投资，希望进行该项投资后每半年都可以获得1 000元的收入，年收益率为10%，则目前的投资额应是（　　）元。

A.10 000　　B.11 000　　C.20 000　　D.21 000

4.（　　）是指借贷期满所形成的利息额与所贷出的本金额的比率。

A.利息　　B.利息率　　C.收益　　D.收益率

5.某人进行一项投资，预计6年后会获得收益880元，在年利率为5%的情况下，这笔收益的现值为（　　）元。

A.4 466.62　　B.656.66　　C.670.56　　D.4 455.66

1.2　多项选择题

1.行业市场按竞争情况可分为（　　）。

A.完全竞争　　B.垄断竞争　　C.寡头垄断　　D.完全垄断

2.投资环境包括（　　）。

A.宏观经济环境　　B.行业环境　　C.货币金融环境　　D.监管制度

3.利息包含对（　　）的补偿。

A.机会成本　　B.风险

C.风险溢价　　D.机会成本补偿水平

4.行业处于稳定时期的表现有（　　）。

A.厂商数量增多　　B.厂商数量减少

C.利润较高　　D.利润较低

5.利息之所以能够转化为收益的一般形态，主要是由于（　　）。

A.借贷关系中利息是资本所有权的果实这种观念被广而化之

B.无论货币是否作为资本使用，它都可以带来收益

C.利息就其实质来说是利润的一部分

D.利息实质上是收益的另一种形式

1.3　思考题

1.货币时间价值理论的基本思想是什么？

2.实际利率与名义利率的关系是怎样的？

3.投资环境的构成要素有哪些？

1.4　练习题

1.如果你今天投入30 000元，以换取一个8.25%的10年期年金，那么年度现金流量将是多少？

2.甲投资提供8年期、每年3 000元的回报，乙投资则提供4年期、每年5 000元的回报。如果贴现率是5%，哪一项投资的现值较高？如果贴现率是22%呢？

第2章

金融市场与金融工具

★ 导读

金融市场对于提高经济社会的效率是非常重要的，它有助于资本的合理配置，从而对增加生产和效率做出贡献。没有金融市场，资金也就失去了从缺乏生产性投资机会的人手中向拥有生产性投资机会的人手中转移的可能。我们将在本章对金融市场的概念、金融市场的构成要素、金融市场的类型以及几种金融工具进行简单的介绍，以使读者能从总体上对金融市场及金融工具有一个整体性的认识。

★ 关键概念

金融市场（financial market）　金融工具（financial instrument）　债务证券市场（debt security market）　权益证券市场（equity security market）　衍生证券市场（derivative security market）　资本利得（capital gain）　股票价格指数（stock price index）

§2.1 金融市场概述

2.1.1 金融市场的定义

发明家卡尔设计了一种能够清扫房屋、擦洗汽车、割草的低成本机器人，但是他没有资金将这个奇妙的发明投入生产。杰克是一位有很多积蓄的老人，这些积蓄是他和妻子多年来积攒下来的。在没有金融市场的情况下，杰克可能既不能借款也不能贷款，只能维持这些储蓄而得不到丝毫利息。然而，如果能够让杰克和卡尔合作，那么卡尔就可以利用杰克提供的资金将机器人生产出来并投放市场，而杰克也可以每年获取一定的利息甚至红利，这样双方都将获利。现在我们可以看出，如果没有金融市场，卡尔和杰克可能永远没有合作的机会，双方都只能维持现状。

金融市场是指资金供给者与资金需求者从事资金融通活动的场所。金融市场有广义和狭义之分，广义的金融市场是指由货币资金的借贷、金融工具的发行与交易以及外汇与黄金的买卖所形成的市场，泛指资金供求双方运用各种金融工具，通过各式各样的金融性交易活动实现资金余缺的调剂和有价证券的买卖，如存款、贷款、信托、租赁、保险、票据贴现与票据抵押、股票与债券的发行及买卖及外汇与黄金的买卖等。狭义的金融市场特指证券（主要是债券和股票）的发行与买卖的场所，通常所说的金融市场主要是指后者。党的二十大报告指出："深化金融体制改革，建设现代中央银行制度，加强和完善现代金融监管，强化金融稳定保障体系，依法将各类金融活动全部纳入监管，守住不发生系统性风险底线。"

对金融市场应当从以下三方面理解。首先，金融市场的交易对象是同质的金融商品，即货币资金等。其次，金融市场的参与者是资金的供给者和需求者，前者拥有闲置的盈余资金，后者则面临资金不足。交易双方的关系不再是单纯的买卖关系，而是建立在信用基础上的、一定时期内的资金使用权的有偿转让。最后，金融市场不受固定场所、固定时间的限制。随着现代通信手段的发展和互联网的普及，越来越多的金融交易借助于无形市场，在瞬间便可以完成。故可以这样说，金融市场是办理各种票据、有价证券和外汇买卖以及同业之间进行货币借贷的场所。进一步来看，金融市场不仅仅指金融商品的交易场所，还涵盖了一切由于金融交易而产生的关系。其中最主要的是金融商品的供求关系，以及金融交易的运行机制——价格机制，其具体表现为金融产品的价格和资金借贷的利率。在金融市场上，利率就是资金的价格。在这种特殊价格信号的引导下，资金自动、迅速、合理地流向高效率的部门，从而优化资源配置，推动经济发展。

2.1.2 金融市场的功能与作用

社会再生产的运行中，会形成大量闲置的货币资金，如果将它们动员和集中起来，就会形成巨大的资金力量。金融市场是社会主义市场体系不可分割的重要组成部分，它在国民经济的发展中起着非常重要的作用。

1.动员社会闲置资金，丰富金融资产品种

金融市场的存在，为动员和筹集社会再生产过程中形成的大量闲置资金提供了多种金融工具和金融手段。随着金融市场的不断发展，金融法规逐渐形成和完善，金融工具种类不断增加，这就为筹资者和投资者提供了重要场所和投资机会。而且，金融资产丰富多样，其安全性和流动性也大大提高，更易于被投资者和资金需求者所接受、使用。这样，金融市场就能起到最大程度地动员社会闲置资金的作用，并丰富了资产品种。

2.促进资金的灵活运用，提高资金的使用效率

长期以来，中国的资金都是按计划纵向分配，这种情况往往导致资金供应与需求的矛盾。金融市场的建立，使企业、政府、金融机构可以利用发行股票、债券以及拆借等办法在市场上筹集资金，形成资金的横向流动，补充按计划纵向分配资金的不足，促进资金的灵活运用。同时，金融市场的建立，使投资者与筹资者能建立起直接的联系，能对资金的使用情况加强监督，提高资金的使用效率。金融市场中各种金融工具的需求状况及价格高低又与企业的经济效益密切相关，经济效益好的企业，其发行的股票或债券信誉高、价格高，更易于在金融市场上流通转让，顺利地实现其融资或投资的目的。这就必然促使筹资企业加强经营管理，不断提高经济效益。

3.完善利率机制，优化资源配置

利率机制是指利率的各构成要素之间的依存、关联和制约关系以及推动利率运行的自动调节功能。在金融市场上，利率被当作资金商品的价格，自由议定，并依据资金的供求状况经常调整，因此，利率变动的主要影响因素就是市场上的资金供求关系。利率的变动，不仅有利于其运行更靠近市场，而且有利于监督者调整利率水平，增加利率档次，逐渐把利率搞活，使利率机制趋于完善。利率是资金的价格表现，资金又是国民经济中物资的货币表现。在市场经济条件下，资金的分配对物资的分配起着决定性的作用。金融市场的建立、发展和不断完善，能实现对社会资源的合理分配，同时可根据市场经济发展的需要，通过资金的融通，保证全社会的资源分配趋于优化和充分利用。

4.反映市场信息，加强宏观调控，形成合理的国民经济结构

任何市场都是信息的重要源泉，金融市场也是如此。由于金融市场与整个国民经济的关系极为密切，因此，金融市场上交易的变化，如资金运动规模和方向、金融资产价格水平变动等所形成的各种信息，能全面地反映出社会再生产各环节（包括国民经济各部门、各企业）的状况，从而为国家制定正确的宏观经济政策、实施宏观调控政策、及时解决经济发展过程中出现的问题、保证国民经济的顺利发展、形成合理的国民经济结构提供客观依据。

5.促进银行资金的调拨与营运，加快地区间或国际资金流动与转移

银行是金融市场的重要参与者，它既是资金的供应者，又是资金的需求者。当

银行资金需求增加时，它就通过市场向同业拆入资金或在市场上出售有价证券和票据，调整自身资产负债结构，以解决资金来源不足问题和满足流动性需要。金融市场的存在，不仅对于银行的资金调度与运营有着非常重要的意义，而且对于实现国际资金流动与转移也有着决定性的影响。在国际金融市场上贷款、借入货币资金或者买卖其他金融工具，就意味着资金在国际的流动，其结果必然促使各国加强国际交往与合作。

6.管理和配置风险，使金融交易的融资和风险负担得以分离

管理和配置风险是指金融市场为企业、政府、居民家庭和投资者提供了防范人身风险、财产风险、收入风险及其他风险的手段。风险管理和配置能力的发展使金融交易的融资和风险负担得以分离，从而使企业与家庭能够选择他们愿意承担的风险，规避他们不愿意承担的风险。金融市场为企业、政府、居民家庭和投资者提供生命补偿机制、健康补偿机制、贫困风险补偿机制。这些风险补偿机制主要是通过以下两种方式来实现：一是保险机构出售保险产品；二是金融市场提供套期保值、组合投资的条件和机会。因此，金融市场具有化解或降低风险的功能。

专栏2-1描述了美国金融市场因担忧疫情加剧而大幅震荡的情况，同样，当面对其他重大经济与社会情况时，金融市场也会有明显的走势上的反应。

专栏2-1

美国金融市场因担忧疫情加剧大幅震荡

由于投资者担忧美国新冠肺炎疫情可能加剧，美国金融市场2020年6月11日大幅震荡，股市和油市出现暴跌，美元指数明显上涨，债券和黄金等避险资产受到投资者追捧。

当日，纽约股市道·琼斯工业平均指数下跌1 861.82点，标准普尔500种股票指数一度跌破3 000点关口，纳斯达克综合指数则回落到10 000点下方。截至收盘，道指、标普和纳指分别下跌6.90%、5.89%和5.27%。

原油市场方面，7月交割的纽约原油期货价格当天暴跌8.23%。

外汇市场上，美元对欧元、英镑、加拿大元和澳大利亚元汇率显著走强，对避险货币日元和瑞士法郎则小幅走低，衡量美元对6种主要货币的美元指数当天上涨0.77%。

债券和黄金等传统避险资产价格当天显著上涨，美国10年期国债收益率降至0.673%，芝加哥商品交易所黄金期货首行合约价格最高上涨1.79%，达到每盎司1 744.1美元。

衡量股市投资者恐慌情绪的芝加哥期权交易所波动指数（又称“恐慌指数”）当天再次回升至40点以上，比前一交易日上涨47.95%。

瑞银集团全球财富管理新兴市场策略师丘婉颖在接受记者采访时说，美联储主席鲍威尔对美国部分州新冠肺炎确诊病例不断上升的担忧和对经济重启中期前景的悲观看法令股市承压。

美国KKM金融咨询公司执行董事丹·戴明认为，近期美国股市涨幅巨大，上

涨速度过快，“市场可能已经涨过头了”。随着新冠肺炎确诊人数的上升，市场心理再次受到考验。

美国价格期货集团高级市场分析师菲尔·弗林表示，投资者对美国疫情可能加剧的担忧导致国际油价下跌。他认为，疫情走势将决定股市和油市的走向。

英国经济学人智库全球经济学家凯琳·伯奇表示，近日油价下跌很可能反映了经济初步重启对油价提振作用已结束，世界经济预计将进入漫长而缓慢的复苏，除非新冠病毒疫苗能早日推出。

据美国约翰斯·霍普金斯大学的统计数据，美国累计确诊病例已突破200万例。据美国媒体报道，在美国一些地方逐步放松防疫限制措施、出现大规模反种族歧视抗议等背景下，得克萨斯州、加利福尼亚州等十余个州疫情近日恶化。

资料来源：刘亚南，潘丽君.美国金融市场因担忧疫情加剧大幅震荡［EB/OL］.［2020-06-12］. http：//www.xinhuanet.com/2020-06/12/c_1126106277.htm.

2.1.3　金融市场的结构

金融市场是由许多具体子市场组成的庞大的市场体系，许多不同的具体的子市场组成的金融市场体系便构成了金融市场的结构。研究一国金融市场的结构，对判断其金融市场的发展程度，确定金融市场的发展特点及完善对金融市场的管理都具有重要的意义。

出于不同的研究目的，金融市场有多种分类方法，而每一个市场又同时兼备几种市场属性，例如，股票市场可以同时是公开市场、初级市场、资本市场等。正是由于这些按不同标准划分的子市场相互联系、相互依存，因而使用任何一种分类方法都不可能包罗一切。下面我们将从多个角度对金融市场进行划分。

1.按标的物划分：货币市场、资本市场、外汇市场、黄金市场和保险市场

（1）货币市场。

货币市场，是指以期限在1年以下的金融资产为交易标的物的短期金融市场。这个市场的主要功能是保持金融资产的流动性，以便随时转换成现实的货币。它的存在，一方面满足借款者的短期资金需求，另一方面也为暂时闲置的资金找到了出路。由于该类市场金融工具随时可以在发达的二级市场上出售变现，具有很强的变现能力，功能近似于货币，故称货币市场。又由于该市场主要经营短期资金的借贷，因而又称作短期资金市场。

货币市场又具体分为同业拆借市场、票据贴现市场、政府短期债券（国库券）市场、可转让定期存单市场、回购协议市场、货币市场共同基金市场及短期信贷市场等。

（2）资本市场。

资本市场又称为长期资金市场，是指期限在1年以上的金融资产交易的市场，其交易对象包括股票、公司债券、中长期公债券和不动产抵押贷款等。资本市场的功能主要有两个：一是提供一种使资本从剩余部门转向不足部门的机制，实现资本

的优化配置；二是为已经发行的证券提供具有充分流动性的二级市场，以保证发行市场活动的顺利进行。资本市场上的金融工具由于期限长、流动性较低、价格变动幅度较大，风险也就较高。

（3）外汇市场。

如同货币市场一样，外汇市场也是各种短期金融资产交易的市场，不同的是货币市场交易的是同一种货币或以同一种货币计值的票据，而外汇市场则是以不同种货币计值的两种票据之间的交换。在货币市场上，所有的贷款和金融资产的交易都受政府法规管制。但在外汇市场上，一国政府只能干预或管制本国的货币。

外汇市场按其含义有广义和狭义之分。狭义的外汇市场指的是银行间的外汇交易，包括同一市场各银行间的交易、中央银行与外汇银行间以及各国中央银行之间的外汇交易活动，通常称为批发外汇市场。广义的外汇市场是指由各国中央银行、外汇银行、外汇经纪人及客户组成的外汇买卖、经营活动的总和，包括上述的批发市场以及银行同企业、个人间外汇买卖的零售市场。

（4）黄金市场。

黄金市场是专门集中进行黄金买卖的交易中心或场所。目前，由于黄金仍是国际储备工具之一，在国际结算中占据着重要的地位，因此，黄金市场仍被看作金融市场的组成部分。早在19世纪初黄金市场就已形成，是最古老的金融市场。现在，世界上已发展有40多个黄金市场，其中，伦敦、纽约、苏黎世、芝加哥和香港的黄金市场被称为五大国际黄金市场。

（5）保险市场。

保险市场是指保险商品交换关系的总和。保险市场有狭义和广义之分，狭义的保险市场就是指固定的保险交易场所，如保险交易所；广义的保险市场则是指所有实现保险商品让渡的交换关系的总和。随着保险业的不断发展，承保技术日趋复杂化，承保竞争日趋激烈，保险商品推销的区域化与全球化趋势日趋明显，仅由买卖双方直接参与的交换关系显然不能满足保险商品交易的需要，这时保险市场的中介力量应运而生，使得保险商品交换关系更加复杂，同时也使保险市场日臻成熟；随着信息技术和互联网技术的飞速发展，网络保险已进入我们的现实生活，人们足不出户，就可以轻松、便捷地完成保险商品的交易活动。因而，对现代保险市场应从广义上去理解更贴合实际。

2.按交割方式划分：现货市场、期货市场和期权市场

（1）现货市场。

现货市场是指即期交易的市场，是市场上的买卖双方以现钱现货、在协议成交后即时进行交割的方式买卖金融商品的市场。当然，由于技术原因，成交后也可能不立即交割，在成交与交割之间存在一定的时间差，不同的市场对于交割期限有不同规定，一般为1~5天。现货市场的主要特点是成交与交割的时间间隔很短，并且是实物交割，即卖方必须向买方转移金融商品实物，同时，买方向卖方支付实际价款。

（2）期货市场。

期货市场是在期货交易的基础上发展而来的。期货交易是成交以后经过一段时间再进行实物交割，交割价格为成交时约定的价格，其目的是锁定价格，进而锁定成本和利润，实际上是一种远期交易。在期货市场上，由于成交和交割是分离的，交割要按成交时约定的协议价格进行，证券价格的波动既有可能使交易者获得收益，也有可能蒙受损失。因此，期货市场对于交易的参加者而言，既有保值的功能又有投机的功能。目前，世界金融商品期货交易的品种主要有外汇期货、利率期货和股票指数期货。

期货市场的参与者主要有两种：一种是以规避价格风险为目的的套期保值者；另一种是以承担高风险来追求高收益的套期获利者，即投机者。套期保值者通过在现货市场和期货市场做时间相同、数量相同、方向相反的交易，使其在现货市场上因价格变动遭受的亏损，能由期货市场上的盈利予以弥补，或者期货市场的亏损由现货市场的盈利抵消。投机者在期货市场上通过对未来行情的预期，在不同的交易品种、交割期限之间套做，以期从期货市场价格的变动中获取收益。

（3）期权市场。

期权市场是期货市场的发展和延伸，具体来说，期权交易是指买卖双方按成交协议签订合同，允许买方在支付一定的期权费用后，取得在特定时间内、按协议价格买进或卖出一定数量证券的权利。由于期权的买方获得的是一种权利，权利可以执行、可以转让、也可以放弃，因而期权交易又称为选择权交易。对于期权合约的卖方而言，则要承担相应的义务，即在买方要求行使按照合约买进或卖出金融商品的权利时，卖方必须按合约规定卖出或买入该种金融商品。

期权市场行为建立在金融商品的价格波动基础之上。期权合约的买方有权按照合约规定的期限、数量及价格，根据金融商品价格的上涨或下跌情况决定购买或出售某种金融商品（买进的若是看涨期权是为了购买，买进的若是看跌期权则是为了出售），同时也可依据行情放弃执行权利，期权卖方则承担相应的义务。在交易过程中，合约的买方支付的是一笔期权费，但可以从行情变动中获得较高的收益，其最大可能亏损仅为期权费。而合约的卖方则承担了较高风险，随期权交易行情变化及买方要求执行权利，其亏损可能无限，但也有可能在买方放弃执行权利时净得一笔期权费。

3.按交易程序划分：发行市场和流通市场

（1）发行市场。

发行市场又称一级市场或初级市场，是指新发行的证券从发行者手中转移到投资者手中的市场，是证券或票据等金融工具最初交易的市场。

发行市场具有两方面的职能：一是为资金需求者提供筹集资金的场所；二是为资金供应者提供投资及获取收益的机会。通过发行市场，货币资金实现从盈余部门（储蓄部门）向短缺部门（投资部门）的转化。因此可以说，发行市场交易规模的变动，一方面能够直接代表全社会金融资产数量的变动，另一方面，也能够在一定程度上反映社会实际资本规模的大小。

一般来说，证券发行市场由证券发行者、投资者和证券承销商三者构成。发行市场是整个金融市场的基础，没有证券的发行，就没有证券的流通，初级市场的重要性不言自明。证券发行者与证券投资者的多少，是决定初级市场规模的直接因素。

（2）流通市场。

流通市场又称二级市场或次级市场，是指已经发行的证券进行转让、交易的市场。流通市场是证券市场的重要组成部分，其交易活动可以在固定的场所集中进行，也可以在不固定的场所分散进行。发行市场是流通市场的基础和前提，没有发行市场就没有流通市场；流通市场是发行市场存在与发展的重要条件之一，无论从流动性上还是从价格的确定上，发行市场都要受到流通市场的影响。

①流通市场的交易为证券提供流动性。证券流动性的存在是证券能够吸引投资者的重要因素，也是保证资金占用的必要条件，它对于债券意义重大，对于股票更是不可缺少。因为股票没有偿还期，如果不能出售转让，则很难在发行市场上销售出去，同时，股东在需要资产变现时，只要抽回股本，企业的生命就将难以为继。

②流通市场能够形成公平合理、准确的证券价格，从而为发行市场定价提供参考，并引导资源的有效流动和配置。发行市场的价格由发行者与承销机构制定，往往不能准确地反映市场供求状况而带有不合理性。流通市场为证券买卖双方提供了获取各类相关信息和广泛接触、充分竞价的机会，使证券价格的形成能够充分地反映收益和风险等信息，提高了价格的合理性和公正性，为社会资金的流动做出正确的指引。

③流通市场在赋予证券流动性的同时，也为买卖双方创造了获取价差收益的机会，对于价差收益的追逐动机促使投资者积极参与金融市场活动，从而动员社会闲置资金的进入，为筹资者供应更多的资金。

④流通市场的存在，使社会短期资金的运用能够续短为长，从而降低融资成本。一般而言，占用资金的时间越长，所应支付的成本越高，并且，社会长期闲置资金数量极为有限。流通市场通过同一证券在众多参与者手中不断换手，将短期资金转换为长期资金，而作为短期资金让渡人，投资者要求的收益水平相应较低，对于发行者来讲，自然大大降低了筹资的成本。

微课 2-1　金融市场的结构

§2.2　金融工具及其特性

2.2.1　金融工具的概念与分类

1.金融工具的概念

金融工具也被称作信用工具、融资工具，它是金融市场上交易的对象或标的物，它能够证明金融交易金额、期限和价格。对于发行人来讲，其一般代表对他人的债务，通过发行金融工具达到融进资金的目的。而对于工具的持有者来说，其是一种金融资产，以融出资金为代价获取一定的收益。不同的金融工具，反映着不同的融资关系和性质，适应不同的融资需要。

2.金融工具的种类

（1）货币市场工具与资本市场工具。货币市场工具主要有：商业票据、短期公债、银行承兑汇票、可转让大额定期存单、回购协议等。这类金融工具期限短、风险小、流动性强，一般视为准货币。资本市场工具主要包括：股票、公司债券及中长期公债等。它们期限长、风险较大、流动性相对货币市场工具较弱。

（2）直接融资工具与间接融资工具。政府债券、公司债券、非金融公司股票等是由非金融机构的融资者发行的，目的主要是为自己取得资金，属于直接融资工具。可转让大额定期存单、金融债券、人寿保险单等是由金融机构发行的，目的是集聚可用于贷放的资金，属于间接金融工具。

（3）债务凭证与所有权凭证。债务凭证表明投入资金取得了债权，所以有权据以到期收回本金和利息；而所有权凭证表明资金的投入并非取得债权而是所有权，因而无权据以索要本金，只可以在必要时通过转让所有权，即以出售证券的方式收回本金。债务凭证有多种多样，而所有权凭证只有股票这一种。

（4）原生工具与衍生工具。股票、债券、外汇、基金等均为原生或基础工具。而建立在股票、债券、外汇、基金等基础工具或基础变量之上，并依基础工具或变量预期价格变化而定价的金融工具称为衍生工具。

2.2.2　金融工具的特性

1.偿还期

偿还期是指债务人在必须偿还债务前所剩余的时间期限。它有两种理解：一种是指金融工具从发行到应予偿还之间的全部期限，也称为绝对偿还期。绝对偿还期有两个极端情况：一个是偿还期限无限，如股票，永远不偿还本金；另一个是偿还期为零，如即期金融工具，见票即付款。另一种是指证券从开始持有到债务人必须偿还前所剩余的时间，这是由于存在证券的二级市场和证券转让而产生的概念，也称为相对偿还期。一般而言，证券发行者所关心的是绝对偿还期，这决定其资金使用的期限和成本；而证券购买人所关心的则是接受证券时剩余的偿还期限即相对偿还期，这决定其让渡资金的时间长短和风险程度。

2.流动性

流动性是指金融工具在短时间内变现的能力。衡量流动性强弱的依据是金融工具的交易成本，包括交易时间、佣金费用及价差损益等内容。一般来说，金融工具的交易成本越低、偿还期越短、发行人的信用程度越高、二级市场越发达，流动性越强。

3.风险性

风险性是指投资于金融工具达不到预期收益或遭受各种损失的可能性。金融工具的风险分为系统性风险和非系统性风险。系统性风险是指由于某种因素对市场上所有金融工具都会带来损失的可能性，这种风险难以分散和规避；非系统性风险是指某种因素只对某些金融工具造成损失的可能性，可以通过选择工具品种和资产多样化予以规避。通常，金融工具的风险性与偿还期成正比，与流动性和债务人的信用能力成反比。影响金融工具风险性的因素有很多，主要有市场风险、企业风险、购买力风险等。如果是国际金融工具，还可能面临外汇风险和国际政治风险等。

4.收益性

收益性是指金融工具为持有者带来收益的可能性。金融工具的收益包括定期支付的利息、股利和价格变动产生的价差收益。金融工具的收益性与偿还期、风险性、流动性存在着密切关系。偿还时间越长，资金时间价值越大，所获收益就越高；又由于偿还期越长，则收益的不确定性因素就越多，发生预期收益不能实现的可能性就越大，持有者风险就越高。流动性越强，意味着人们越愿意接受，金融工具可以以较高价格即支付较少收益的情况下转让出去。所以，金融工具的收益性与偿还期、风险性成正比，与流动性成反比。

专栏2-2

由《余额宝90后攒钱报告》所想到的

2020年7月20日，中国新经济研究院联合支付宝发布《余额宝90后攒钱报告》(2020版)。报告显示，疫情之后，90后更爱攒钱了，2020年上半年90后人均攒钱金额比2019年增长近4成，平均不到4天要往余额宝存一笔钱。那为什么是往余额宝里面存钱呢？一切都要从2013年说起。

2013年，一款包含了支付消费功能的货币基金产品——余额宝——在支付宝上低调上线，对于蚂蚁金服而言，余额宝是一个具有特殊意义的产品，它的出现革新了支付宝的定义，大大扩展了支付宝的内涵与外延，是其升级为蚂蚁金服过程中的重要推手。2012年，已经在支付市场牢牢占据龙头位置的支付宝陷入了“成长的烦恼”。随着其虚拟账户沉淀资金的增多，支付宝的备付金压力越来越大，急需找到办法缓解。支付宝保险事业群的一个小团队被分配到了这个任务，在走遍了银行、券商、基金等各类金融机构寻求解决方案未果之后，这个“失意”的团队碰到了另一个急于寻求突破的团队——天弘基金，它常年徘徊在基金业的末位。二者的合作可谓一拍即合。上线仅18天，余额宝的用户数量便突破250万，一年之后的用户数超过了1亿。

余额宝的出现不仅缓解了支付宝沉淀资金的问题，当时随着快捷支付发展而有所削弱的账户属性也得以加强。更重要的是，它重新定义了支付宝的内涵与外延，让它从一个支付工具变为了支付+理财的工具，而后又逐渐拓展到了更多的领域。

受此影响，中国货币基金的规模开始猛涨，其占比从2012年的25.3%提升至2014年的49.1%。截至2017年底，国内货币基金规模占比达到了61.8%。除了挖掘新的线上代销渠道外，基金公司的直销渠道也重新被重视起来。各个基金公司的电商部门突然壮大起来，有的甚至成为独立的事业部。场景+金融的价值被极大地释放，反过来又进一步改变了互联网平台和基金公司。如果放在更大的背景下看，互联网理财市场，以及大众理财意识被瞬间点燃，个人理财行业进入到一个全新的阶段。截至2017年底，余额宝已有超过4.74亿用户，而在2012年底，中国开放式基金有效账户数仅为7 600万户。作为一款“低门槛”的理财产品，这些年余额宝成为很多理财用户的入门产品，也是很多80后、90后买的第一只基金。

由于种种原因，2017年，蚂蚁宣布将定位于Techfin（科技金融），未来只做Tech（技术），支持金融机构做好Fin（金融）。真正成为一个数据和技术的开放平台，意味着它不仅要跳脱出阿里体系，还要跳出金融体系，成为一个科技的引擎，赋能于其他机构。纵观过去的5年，余额宝的出现改变了市场，甚至影响了监管，但反过来看，它自己也在被不断地改变。

资料来源：洪偌馨.余额宝五周年记：旧秩序与新世界［EB/OL］.［2018-06-14］. https://baijiahao.baidu.com/s?id=1603218322886191013&wfr=spider&for=pc.此处有改编.

2.2.3 短期金融工具

1.票据

（1）票据的特征与分类。

票据是指出票人自己承诺或委托付款人，在指定日期或见票时，无条件支付一定金额，并可流通转让的有价证券。它具有以下几个特征：

①票据以无条件支付一定金额为目的。无条件是指出票人自己承诺支付或委托付款人支付时，均不得附有任何支付条件。

②票据是一种无因债权证券。无因债权证券是指持票人行使票据权利时，可以不向债务人负证明责任。票据一经设立，便具有独立的权利义务关系，并与票据产生或转让的原因相分离。

③票据是一种设权证券。票据债权人占有票据，即可根据票面所载权利义务关系，向特定的票据债务人行使请求权。

④票据是一种可以流通转让的权利证书或流通证书。所谓流通，就是指票据权利可以通过背书或交付方式而转让。一般来说，无记名票据仅依交付而转让；记名票据转让时，必须经过背书。

⑤票据是一种要式证券。票据必须根据法定方式制作方为有效。票据上必须记

载的事项以及票据签发、转让、承兑、付款、追索等行为的程序和方式，各国票据法律一般都作了规定，必须严格遵守。在票据上签字盖章的人，必须对票据上所载文字负责。

⑥票据是一种返还证券。持票人在请求支付票据金额时，必须将票据交还给付款人，不交还票据，债务人可拒付票款。如果付款人是主债务人，付款后票据关系终止；如果付款人是次债务人，付款后可向其前手追索。

（2）几种典型的票据。

①汇票。汇票是由出票人签发，要求付款人按约定的付款期限，对指定的收款人无条件支付一定金额的票据。汇票的当事人有三方：出票人、付款人和收款人。汇票的出票人对付款人来说是债权人，而对收款人来说则是债务人。汇票一经付款人承兑，付款人就成为主债务人，出票人就是从债务人。

汇票的种类主要有：

第一，按签发主体的不同，汇票可分为商业汇票和银行汇票。商业汇票是收款人或付款人（或承兑申请人）签发，由承兑人承兑，并于到期日向收款人或被背书人支付款项的票据。银行汇票是银行向客户收妥款项后签发给客户持往异地办理转账结算或支取现金的票据。汇票按承兑人的不同还可分为商业承兑汇票和银行承兑汇票，前者是指由工商企业承兑的汇票，后者是指由银行承兑的汇票。银行汇票由银行承兑，商业汇票由企业承兑，也可由银行承兑。

第二，按期限的长短，汇票可分为即期汇票和远期汇票。即期汇票是指以提示日为到期日、见票即付款的汇票。远期汇票是指约定出票日后的若干日（如1个月、90天等）付款的汇票。

第三，按是否记载收款人的姓名，汇票可分为记名式汇票和无记名式汇票。前者是指出票人在票据上载明收款人姓名或商号的汇票；后者是指在票据上不记载收款人的姓名，凡持票人都可直接向付款人取款的汇票。在我国，银行汇票和商业汇票都是记名汇票。

第四，按签发和支付地点，汇票可分为国内汇票和国际汇票。前者是指在一国境内签发和付款的汇票；后者是指汇票的签发和付款一方在国外或都在国外，流通范围涉及两个以上国家的汇票。

第五，按银行对付款的要求，汇票可分为跟单汇票和光票。前者是指使用汇票时需附加各种单据，如提货单、保险单等；后者则是指只要提出汇票本身即可付款，而无须附加前述单据。

②本票。本票是由出票人签发，约定由自己在指定日期无条件支付一定金额给收款人或持票人的票据。本票有两个当事人，即出票人和收款人。由于本票的出票人就是付款人，所以本票无须承兑。本票也有商业本票和银行本票、即期本票和远期本票之分。企业单位或个人签发的本票叫商业本票，主要在同城间用于清偿出票人自身债务。商业本票在我国很少使用。银行本票是银行向客户收妥款项后签发给在同城范围办理转账结算或支取现金的票据。

③支票。支票是由出票人签发，委托银行于见票时无条件支付给收款人或持票人的票据。支票的当事人有三方：出票人、收款人、付款人。付款人只能是银行。支票的种类有很多，主要有记名式支票和无记名式支票。记名式支票又称抬头支票，即在票上记载收款人姓名或商号的支票，这种支票的票款只能付给票面指定的人，转让时须有收款人背书。无记名式支票又叫空白支票，是指在票上不记载收款人姓名或商号的支票，这种支票的执票人可以直接向银行取款，而不必在支票上签字盖章。此外，还有一种保付支票，即指支票付款人在支票上记载"照付"或"保付"字样的支票。支票一经保付，付款人就成为支票的主债务人，承担起付款义务，这一点同汇票承兑人的付款义务是相同的，但保付支票不许退票。

2.国库券

（1）国库券的概念。

国库券（treasury bills，简写作TB），是由财政部发行、政府提供信用担保、期限在1年以内的短期债券。世界上最早发行国库券的国家是英国，它早在1877年即利用发行国库券来筹措短期财政资金。美国的国库券发行从1929年开始。我国于1981年首次发行国库券，但它实际上是中期国债。直到1994年，国债市场打破以往以中长期国债为主的单一格局，尝试设计、发行了半年期短期国债，才标志着真正意义的国库券的出现，而1996年推出的3月期国库券，进一步丰富了国库券的期限品种。

（2）国库券的特点。

与其他货币市场工具比较，国库券具有以下特点：

①安全性高。国库券是由财政部发行的，一般不存在违约风险，最为安全可靠。因而，国库券利率往往被称为无风险利率，成为其他利率确定的依据。

②流动性强。极高的安全性以及组织完善、运行高效的市场赋予了国库券极强的流动性，使持有者可随时在市场上转让变现。

③税收优惠。政府为增强国库券的吸引力，通常给予购买者税收方面的优惠，如豁免所得税、交易税等。

3.大额可转让定期存单

（1）大额可转让定期存单的概念。

大额可转让定期存单（negotiable certificates of deposit，简写作CD）是商业银行发行的固定面额、固定期限、可以流通转让的大额存款凭证。CD实质上是定期存款的一种，但又不同于银行普通定期存款，二者的区别在于：第一，普通定期存款的存单是记名的，不能转让，更不能在金融市场上流通；而CD则通常采用不记名形式，可以在金融市场流通、转让。第二，普通定期存单的票面金额不固定，因存款人不同而有大有小，有整有零；而CD的面额固定，且起点较高，如美国的CD最低面额为2.5万美元，通常为10万美元、50万美元。第三，普通定期存单尽管到期才能支付本息，但实际上存款人只要放弃一部分利息就能够提前支取；而CD则必须到期才可向银行提取本息，到期前持有人如需现金，只能通过二级市场转让。第四，普通定期存单以长期为主，一般在1年以上，而CD则通常为短期，最短期为14天，以3个月、6个月期居多。第五，普通定期存单的利率大多固定，而CD的利率则既有固定的也有浮动的，而且，即使是固定利率，在二级市场转让时，也要根据转让时的市场利率计算价格。

（2）我国的大额可转让定期存单市场。

我国的大额可转让定期存单市场始办于1986年10月，交通银行上海分行筹备成立之初，面对各专业银行的强大竞争，经中国人民银行上海市分行批准，设计、推出了这一新型融资工具。1989年，中国人民银行总行制定了《大额可转让定期存单管理办法》，批准在全国推行大额可转让定期存单。1996年，中国人民银行总行对其进行了修改，修改后的《大额可转让定期存单管理办法》内容主要包括以下方面：

①发行主体及发行对象。CD的发行者限于各商业银行，其他金融机构不得发行CD。CD的发行对象为城乡居民个人和企业、事业单位，对城乡居民个人发行的CD，面额为1万元、2万元、5万元，面向企业、事业单位发行的CD，面额为10万元、50万元。

②期限与利率。CD的期限为3个月、6个月和12个月。其利率由中国人民银行制定，CD在存期内按存单开户日银行挂牌公布的利率水平和浮动幅度计付利息，不分段计息。存单不能提前支取，到期后一次还本付息，逾期部分不计付利息。

③发行方式和流通。CD采用记名方式发行，以背书方式转让，转让次数不限，背书应当连续。经中国人民银行批准，商业银行和经营证券交易业务的金融机构可以办理大额CD的转让业务，但企业、事业单位持有的CD只能在经营证券业务的金融机构办理转让。CD的转让采用自营买卖和代理买卖两种交易方式。自营买卖的价格不得低于存单面额，交易价格由交易机构自定，并公开挂牌；代理买卖的价格根据委托人的要求确定，公开挂牌发行CD的商业银行在办理转让业务时，只能办理代理买卖业务。此外，CD吸收的存款，应当向中国人民银行缴存存款准备金。后因多种原因，如实行记名式、可挂失、不能转让等，CD丧失了其存在的意义，管理层于1996年12月14日起取消了这项业务和市场。

4.货币市场基金

（1）货币市场基金的概念。

货币市场基金（money market fund）是以短期金融工具作为投资对象的一种组合式投资工具。其投资对象的期限在一年以内，包括短期存款、大额存单、银行承兑票据、回购协议、短期债券、商业票据等。目前，世界上货币市场基金的数量和规模在基金业中占据重要的地位。至2017年底，全球货币市场基金的数量约2 300只，净资产规模达5.9万亿美元，占全球基金净资产总规模比重接近30%。其中，美国货币市场基金达10余只，净资产规模达2.2万亿美元。2004年，我国金融市场上出现的华安现金富利、招商现金增值和博时现金收益基金等几只货币市场基金，尚不是真正意义上的货币市场基金。首先，我国这些货币市场基金的投资范围仅包括到期期限在1年以内的短期债券、央行票据、回购协议和同业存款，商业票据和CD并不在其中。其次，这些货币市场基金投资人不能用基金账户签发支票、转账和支付消费账单，更不允许投资人直接通过自动取款机抽回资金。所以，这些货币市场基金充其量只能称得上是准货币市场基金。

（2）货币市场基金的特征。

货币市场基金作为一种开放式基金，既拥有开放式基金的一般特征，又具有独特的特性。

①流动性更强。由于该类基金购买的金融投资产品多为3~6个月的各类短期债务工具，因而其具有较高的流动性，可以满足基金投资者随时变现的要求。

②安全性更高。由于货币市场基金投资的对象期限很短，因此，其收益的不确定性也就较小。更重要的是，货币市场基金投资的对象往往具有强大的信用背景和信用级别。尤其是在我国，短期债券、中央银行票据是以政府信用为保障的，而协议存款、大额可转让存单、银行承兑汇票、经银行背书的商业承兑汇票等工具则是以银行信用为保证。

（3）货币市场基金的风险。

①通货膨胀风险。这一点显而易见，当通货膨胀率超过货币市场利率时，投资收益风险就会凸显。

②巨额赎回风险。因各类市场因素的变化，基金的开放性特征可能会导致投资者大量赎回基金，从而造成基金净额下降或基金终止、清算，此时投资者所获得的收益往往会低于其预期值。

③流动性风险。与活期存款相比，货币市场基金的收益虽然相对较高，但我国目前货币市场基金的买卖还不如活期存款的存取便利。尽管基金的销售遍布许多商业银行的网点，有的通过电话和网络就能进行申购和赎回，但是回款最快也得在赎回的第二天早上才能到账，无法满足应急所需，投资者仍然需要考虑其中所隐含的时间成本。同时，国内货币市场不够发达，有可能导致货币市场基金所投资的金融工具难以变现。

（4）中国发展货币市场基金的前景。

中国目前货币市场基金之所以不甚发达，原因主要来自两个方面：一方面是来自监管。商业银行在目前分业管理的监管体制下能否发起设立货币市场基金是监管层考虑的一个因素。除此之外，货币市场基金的加入难免会对公开市场操作的效果产生影响，这给国家货币政策的实施提出了新的课题。另一方面是来自商业银行。由于货币市场基金的发行难免会对银行的活期存款造成冲击，而且商业银行也在筹划自己的货币市场基金产品，因此商业银行一般来说只会做一家基金公司的货币市场基金产品。尽管中国发展货币市场基金面临着一定风险和阻力，但货币市场基金作为一种充分兼顾流动性和安全性的金融投资产品，其未来具有很大的发展空间。在目前银行储蓄利率偏低、其他金融投资工具风险又偏高的情况下，投资者对货币市场基金的需求相当强烈，估计会有1 500亿~3 000亿元的规模。

2.2.4 长期金融工具

1.长期债券

（1）长期债券的基本性质。

①长期债券属于有价证券。首先，长期债券反映和代表一定的价值。其次，持有长期债券可按期取得利息，利息也是长期债券投资者收益的价值表现。最后，长期债券与其代表的权利联系在一起，拥有长期债券也就拥有了长期债券所代表的权利，转让长期债券也就将长期债券代表的权利一并转移。

②长期债券是一种虚拟资本。因为长期债券的本质是证明长期债权债务关系的证书，在债权债务关系建立时所投入的资金已被债务人占用，长期债券的流动并不意味着它所代表的实际资本也同样流动，长期债券独立于实际资本之外。

③长期债券是债权的表现。长期债券代表长期债券投资者的权利，这种权利不是直接支配财产权，也不以资产所有权代表，而是一种债权。拥有长期债券的人是债权人，他除了按期取得本息外，对债务人不能做其他干预。

（2）长期债券的种类。

①按发行主体分类。根据发行主体的不同，长期债券可以分为长期政府债券、长期金融债券和长期公司债券。长期政府债券的发行主体是政府。中央政府发行的长期债券称为国债，其主要目的是解决政府投资的公共设施或重点建设项目的资金需要和弥补国家财政赤字。根据不同的发行目的，长期政府债券有不同的期限，从一年到几十年不等。除了政府部门直接发行的长期债券外，有些国家把政府担保的长期债券也划入政府长期债券体系，称为政府担保长期债券，这种债券由一些与政府有直接关系的公司或金融机构发行，并由政府提供担保。长期金融债券的发行主体是银行或非银行金融机构。金融机构一般有雄厚的资金实力，信用度较高，因此，长期金融债券往往也有良好的信誉。长期公司债券是公司依照法定程序发行、约定在一定期限还本付息的有价证券。长期公司债券的发行主体是股份公司，但有些国家也允许非股份公司的企业发行长期债券，所以，一般归类时，长期公司债券和长期企业债券合在一起，可直接称为长期公司（企业）债券。

②按计息方式分类。根据计息方式上的差异，长期债券可分为有单利长期债券、复利长期债券和贴现长期债券等。单利长期债券是指在计算利息时，不论期限长短，仅按本金计息，所生利息不再加入本金计算下期利息的债券。复利长期债券是指计算利息时，按一定期限将所生利息加入本金再计算利息，逐期滚算的债券。贴现长期债券是指在票面上不规定利率，发行时按某一折扣率，以低于票面金额的价格发行，到期时按面额偿还本金的债券。

③按利率是否固定分类。根据票面利率是否固定，长期债券可分为固定利率长期债券和浮动利率长期债券。固定利率长期债券是指在偿还期内无论市场利率如何变化，债券持有人只能按债券票面载明的利率获取债息的债券。浮动利率长期债券是指在偿还期内利率可以按市场利率变动而变动的债券。

④按债券形态分类。按形态的不同，长期债券可以分为实物长期债券、凭证式长期债券和记账式长期债券。实物长期债券是一种具有标准格式实物券面的债券。无记名国债就属于这种实物债券，它以实物券的形式记录债权、面值等，不记名、不挂失，可上市流通。凭证式长期债券的形式是债权人认购债券的一种收款凭证，而不是债券发行人制定的标准格式的债券。例如，我国近年来通过银行系统发行的凭证式国债就是一种以“凭证式国债收款凭证”记录债权的收款凭证，不能上市流通，从购买之日起计息。在持有期内，持券人如遇特殊情况需要提取现金，可以到购买网点提前兑取。记账式长期债券是没有实物形态的债券，只在电脑账户中做记录。在我国，上海证券交易所和深圳证券交易所已为证券投资者建立了电脑证券账户，可以利用交易所的交易系统发行和交易记账式债券。

（3）发行长期债券必须考虑的因素。

①发行金额。长期债券的发行金额是根据发行人所需资金的数量、资金市场上的供给情况、发行人的偿债能力和信誉、债券的种类以及该种债券对市场的吸引力来决定的。发行金额如果定得过高，会影响其他发行条件，造成销售困难，对发行后债券的转让价格也会产生不良影响。

②期限。长期债券的期限是根据发行人资金需求的性质、未来市场利率水平的发展趋势、流通市场的发达程度、物价的变动趋势、债券市场上其他债券的期限构成以及投资者的投资偏好等因素来确定的。一般来说，如果企业发债是用于长期投资建设、未来市场利率有上升可能、流通市场比较发达、物价变动平稳，则可将债券的期限设计得长一些。

③偿还方式。在偿还方式中，要规定偿还金额、偿还日期以及偿还形式等。其中，偿还日期可以分为期满偿还、期中偿还和延期偿还三种；偿还形式可以分为货币偿还、债券偿还和股票偿还三种。货币偿还是指在偿还时用货币支付本金和利息；债券偿还是指用一种到期日更远的债券来替换即将到期的债券，一般是用新发债券兑换未到期或到期的旧债券；股票偿还是指举债公司用本公司的股票来交换债券持有人的可转换公司债券。

④票面利率。在确定票面利率时，一般要考虑以下因素：债券期限的长短、市场利率水平的高低、债券的信用等级、利息支付方式、证券管理当局对票面利率的管理和指导等。一般来说，债券期限越长，利率应该越高；债券信用等级越高，利率应该越低；到期一次还本付息的利率应高于按年付息的票面利率；在收益率一定的条件下，单利的票面利率应高于按复利计算的票面利率。

⑤付息方式。债券的付息方式一般有一次性付息和分期付息两类，而一次性付息又可以分为利随本清方式和利息预扣两种。发行人在选择付息方式时，应把降低筹资成本与增加债券对投资者的吸引力结合起来。

⑥收益率。决定债券收益率的因素主要有利率、期限和购买价格。一般来说，收益率是投资者购买债券时的首要考虑因素。

⑦税收效应。涉及债券收益的税种有利息预扣税和资本税。利息预扣税也叫收

入所得税，是支付利息的人在向债券持有人支付利息时预先就扣除债券持有人应向政府缴纳的税款，并将此税款集中上缴当地税务部门。一般来说，政府债券免征利息预扣税。资本税是指出售长期债券时对卖出价格（或持有到期时的偿还价格）与买入价格之间的差额收益所征收的资本收益税。长期债券的税收效应直接影响长期债券的收益率，因此投资者在购买长期债券时，要把纳税债券与纳税债券的收益进行适当的折算之后，才能判断它们收益率的高低。投资者关心的是长期债券投资所获得的收益在扣除税款后的净额。

⑧发行费用。长期债券的发行费用包括最初费用和期中费用两种。最初费用包括承销商的手续费、登记费、印刷费、评级费、担保费、广告费、律师费、上市费等。期中费用包括支付利息手续费、每年的上市费、本金偿还支付手续费等。长期债券发行者应尽量减少发行费用，以降低发行成本。

⑨担保。有无担保是长期债券发行的重要条件之一，由信誉卓著的第三方担保或用发行方的财产作抵押担保，有助于增加长期债券的安全性，减少投资风险。一般来说，政府、大金融机构发行的长期债券多是无担保债券。

（4）长期债券的发行价格。

长期债券的发行价格是指长期债券投资者认购新发行的债券时实际支付的价格。长期债券按发行价格可以分为：平价发行，即长期债券的发行价格与面值相等；折价发行，即长期债券以低于面值的价格发行；溢价发行，即长期债券以高于面值的价格发行。在面值一定的情况下，调整长期债券的发行价格，可以使投资者的实际收益率接近市场收益率水平。

2.股票

（1）股票的性质。

①股票是有价证券。股票是股份有限公司发行的、用以证明投资者的股东身份和权益，并据以获取股息和红利的凭证。由于股东一旦入股就无权要求公司退股，因此，从这种意义上说，股票是一种长期证券。之所以把股票视为有价证券，是因为持有股票一方面表示拥有股份公司的一定价值量的资产，另一方面也表明股票持有人可以行使该股票所代表的权利。

②股票是一种要式证券。股票应记载一定的事项，其内容应全面、真实，这些事项往往通过法律形式加以规定。在我国，股票应具备《公司法》规定的有关内容，如果缺少规定的要件，股票就没有法律效力。而且，股票的制作和发行必须经证券主管机关的审核和批准，任何个人或者团体，不得擅自印制、发行股票。

③股票是一种证权证券。股票代表的是股东权利，它的发行是以股份的存在为条件的，股票只是把已存在的股东权利表现为证券的形式，它的作用不是创造股东的权利，而是证明股东的权利。股东权利可以不随股票的损毁、遗失而消失，股东可以依照法定程序要求公司补发新的股票。所以说，股票是证权证券。

④股票是一种资本证券。股票是投资人投入股份公司的资本份额的证券化，属于资本证券。但是，股票又不是一种现实的财富，股份公司通过发行股票筹措的资

金，是公司用于营运的真实资本，股票独立于真实资本之外，只是凭借着它所代表的资本额和股东权益在股票市场上进行着独立的价值运动，是一种虚拟资本。

⑤股票是一种综合权利证券。股票持有者作为股份公司的股东，享有独立的股东权利。股东权利是一种综合权利，包括出席股东大会、投票表决、分配股息和红利等权利。

（2）股票的特征。

①收益性。收益性是股票最基本的特征，它是指股票可以为持有人带来收益的特性。股票的收益可分成两类：第一类来自股份公司。认购股票后，持有者可从公司领取股息和分享公司的红利。股息和红利的大小取决于股份公司的经营状况和盈利水平。第二类来自股票流通。**股票持有者在二级市场低买高卖时可以赚取差价收益，这种差价收益称为资本利得（capital gain）。**

②风险性。风险性是指股票可能产生经济利益损失的可能性。尽管股票可能给持有者带来收益，但这种收益是不确定的。股东能否获得预期的股息、红利收益，取决于公司的盈利情况，利大多分，利小少分，无利不分，公司发生亏损时股东承担有限责任，破产时可能连本金都保不住。同时，受公司盈利、市场利率、政治局势、宏观经济状况等因素的影响，如果股价下跌，股票持有者会因而蒙受损失。

③流动性。流动性是指股票可以自由地进行交易。股票持有者虽然不能直接向股份公司退股，但可以在股票交易市场上很方便地卖出股票来变现，所以，股票是流动性很高的证券。也因为这一点，在会计上股票被划为流动资产。

④永久性。永久性是指股票所载有权利的有效性是始终不变的，因为它是一种无期限的法律凭证。虽然股票持有者可以出售股票而转让其股东身份，但对于股份公司来说，通过发行股票筹集到的资金，在公司存续期间是一笔稳定的自有资本。

⑤参与性。参与性是指股票持有人有权参与公司重大决策的特性。股票持有人作为股份公司的股东，有权出席股东大会，通过选举公司董事会来实现其参与权。不过，股东参与公司重大决策的权力大小取决于其持有股票数额的多少。

（3）股票的分类。

①按股东享有权利的不同分类。

第一，普通股股票。普通股股票是最常见的一种股票，其持有者享有股东的基本权利和义务。普通股股票的股利完全随公司盈利的高低而变化，普通股股东在公司盈利和剩余财产的分配顺序上列在债权人和优先股股东之后，故其承担的风险也较高。

第二，优先股股票。优先股股票是一种特殊股票，在它的股东权利义务中附加了某些特别条件。优先股股票的股息率是固定的，其持有者的股东权利受到一定的限制，但在公司盈利和剩余财产的分配上比普通股股东享有优先权。

②按是否记载股东姓名分类。

第一，记名股票。所谓记名股票，是指在股票票面和股份公司的股东名册上记载股东姓名的股票。一般来说，如果股票归某人单独所有，应记载持有人的姓名；

如果股票是由国家授权投资的机构或者法人所持有，则应记载国家授权投资的机构或者法人的名称；如果股票持有者因故改换姓名或者名称，就应到公司办理变更姓名或者名称的手续。

第二，不记名股票。所谓不记名股票，是指在股票票面和股份公司股东名册上均不记载股东姓名的股票。它与记名股票比较，差别不是在股东权利等方面，而是在股票记载方式上。

③按是否有票面金额分类。

第一，有面额股票。所谓有面额股票，是指在股票票面上记载一定金额的股票。这一记载的金额也称为票面金额、票面价值或股票面值。股票票面金额的计算方法是用资本总额除以股份数，实际上很多国家通过法规予以直接规定。我国《公司法》规定，股票发行价格可以和票面金额相等，也可以超过票面金额，但不得低于票面金额。这样，有面额股票的票面金额就成为发行价格的最低界限。

第二，无面额股票。所谓无面额股票，是指在股票票面上不记载金额的股票。无面额股票也称为比例股票或份额股票。无面额股票的价值将随股份公司资产的增减而相应增减，公司资产增加，每股价值上升；反之，公司资产减少，每股价值下降。目前，世界上很多国家（包括我国）的公司法都规定不允许发行这种股票。

（4）股票的发行。

①股票发行的目的。

第一，获取长期资金。投资者一旦购买了股票，就成为公司的股东，他如果需要变现只能将股票转让出去而不能直接从公司收回股本。所以，企业通过发行股票所筹集的资金从理论上讲可以作永久性使用，不用考虑还本。此外，在经营状况不佳时，企业还可以减少分红或不分红，以稳定资本。

第二，改善资本结构。如果以债券或银行贷款的方式筹集的资本在总资本中所占比例过大，则意味着企业的偿债负担过大，并有可能因此而影响企业规模的进一步扩大，甚至影响企业的正常运营。通过发行股票筹集的资本不构成企业的负债，企业不必承担还本付息的义务。因此，通过发行股票，可以改善企业的资本结构，减轻偿债压力。

第三，扩大企业知名度。企业发行股票都能或多或少地扩大社会影响，尤其是采用面向全社会的公开募集方式发行股票，更有利于提高知名度，若能到证券交易所上市交易，则效果更佳。

第四，提高原股东收益。如果公司连年盈余，留存大量公积金，股票市价会不断上涨。公司为了使原有股东获益，则可以按低于市价的价格向老股东配售新股或将公积金转为资本金，以及向老股东送股。这样，股票发行同维护和增加原有股东的经济利益联系起来。

②股票发行的方式。

第一，根据是否办理公开发行审核程序，股票的发行可以分为公开发行和内部发行。公开发行是指股份公司按照《公司法》及《证券法》的有关规定，办理有关发行审核程序，并将其财务状况予以公开，以向社会大众招募股份的发行方式。内部发行不办理公开发行的审核程序，也不向社会公众发行股票，而只对特定的对象和公司内部职工征募股份。在我国现阶段，凡采取社会募集方式设立的股份有限公司都必须采取公开发行方式发行股票，而采取发起方式设立的股份有限公司，则采用内部发行的方式发行股票。

第二，根据发行的目的，股票的发行可分为筹资发行与增资发行。筹资发行是为新设立股份有限公司发行股票。由于筹资发行是新创建的公司首次发行股票，因此必须由发起人拟订公司章程，经律师和会计师审查，在指定的报纸等公开媒体上公布，同时报经主管机关审查合格后准予注册登记，领取登记证书，在法律上取得独立的法人资格后，才准予向社会发行。增资发行则是已设立的股份有限公司为增资扩股而发行股票，它是企业为追加投资而进行的募股行为。由于各国往往规定公司发行股票必须有一定存续期，因而大多数股票发行都是增资发行。根据增资发行目的和具体方式的不同，又可分为有偿增资、无偿增资和并行增资几种不同的发行方式。

第三，根据有无中介承销机构介入，股票发行方式分为直接发行和间接发行。直接发行又称自营发行，是指股票发行公司不通过中介机构，自己直接向投资者发行股票的方式。直接发行使发行公司能直接控制发行过程，发行费用相对较少，但往往花费的筹资时间长，还必须有发行方面的专职人员以及较高的知名度和信誉，同时，发行公司还要自己承担发行股票的风险。目前我国规定，只有内部发行的股票方可由企业直接发行。间接发行是指股票发行公司委托金融中介机构（投资银行、证券公司、信托投资公司等）办理发行事务的发行方式。公开发行的股票一般都采用间接发行方式发行。采用间接发行方式，发行公司虽须向其委托的代理发行机构支付一笔手续费，但可以使企业在较短的时间内筹到所需资金。

第四，根据定价基准，股票发行方式分为面额发行、市价发行和中间价发行。面额发行又称为等价发行或平价发行，即按股票票面面额发行新股。面额发行一般适用于公司成立时的首次股票发行或无偿送股。市价发行是指股票的发行价格以当时股票流通市场上的价格水平为基准来确定的发行方式。确定市价的方法很多，一般是依据前一个月股票交易市场的平均价格，以低于这一价格的5%～10%定价。中间价发行是指以介于股票面额和股票市价之间的价格来发行股票的方式。

第五，根据发行价格与股票面额之间的关系，股票发行方式可分为溢价发行、平价发行和折价发行。发行价与股票面额相等，称为平价发行；发行价格高于股票面额，称为溢价发行；发行价格低于股票面额，称为折价发行。

第六，根据发行价格的决定方式，股票发行方式可分为议价发行和竞价发行。议价发行是采用商议的方式确定发行价格。议价又称协商定价，由股票发行公司与承销机构协商，参照市场上同行业公司股票的价格水平，加上对企业发展前景与风险指标的衡量以及宏观经济环境等因素的综合考虑，确定发行市盈率并推出发行价格，发行价格确定后，还要确定一个承销价格。承销价格与发行价格之差，即为承销商的收入。竞价发行是指采用竞争的方式确定发行价格。竞价的定价依据是市场需求，中标价格是市场的需求价格，也就是市场所能接受的最高价格。

微课 2-2 长期金融工具

§2.3 证券指数

2.3.1 股票价格指数编制方法

股票价格指数（stock price index），简称股价指数，是衡量股票市场上股价综合变动方向和幅度的一种动态相对数，其基本功能是用平均值的变化来描述股票市场股价的动态。股价指数主要由证券交易所、金融服务机构、研究咨询机构或财经媒体等编制和发布，指数编制虽各有不同而且在不断发展完善中，但基本形成了若干比较普遍的原则和方法。

在计算股价指数时，通常将股价指数和股价平均数分别进行计算，这主要是根据两者对股市的不同实际作用而做出的。股价平均数是反映多种股票价格变动的一般水平，通常通过计算平均数来表示。而股价指数是反映不同时期股价变动情况的相对指标，通过它，人们可以了解计算期的股价比基期的股价上升或下降的百分比。

1.股价平均数

股价平均数采用股价平均法，用来度量所有样本股经调整后的价格水平的平均值，可分为简单算术股价平均数、加权股价平均数和修正股价平均数。

（1）简单算术股价平均数。

简单算术股价平均数是以样本股每日收盘价之和除以样本数计算得来的。其计算公式为：

$$\overline{P} = \frac{\sum P_i}{N} \tag{2.1}$$

式中：$\overline{P}$ 为平均股价；P_i 为各样本股收盘价；N 为样本股票种数。

（2）加权股价平均数。

加权股价平均数也被称为“加权平均股价”，是将各样本股票的发行量或成交量作为权数计算出来的股价平均数。其计算公式为：

$$\overline{P} = \frac{\sum_{i=1}^{n} P_i W_i}{\sum_{i=1}^{n} W_i} \tag{2.2}$$

式中：W_i 为样本股的发行量或成交量。

（3）修正股价平均数。

修正股价平均数是在简单算术股价平均数法的基础上，当样本股名单发生变化、样本股的股本结构发生变化或样本股的市值出现非交易因素的变动时，通过变动除数，使股价平均数保持连贯性。修正除数的计算公式如下：

$$修正除数 = \frac{股份变动后的总价格}{股份变动前的平均数}$$

由上述公式得出新除数，即修正后的除数，又被称为"新基期"，并据此计算以后的指数。

目前，在国际上影响最大、历史最悠久的道·琼斯股价平均数就是采用修正股价平均数法来计算股价平均数，每当股票分割、送股或增发、配股数超过原股份10%时，就对除数作相应的修正。

2.股价指数

股价指数是报告期股价与某一基期相比较的相对变化指数。它的编制首先假定某一时点为基期，基期值为100（或10、1 000），然后再用报告期股价与基期股价相比较而得出。按不同编制方法，股价指数主要有简单算术股价指数和加权股价指数。

（1）简单算术股价指数。

简单算术股价指数是指在计算出采样股票个别价格指数的基础上，加总求得的算术平均数。其计算公式为：

$$PI = \frac{1}{N}\sum_{i=1}^{n}\frac{P_{i1}}{P_{i0}} \times 基期指数 \tag{2.3}$$

式中：PI为股价指数；i为第i只样本股；P_{i0}为基期股价；P_{i1}为报告期股价；N为样本股个数。

（2）加权股价指数。

加权股价指数是指以样本股票发行量或成交量为权数加以计算，又有基期加权、计算期加权和几何加权之分。

①基期加权股价指数又被称为"拉斯贝尔加权指数"，采用基期发行量或成交量作为权数，其计算公式为：

$$PI = \frac{\sum_{i=1}^{n}P_{i1}W_{i0}}{\sum_{i=1}^{n}P_{i0}W_{i0}} \times 基期指数 \tag{2.4}$$

式中：i为第i只样本股；P_{i0}为基期股价；P_{i1}为报告期股价；W_{i0}为基期股数；n为样本股个数。

②计算期加权股价指数又被称为"派许加权指数"，采用计算期发行量或成交量作为权数，其计算公式为：

$$PI = \frac{\sum_{i=1}^{n}P_{i1}W_{i1}}{\sum_{i=1}^{n}P_{i0}W_{i1}} \times 基期指数 \tag{2.5}$$

式中：i为第i只样本股；P_{i0}为基期股价；P_{i1}为报告期股价；W_{i1}为报告期股数；n为样本股个数。

③几何加权股价指数又称为“费雪理想式”，是对两种指数做几何平均，由于计算复杂，很少被实际应用，其计算公式为：

$$PI = \sqrt{\frac{\sum_{i=1}^{n} P_{i1} W_{i1}}{\sum_{i=1}^{n} P_{i0} W_{i1}}} \times \sqrt{\frac{\sum_{i=1}^{n} P_{i1} W_{i0}}{\sum_{i=1}^{n} P_{i0} W_{i0}}} \times \text{基期指数} \tag{2.6}$$

式中：i为第i只样本股；P_{i0}为基期股价；P_{i1}为报告期股价；W_{i0}为基期股数；W_{i1}为报告期股数；n为样本股个数。

微课2-3 股票价格指数

2.3.2 我国主要证券价格指数

1.我国主要股票价格指数

（1）上证综合指数。

上证综合指数是上海证券交易所股票价格综合指数的简称。该指数的前身为上海静安指数，是由中国工商银行上海市分行信托投资公司静安证券业务部于1987年11月2日开始编制的。上证综合指数是上海证券交易所于1991年7月15日开始编制和公布的，以1990年12月19日为基期，基期值为100，以全部上市股票为样本、以股票发行量为权数进行编制。

（2）深圳成份股指数。

成份股指数是通过对所有上市公司进行考查，按一定标准选出一定数量有代表性的公司编制成份股指数，采用成份股的可流通股数作为权数，实施综合法进行编制。成份股指数按照股票种类分为A股指数和B股指数。深圳成份股指数及其分类指数的基日指数为1994年7月20日，基日指数定为1 000点，简称深成指。该指数的发布内容包括前日收市、今日开市、最高指数、最低指数和当前指数。

（3）沪深300指数。

沪深300指数是沪深证券交易所于2005年4月8日联合发布的反映A股市场整体走势的指数。沪深300指数的编制目标是反映中国证券市场股票价格变动的概貌和运行状况，并能够作为投资业绩的评价标准，为指数化投资和指数衍生产品创新提供基础条件。沪深300指数样本覆盖了沪深市场六成左右的市值，具有良好的市场代表性。

沪深300指数的主要特点有：（1）严格的样本选择标准，定位于交易性成分指数；（2）采用自由流通量为权数；（3）采用分级靠档法确定成分股权重；（4）样本股稳定性高，调整设置缓冲区；（5）指数行业分布状况基本与市场行业分布比例一致。

2020年6月1日，沪深300指数进行了最新的调整，调整后的沪深300指数占沪深市场总市值的比例约为56.82%。

因其在各大指数中良好的代表性，我国当前的股指期货就是以沪深300股指为标的。

2.我国主要债券指数

（1）中证全债指数。

中证全债指数是中证指数公司编制的综合反映银行间债券市场和沪深交易所债券市场的跨市场债券指数，也是中证指数公司编制并发布的首只债券类指数。该指数的样本由银行间市场和沪深交易所市场的国债、金融债券及企业债券组成，中证指数公司每日计算并发布中证全债的收盘指数及相应的债券属性指标，为债券投资者提供投资分析工具和业绩评价基准。

中证全债指数体系还包括4只分年期指数和3只分类别指数，分年期指数是在全债指数样本集合中挑选剩余期限1~3年、3~7年、7~10年及10年以上的样本构成相应的指数，分类别指数是在全债指数样本集合中挑选信用类别为国债、金融债和企业债的样本构成相应的指数。

（2）上证国债指数。

上海证券交易所自2003年1月2日起发布上证国债指数。上证国债指数以在上海证券交易所上市的、剩余期限在1年以上的固定利率国债和一次还本付息国债为样本，按照国债发行量加权，基日为2002年12月31日，基点为100点。

上证国债指数采用派许法计算加权综合价格指数，以样本国债的发行量为权数。当成分国债的市值出现非交易因素的变动时，采用除数修正法修正原固定除数，以保证指数的连续性。

（3）上证企业债指数。

上海证券交易所于2003年6月9日起发布企业债指数。该指数以在沪深证券交易所上市交易的固定利率付息和一次还本付息、剩余期限在1年以上（含1年）、信用评级为投资级以上的非股权连接类企业债券为样本，以2002年12月31日为基准日，基日指数为100点，采用派许加权综合价格指数公式计算。当成分企业债的市值出现非交易因素变动时，采用除数修正法修正原除数，以保证指数的连续性。

（4）中国债券指数。

2002年12月31日，中央登记公司开始发布中国债券指数系列，该指数体系包括国债指数、企业债指数、政策性银行金融债指数、银行间债券指数、交易所债券指数、中短期债券指数和长期国债指数等，覆盖了交易所市场和银行间市场所有发行额在50亿元人民币以上、待偿期限在1年以上的债券，指数样本债券每月末调整一次。该指数以2001年12月31日为基日，基期指数为100点，每个工作日计算一次。

3.我国主要基金指数

（1）中证基金指数系列。

中证指数有限公司于2008年2月4日正式发布中证基金指数系列，以反映中国开放式基金市场的整体绩效表现，为投资者在该市场的投资提供更为丰富的分析工具和收益评价基准。目前该指数系列有7只指数，包括中证开放式基金指数和3个分类指数（中证股票型基金指数、中证混合型基金指数和中证债券型基金指数）。中证基金指数系列均以2002年12月31日为基日，基点为1 000点。中证基金指数的样本空间为当前市场上的所有开放式基金（不包括货币市场基金和保本型基金）。当指数样本、基金单位净值出现非交易因素的变动时，采用除数修正法进行修正，以保证指数的连续性。

（2）上证基金指数。

为反映基金市场的综合变动情况，上海证券交易所于2000年4月26日编制并发布了上证基金指数。上证基金指数选样为截至2000年4月26日在上交所上市的12只证券投资基金，于2000年6月9日正式发布。上证基金指数的选样范围为在上海证券交易所上市的所有证券投资基金。上证基金指数以2000年5月8日为基日，以该日所有证券投资基金市价总值为基期值，设基日指数为1 000点。

（3）中证协基金行业股票估值指数。

中国证券业协会和中证指数有限公司于2009年6月15日发布中证协基金行业股票估值指数，简称“SAC行业指数”。该指数是按照中国证监会《上市公司行业分类指引》标准编制的跨沪深交易所市场的行业指数，分12个门类和制造业9个辅类，共21种指数，均以2008年12月31日为基日，基点为1 000点。

专栏2-3

上证指数重新修订，未来投资指数将成为股市的最优选择

2020年7月22日，对A股来说，这又是一个需要被记住的日子，因为上交所与中证指数公司决定7月22日开始修订上证综合指数的编制方案，主要有三方面修订内容：

（1）指数的成分股如被提醒风险警示，从被警示的次月第二个周五后被指数剔除。如果风险警示被解除，那么将在次月的第二个星期五之后的交易日重新纳回。意思就是，带ST的就别在指数里待着了。

（2）日均市值排名前十的上市公司，在上市三个月后纳入指数，如不能排名前十，则一年后计入指数。意思就是，上市第一年先观察一下，不盲目纳入指数。

（3）上交所上市的红筹企业发行的存托凭证、科创板上市的证券将依据修订后的编制方案计入上证综指。意思就是，指数的行业结构将添加新兴产业等领域。

上证指数失真是不争的事实，我国经济从2010年开始GDP增速虽然下了一个台阶，可毕竟是一直增长的，在世界上虽不能说是绝无仅有，但用凤毛麟角来比喻也是很恰当的。但是上证指数却总体上10年不涨，这是为什么呢？主要原因就在于指数编制的遗留问题——新股不败的神话。从全世界的角度看，似乎只有在A股上市的新股能够做到不下跌，尤其是那些科技类、消费类和生物制药类的公司，不给你整上七八个涨停板都觉得对不起股民。但不可回避的是，大多数新股在经历10个交易日左右的疯狂之后，大部分的股票都会迎来回调，甚至在随后一年内下降幅度超过50%的比比皆是。由于上证综指纳入新股的时点是在股票上市第11个交易日，基本上就是在股票阶段性的高点附近开始纳入指数，换句话说就是个股享受上涨的时候指数不在，它下跌时却要指数一起承受，十足的不能同享福只可同受罪。这是上证指数失真的一个重要原因。

第二个原因在于成分股的行业结构。说实在的，我们都知道未来将属于科技、消费、电子和互联网，但上证指数的成分股的行业结构多以金融、地产、化工和采掘、农业为主，甚至近几年医药股都不太选择在上交所上市了，那么如果指数内的行业不改变，未来再有十年也不一定能上涨2 000点。因此让科创板股票纳入上证综指就可对行业结构进行重塑，“传统+新兴”产业必然让指数在加强稳定性的同时，提升增长能力。有证券公司根据新上证指数的改变规则进行重新编制后，做出了一份股指的模拟走势图，能看到的朋友可以感受一下，其走势还是可以比较明确地反映经济的强弱和趋势，当然，这是从2005年就开始计算的结果，与实际GDP增长水平相比仍有差距。

对投资者来说，重新编制指数的最重要影响就是，感受股市的变化将更加直观，在投资的选择上也会更加客观，不会因为股指常年不涨而草率地认为投资股市就像赌博。

资料来源. 财经伊点通.上证指数终于要重修，未来投资指数将成为股市的最优选择？[EB/OL].[2020-07-22]. http://t.10jqka.com.cn/pid_132699455.shtml.此处有改编.

2.3.3 国外主要股票价格指数

1.道·琼斯工业指数

道·琼斯指数是世界上历史最为悠久的股票指数，最早是在1884年由道·琼斯公司的创始人查尔斯·道开始编制的。最初的道·琼斯股票价格平均指数是根据11种具有代表性的铁路公司的股票，采用算术平均法进行计算编制而成，发表在查尔斯·道自己编辑出版的《每日通讯》上，其计算公式为：

$$股票价格平均数=\frac{入选股票的价格之和}{入选股票的数量}$$

道·琼斯指数以在纽约证券交易所挂牌上市的一部分有代表性的公司股票作为编制对象，由四组股价平均指数构成，分别是：

第一组是工业股票价格平均指数。它由30种有代表性的大工商业公司的股票组成，且随着经济发展而变大，大致可以反映美国整个工商业股票的价格水平，这也就是人们通常所引用的道·琼斯工业平均指数。

第二组是运输业股票价格平均指数。它包括20种有代表性的运输业公司的股票，即8家铁路运输公司、8家航空公司和4家公路货运公司。

第三组是公用事业股票价格平均指数，是由代表美国公用事业的15家煤气公司和电力公司的股票所组成。

第四组是平均价格综合指数。它是综合前三组股票价格平均指数而得出的综合指数。

在四组道·琼斯股价指数中，以道·琼斯工业股价平均指数最为著名。现在的道·琼斯股票价格平均指数是以1928年10月1日为基期，因为这一天收盘时的道·琼斯股票价格平均数约为100美元，所以将其定为基准日。而以后股票价格同基期相比计算出的百分数，就成为各期的股票价格指数，所以现在的股票指数普遍用点来做单位，而股票指数每一点的涨跌就是相对于基准日的涨跌百分数。

2.标准·普尔股票价格指数

该股票价格指数是由美国最大证券研究机构标准·普尔公司编制发布的用以反映美国股票市场行情变化的股价指数。标准·普尔指数1932年开始编制，最初采样股票共233种。1957年采样股票扩大到500种，其中工业股票425种、铁路股票15种、公用事业股票60种。1976年又进行了修改，采样股票仍为500种，但其构成变为工业股票400种、运输业股票20种、公用事业股票40种、金融股票40种。

标准·普尔指数采用加权平均法，以1941—1943年间的平均市价总额为基期值，基期指数为100，以上市股票市值为权数进行计算。

3.《金融时报》股票价格指数

该指数是英国伦敦《金融时报》编制发布的反映伦敦证券交易所工业和其他行业股票价格变动的指数。该指数的采样股票分为三组：第一组为在伦敦证券交易所上市的英国工业有代表性的30家大公司的30种股票；第二组和第三组分别由100种股票和500种股票组成，其范围包括各行各业。该指数以1935年7月1日为基期，基期指数为100。该指数以能及时反映伦敦股票市场动态而闻名于世。

4.日经股票价格指数

该指数是一种股票价格平均数，是由日本经济新闻社编制并公布的反映日本股票市场价格变动的股票价格平均数。其计算方法采用的是美国道·琼斯指数所用的修正法，基期为1950年9月7日。按计算对象和采样数目不同，该指数分为两种：一是日经225种股票平均股价。其所选样本均为在东京证券交易所第一市场上市的股票，这些采样股票原则上是固定不变的。日经225种股票平均股价由于是自1950年开始并一直延续下来的，具有可比性和连续性，所以成为考查分析日本股票市场股价的长期演变及趋势最常用、最可靠的指标。二是日经500种股票平均股价，自1982年1月4日开始编制。该指数样本不是固定的，每年4月根据前三个结算年度各股份有限公司的经营状况、股票成交量、市价总额等情况为基本条件更换采样股票。日经500种股票平均股价所选样本多，具有广泛的代表性，因而能比较全面、真实地反映日本股市行情的变化，还能反映日本产业结构的变动。经日本经济新闻社与美国道·琼斯公司协商，从1985年5月1日起，日经-道·琼斯指数改为“日经指数”或“日经平均股价”，该指数每天刊登在《日本经济新闻》上。

5.恒生股票价格指数

该指数是由香港恒生银行编制、用以反映香港股票市场股票价格变动的指数，也是香港股票市场历史最为悠久、影响最大的一种股价指数。它从1969年11月24日开始发布，其基期为1964年7月31日，基期指数为100。恒生股票价格指数挑选了33种有代表性的上市股票作为成分股，计算方法为修正加权综合法。

6.纳斯达克指数

纳斯达克是美国全国证券交易商协会于1968年着手创建的自动报价系统（The National Association of Securities Dealers Automated Quotations，NASDAQ）的简称。纳斯达克的特点是收集和发布场外交易非上市股票的证券商报价，它现已成为全球最大的证券交易市场，近几年上市公司一直在五六千家左右。纳斯达克又是全世界第一个采用电子交易的股市，它在55个国家和地区设有26万多个计算机销售终端。纳斯达克指数是反映纳斯达克证券市场行情变化的股票价格平均指数，基本指数为100。纳斯达克的上市公司涵盖所有新技术行业，包括软件和计算机、电信、生物技术、零售和批发贸易等。

★ 思政课堂

金观平：启动金融市场开放新引擎

【归类】新机制

【属性】守正创新、质量意识

为便利中国内地境外投资者参与银行间利率互换等衍生品交易，中国人民银行会同香港证监会、香港金管局等部门在总结债券市场对外开放成功经验的基础上，深入研究跨境衍生品交易清算模式，形成了“互换通”方案。2023年5月15日，内地与香港利率互换市场互联互通合作正式上线运行。作为全球首个衍生品市场的互联互通机制，“互换通”的启动标志着我国金融市场对外开放又迈出了重要一步，将进一步提升香港与内地金融市场的互联互通效率，为内地、香港及境外投资者搭建起一条利率衍生品市场互联互通“高速路”。

“互换通”是我国债券市场高质量发展和人民币国际化的又一重要里程碑。对于境外投资者而言，“互换通”不改变其现有交易习惯，提高了参与便利性；集中清算机制有效提升了境外投资者对于交易对手信用风险的管理效率。同时，“互换通”便利投资者进行高效、多元的利率风险管理。对于我国债券市场来说，“互换通”更带来了风险对冲效率的提高和跨境投资环境的优化，将吸引更多境外投资者入市，丰富投资者类型，在市场扩容中改善交易流动性，在业务互动中完善制度环境，高质量深化市场开放发展与跨境合作，推动人民币国际化进程。

近日召开的中央政治局会议强调，要全面深化改革开放，把发挥政策效力和激发经营主体活力结合起来，形成推动高质量发展的强大动力。可以说，“互换通”的推出恰逢其时。近年来，一项项针对性政策举措，展现出我国注重高质量发展、坚持高水平开放的态度和决心，这也正是吸引国际投资者的关键。

金融市场的发展经验表明，扩大开放是实现中国金融市场市场化、法治化、国际化发展目标的强大推动力，也是进一步提升金融市场服务实体经济能力的关键之举。

资料来源：金观平.启动金融市场开放新引擎［EB/OL］.［2023-05-16］. http://www.ce.cn/xwzx/gnsz/gdxw/202305/16/t20230516_38546905.shtml.

★ 本章小结

1.金融市场是指资金供给者与资金需求者从事资金融通活动的场所。金融市场有广义和狭义之分，广义的金融市场是指由货币资金的借贷、金融工具的发行与交易以及外汇黄金的买卖所形成的市场，狭义的金融市场特指证券（主要是债券和股票）的发行与买卖的场所。

2.金融市场的分类方法有很多种，按标的物划分，可将金融市场分为货币市场、资本市场、外汇市场、黄金市场和保险市场；按交割方式划分，可将金融市场分为现货市场、期货市场和期权市场；按交易程序划分，可将金融市场分为发行市场和流通市场等。

3.金融市场的客体就是金融工具，金融工具种类繁多，我们可按不同的标准对金融工具进行分类，各种类型的金融工具都具有以下特征：偿还期、流动性、风险性和收益性。

4.股票价格指数是衡量股票市场上股价综合变动方向和幅度的一种动态相对数，其功能是用平均值的变化来描述股票市场股价的动态。

★ 综合训练

2.1 单项选择题

1.金融市场有很多分类方法，按标的物划分有资本市场、黄金市场、外汇市场、保险市场和（　　）。

A.期货市场　　B.货币市场　　C.现货市场　　D.发行市场

2.有价证券是（　　）的一种形式。

A.商品证券　　B.权益资本　　C.虚拟资本　　D.债务资本

3.债券根据（　　）分为政府债券、金融债券和公司债券。

A.发行性质　　B.发行对象　　C.发行目的　　D.发行主体

4.股票体现的是（　　）。

A.所有权关系　　B.债券债务关系　　C.信托关系　　D.契约关系

5.股票价格指数有多种编制方法，其中，将各样本股票的发行量或成交量作为权数计算股价平均数的方法称为（　　）。

A.简单算术股价平均数　　B.加权股价平均数

C.简单算术股价指数　　D.加权股价指数

2.2　多项选择题

1. 下列属于证券市场的基本职能的是（　　）。

A. 筹措资金　B. 资本定价　C. 资本配置　D. 国有企业转制

2. 股票作为一种有价证券，它是股份有限公司签发的证明股东所持股份的凭证，同时股票也是一种（　　）。

A. 有价证券　B. 要式证券　C. 证权证券　D. 资本证券

3. 以下属于股票特征的是（　　）。

A. 收益性　B. 风险性　C. 流动性　D. 偿还期

4. 目前，世界金融商品期货交易的品种主要有（　　）。

A. 外汇期货　B. 利率期货　C. 股票指数期货　D. 商品期货

5. 我国主要债权指数有（　　）。

A. 中证全债指数　B. 上证国债指数

C. 上证企业债指数　D. 中国债券指数

2.3　思考题

1. 什么是金融市场？其主要特点是什么？

2. 什么是金融工具？各类金融工具有什么共同特征？

3. 结合金融市场的基本功能，论述目前我国发展金融市场的现实意义。

4. 简要说明金融市场的特征。

5. 金融市场的组织形式有哪几种？它们各有什么特点？

6. 简述储蓄转变为投资与金融市场的关系。

7. 怎样理解金融市场是国民经济的“晴雨表”？

第3章

投资组合理论

★ 导读

现代证券投资理论建立在资产组合理论和资本资产定价理论的框架之上，用以阐释和估量投资风险，推导风险和预期收益率的关系，进而推导风险和投资要求收益率之间的关系。资产组合理论要解决的问题是，在组合证券风险保持在一定水平时如何选择使预期收益率最大化的资产组合。

★ 关键概念

系统风险（systematic risk） 非系统风险（unsystematic risk） 经营风险（operational risk） 预期收益率（rate of expected return） 财务风险（financial risk） 最优投资组合（optimum invest portfolio） 边际效用递减规律（the law of diminishing marginal utility） 边际替代率（marginal rate of substitution）

§3.1　风险与效用

3.1.1　收益及其度量

投资者进行投资的直接动机是获得收益，投资决策的目标是收益最大化。投资是放弃当前的消费，目的是将来获取更多的消费。但同样的货币支出在当前消费比在将来消费能给人带来更大的满足，因此，投资者要求对放弃当前的消费给予补偿。不仅如此，投资在前，收益在后，收益是投资的结果，受到许多不确定因素的影响，投资者承担了风险，同样需要补偿。收益是投资者放弃当前消费和承担风险的补偿。

任何一项投资的结果都可用收益率来衡量。通常，收益率的计算公式为：

收益率=（收入-支出）÷支出×100%　　（3.1）

投资期限一般用年来表示，如果期限不是整年，则进行转换。

证券投资收益，是指投资者从事证券投资而获得的报酬。它主要包括两种：一是证券利息收入（interest）；二是资本增益或损益（capital gain or loss）。证券利息收入是指在证券持有期内获得的利息收入，如债券按期支付债息的收入或股票按期支付股息的收入。资本增益或损益则是指所持证券价格的升降变动带来的证券价值的增加或减少。两部分收益共同构成了证券投资的净收益。收益率（r）的计算公式为：

r=（利息收入+期末市价总值-期初市价总值）÷期初市价总值×100%　　（3.2）

通常情况下，收益率受许多不确定因素的影响，因而是一个随机变量。我们可假定收益率服从某种概率分布，即已知每一收益率出现的概率，见表3-1：

表3-1　不同收益率对应的概率

收益率（%）	r_1	r_2	r_3	r_4	…	r_n
概率（P_i）	P_1	P_2	P_3	P_4	…	P_n

期望收益率为：

$$E(r)=\sum_{i=1}^{n} r_i P_i \tag{3.3}$$

【例3-1】某证券A的收益率分布见表3-2：

表3-2　某证券A的收益率分布

收益率（%）	-40	-10	0	15	30	40	50
概率（P_i）	0.03	0.07	0.30	0.10	0.05	0.20	0.25

那么，该证券的期望收益率为：

$$E(r)=\sum_{i=1}^{n}r_iP_i$$
$$=(-0.4\times0.03-0.1\times0.07+0\times0.3+0.15\times0.1+0.3\times0.05+0.4\times0.2+0.5\times0.25)\times100\%$$
$$=21.6\%$$

在实际中，我们经常使用历史数据来估计期望收益率。假设证券的月或年实际收益率为r_t（$t=1, 2, \cdots, n$），那么估计期望收益率（$\bar{r}$）的计算公式为：

$$\bar{r}=\frac{1}{n}\sum_{t=1}^{n}r_t \tag{3.4}$$

3.1.2 风险及其度量

风险有两种定义：一种定义强调风险表现为不确定性，另一种定义则强调风险表现为损失的不确定性。若风险表现为不确定性，说明风险产生的结果可能是损失也可能是获利，属于广义风险，金融风险属于此类。而风险表现为损失的不确定性，说明风险只能表现为损失，没有从风险中获利的可能性，属于狭义风险。

在证券投资活动中，投资风险主要是指投资收益的不确定性。实际收益率与期望收益率会有偏差，期望收益率是使可能的实际值与预测值的平均偏差达到最小（最优）的点估计值。可能的收益率越分散，它们与期望收益率的偏离程度就越大，投资者承担的风险也就越大。因而，风险的大小由未来可能收益率与期望收益率的偏离程度来反映，这种偏离程度由收益率的方差来度量，即：

$$\sigma^2(r)=\sum_{i=1}^{n}\left[r_i-E(r)\right]^2P_i \tag{3.5}$$

式中：P_i为收益率为r_i的概率；$\sigma^2(r)$为收益率的平均偏离程度。

【例3-2】某证券B收益率的概率分布见表3-3：

表3-3 **某证券B的收益率分布**

收益率（%）	−2	−1	1	3
概率（P_i）	0.20	0.30	0.10	0.40

则该证券的期望收益率E（r）为：

$$E(r)=\sum_{i=1}^{n}r_iP_i$$
$$=(-0.02\times0.2-0.01\times0.3+0.01\times0.1+0.03\times0.4)\times100\%$$
$$=0.6\%$$

方差为：

$$\sigma^2(r)=\sum_{i=1}^{n}\left[r_i-E(r)\right]^2P_i$$
$$=(-0.02-0.006)^2\times0.2+(-0.01-0.006)^2\times0.3+(0.01-0.006)^2\times0.1+(0.03-0.006)^2\times0.4$$
$$=0.000444$$

在实际进行投资决策时，往往无法得知按公式计算的期望收益率和方差所需要的概率分布。因为无法对影响收益率的各种因素及其影响程度做出合理的定量化的判断，也难以得到较好的估计。由于收益率的分布并不随时间的推移而发生变化，实际收益率的变化来自同一分布的不同表现，因此反映收益率变化的统计规律的两个重要数字特征——期望收益率和方差也不随时间而变化。这样，我们便可以从收益率的历史数据中得到二者的估计——样本均值和样本方差。

假设证券的月或年实际收益率为 r_i（i=1，2，…，n），通常称为收益率时间序列的一段样本，则样本均值为：

$$\hat{r} = \frac{1}{n}\sum_{i=1}^{n} r_i \tag{3.6}$$

样本方差为：

$$S^2 = \frac{1}{n-1}\sum_{i=1}^{n}\left(r_i - \bar{r}\right)^2 \tag{3.7}$$

从数学上可以证明 $\hat{r}$、S^2 分别为 $E(r)$、$\sigma^2(r)$ 的最优无偏估计。当 $n \to \infty$ 时，有：

$$S^2 = \frac{1}{n-1}\sum_{i=1}^{n}\left(r_i - \bar{r}\right)^2 = \frac{1}{n}\sum_{i=1}^{n}\left(r_i - \bar{r}\right)^2 \tag{3.8}$$

微课3-1　风险的度量

3.1.3　风险的种类

一般而言，风险是对投资者预期收益的背离，或者说是证券收益的不确定性。证券投资的风险是指证券预期收益变动的可能性及变动幅度，在持有证券这段时间内，有很多因素可能使预期收益减少甚至使本金遭受损失。因此，证券投资的风险是普遍存在的。与证券投资相关的所有风险称为总风险，总风险可分为系统风险（systematic risk）和非系统风险（unsystematic risk）两大类。

系统风险是与市场整体运动相关联的，它通常表现为某个领域、某个市场或某个行业部门的整体变化。它涉及面广，往往使整个一类或一组证券产生价格波动。这类风险因其来源于宏观因素变化对市场整体的影响，所以亦称为宏观风险。市场风险、通货膨胀风险、利率风险和政策风险等均属于系统风险。

非系统风险是指只对某个行业或个别公司的证券产生影响的风险，它通常由某一特殊因素引起，与整个证券市场的价格不存在系统、全面的联系，而只对个别或少数证券的收益产生影响。这种因行业或企业自身因素改变而带来的证券价格变化与其他证券的价格、收益没有必然的内在联系，不会因此而影响其他证券的收益。这种风险可以通过分散投资来抵消。若投资者持有多样化的不同证券，当某些证券价格下降、收益减少时，另一些证券可能价格正好上升，收益增加，这样就使风险相互抵消了。非系统风险是可以抵消的，因此又称为可分散风险，包括信用风险、经营风险、财务风险等。

1.市场风险

市场风险（market risk）来自整个市场买卖双方供求不平衡引起的价格波动。这种波动可能会给投资者带来损失或收益。这是投资中最普遍、最常见的风险，无论投资于金融资产（股票、债券、期权、期货等）还是实物资产（实体项目、房地产、贵金属等），几乎所有的投资者都必须承担这种风险。显然，这种风险不仅是单只证券所无法避免的，而且由这一市场中众多证券构成的投资组合也无法避免。

2.通货膨胀风险

通货膨胀风险（inflation risk）又称购买力风险（purchasing power risk），是指由于通货膨胀、货币贬值导致投资者实际收益水平下降的风险。一旦发生通货膨胀，随着商品价格的上涨，证券价格也会随之上涨，由于投资者的货币收入有所增加，会使他们忽视购买力风险的存在并产生货币增加的幻觉。实际上，由于货币贬值，货币的购买力水平下降，投资者的实际收益不仅没有增加，反而有所减少。一般来讲，可通过计算实际收益率来分析购买力风险。其计算公式为：

实际收益率=名义收益率-通货膨胀率

这里的名义收益率是指债券票面利息率或股票股息率。购买力风险对不同证券的影响是不相同的，最容易受到影响的是固定收益证券，如优先股股票、债券。因为它们的名义收益率是固定的，当通货膨胀率上升时，实际收益率将会下降，所以固定利息率的证券购买力风险较大。其中，同样是债券，长期债券的购买力风险又要比短期债券大。相比之下，浮动利率债券和普通股的购买力风险较小。当发生通货膨胀时，由于公司的产品价格上涨、股份公司的名义收益会增加，公司净盈利增加，股息也会随之增加，股票价格也会提高，普通股股东将会获得较高收益。

3.利率风险

利率风险（interest rate risk）指未来市场利率的变动引起证券价格变动的风险。证券价格，尤其是固定收益证券（如国债、优先股等）的价格，与市场利率之间存在着反向变动的关系：市场利率降低，则债券、股票的价格将上升；反之，市场利率升高，则债券和股票的价格将下降。

利率风险对不同证券的影响是不相同的。它是固定收益证券的主要风险，特别是债券的主要风险。债券面临的利率风险包括价格变动风险和息票利率风险。当市场利率提高时，债券价格降低，投资者若继续持有债券，将无法获得利率上升部分的收益；若将债券出售，投资者将面临资本损失。投资者无法规避利率变动对债券价格和收益的影响。

利率风险对长期债券的影响大于短期债券。在利率水平变动幅度相同的情况下，长期债券价格变动幅度大于短期债券，因此长期债券的利率风险大于短期债券。债券价格是将未来的利息收益和本金按市场利率折算成的现值，债券的期限越长，未来收入的折现率就越高，所以债券的价格变动风险随着期限的增加而增大。

普通股股票和优先股股票也会受利率风险影响。股票价格对利率变动非常敏感，当利率变动时，股票价格会迅速发生反向变动，其中优先股因其股息率固定受利率风险影响较大。对普通股来说，其股息和价格主要由公司经营状况和财务状况决定，而利率变动仅是影响公司经营和财务状况的部分因素，所以利率风险对普通股的影响相对较小。

4.政策风险

政策风险（policy risk）是指政府针对证券市场出台的一些政策引起投资收益的不确定性。这些政策往往具有突发性和非连续性，因此容易引发证券市场的震动。政策风险多见于新兴的发展中国家的证券市场，但发达国家的证券市场特殊情形下也会出现一些政府的非常干预措施，如“9·11”事件后的美国。一旦出现政策风险，几乎所有的证券都会受到影响，因此属于系统风险。

5.信用风险

信用风险（credit risk）又称违约风险（default risk），是指借款人、证券发行人或交易对方因种种原因，不愿或无力履行合同条件而构成违约，致使银行、投资者或交易对方遭受损失的可能性。

信用风险实际上反映了发行人在财务状况不佳时出现违约和破产的可能。它主要受证券发行人的经营能力、盈利水平、事业稳定程度及规模大小等因素的影响。债券、优先股、普通股都可能有信用风险，但程度各不相同。债券的信用风险就是债券不能到期还本付息的风险。信用风险是债券的主要风险，因为债券是需要按时还本付息的要约证券。虽然股票没有还本要求，普通股股息也不固定，但仍有信用风险，不仅优先股股息有无法偿付的可能，而且如公司不能按期偿还债务，股票的市场价格将会受到影响。当公司破产时，公司股票价格会接近于零，信用风险达到最大。公司发行债券和优先股之前，需进行信用评级，投资者往往会依据信用评级的结果判断证券的投资价值及信用风险。信用级别越高的证券信用风险越小；信用级别越低，违约的可能性越大。

6.经营风险

经营风险（operational risk）又称营业风险，是指在企业的生产经营过程中，供、产、销各个环节受不确定性因素的影响所导致企业资金运动的迟滞，产生企业价值的变动，导致公司盈利水平变化，从而使投资者收益发生变动。

经营风险主要通过盈利变化产生影响，对不同证券的影响程度也有所不同。经营风险是普通股股票的主要风险，公司盈利的变化既会影响股息收入，又会影响股票价格。当公司盈利增加时，股息增加，股票价格上涨；当公司盈利减少时，股息减少，股价下跌。经营风险对优先股的影响较小，因为优先股的股息率是固定的，盈利水平的变化对价格的影响有限。公司债的还本付息受法律保护，除非公司破产清算，一般情况下不受企业经营状况的影响，但公司盈利的变化同样可能使公司债券价格同方向变动，因为盈利会增加公司的债务偿还保障，使信用提高，债券价格也会相应上升。

7.财务风险

财务风险（financial risk）是指企业在各项财务活动中由于各种难以预料和无

法控制的因素，在一定时期、一定范围内所获取的最终财务成果与预期的经营目标发生偏差，从而形成的使企业蒙受经济损失或获得更大收益的可能性。企业的财务活动贯穿于生产经营的整个过程中，筹措资金、长短期投资、分配利润等都可能产生风险。

财务风险由企业的财务营运状况所决定，而其财务营运又受到企业营运、财务杠杆、外来资金成本三个因素的影响。如果企业的资本金为自有资本而无任何负债，则财务风险等于企业风险。如果企业运用财务杠杆，则财务风险大于企业风险，而且其差额必定随着财务杠杆程度的提高而增大。

3.1.4 效用

效用是指消费某种商品或劳务所得到的满足程度。人们之所以要消费商品或劳务，是因为通过一定数量的商品或劳务的消费，他们的爱好或需要会得到满足，如吃饭能充饥、喝水能解渴、看书能增长知识、听音乐能放松心情。消费者在消费中获得的满足程度越高则效用越大，反之越小。

衡量效用大小的标准是消费者的自我感觉、主观评价，因而对于如何衡量效用经济学家们产生了不同的看法，并由此产生了两种不同的消费者行为理论：基数效用论和序数效用论。

专栏3-1

钻石与水悖论

钻石与水悖论是约翰·劳提出的价值悖论，其认为钻石对生命来说是不重要的，所以人们应该认为它的价值比水低。众所周知，钻石对于人类维持生存没有任何价值，然而其市场价值非常高。相反，水是人类生存的必需品，其市场价值却非常低。这种强烈的反差就构成了这个悖论。由边际效用递减效应知，随着消费的商品的数量增加，该商品的边际效用趋于递减。因为水的供给充足，所以最后一杯水的定价极低。所以尽管第一滴水的边际效用很高，关乎一个人生命，但是人类消费的最后几滴水的边际效用很低，故水的价格很低。

资料来源：百度百科.

1.基数效用论

基数效用论认为，效用是可以具体衡量的，如消费者吃一个苹果的效用为10个效用单位，吃一个梨的效用为5个效用单位，则这个消费者消费这两种商品的效用为两种商品的效用单位总和，即15。

我们需要区分两个概念：总效用和边际效用。总效用（total utility，TU）是指消费者在一定时间内，从一定数量的商品或劳务中得到的总的满足程度。边际效用（marginal utility，MU）是指消费者在一定时间内，每增加一单位的商品或劳务消费所得到的效用的增量。假设消费者对某种商品或劳务的消费数量为Q，则总效用函数为：$TU=f\left(Q\right)$，边际效用函数为：$MU=\dfrac{\Delta TU\left(Q\right)}{\Delta Q}$，当商品增量趋于无穷小时，即$\Delta Q \to 0$时，有$MU = \lim_{\Delta Q \to 0} \frac{\Delta TU(Q)}{\Delta Q} = \frac{dTU(Q)}{dQ}$。

边际效用递减规律（the law of diminishing marginal utility）是指当消费者消费某一物品的总数量越来越多时，其新增加的最后一单位物品的消费所获得的效用（即边际效用）通常会出现越来越少的现象（即递减）。边际效用递减的原因有：第一，生理或心理的原因。由于物品的效用是消费者的主观感受，当某种物品的消费量增多时，消费者的生理或心理对重复刺激的反应减少，从而满足程度降低。例如，我们在非常饥饿的情况下吃第1个馒头带来的满足感是非常强烈的，而当吃到第3个、第4个馒头时，会感觉已经没有第1个那么显著了，当我们吃到第5个馒头时，甚至会有反胃想吐的感觉，这时的边际效用为负，这个过程就是边际效用递减的过程。第二，商品用途的多样性。当商品只有一单位时，消费者会将其运用到最重要的用途上；当商品有两个单位时，消费者会将第二单位的商品运用到次重要的用途上。以此递推，商品的用途越来越不重要，边际效用也递减了。

2.序数效用论

序数效用论认为，效用作为一种心理现象是无法具体衡量的，更不能简单地加总求和，只能通过满足程度的顺序或等级来进行比较，用序数来表示。例如，消费者吃一个苹果和吃一个梨子的效用是无法衡量的，也无法求和，只能问消费者更偏好哪种商品，如果他更偏好苹果，苹果的效用就是第一，梨子的效用就是第二。

序数效用论者通常采用无差异曲线的分析方法来考查消费者的行为。无差异曲线也称为等效用曲线，用来表示能给消费者带来相同的效用水平和满足程度的两种商品的所有组合。

同一条无差异曲线上的不同点，代表两种商品的不同组合，这些不同组合带给消费者的效用都是一样的。这就说明在维持效用水平不变的前提条件下，消费者要增加一种商品的消费，就必须放弃一部分另一种商品的消费。这种在维持效用水平不变的前提下，消费者增加一单位某种商品的消费数量时所需要放弃的另一种商品的消费数量，被称为边际替代率。

商品1对商品2的边际替代率的公式如下，它表示为了增加一个单位的商品1的消费，必须减少一个单位的商品2的消费。从边际替代率的概念来看，它应该是一个负数，并且等于无差异曲线的斜率。为了方便起见，我们一般取其绝对值，即：

$$MRS_{12} = \left| \frac{\Delta X_1}{\Delta X_2} \right|$$

边际替代率（marginal rate of substitution）递减是指在维持效用水平或满足程度不变的前提下，随着一种商品消费数量的连续增加，消费者为得到每一单位的这种商品所需要放弃的另一种商品的消费数量是递减的，如图3-1所示。之所以会出现这种现象，原因在于：随着一种商品消费数量的逐步增加，消费者想要获得更多的这种商品的愿望就会递减，从而他为了获得一单位的这种商品而愿意放弃的另一种商品的数量就会越来越少。

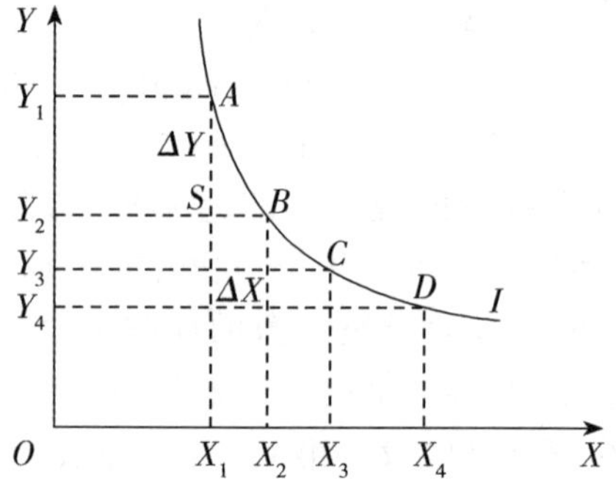

图 3-1　商品边际替代率

图 3-1 表示商品的边际替代率，横轴为商品 X 的数量，纵轴为商品 Y 的数量，I 为无差异曲线。X 对 Y 的边际替代率，为 X 的增加数与 Y 的减少数之比，即：

$$MRS_{XY} = \frac{Y_2 - Y_1}{X_2 - X_1} = -\frac{\Delta Y}{\Delta X}$$

当点 A 沿着无差异曲线 I 越接近点 B，$\frac{\Delta Y}{\Delta X}$ 越接近点 B 切线的斜率。因此，就点 B 附近的微小变动来说，X 对 Y 的边际替代率就是无差异曲线 I 在点 B 切线的斜率。

由于消费者愿意以 X_1、X_2 的 X 换取 Y_2、Y_1 的 Y，说明它们的边际效用相等，即：

$\Delta X*MU_X = -\Delta Y*MU_Y$，即 $-\frac{\Delta Y}{\Delta X} = \frac{MU_X}{MU_Y}$

所以，X 对 Y 的边际替代率实质上是其边际效用之比，即：

$$MRS_{XY} = \frac{MU_X}{MU_Y}$$

§3.2　资产组合的风险与收益

单一证券的收益率和风险可以用期望收益率和方差来计量。而证券组合由一定数量的单一证券构成，每只证券占有一定的比例，因而我们也可将证券组合视为一只证券，那么，证券组合的收益率和风险也可用期望收益率和方差来计量，即证券组合的期望收益率和方差可以通过由其构成的单一证券的期望收益率和方差来表达。

3.2.1　两种证券组合的收益和风险

设有两种证券 A 和 B，某投资者将一笔资金以 X_A 的比例投资于证券 A，以 X_B 的比例投资于证券 B，且 $X_A + X_B = 1$，则称该投资者拥有一个证券组合 P。如果到期时，证券 A 的收益率为 r_A，证券 B 的收益率为 r_B，则证券组合 P 的收益率 r_P 为：

$$r_P = X_A r_A + X_B r_B \tag{3.9}$$

若证券组合中的权数为负，如 $X_A < 0$，则表示该组合卖空了证券 A，并将所得的资金连同自有资金买入证券 B，因为 $X_A + X_B = 1$，故有 $X_B = 1 - X_A > 1$。

投资者在进行投资决策时并不知道 r_A 和 r_B 的确切值，因而 r_A、r_B 应为随机变量，可用它们的期望值和方差对其分布进行简化描述。为得到投资组合P的期望收益率和收益率的方差，除了要知道A、B两种证券各自的期望收益率和方差外，还需知道它们的收益率之间的关联性——相关系数或协方差。投资组合 P 的期望收益率 $E(r_p)$ 和收益率的方差 σ_p^2 为：

$$E(r_P) = X_A E(r_A) + X_B E(r_B) \tag{3.10}$$

$$\sigma_p^2 = X_A^2\sigma_A^2 + X_B^2\sigma_B^2 + 2X_A X_B \sigma_A \sigma_B \rho_{AB} \tag{3.11}$$

式中：ρ_{AB} 为证券A与证券B的相关系数；$\sigma_A\sigma_B\rho_{AB}$ 为证券A与证券B的协方差。

【例3-3】已知证券组合 P 由证券A和B构成，证券A和B的期望收益率、标准差以及相关系数、投资比重见表3-4：

表3-4 **证券组合 P 的组成要素**

证券	期望收益率	标准差	相关系数	投资比重
A	10%	6%	0.12	30%
B	5%	2%		70%

那么，组合 P 的期望收益率为：

$$E(r_P) = X_A E(r_A) + X_B E(r_B) = 0.3 \times 0.1 + 0.7 \times 0.05 = 6.5\%$$

组合 P 的方差为：

$$\sigma_p^2 = X_A^2\sigma_A^2 + X_B^2\sigma_B^2 + 2X_A X_B \sigma_A \sigma_B \rho_{AB}$$
$$= 0.3^2 \times 0.06^2 + 0.7^2 \times 0.02^2 + 2 \times 0.3 \times 0.7 \times 0.06 \times 0.02 \times 0.12 = 0.00058048$$

选择不同的组合权数，可以得到包含证券A和证券B的不同证券组合，从而得到不同的期望收益率和方差。投资者可以根据自己对收益和风险的偏好，选择自己最满意的组合。

3.2.2 多种证券组合的收益和风险

可将对有两个证券的组合的讨论拓展到任意多个证券的情形。设有 N 种证券，记作 A_1，A_2，A_3，…，A_N，证券组合 $P = (x_1, x_2, x_3, \cdots, x_N)$ 表示将资金分别以权数 x_1，x_2，x_3，…，x_N 投资于证券 A_1，A_2，A_3，…，A_N。如果允许卖空，则权数可以为负，负的权数表示卖空证券占总资金的比例。与两种证券的投资组合情形一样，证券组合的收益率等于各单个证券收益率的加权平均。设 A_i 的收益率为 $r_i (i = 1, 2, \cdots, N)$，则证券组合 $P = (x_1, x_2, x_3, \cdots, x_N)$ 的收益率为：

$$r_P = x_1 r_1 + x_2 r_2 + \cdots + x_N r_N = \sum_{i=1}^{N} x_i r_i \tag{3.12}$$

则证券组合 P 的期望收益率和方差为：

$$E(r_P) = \sum_{i=1}^{N} x_i E(r_i) \tag{3.13}$$

$$\sigma_P^2 = \sum_{i=1}^{N}\sum_{j=1}^{N} x_i x_j cov(x_i, x_j) = \sum_{i=1}^{N}\sum_{j=1}^{N} x_i x_j \sigma_i \sigma_j \rho_{ij} \tag{3.14}$$

式中：ρ_{ij}为证券A_i与证券A_j的相关系数；$\sigma_i\sigma_j\rho_{ij}$为证券$A_i$与证券$A_j$的协方差。

由式（3.12）和式（3.13）可知，当N非常大时，投资组合P的期望收益率E（r_p）和收益率的方差σ_p^2计算量巨大。在计算机技术尚不发达的20世纪50年代，证券组合理论不可能运用于大规模市场，只有在不同种类的资产间，如在股票、债券、银行存单之间分配资金时，才可能运用这一理论。60年代后，威廉·夏普提出了指数模型以简化计算。随着计算机技术的发展，已开发出计算E（r_p）和σ_p^2的计算机软件，如Matlab、SPSS和Eviews等，大大方便了投资者。

专栏3-2

科创板开市一周年：投资收益VS成长风险

2020年7月22日，以中微公司、澜起科技为代表的科创板首批25家企业正式于上交所上市交易满1周年。以科创板投资基金收益回报为判断标准，回顾科创板1年以来的表现，其总体非常耀眼：

2019年5月6日至7日，首批6只科创板主题基金相继成立，科创板开板前共有17只科创板主题基金面世。从2019年7月22日至2020年7月15日，这17只科创板主题基金平均收益率达77.86%。其中南方科技创新A以126.17%收益率夺得业绩榜首，华夏科技创新A以109.7%回报率名列第2，广发科创主题3年封闭以93.82%业绩位列第3。

财华社之前关于科创板开板周年系列报道文章《科创板一周年特别报道——变革闯新路 砥砺绘蓝图》中提到，科创板开板一年来开创了百花争妍的新局面。实际上，从基础条件上观察：科创板首批25家上市企业首日pettm与psttm均值分别为103.2、22.58，而创业板首批28家上市企业首日pettm与psttm则分别为85.24、16.74。从长期投资回报来看，较低的市场估价对企业业绩增长的要求低于较高的估价，而企业往往难以持续地获得业绩整体的高增速，因此较低的市场估价便是对投资者最重要的风险保护之一。

通过财华社统计数据测算，创业板首批28家企业上市1周年投资回报率均值为5.47%，这个成绩高于科创板首批25家企业截至2020年6月12日的投资回报率均值2.12%。

从投资的角度看，再结合科创板首批25家企业2019财年平均盈利增速均低于2009财年创业板28家企业平均盈利增速这一条件，创业板首批投资回报率高于科创板首批投资回报率是理所应当的。但是，到了2020年7月20日，科创板首批25家企业整体投资回报率却达到了11.32%，这意味着这25家科创板企业在2020年6月13日至7月20日短短1个半月之内，在没有新业绩数据的情况下股价整体增长了9.2%。而随后的解禁潮，以及无业绩支撑下的价格上涨是否代表着泡沫化阶段即将来临，那么以科创板为主的基金投资组合是否面临一定风险呢？

资料来源：周治玮，覃汉计.科创板上市一周年|科技含量VS成长风险 投资时机与价值坚守［EB/OL］.［2020-07-21］. https://www.sohu.com/a/408872416_522913?_f=index_pagefocus_5.此处有改编.

3.2.3 证券组合的可行域和有效边界

1.证券组合的可行域

（1）两种证券组合的可行域。

如果用期望收益率和标准差来描述一种证券，那么任意一种证券都可用在以期望收益率为纵坐标和以标准差为横坐标的坐标系中的一点来表示。相应的，任何一个证券组合也可以由组合的期望收益率和标准差确定出坐标系中的一点。这一点将随着组合的权数变化而变化，其轨迹将是经过A和B的一条连续曲线，这条曲线是证券A和证券B的组合线。可见，组合线实际上在期望收益率和标准差的坐标系中描述了证券A和证券B所有可能的组合。

根据式3.10和式3.11及$X_A + X_B = 1$，A、B的证券组合P的组合线由下述方程所确定：

$$E(r_P) = X_A E(r_A) + (1 - X_A) E(r_B) \tag{3.15}$$

$$\sigma_p^2 = X_A^2 \sigma_A^2 + (1 - X_A)^2 \sigma_B^2 + 2X_A(1 - X_A)\sigma_A \sigma_B \rho_{AB} \tag{3.16}$$

给定证券A、B的期望收益率和方差，证券A与证券B的协方差将决定A、B不同形状的组合线。

①完全正相关下的组合线。

在完全正相关下，$\rho_{AB} = 1$，式3.16变为：

$$\sigma_p^2 = X_A^2 \sigma_A^2 + (1 - X_A)^2 \sigma_B^2 + 2X_A(1 - X_A)\sigma_A \sigma_B \tag{3.17}$$

若不允许卖空，则有：

$$0 \leqslant X_A,\ X_B \leqslant 1,\ \sigma_p = X_A \sigma_A + (1 - X_A)\sigma_B \tag{3.18}$$

由于$E(r_P)$与X_A是线性关系，而σ_p与X_A是线性关系，所以σ_p与$E(r_P)$之间也是线性关系。因此，由证券A与证券B构成的组合线是连接这两点的直线，如图3-2所示。

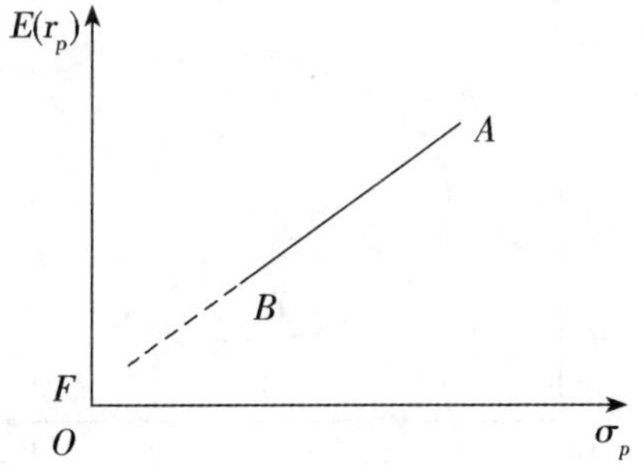

图3-2　$\rho_{AB} = 1$时的证券组合线

②完全负相关下的组合线。

在完全负相关情况下，$\rho_{AB} = -1$，式3.16变为：

$$\sigma_p^2 = X_A^2 \sigma_A^2 + (1 - X_A)^2 \sigma_B^2 - 2X_A(1 - X_A)\sigma_A \sigma_B \tag{3.19}$$

$\sigma_p = \left| X_A \sigma_A - (1 - X_A) \sigma_B \right|$

这时，σ_p 与 $E(r_P)$ 是分段线性关系，其组合线如图3-3所示。

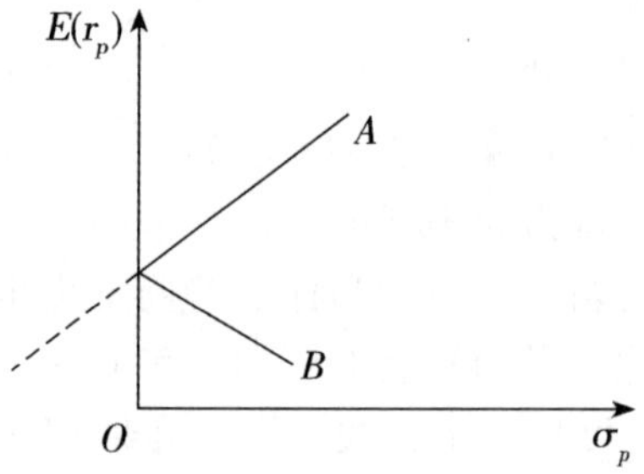

图3-3 $\rho_{AB} = -1$ 时的证券组合线

从图3-3中可发现，在完全负相关的情况下，按适当比例买入证券A和证券B构建一个无风险组合，会得到稳定的收益率。这个适当比例通过令式3.18中 $\sigma_p = 0$ 可得：

$$X_A = \frac{\sigma_B}{\sigma_B - \sigma_A}，\ X_B = \frac{\sigma_A}{\sigma_A - \sigma_B}$$

由于 X_A 和 X_B 均大于0，所以必须同时买入证券A和B。由于证券A和证券B完全负相关，二者完全反向变化，因而同时买入两种证券可抵消风险，所能得到的无风险收益率为：

$$E(r_P) = \frac{\sigma_B E(r_A) + \sigma_A E(r_B)}{\sigma_A + \sigma_B} \tag{3.20}$$

③不相关情形下的组合线。

当证券A与证券B的收益率不相关，即 $\rho_{AB} = 0$ 时，式3.16变为：

$$\sigma_p^2 = X_A^2 \sigma_A^2 + (1 - X_A)^2 \sigma_B^2 \tag{3.21}$$

该方程确定的 σ_p 与 $E(r_P)$ 的曲线是一条经过A和B的双曲线，如图3-4所示。

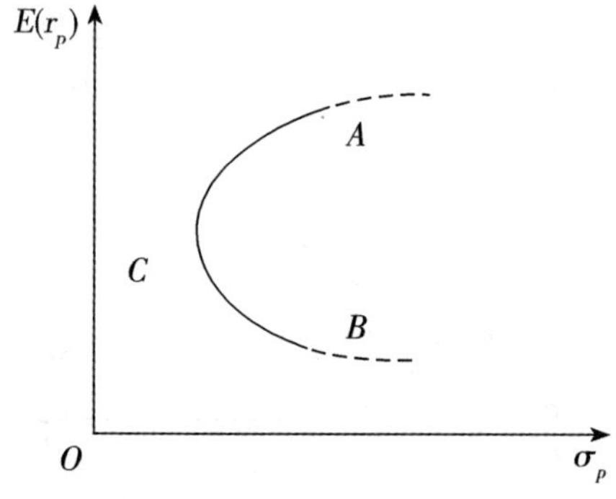

图3-4 $\rho_{AB} = 0$ 时的证券组合线

为了得到方差最小的证券组合，对式3.21求极小值：

$$\frac{d\sigma_P^2}{dX_A} = 2X_A \sigma_A^2 - 2(1 - X_A)\sigma_B^2$$

令 $\frac{d\sigma_P^2}{dX_A} = 0$，解得：$X_A = \frac{\sigma_B^2}{\sigma_A^2 + \sigma_B^2}$，同理可得：$X_B = \frac{\sigma_A^2}{\sigma_A^2 + \sigma_B^2}$

显然，$0 \leqslant X_A$，$X_B \leqslant 1$，即分别以 X_A、X_B 买入证券 A 和证券 B，得到的最小方差为：$\sigma_p^2 = \frac{\sigma_A^2\sigma_B^2}{\sigma_A^2 + \sigma_B^2} < \min(\sigma_A^2, \sigma_B^2)$，即可以通过按适当比例买入两种证券，获得比两种证券中任何一种风险都小的证券组合。

在图 3-4 中，C 点为最小方差组合。组合线上介于 A 与 B 之间的点代表的组合由同时买入证券 A 和 B 构成，越靠近 A，买入 A 越多，买入 B 越少。而 A 点右上方曲线上的点代表的组合由卖空 B、买入 A 形成，越向右上方移动，组合中卖空 B 越多；反之，B 的右下方曲线上的点代表的组合由卖空 A、买入 B 形成，越向右下方移动，组合中卖空 A 越多。

④组合线的一般情形。

在不完全相关的情形下，即 $0 < \rho_{AB} < 1$，式 3.15、式 3.16 所确定的曲线是一条双曲线。相关系数决定结合线在 A 与 B 之间的弯曲程度。随着 ρ_{AB} 的增大，弯曲程度将降低。当 $\rho_{AB} = 1$ 时，弯曲程度最小，呈直线；当 $\rho_{AB} = -1$ 时，弯曲程度最大，呈折线。不相关是一种中间状态，比正完全相关弯曲程度大，比负完全相关弯曲程度小。

从证券组合线的形状来看，在不卖空的情况下，相关系数越小，证券组合的风险越小，特别是在完全负相关的情况下，可获得无风险组合。在不相关的情况下，虽然得不到一个无风险组合，但得到的组合的风险小于证券组合中任何一个单个证券的风险。当 A 与 B 的收益率不完全负相关时，如图 3-5 所示，当 $\rho_{AB} = -0.5$ 时，证券组合线在 A、B 之间的弯曲程度比不相关时更弯曲，因而能找到一些组合使得其风险小于 A 和 B 的风险；但当 $\rho_{AB} = 0.5$ 时，在不卖空的情形下，得不到一个组合使得组合风险小于单个证券的风险。因此，在不卖空的情况下，能否得到风险较小的证券组合取决于证券间的关联程度。

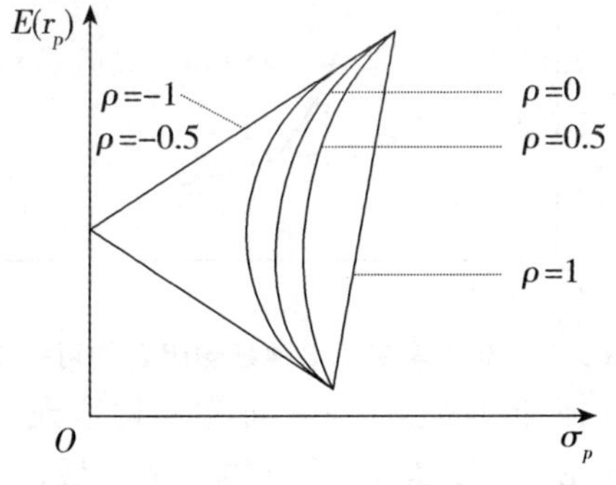

图 3-5　相关系数不同的证券组合线

（2）多种证券组合的可行域。

在允许卖空的情形下，如果只考虑投资于两种证券 A 和 B，投资者可以在证券组合线上找到满足自己偏好的证券组合，即证券组合线上的组合均是可行的。若不允许卖空，则投资者只能在组合线上介于A、B点之间（包括A点和B点）获得一个组合，因而投资组合的可行域就是证券组合线上的*AB*曲线段。现在假设可供选择的证券有3种：A、B和C。这时可能的投资组合便不再局限于一条曲线上，而是坐标系中的一个区域，如图3-6所示。在不允许卖空的情形下，A、B、C这三种证券所能得到的所有可行组合将落入并填满坐标系中线段*AB*、*BC*、*AC*所围成的区域，该区域即不允许卖空时证券A、B和C的证券组合可行域。该区域中的每一个证券组合为一个可行组合。由于该区域内的每一点都可以通过3种证券组合构建得到，如区域内的*F*点可以通过证券C与某个证券A或B构成的证券组合D的再组合得到。

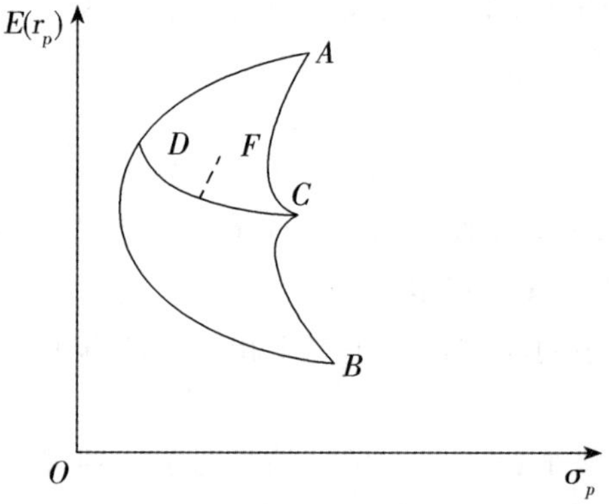

图3-6　不允许卖空时3种证券组合的可行域

如果允许卖空，3种证券组合的可行域不再是如图3-6所示的有限区域，而是包含该有限区域的一个无限区域，如图3-7所示。

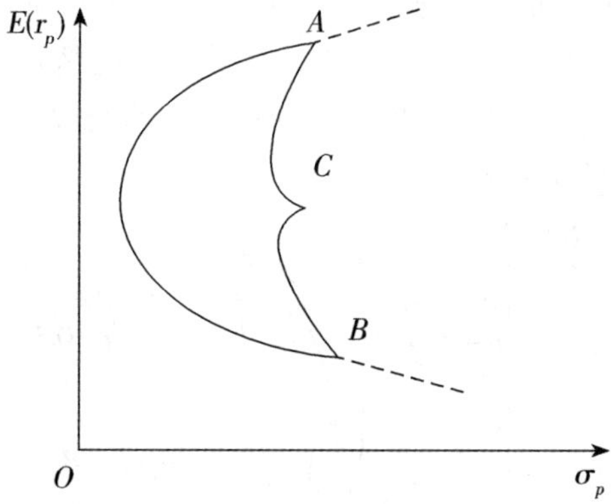

图3-7　允许卖空时3种证券组合的可行域

一般而言，当由多种证券（不少于3种证券）构造证券组合时，组合可行域是所有可行证券组合构成的$E_{(r_p)}-\sigma_p$坐标系中的一个区域，其形状如图3-8和图3-9所示。

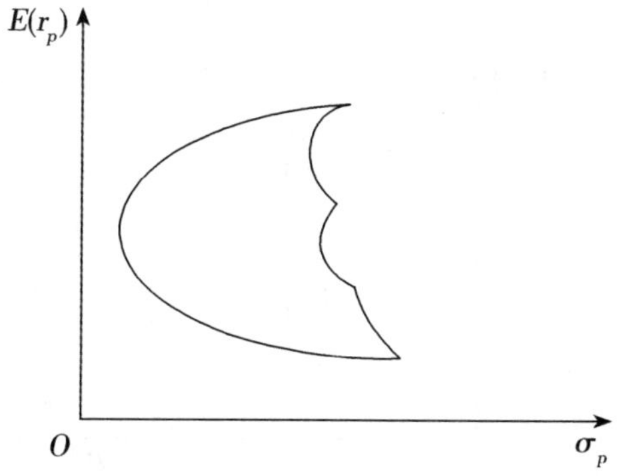

图3-8　不允许卖空时组合的可行域

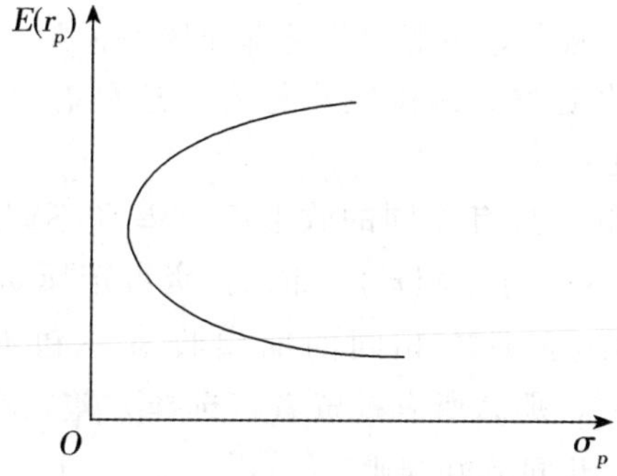

图3-9　允许卖空时组合的可行域

求解可行域的公式为：

$$\begin{cases} E\left(r_P\right) = \sum_{i=1}^{N} x_i E\left(r_i\right) \\ \sigma_P^2 = \sum_{i=1}^{N} x_i^2 \sigma_i^2 + \sum_{1 \leqslant i \leqslant j \leqslant 1}^{N} x_i x_j \sigma_i \sigma_j \rho_{ij} \\ \sum_{i=1}^{N} x_i = 1 \end{cases} \tag{3.22}$$

因此，可行域的形状依赖于可供选择的单个证券的特征σ_i与$E\left(r_i\right)$以及证券收益率之间ρ_{ij}的相互关系，还依赖于投资组合中各证券的权数。

可行域满足一个共同的特点：左边界必然向外凸或呈线性，即不会出现凹陷。图3-10左边界自W到V之间出现凹陷，由于W、V是可行组合，而W、V构成的证券组合线可能是连接W、V的直线，也可能是向外弯曲的曲线，W、V构成的证券组合作为一个可行组合却落在图中区域的右边，因而该区域不可能是一个可行域。

2.证券组合的有效边界

证券组合的可行域包含所有可能的证券组合，它为投资者提供了一切可行的组合投资机会，投资者可以根据自己的偏好选择证券组合进行投资。不同的投资者对期望收益率和风险的偏好有所不同，因而他们所选择的最优证券组合也有所不同。但投资者的偏好具有某种共性，在这个共性下，某些证券组合将被所有投资者视为差的，因为按照偏好的共性，总存在比它更好的证券组合，这就需要把公认为差的证券组合剔除掉。

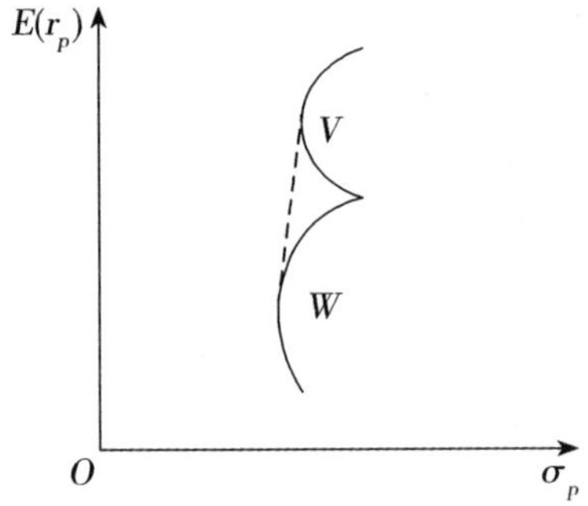

图 3-10 可行域

事实表明，投资者普遍喜好高期望收益率而厌恶风险，因而人们在作投资决策时总希望期望收益率越高越好，风险越小越好。这种态度反映在证券组合的选择上，可由下述规则来描述：

（1）如果两种证券组合具有相同的收益率方差和不同的期望收益率，即 $\sigma_A^2 = \sigma_B^2$，而 $E\left(r_A\right) \neq E\left(r_B\right)$，且 $E\left(r_A\right) > E\left(r_B\right)$，那么投资者选择期望收益率高的组合 A。

（2）如果两种证券组合具有相同的期望收益率和不同的收益率方差，即 $E\left(r_A\right) = E\left(r_B\right)$，而 $\sigma_A^2 < \sigma_B^2$，那么所有投资者将选择方差较小的组合 A。这种选择原则，我们称为投资者的“共同偏好规则”。

投资者将在所有可行的投资组合中进行选择，即若证券组合的特征由期望收益率和收益率方差来表示，则投资者需要在 E（r_p）$-\sigma_{\mathrm{p}}$坐标系的可行域中寻找最好的点，但不可能在可行域中找到一点被所有投资者都认为是最好的。按照投资者的共同偏好规则，可以排除那些被所有投资者都认为差的组合，我们把排除后余下的这些组合称为“有效证券组合”。其反映在图 3-11 中即 A 点以上的实线部分，它是可行域的上边界部分，称为“有效边界”。对于可行域内部及下边界上的任意可行组合，均可以在有效边界上找到一个有效组合比它好，即在相同收益率条件下方差更小或者在相同方差条件下收益率更高。但有效边界上的不同组合，比如证券组合 B 和证券组合 C，按共同偏好规则不能区分优劣。因而有效组合是投资者按照其风险偏好选择的最优组合，不同投资者风险偏好不同，因而选择的最优组合也不同。由图 3-11 可知，证券组合 B 的期望收益率低于证券组合 C，但其方差即风险也低于证券组合 C。若投资者为风险偏好者，他会更倾向于承担较高的风险而获得较高的利润，对他来说，证券组合 C 要优于证券组合 B；但对于风险中性者或风险厌恶者，他们更倾向于承担较低的风险来获得收益，因而对这样的投资者来说，证券组合 B 要优于证券组合 C。

一个理性投资者是不会选择有效边界以外的点的。A 点是一个特殊位置，它是上边界和下边界的交汇点，代表的组合在所有可行组合中方差最小，因而被称作“最小方差组合”。

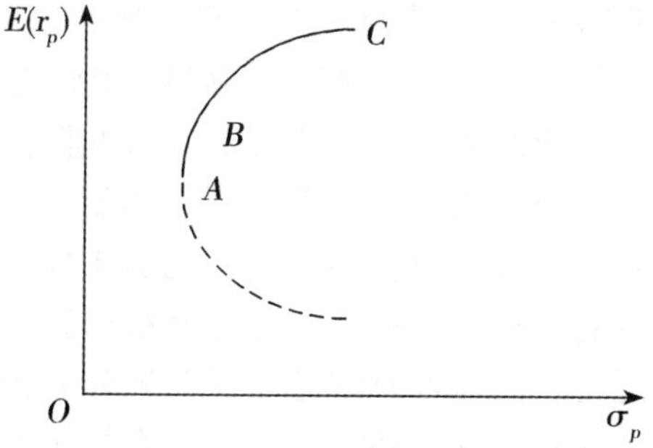

图3-11　有效边界

微课3-2　资产组合的收益与风险

§3.3　最优风险资产组合

3.3.1　投资者的个人偏好与无差异曲线

由上一节的内容可知，按照投资者的共同偏好，可剔除无效证券组合，但无法区分一些有效证券组合的优劣，其根源在于投资者个人除遵循共同的偏好规则外，还有其特殊的偏好。那些不能被共同偏好规则区分的组合，不同投资者可能得出完全不同的比较结果。

有证券组合A和B，如果$\sigma_A^2 > \sigma_B^2$且$E\left(r_A\right) > E\left(r_B\right)$，如图3-12所示，证券组合A虽然比B风险更高，但它同时带来更高的期望收益率，这种期望收益率的增量可被认为是对增加风险的补偿。当风险从σ_B^2增加到σ_A^2时，期望收益率将增加$\left[E\left(r_A\right) - E\left(r_B\right)\right]$，这是对投资者承担较多风险的补偿。由于不同投资者对期望收益率和风险的偏好不同，他们将按照各自不同的偏好对两种组合得出不同的比较结果。

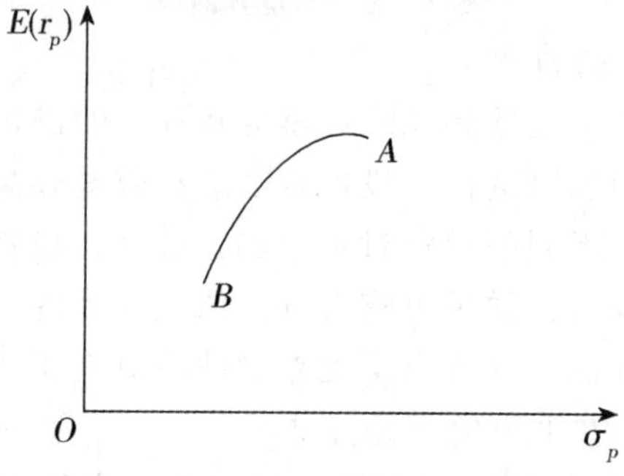

图3-12　无法判断优劣的有效组合

若投资者认为期望收益率的增量恰好能补偿增加的风险，则对A、B两种证券组合的满意程度相同，并认为证券组合A与证券组合B无差异。若投资者认为，期望收益率的增量不足以补偿增加的风险，则证券组合B将更令他满意。若投资者认为期望收益率的增量超过对增加风险的补偿，则证券组合A更令人满意。在同样的风险状态下，要求得到期望收益率的补偿越高，说明该投资者对风险越厌恶。

投资者往往根据他的偏好来选择投资，经济学中用无差异曲线来解释投资者的偏好问题。无差异曲线代表着投资者对证券收益和风险的偏好，或者说代表着投资者为承担风险而要求的收益补偿。无差异曲线可画在二维坐标图上，纵坐标表示预期收益，横坐标表示标准差。无差异曲线及投资者的选择有如下几个特征：

1.无差异曲线反映了投资者对收益和风险的态度

如果投资者对收益和风险的偏好不变，同一投资者对位于同一条无差异曲线上的所有证券组合具有相同的偏好。如图3-13所示，图中的曲线是代表同一投资者的无差异曲线。在曲线上有1、2、3、4共4个投资组合供投资者选择，投资组合2的标准差大于投资组合1。从降低风险的角度看，投资者应选择投资组合1，但投资组合2的预期收益率又高于投资组合1，该投资者认为这部分收益正好弥补了他的风险损失，所以他认为投资组合1和2没有差别。此外，对投资组合3与2、4与3的比较结果同样如此。如果通过以上4点画一条平滑曲线，即无差异曲线，在这条曲线上的任何投资点对该投资者来说都是没有差别的。

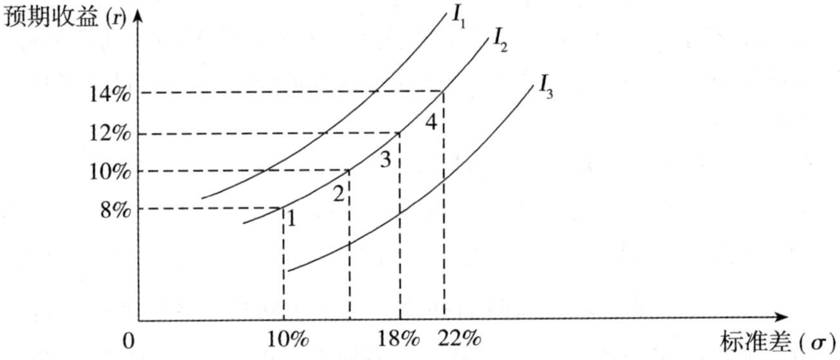

图3-13 无差异曲线

2.无差异曲线具有正的斜率

投资者一般都具有非满足性和风险规避的特征。非满足性是指如果在风险相同而收益不同的投资对象中加以选择，投资者会选择收益较高的进行投资。风险规避指如果在收益相同而风险不同的投资对象中加以选择，投资者将选择风险较小的进行投资。这两个特征表现为，如果投资者选择风险较大的证券，则必须有相应较高的收益率作为对风险的补偿。这决定了无差异曲线具有正的斜率的特征。

3.投资者更偏好位于左上方的无差异曲线

如图3-13所示，对于相同的标准差，越靠左上方的无差异曲线上的点对应的投资组合的预期收益率越高；对于相同的预期收益率，越靠左上方的无差异曲线上对应的点所代表的标准差（即风险）越小。因此，对投资者而言，只要收益和风险的偏好不变，无差异曲线的斜率就不会改变。这样就可以在同一坐标系上画出无数条相互平行而不相交的无差异曲线，而且位于左上方的无差异曲线上的点对应的投资组合都优于位于右下方无差异曲线上的点所对应的投资组合。此外，投资者的非满足性和风险规避性也决定了其更偏好左上方的无差异曲线。

4.不同投资者对应不同类型的无差异曲线

由于不同投资者风险偏好的程度不同或风险承受能力不同，对于同一风险水平，风险偏好者只要收益有少量的增加就愿意承担更高的风险；而对风险厌恶者来说，只有收益有较大幅度的提高才愿意承担更高的风险。因此不同投资者的无差异曲线有不同的类型，风险偏好者的无差异曲线相对平坦，而风险厌恶者的无差异曲线则较为陡峭。

图3-14归纳了几个不同偏好的投资者的无差异曲线。图（a）的投资者对风险毫不在意，只关心期望收益率；图（b）的投资者只关心风险，风险越小越好，对期望收益率毫不在意；图（c）和图（d）表明一般的风险态度，图（c）的投资者比图（d）的投资者相对保守一些，相同的风险状态下，前者为风险厌恶者，对风险的增加要求更多的风险补偿，反映在无差异曲线上，前者的无差异曲线更陡峭一些。

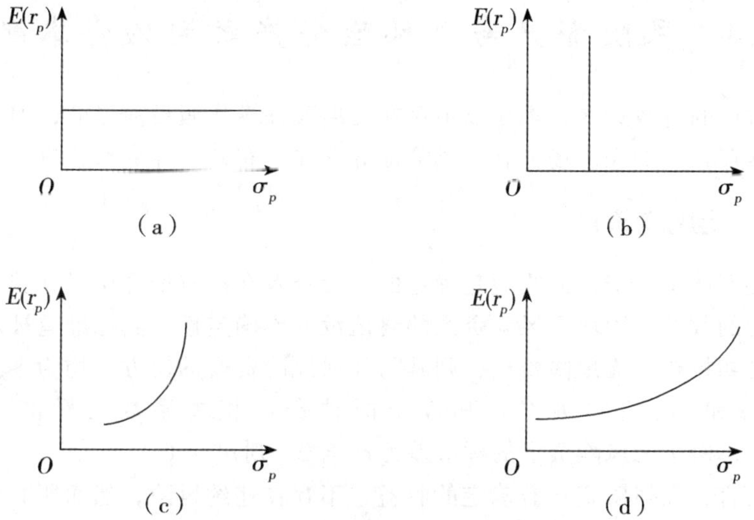

图3-14　不同偏好的投资者的无差异曲线

3.3.2　最优风险资产组合的选择

投资者共同偏好规则可以确定哪些组合是有效的（即投资价值相对较高），哪些是无效的（即投资价值相对较低）。特定投资者可以在有效组合中根据他的偏好选择满意的投资组合，投资者的偏好通过他的无差异曲线来反映。无差异曲线位置越靠上，其满意程度越高，因而投资者需要在有效边界上找到一个具有下述特征的有效组合：相对于其他有效组合，该组合所在的无差异曲线的位置最高。这样的有效组合便是使他最满意的有效组合，它恰恰是无差异曲线簇与有效边界的切点所表示的组合。

如图3-15所示，投资者按照他的无差异曲线簇将选择有效边界上B点所代表的证券组合作为他的最优风险证券组合，因为B点使其获得的满意程度最高，其他有效边界上的点都落在B下方的无差异曲线上。不同投资者的无差异曲线簇可获得各自的最优风险证券组合，如只关心风险的投资者将选取最小方差组合作为最优组合。

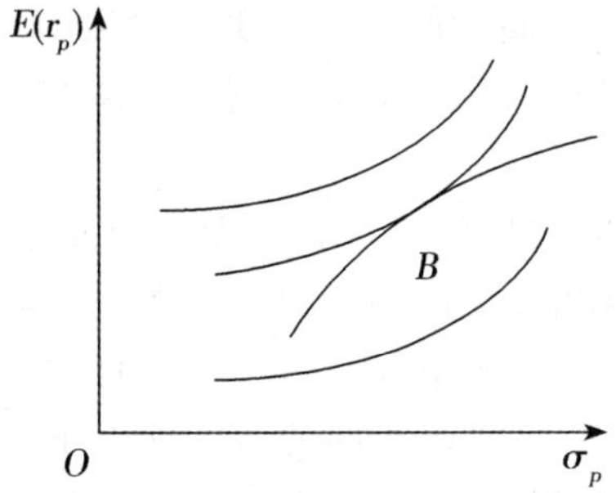

图3-15 投资者的最优证券组合

§3.4 风险资产与无风险资产之间的资本配置

前面讨论的有效边界，都是以不存在无风险证券作假设前提的，即市场上仅有风险性证券存在。如果市场上有无风险证券存在，有效边界的形状就会发生改变。

3.4.1 无风险资产

无风险资产是指资产的收益是确定的，投资者在持有期开始时，就能够确定持有期结束时的收益。因此无风险资产的终值没有不确定性，其标准差被定义为0。

投资者如投资于无风险资产，则其与任何风险资产的协方差均为零。因为任何两种资产i和j收益的协方差都等于两种资产相关系数与标准差的乘积：$\sigma_{ij}=\sigma_i\sigma_j\rho_{ij}$，由于无风险资产的标准差为$\sigma_i=0$，则$\sigma_{ij}=0$。

具体而言，无风险资产有确定的收益，不存在违约风险，然而所有公司证券都有违约的可能性，因此，公司不可能发行无风险资产。只有政府发行的证券才有资格充当无风险资产。无风险投资经常被认为是无风险贷出，当投资者购买政府证券时，就相当于把钱借给政府。

3.4.2 无风险资产与风险资产的组合

由于无风险资产的存在，投资者可以将其资产分成两部分进行投资：一部分投资于无风险资产，另一部分投资于风险资产。这些新的无风险投资的加入，大大地扩展了马柯维茨有效组合，也改变了可行域的范围。

【例3-4】设投资者投资于B公司的风险资产比例为x_B，则投资于无风险资产的比例为$(1-x_B)$。如果投资者把全部资产投资于风险资产，则$x_B=1$或$(1-x_B)=0$。资产分别按不同比例分配于风险资产和无风险资产中，构成5个不同的组合，见表3-5：

表3-5　**资产按不同比例分配所形成的5个组合**

比例	组合1	组合2	组合3	组合4	组合5
x_B	0	0.25	0.5	0.75	1
$(1-x_B)$	1	0.75	0.5	0.25	0

设无风险资产的报酬率为4%（$r_f=0.04$），B公司的风险资产收益率为10.4%（$r_B=0.104$），则各组合的期望收益率为：

$$E(r_P)=(1-x_B)r_f+x_Br_B=(1-x_B)\times 0.04+x_B\times 0.104$$

将各种组合的权数（比例）分别代入上式，可得到各组合的期望收益率：

$r_1=4\%$，$r_2=5.6\%$，$r_3=7.2\%$，$r_4=8.8\%$，$r_5=10.4\%$

由式3.2知，各组合的风险为：

$$\sigma_p^2=X_A^2\sigma_A^2+X_B^2\sigma_B^2+2X_AX_B\sigma_A\sigma_B\rho_{AB}$$

又由于无风险资产的方差为0，则上式可简化为：

$\sigma_p^2=X_B^2\sigma_B^2$，即$\sigma_P=X_B\sigma_B$

同样，将各组合比例代入上式可得：

$\sigma_1=0$，$\sigma_2=1.9\%$，$\sigma_3=3.82\%$，$\sigma_4=5.72\%$，$\sigma_5=7.63\%$

则无风险资产与风险资产构成的组合的期望收益率及方差见表3-6：

表3-6　**无风险资产与风险资产构成的组合的期望收益率及方差**

	组合1	组合2	组合3	组合4	组合5
x_B	0	0.25	0.5	0.75	1
$(1-x_B)$	1	0.75	0.5	0.25	0
$E(r_P)$	4%	5.6%	7.2%	8.8%	10.4%
σ_P	0	1.9%	3.82%	5.72%	7.63%

从表3-6中所列的数据我们可以发现，期望报酬率与风险呈正方向变动，且两者的变动率基本上是固定的：期望报酬增加1%，风险将增加1.19%。现以横坐标代表投资组合的风险，纵坐标代表期望报酬率，将这些组合的数据描绘于图3-16中，我们可发现所有这些组合落在同一条直线上。

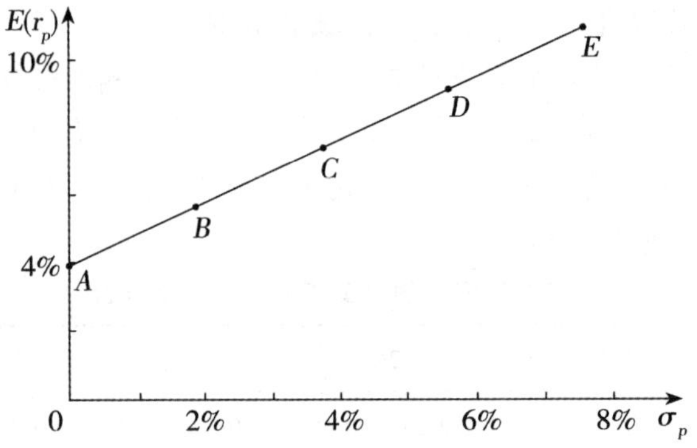

图3-16　各组合的数据

通过上例我们可以得到无风险资产和风险资产组合的一般特点：任何连接无风险资产和风险资产组合的期望收益率和标准差将集中分布于一条直线上。

微课3-3　无风险资产与风险资产的组合

3.4.3　无风险资产与风险资产组合的组合

当组合中不止一种风险资产，而是有两种或两种以上的风险资产和无风险资产形成的组合时，计算组合收益率和风险的步骤为：第一，计算出风险组合中各个证券的期望收益率和标准差；第二，计算风险组合的期望收益率和风险；第三，计算风险资产组合与无风险资产组合的期望收益率和风险。

【例3-5】设有无风险资产和风险资产B、C，两种资产构成风险资产组合D，投资者在无风险资产和风险资产组合D的投资比例分别为0.8和0.2。已知 $r_B = 10.4\%$，$\sigma_B = 7.63\%$，$r_C = 9.6\%$，$\sigma_c = 9.42\%$，风险资产组合D的收益率和风险为“$r_D = 10.8\%$，$\sigma_B = 7.63\%$”。同样无风险资产的收益率和方差为“$r_f = 4\%$,” $\sigma_f = 0$，则无风险资产与风险资产组合构成的组合的收益率和方差为：

$$E\left(r_P\right) = 0.8 \times r_f + 0.2 \times r_D = 5.36\%$$

$$\sigma_p^2 = x_f^2\sigma_f^2 + x_D^2\sigma_D^2 + 2x_f x_D \sigma_f \sigma_D \rho_{fD} = x_D^2\sigma_D^2 = 2.202 \times 10^{-4}$$

$$\sigma_P = 1.484\%$$

同样将证券B、证券C和风险资产组合D的收益率和方差决定的点描绘在图3-17中，可以发现连接无风险资产和两个以上的风险资产的组合落在一条直线上，其他不同比例的风险资产组合与无风险资产构成的证券组合也位于该条直线上，但在直线上的位置由投资在风险资产组合和无风险资产上的比例决定。

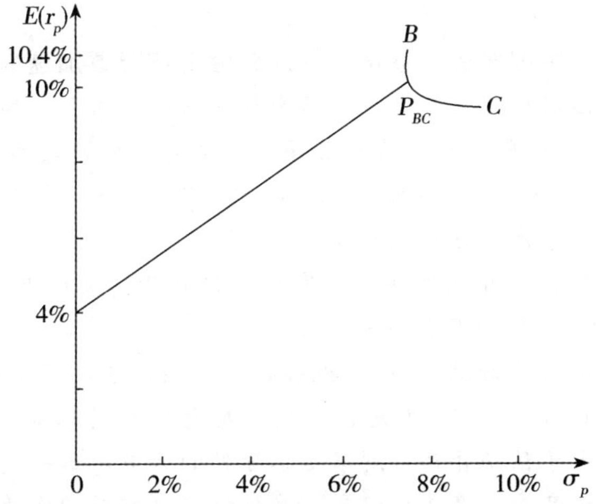

图3-17　证券B、证券C和证券组合D的收益率和方差

无风险资产与任何风险资产组合构成的证券组合，与前述的无风险资产和一种风险资产构成的组合都是无差异的。

将两种风险资产构成的风险资产组合扩展到多种风险资产构成的风险资产组合时，无风险资产与风险资产的组合必定在从无风险资产发出的直线上，这条直线必定与有效边界相切，如图3-18所示，曲线APC包含一段从无风险资产到有效边界的直线和有效边界P到C的曲线段，即在市场存在无风险资产的情况下，形成新的有效边界。

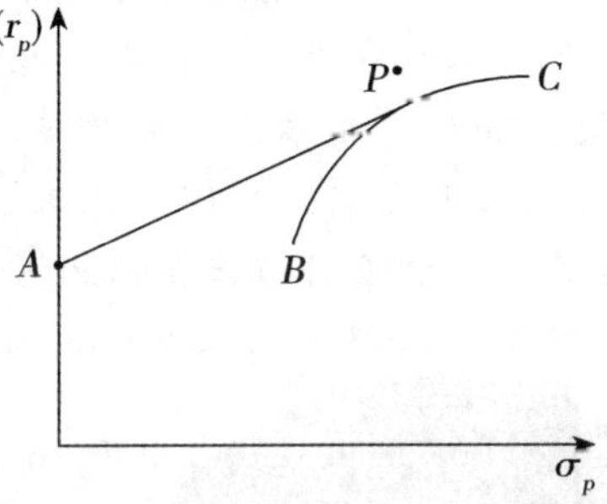

图3-18　风险资产组合的有效边界

若市场存在无风险资产且不允许借入资金，即投资者只能以自有资金进行投资，则新的有效边界为图3-16中的直线AP，直线上任意一点均代表投资者根据自身偏好选择的最优投资组合，每一点所代表的都是有效组合。

若市场存在无风险资产且允许借入资金，即投资者可以以无风险利率借入资金进行投资，新的有效边界为图3-16中的曲线APC，曲线PC上的点是投资者借入资金投资于风险资产构成的有效资产组合。曲线APC上的所有点代表的都是有效组合。

专栏3-3

中金：中国居民家庭正在进入金融资产配置加速的拐点

我们判断，中国居民家庭资产自改革开放开始逐步累积，随着发展水平逐步提高、生命周期演进，配置主力从满足生存、生活基本需求起步，到提高生活水平(购买各类家庭耐用消费品)，再到购买不动产、乘用车等“昂贵”的固定资产，目前可能正在进入金融资产配置加速的拐点。

基于央行的《2019年中国城镇居民家庭资产负债情况调查》，中国居民的资产配置结构（图3-19）表现出两大特点：

（1）对房地产很有“好感”。调查报告的样本城镇居民家庭户均总资产为317.9万元，其中户均实物资产253.0万元，占到家庭总资产的八成。实物资产中74.2%都是住房资产，相当于住房资产占到家庭总资产的六成。这一是由于对自住房的重视，二是由于中国商品房制度建立以来，房价持续且相对稳定地上涨，居民可以借助杠杆的作用放大收益，也就是资产的历史表现也起了一定的作用。

（2）对金融风险资产有些“畏惧”。居民在金融资产中，现金和存款以及低风险的理财占据了比较大的比重，金融风险资产占比很低。这与中国过去较高的无风险收益率有关。在这样的高利率环境下，无风险、低风险的金融资产已经能够满足居民的收益率要求，因此承担风险的意愿不足。另外，房贷的还款需求也对金融资产的配置增加了流动性限制。

未来房产增值预期正在发生改变。如果说前述一点是来自居民需求层面的变化对资产配置的潜在影响，可以总结为资金配置实物资产的“推力”，那么房地产的投资吸引力本身在降低，表现为对配资资金“拉力”也在减小。在“房住不炒”政策引导之下，房价涨幅趋缓，加杠杆趋难，而且政策表现出很强的定力。近三年来，一线城市住宅价格已经进入平台期，2019年以来，二、三、四线城市住宅价格的涨幅也有所趋缓。房地产的投资吸引力正在悄然发生变化。

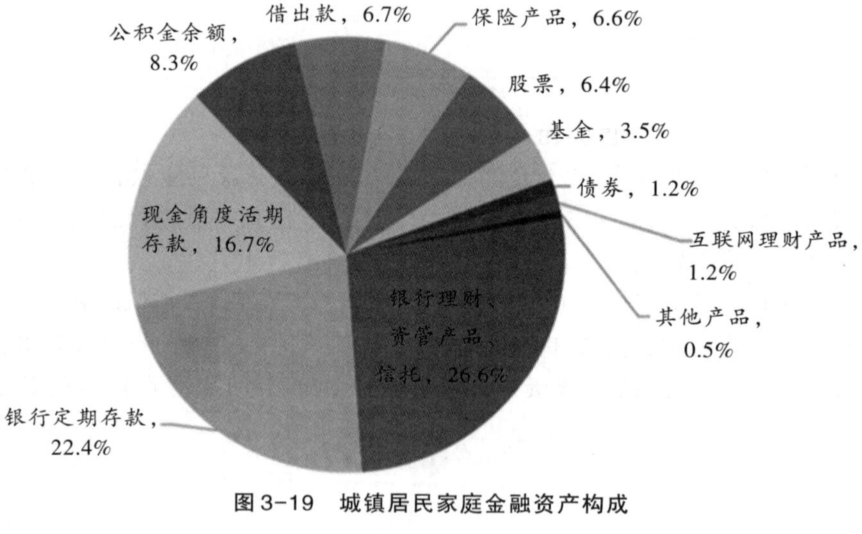

图3-19 城镇居民家庭金融资产构成

从金融市场的角度，投资者可以关注如下几个方面的影响：

中国市场资产管理及财富管理发展可能进入快车道，关注相关投资主线，包括交易所、资管及财富管理业务中的上市企业；

在改革助力下，资本市场下一步发展将“提质上量”，也对投行发展提出新的要求，可能会加速行业发展及业务向头部集中；

市场利率会有起伏但低利率可能不是短周期的现象，金融机构包括资产管理机构要思考和准备这一点对金融市场的中长期影响；

机构化趋势已经初步展现，未来可能还会深化，这将给产品设计、投资行为带来更多的变化。年初至今股市宽基指数未涨、公募基金份额大涨、份额向长线绩优公司集中的现象值得关注；

对资管机构来说，如果有相应改革助力，养老金业务将迎来较好的发展时期。

资料来源：中金公司研究部.中国居民家庭正在进入金融资产配置加速的拐点［R］. 2020-06-12.此处有删减.

★ 思政课堂

积极防范化解重大经济金融风险

【归类】中央决策

【属性】金融安全，国家安全

2022年12月，习近平总书记在中央经济工作会议上讲话时提到“有效防范化解重大经济金融风险”，保证经济平稳健康发展、社会安定和谐，为加快构建新发展格局、着力实现高质量发展、全面建设社会主义现代化国家奠定坚实基础。我们要深刻领会党中央决策部署的重大意义，提高防范和化解经济和金融风险的自觉性，确保中央决策部署落到实处。

一是牢固树立把发展经济的着力点放在实体经济上的意识，防止经济脱实向虚。制造业和实体经济弱，经济虚拟化和脱实向虚就难以避免，就容易引发经济和金融风险，因此，需要将发展经济的着力点放在实体经济上，这不仅是我国经济发展的重大战略，也是防范和化解经济和金融风险的根本战略。

二是加强金融监管，不断增强金融服务实体经济能力。习近平总书记指出，金融是实体经济的血脉，为实体经济服务是金融的天职，是金融的宗旨，也是防范金融风险的根本举措。为此，要加强党中央对金融工作的集中统一领导，坚定不移走好中国特色金融发展之路，为实体经济提供更高质量、更有效率的服务。

三是切实规范房地产业，推动房地产有序发展。房地产对经济增长、就业、财税收入、居民财富、金融稳定都具有重大影响，规范房地产业定位，推动房地产有序发展，是防范房地产业发生系统性风险的重要保证。为此，要坚持房子是用来住的、不是用来炒的战略定位，坚决遏制和克服房地产金融化，防止房地产成为脱实向虚的助推器。

四是切实规范地方政府债务管理，防范债务危机。地方政府是中央制定的各项重大国家发展战略的具体实施者，负有发展地方经济、加强基础设施建设、提供公共服务的重要责任，适度举债对于带动地方有效投资，推动基础设施建设，拉动经济增长具有重要作用。

五是规范和引导资本发展，为资本设置“红绿灯”。要防范和化解经济和金融风险，必须加强反垄断、反不正当竞争、反资本无序扩张立法，为资本设置“红绿灯”，依法规范和引导资本健康发展。

资料来源：何自力.积极防范化解重大经济金融风险［EB/OL］.［2023-03-10］. http://images1.wenming.cn/web_djw/shouye/sixianglilun/lilunqiangdang/202303/t20230310_6572706.shtml.

★ 本章小结

1.收益和风险是证券投资的核心问题。衡量证券投资收益的指标是收益率，不同的收益率反映投资者持有不同种类的证券以及在不同买卖价格和持有年限下的不同收益水平。单一证券的风险通常用统计学中的方差或标准差来表示。证券组合的风险不仅取决于单个证券的风险和投资权重，还取决于证券之间的相关系数和协方差。

2.证券投资的风险分为系统风险和非系统风险两类。系统风险包括市场风险、利率风险、政策风险和通货膨胀风险等；非系统风险包括财务风险、经营风险、信用风险等。

3.投资组合考虑的主要是投资组合中各资产收益率之间协方差的大小。各个证券之间收益率变化的相关性越弱，分散投资降低风险的效果就越明显。

4.无差异曲线反映投资者对收益和风险的态度，不同的投资者对投资对象的偏好和选择有所不同。无差异曲线与有效边界的切点为投资者的最优风险资产组合。

5.存在无风险资产的条件下，有效边界将发生改变。允许借贷时，有效边界为曲线，不允许借贷时，有效边界为直线，即无风险资产与有效边界上的点的连线。

★ 综合训练

3.1 单项选择题

1.以下说法正确的是（　　）。

A.经营风险又称营业风险，属于系统风险的一种

B.企业的财务风险随公司财务杠杆程度的提高而降低

C.效用是指消费某种商品或劳务所得到的满足程度

D.基数效用论认为，效用作为一种心理现象是无法具体衡量的

2.假设某证券的收益率分布见表3-7，则该证券的期望收益率为（　　）。

表3-7　　某证券的收益率

收益率	-50%	-10%	0	10%	440%	50%
概率	0.25	0.04	00.2	0.16	00.1	0.25

A. 5.2%　　B. 6.4%　　C.7.4%　　D. 4.3%

3. 根据上题的证券收益分布表计算该证券的方差为（　　）。

A. 0.61　　B. 0.78　　C. 0.14　　D. 0.37

4. 有完全正相关的证券A和证券B，其中证券A的期望收益率为10%，标准差为6%；证券B的期望收益率为15%，标准差为7%。如果由证券A和证券B构成的投资组合中证券A和证券B的市值比为3比7，则该证券组合的期望收益率为（　　）。

A. 10%　　B. 13.5%　　C. 11.8%　　D. 15%

5. 上题中证券组合的标准差为（　　）。

A.0.45%　　B.5.22%　　C. 0.27%　　D.6.7%

3.2　多项选择题

1. 以下属于系统风险的是（　　）。

A. 市场风险　　B. 利率风险　　C. 信用风险　　D. 政策风险

2. 以下说法正确的有（　　）。

A. 两种完全正相关证券组合的结合线为一条直线

B. 两种完全负相关证券组合的结合线为一条折线

C. 相关系数ρ的值越小，弯曲程度越高

D. 相关系数ρ的值越小，弯曲程度越低

3. 不允许卖空条件下，证券A、B和C的证券组合可行域的形状依赖于（　　）。

A. 投资组合中各证券市值比

B. 可供选择的单个证券的收益率和方差

C. 证券收益率之间的相互关系

D. 市场的状态

4. 最优证券组合（　　）。

A. 肯定在有效边界上

B. 方差最小

C. 是无差异曲线与有效边界的切点

D. 是能带来最高收益的组合

5. 无差异曲线满足的特征有（　　）。

A. 无差异曲线向左上方倾斜

B. 无差异曲线向右上方倾斜

C. 无差异曲线互不相交

D. 无差异曲线位置越高，表明投资者的满意程度越高

3.3　思考题

1. 简述基数效用论与序数效用论的区别与联系。

2. 简述边际效用递减规律的经济意义。

3.简述两种证券完全不相关情形下的证券组合线特征。

4.简述无差异曲线的特征。

5.简述存在无风险资产的情形下，如何确定最优资产组合。

6.为什么投资组合不能消除全部风险？

7.什么是最优投资组合？如何构建最优投资组合？

3.4 练习题

1.设短期国库券的年收益率为5%，风险资产A、B的期望收益率、标准差和相关系数见表3-8：

表3-8 **风险资产A、B的期望收益率、标准差和相关系数**

指标	A	B
期望收益率$E(r)$	15%	9%
标准差σ	25%	16%
$cov(A, B)$	64%	

若某投资者有资金100万元，准备全部投资到短期国库券、风险资产A和B上，其效用公式为$U=E(r)-0.005A\sigma^2$，其中A=3，求该投资者将资金分配至三种资产的比例。

2.某只股票在不同经济状况下的收益率和概率见表3-9：

表3-9 **某只股票在不同经济状况下的收益率和概率**

经济状况	概率	收益率
好	0.1	15%
一般	0.6	13%
差	0.3	7%

求该只股票的预期收益率。

第4章

资本资产定价模型和套利定价模型

★ 导读

著名的资本资产定价模型（CAPM）是金融学和投资学的重要内容之一，是当今人们确定股权资本成本的重要依据。此后，史蒂夫·罗斯在多因素模型的基础上突破性地发展了资本资产定价模型，提出了套利定价理论（APT），进一步丰富了证券组合投资理论。需注意的是，无论是均值方差模型、CAPM还是APT，都隐含着理性人假设和市场有效的假设，这个假设一旦调整或改变，相关结论就都不复成立。

★ 关键概念

资本资产定价模型（capital asset pricing model）　套利定价理论（arbitrage pricing theory）　证券市场线（security market line）　资本市场线（capital market line）

§4.1 资本资产定价模型

4.1.1 资本资产定价模型的原理

1963年，威廉·夏普（William F. Sharp）提出了均值方差模型的一种简化计算方法。这一简化形式使得将证券组合理论应用于实际市场成为可能。1964年、1965年和1966年，威廉·夏普、约翰·林特耐（John Lint-ner）和简·摩辛（Jan Mossin）3人几乎同时独立地提出了著名的资本资产定价模型（CAPM）。这一模型成为金融学和投资学的重要内容之一，是当今人们确定股权资本成本的重要依据。1990年10月，诺贝尔经济学奖授予马柯维茨和威廉·夏普，进一步确认了他们对证券投资理论的贡献。

1.假设条件

CAPM是在马柯维茨的投资组合理论基础上提出的，为了便于分析资本市场达到均衡状态时资产收益和风险的关系，提出了以下假设：

（1）市场是完全竞争的，完全竞争市场是指所有的企业和消费者的影响都很小，以至于不会影响市场价格。也就是说，存在大量的投资者，每个投资者的财富相对于社会总财富都是微不足道的，投资者是价格的接受者，单个交易者的交易行为不影响证券交易价格。同时，任何投资者都能以市场价格买卖任何数量的可交易资产。完全竞争企业出售无差异的产品（与行业中其他企业出售的产品相同），这种企业相对于市场来说非常小，以至于它不能影响市场价格，而只是对市场价格加以接受。

（2）市场是完备的，即不存在交易成本和税收，而且所有资产都可无限细分。

（3）市场上的借贷利率相等，投资者能以无风险利率借入或者贷出货币。

（4）所有投资者均为风险厌恶者，根据均方效率原则进行决策。同时具有不满足性，即对于任何投资者，财富越多越好。

（5）所有投资者均可免费获得信息，市场上的信息是公开的、完备的，即不存在信息不对称的问题。

（6）所有投资者都是理性的，追求期末财富期望效用最大化。

（7）所有投资者对未来预期一致，即对有价证券收益率概率分布的期望是相同的。

（8）无制度限制，允许消费者卖空，并且可以自由支配卖空所得。

2.资本市场线

（1）无风险证券对有效边界的影响。在上一章中我们给出了投资组合的可行域和有效边界，在这里我们引入无风险证券。市场上存在无风险证券时，投资者证券组合的可行域和有效边界将相应地发生变化。

在图4-1中，由无风险证券F出发并与原有风险证券组合可行域的上下边界相切的两条射线所夹角形成的无限区域，便是在现有假设条件下所有证券组合形成的可行域。

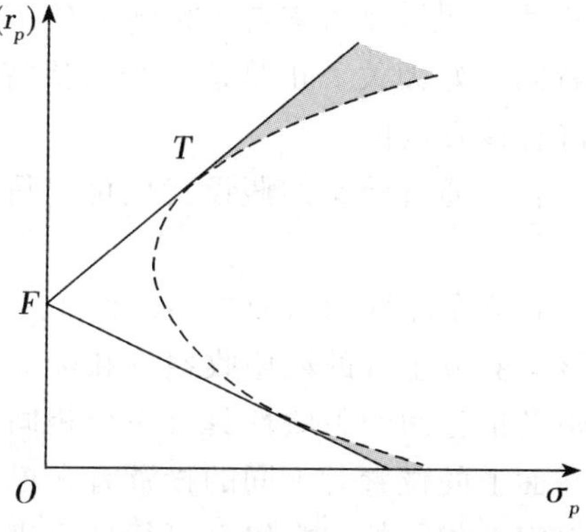

图 4-1　存在无风险证券时的组合可行域

在图4-2中，由无风险证券F出发并与原有风险证券组合可行域的有效边界相切的射线FT，便是在现有假设条件下所有证券组合形成的可行域的有效边界。

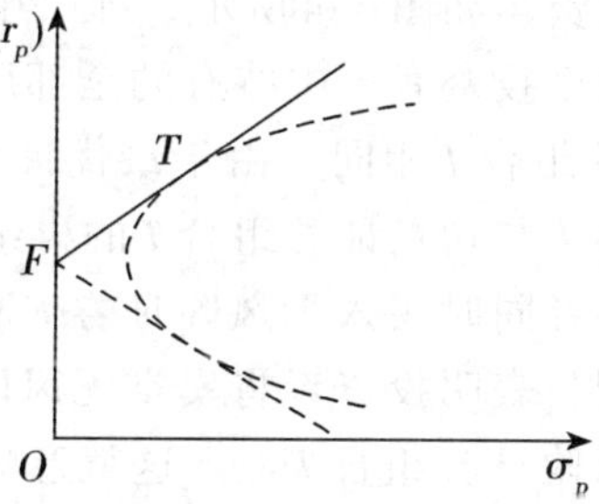

图 4-2　存在无风险证券时的有效边界

一方面，投资者通过将无风险证券F纳入证券投资组合，增加了证券组合的种类，扩大了原有风险证券组合的可行域，使新的可行域既包含无风险证券，又包含原有风险证券组合，同时也包含无风险证券F与原有风险证券组合再组合而产生的新型证券组合。另一方面，无风险证券F与任意风险证券或组合P进行组合时，其组合线恰好是一条由无风险证券F出发并经过风险证券或组合P的射线FP，如图4-3所示，从而无风险证券F与切点证券组合T进行组合的组合线便是射线FT，并成为新可行域的上部边界——有效边界。

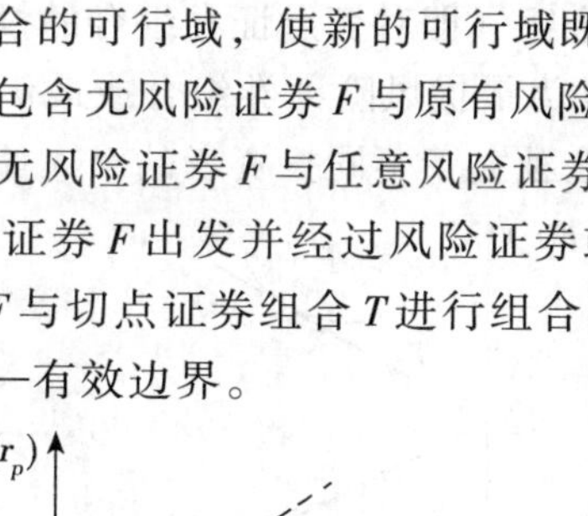

图 4-3　无风险资产与风险证券的组合线

有效边界上的切点证券组合T具有以下特征：第一，T是有效组合中唯一一个不含无风险证券而仅由风险证券构成的组合；第二，有效边界FT上的任意证券组合，即有效组合，均可视为无风险证券F与T的再组合；第三，切点证券组合T完全由市场确定，与投资者的偏好无关。正是这三个重要特征决定了切点证券组合T在资本资产定价模型中占有核心地位。

（2）最优风险证券组合。通过前文的假设我们可以得到关于证券组合T的以下结论：

第一，所有投资者拥有完全相同的有效边界。由于一种证券或组合在均值标准差平面上的位置完全由该证券或组合的期望收益率和标准差所决定，并假定所有投资者对证券的收益、风险及证券间的关联性具有完全相同的预期，因此，同一种证券或组合在均值标准差平面上的位置对不同的投资者来说是相同的，即所有投资者在均值标准差平面上面对完全相同的证券组合可行域，进而面对完全相同的有效边界。也就是说，所有投资者拥有完全相同的证券组合可行域和有效边界。

第二，投资者对依据自己风险偏好所选择的最优证券组合P进行投资，其风险投资部分均可视为对T的投资，如图4-4所示，即每个投资者按照各自的偏好购买各种证券，其最终结果是每个投资者手中持有的全部风险证券所形成的风险证券组合在结构上恰好与切点证券组合T相同。由于最优证券组合P恰好位于F与T的组合线上，可视为无风险证券F与切点证券组合T的再组合。如果所选择的最优组合位于F与T之间，表明投资者同时买入无风险证券F和切点证券组合T；如果所选择的最优组合位于T的右侧，表明投资者将卖空无风险证券F，并将获得的资金与原有资金一起全部投资于风险证券组合T上。这就意味着，如果把投资者对自己所选择的最优证券组合的投资分为无风险投资和风险投资两部分的话，那么风险投资部分所形成的证券组合的结构与切点证券组合T的结构完全相同，所不同的仅是不同偏好投资者的风险投资金额（即对切点证券组合的投资规模）占全部投资金额的比例不同。正因为如此，T为最优风险证券组合或最优风险组合。显然，对于最优风险证券组合的选择，完全独立于不同投资者的个人偏好，这就是夏普分离定理。

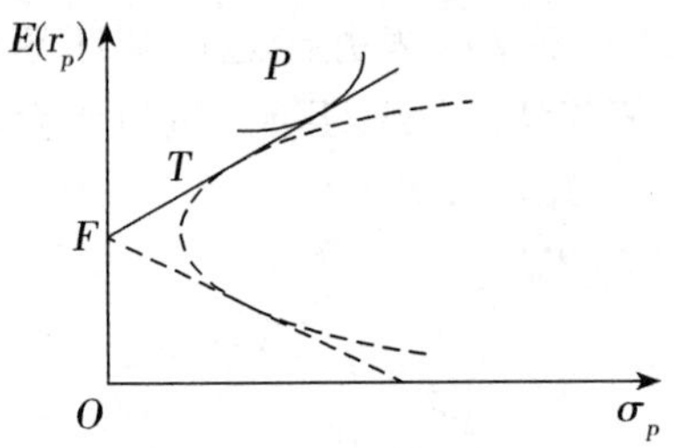

图4-4　最优证券组合

【例4-1】假设市场上有4种证券：A、B、C为风险证券，D为无风险证券，无风险利率为4%。切点投资组合由A、B、C构成，比例分别为12%、19%、69%。现有3个投资者，分别为投资者1、2、3，他们投资于无风险资产的比例分别为

-15%、15%、50%，则他们的投资组合分别为：

投资者1：无风险资产的份额为-15%，投资于风险资产的份额为115%，其中，证券A的份额为115%×12%=13.8%，证券B的份额为115%×19%=21.85%，证券C的份额为115%×69%=79.35%。

投资者2：无风险资产的份额为15%，投资于风险资产的份额为85%，其中，证券A的份额为85%×12%=10.2%，证券B的份额为85%×19%=16.15%，证券C的份额为85%×69%=58.65%。

投资者3：无风险资产的份额为50%，投资于风险资产的份额为50%，其中，证券A的份额为50%×12%=6%，证券B的份额为50%×19%=9.5%，证券C的份额为50%×69%=34.5%。

由上可知，尽管3个投资者因各自的偏好不同而做出了不同的投资组合选择，但他们在3种风险资产上的相对比例是相同的，均为12%、19%、69%。

第三，当市场处于均衡状态时，最优风险证券组合T即市场组合。所谓市场组合，是由风险证券构成，各证券的投资比例与整个市场上风险证券的相对市值比例相同的证券组合。

用M表示市场组合，根据定义，如果市场上共有n种风险证券在流通，分别记为证券1、证券2、…、证券n，那么市场组合M中包含了这N种风险证券，则风险证券i在市场组合M中的投资比例w_i为：

$$w_i = \frac{P_i Q_i}{\sum_{k=1}^{n} P_k Q_k} \tag{4.1}$$

式中：w_i为证券i的市场价格；Q_i为证券i的市场流通股数。

实际上，在任何时点，我们都可以通过计算每一只证券的市场价值和所有证券的市场价值来计算由市场决定的资金分配比例：

$$w_i=\text{第}i\text{个证券的价值}\div\text{所有证券的市场价值之和} \tag{4.2}$$

理论上，市场上流通的证券包括普通股股票、长期债券和货币市场工具。而我们这里的“所有证券”则是指我们在进行投资组合选择时可供选择的所有投资机会。例如，当我们将普通股股票、长期债券和货币市场工具作为投资对象时，“所有证券”就是指市场上流通的所有普通股股票、长期债券和货币市场工具。投资对象的确定涉及资产配置问题，在这里将不进行分析，本书假设是以整个股票市场再加上一个理想的债券为投资对象的，即我们通常假设市场上存在N个风险资产和一个无风险资产。

当然，单从股票市场来看，随着资本市场的发育与完善，股票市场往往拥有多只上市交易的股票。在这种条件下，计算整个市场的投资组合往往比较复杂，更不用说计算切点投资组合了。故在实际的应用中，一般可以用股票价格指数来代替市场组合。在美国，一般使用S&P 500股票综合指数、NYSE综合指数和NASDAQ指数等。在我国，上证综合指数和深证综合指数都可作为衡量市场价值变化的指标。

【例4-2】假定市场上只有三只股票A、B、C，它们的市场价格分别为15元、20元、25元；发行量分别为20 000股、15 000股、20 000股，那么：

$$w_A = \frac{15 \times 20\,000}{15 \times 20\,000 + 20 \times 15\,000 + 25 \times 20\,000} = 0.273$$

$$w_B = \frac{20 \times 15\,000}{15 \times 20\,000 + 20 \times 15\,000 + 25 \times 20\,000} = 0.273$$

$$w_C = \frac{25 \times 20\,000}{15 \times 20\,000 + 20 \times 15\,000 + 25 \times 20\,000} = 0.454$$

即市场组合为（0.273，0.273，0.454）。

（3）资本市场线。在资本资产定价模型假设下，当市场达到均衡时，切点即均衡市场组合M。此时，无风险资产借入额与贷出额相等，每种证券在市场组合中所占比例大于零。市场组合M为有效组合，且所有有效组合均可被视为无风险证券F与市场组合M的再组合。在均值方差平面上，所有有效组合均在无风险资产F与市场组合M的射线FM上，即为资本市场线（CML），如图4-5所示。

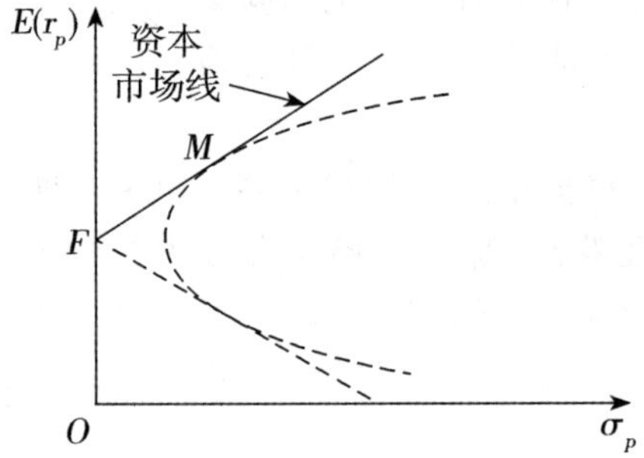

图4-5 资本市场线

资本市场线阐释了有效组合收益和风险之间的均衡关系：

$$E(r_p) = r_F + \left[\frac{E(r_M) - r_F}{\sigma_M}\right]\sigma_p \tag{4.3}$$

式中：$E(r_p)$、σ_p分别为有效组合P的期望收益率和标准差；$E(r_M)$、σ_M分别为市场组合M的期望收益率和标准差。

【例4-3】假设无风险利率为4%，市场投资组合为（12%，19%，69%），由证券A、B、C构成，它们的预期收益率和方差协方差矩阵为：

$$\begin{pmatrix} 16.2\% \\ 24.6\% \\ 22.8\% \end{pmatrix} \text{和} \begin{pmatrix} 0.0146 & 0.0187 & 0.0145 \\ 0.0187 & 0.0854 & 0.0104 \\ 0.0145 & 0.0104 & 0.0289 \end{pmatrix}$$

左边的矩阵是证券A、B、C的预期收益率，右边矩阵中对角线上依次为三个证券的方差，其他为协方差，则有：

$$cov(r_A,\ r_B) = 0.0187, \quad \text{cov}(r_A,\ r_C) = 0.0145, \quad \text{cov}(r_B,\ r_C) = 0.0104$$

这样可求出市场组合的期望收益率和方差：

$$E(r_M) = w_A \times E(r_A) + w_B \times E(r_B) + w_C \times E(r_C) = 22.4\%$$

$$\sigma_M^2 = (12\%,\ 19\%,\ 69\%)\begin{pmatrix} 0.0146 & 0.0187 & 0.0145 \\ 0.0187 & 0.0854 & 0.0104 \\ 0.0145 & 0.0104 & 0.0289 \end{pmatrix}\begin{pmatrix} 12\% \\ 19\% \\ 69\% \end{pmatrix} = 2.254\%$$

即：

$$\frac{E(r_M - r_F)}{\sigma_M} = \frac{22.4\% - 4\%}{15.01\%} = 1.226$$

于是，可得资本市场线CML为：

$$E(r_P) = 4\% + 1.226\sigma_P$$

（4）资本市场线的经济意义。资本市场线完美地阐释了有效组合期望收益率和风险之间的关系。有效组合期望收益率由两部分构成：一部分是无风险利率，是对投资者放弃消费的补偿，也是货币的时间价值；另一部分是风险溢价，是对投资者承担风险的补偿，系数$\left[\frac{E(r_M) - r_F}{\sigma_M}\right]$是对单位风险的补偿，通常被称为风险的价格。

微课4-1　资本市场线

3.证券市场线

（1）证券市场线的含义。资本市场线只揭示了有效组合的收益与风险之间的均衡关系，无法给出任意证券或组合的收益与风险关系。下面，我们首先建立任意单个证券的收益与风险关系，再将其推广到任意证券组合。

由资本市场线可知，在均衡状态下，市场对有效组合的风险（标准差）提供补偿。而有效组合的风险（标准差）由构成该有效组合的各个成员证券的风险共同组成，因而市场对有效组合的风险补偿可视为市场对各个成员证券的风险补偿的总和，即市场对有效组合的风险补偿按一定的比例分配给各个成员证券。当然，这种分配应按各个成员证券对有效组合风险贡献的大小进行。

为实现这种分配，首先要知道各个成员证券对有效组合风险的贡献大小。市场组合M即有效组合，因而选取市场组合M作为研究对象，分析M中各个成员证券对市场组合风险的贡献大小，再按照贡献大小把市场组合的风险补偿分配给各个成员证券。

首先，要对衡量市场组合风险水平的指数——方差σ_M^2进行考查。由上一章的内容可知，市场组合M的方差σ_M^2可分解为：

$$\sigma_M^2 = X_1\sigma_{1M} + X_2\sigma_{2M} + \ldots + X_i\sigma_{iM} \tag{4.4}$$

式中：X_i为第i种证券在市场组合M中的投资比例；σ_{iM}为第i种证券与市场组合M的协方差，即第i种证券对市场组合M的风险贡献大小的绝对度量；$\frac{\sigma_{iM}}{\sigma_M^2}$为第$i$种证券对市场组合$M$的风险贡献大小的相对度量。

其次，期望收益率$\left[E\left(r_M\right)-r_F\right]$为市场对市场组合的风险补偿，即对方差$\sigma_M^2$的补偿。市场对证券$i$的风险补偿为：

$$\frac{\sigma_{iM}}{\sigma_M^2}\left[E\left(r_M\right)-r_F\right]$$

最后，由于投资者投资证券i而放弃消费所得到的补偿是无风险利率r_F，即证券i的期望收益率为：

$$E\left(r_i\right)=r_F+\frac{\sigma_{iM}}{\sigma_M^2}\left[E\left(r_M\right)-r_F\right]$$

令$\beta_i=\dfrac{\sigma_{iM}}{\sigma_M^2}$，则上式可改写为：

$$E\left(r_i\right)=r_F+\beta_i\left[E\left(r_M\right)-r_F\right] \tag{4.5}$$

由上式可知，单个证券i的期望收益率与其对市场组合方差的贡献率β_i之间存在着线性关系。因而从定价角度考虑，单个证券的风险用β_i来测定更为合理。我们将β_i称为证券i的β系数（贝塔系数）。

对于任意证券组合P，我们假设投资于各种证券的比例分别为X_1，X_2，...，X_n，则有：

$$\begin{aligned}E\left(r_p\right)&=X_1E\left(r_1\right)+X_2E\left(r_2\right)+\ldots+X_nE\left(r_n\right)\\&=X_1\left\{r_F+\beta_1\left[E\left(r_M\right)-r_F\right]\right\}+X_2\left\{r_F+\beta_2\left[E\left(r_M\right)-r_F\right]\right\}+\ldots+X_n\left\{r_F+\beta_n\left[E\left(r_M\right)-r_F\right]\right\}\end{aligned}$$

令$\beta_p=X_1\beta_1+X_2\beta_2+\ldots+X_n\beta_n$，即证券组合$P$的$\beta$系数，也即证券组合$P$的收益风险关系为：

$$E\left(r_p\right)=r_F+\beta_p\left[E\left(r_M\right)-r_F\right] \tag{4.6}$$

无论是单个证券还是证券组合，均可将其β系数作为对风险合理测定的工具。其期望收益与由β系数测定的系统风险之间存在线性关系。这个关系反映在以$E\left(r_p\right)$为纵坐标、β_p为横坐标的坐标系中，是一条直线，被称为“证券市场线（SML）”，如图4-6所示。这条直线由无风险资产的收益率和市场组合的预期收益率共同决定。由前面的分析可知：当市场处于均衡状态时，所有证券和投资组合，无论是有效的还是无效的，全都落在证券市场线上。

由于所有资产都将落在证券市场线上，这条直线也就为我们提供了一种确定某一证券预期收益率的方法，即如果可以得到某种证券的贝塔值，我们就能运用资本资产定价公式来求得其预期收益率。换言之，运用资本资产定价模型可以获得证券的预期收益率。

当P为市场组合M时，$\beta_p=1$，因此，证券市场线经过点［1，$E\left(r_M\right)$］；当P为无风险证券时，$\beta_p=0$，期望收益率为无风险利率r_F，因此证券市场线亦经过点［0，$E\left(r_F\right)$］。

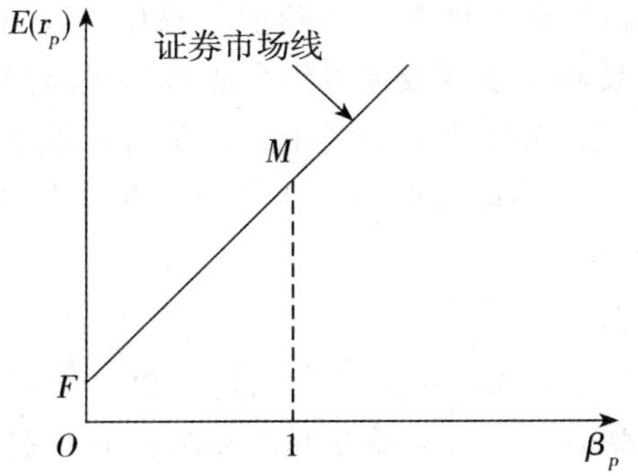

图 4-6　证券市场线（SML）

【例 4-4】利用证券市场线 SML 求单个证券的预期收益率，沿用前面例子的数据：

$$\frac{E(r_M)-r_F}{\sigma_m^2}=\frac{22.4\%-4\%}{2.254\%}=8.16$$

则证券市场线 SML 为：

$$E(r_P)=4\%+8.16\sigma_{im}$$

由协方差矩阵计算各证券与市场组合的协方差：

$$\sigma_{Am}=w_A\times\sigma_A^2+w_B\times\sigma_{AB}+w_C\times\sigma_{AC}=1.53\%$$

$$\sigma_{Bm}=w_A\times\sigma_{AB}+w_B\times\sigma_B^2+w_C\times\sigma_{BC}=2.57\%$$

$$\sigma_{Cm}=w_A\times\sigma_{AC}+w_B\times\sigma_{BC}+w_C\times\sigma_C^2=2.36\%$$

可求出各证券的预期收益率：

$$E(r_A)=4\%+8.16\sigma_{Am}=16.48\%$$

$$E(r_B)=4\%+8.16\sigma_{Bm}=24.97\%$$

$$E(r_C)=4\%+8.16\sigma_{Cm}=23.26\%$$

此外，也可根据证券市场线的另一种形式，求出各证券的预期收益率：

$$E(r_i)=r_F+\beta_i\left[E(r_M)-r_F\right]=4\%+\beta_i(22.4\%-4\%)=4\%+18.4\%\beta_i$$

又有 $\beta_i=\dfrac{\sigma_{iM}}{\sigma_M^2}$，代入上式，求出 $E(r_A)$、$E(r_B)$ 和 $E(r_C)$。

（2）证券市场线的经济意义。任意证券或组合的期望收益率都由两部分构成：一部分是无风险利率 r_F，是对投资者放弃消费的补偿，也是货币的时间价值；另一部分是风险溢价 $\beta_p\left[E(r_M)-r_F\right]$，即对投资者承担风险的补偿，$\left[E(r_M)-r_F\right]$ 代表了对市场组合风险的补偿。

4.CAPM 模型

证券市场线 SML 和资本市场线 CML 是资本资产定价模型的两个重要内容，虽然形式上略有不同，但本质上是相同的。二者选择的风险变量不同，资本市场线以总风险为横坐标，反映了无风险资产同市场组合构成的新组合的收益-风险关系；证券市场线以系统风险为横坐标，反映了某一证券或证券组合的收益同系统风险间的关系。

CAPM理论认为，在均衡条件下，每种证券都位于证券市场线上。β系数作为衡量系统风险的指标，反映了证券或证券组合收益与风险间的关系。其主要包括：

第一，反映了证券或证券组合对市场组合方差的贡献率。

第二，反映了证券或证券组合的收益水平对市场平均收益水平变化的敏感性。由此，公式4.6可改写成：

$$E\left(r_p\right) = r_F + \beta_p E\left(r_M\right) - \beta_p r_F \tag{4.7}$$

即由$r_p = \alpha + \beta_p r_M + \varepsilon_P$形式，可知证券或证券组合的收益率与市场指数收益率呈线性相关，β为直线斜率，反映了证券或证券组合的收益水平对市场平均收益水平变化的敏感性。β系数绝对值越大，表明证券或证券组合对市场指数的敏感性越强。

第三，β系数是衡量证券系统风险的指数。证券或证券组合的风险为：$\sigma_P = \beta_p^2 \sigma_M^2 + \varepsilon_P^2$，其中，$\beta_p^2 \sigma_M^2$为系统风险，$\varepsilon_P^2$为非系统风险，即$\beta$系数可用于衡量证券的系统风险大小。

4.1.2 CAPM模型的应用

CAPM模型主要应用于资产估值和资源配置两方面。

1.资产估值

CAPM模型可以用于判断证券价值是否被低估或高估。由于根据CAPM模型计算出来的证券预期收益率是均衡条件下证券的收益率，此时证券价格与内在价值是一致的。但市场往往处于非均衡状态，实际市场上的证券收益率与模型计算所得不同。通过比较计算所得均衡收益率与实际收益率的大小，可判断证券价值是否被低估或高估，并根据低价买入、高价卖出的原则进行投资。如图4-7所示，A'为证券A的实际价格，A为证券A的均衡价格，均衡价格低于实际价格，说明证券A被高估了，应该卖出；证券B的均衡价格高于实际价格，说明证券B被低估了，应该买入。

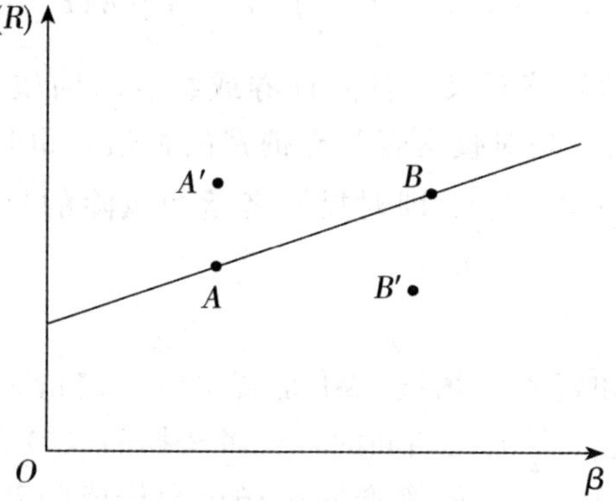

图4-7　资产估值模型例示

【例4-5】A公司今年每股股息为0.5元，预期今后每股股息将以每年10%的速度稳定增长。当前的无风险利率为0.03，市场组合的风险溢价为0.08，A公司股票的β值为1.5。那么，A公司股票当前的合理价格P_0是多少？

首先，根据股票现金流估价模型中的不变增长模型，得出A公司股票当前的合理价格P_0为：

$$P_0 = \frac{0.5}{k - 0.1}$$

其中，k为必要收益率，即风险调整贴现率。

其次，根据证券市场线有：

$$k = r_F + \beta_p\left[E\left(r_M\right) - r_F\right] = 0.03 + 0.08 \times 1.5 = 0.15$$

最后，得到A公司股票价格为：

$$P_0 = \frac{0.5}{k - 0.1} = \frac{0.5}{0.15 - 0.1} = 10(\text{元/股})$$

2.资源配置

资本资产定价模型在资源配置方面的一项重要应用，就是根据对市场走势的预测来选择具有不同β系数的证券或组合，以获得较高收益或规避市场风险。CAPM的思想不论是在消极资产组合管理还是在积极资产组合管理中都可应用。

证券市场线表明，β系数反映证券或组合对市场变化的敏感性，因此，投资者预测牛市到来时，应选择那些高β系数的证券或组合。这些高β系数的证券或组合将成倍地放大市场收益率，带来更高的收益；相反，在熊市到来之际，应选择那些低β系数的证券或组合，以减少因市场下跌而造成的损失。

4.1.3　CAPM模型的局限性

CAPM模型严格的假设前提使得它在实际应用中存在一些明显的局限。正如布莱克·李、詹森和斯科尔斯（Jensen & Scholes）以及法玛（Fama）等人所指出的那样，CAPM理论在假设前提上的局限性导致了实证的失效。这也为行为金融的发展提供了理论空间。其假设的非现实性体现在以下三个方面：

1.市场投资组合的不完全性

由于信息不对称和投资者对理性预期的偏离，各个投资者不能实现预期完全一致，因而无法达到完全相同的市场组合。

2.市场不完全导致的交易成本

在一个完全的资本市场，追求效用最大化的投资者是完全理性的，不存在税收和政府管制等交易成本，产品市场和金融市场的结构处于完全竞争状态，信息是完全对称的且投资者可以无成本地拥有信息，金融资产是完全可分的。然而，现实的金融市场并不是无摩擦的，而是存在着各种各样的交易成本，如证券借贷限制、买空卖空限制和税收等。

3.静态的角度

CAPM理论仅从静态的角度研究资产定价问题，而且决定资产价格的因素也过于简单。从发展的角度看，需加入多因素跨期博弈模型来研究投资组合的动态变化。

专栏4-1

三因子、五因子模型

20世纪50—60年代，金融学术圈迎来了一次至关重要的革命——对资产定价问题的探讨。这一领域的革命始于Markowitz在50年代一系列重要的研究，而后Sharpe和Lintner在此基础上提出的CAPM模型，明确表述了风险与预期收益之间的线性关系，也就是我们现在所熟知的贝塔。从那个时候开始，贝塔也成为整个CAPM乃至现代金融学的标志。

但是，CAPM模型自从提出以后，其单一的风险因素描述资产的收益率受到多方面的挑战。一方面，CAPM模型无法解释市值效应（size effect），即股票收益率和流通市值显著的负相关关系。研究发现，市场风险溢价的解释能力很弱，而公司的市值对股票收益率的解释能力更强，这种现象在世界上许多主要的交易所屡见不鲜。另一方面，CAPM无法解释价值效应（value effect），即账面市值比与股票收益率显著的正相关关系以及公司当前的股价、所有者权益账面价值和每股收益能够解释公司股票未来的回报率。为了提高模型的解释和预测能力，资产定价模型由单因子模型逐步向多因子模型发展。

Fama和French在20世纪90年代初提出了三因子模型，结合了此前的研究，在CAPM的基础上加入了解释市值效应的因子SMB和解释价值效应的因子HML。该模型的重要特点是，虽然SMB、HML分别代表了公司市值和公司账面市值比因素，但实际上二者代表的是不同资产组合的收益之差而非公司市值或账面市值比本身，这种因子的构建方式成为后续研究构建因子的标准方式。随后，Fama和French在1998年将三因子模型扩展到全球视野，提出了全球市场风险溢价、全球市场的SMB和全球市场的HML，并与使用全球市场的市场风险溢价的CAPM模型进行比较，发现三因子模型的解释能力更强。三因子模型引发了学界的广泛关注。随后经济学家用日本、英国和加拿大的数据检验了三因子模型，发现模型能够有效地解释股票组合回报的差异，但使用本国市场数据计算得到的三因子模型要比用全球市场的三因子模型解释能力更好。

三因子模型本来是为了调和CAPM与市场异象之间的矛盾而产生的，但是随后的许多研究却发现，或许旧的异象已经解决了，但是对于新的异象，三因子模型一样无能为力。比如，三因子模型认为企业的盈利能力对股票未来收益的预测能力大致与账面市值比因子等同，但是后来的很多研究者都表示，这是因为三因子模型衡量企业盈利能力的方法是不对的。而另外一个对三因子模型提出挑战的异象，则是投资异象，也就是人们发现投资者往往对企业的资本投入估计不足，导致高投资的企业股票收益率反而变低，这一点即便在三因子模型下，也没有办法解释。这几个问题也就成了Fama和French扩展三因子的动力，他们自己也坦言，这些实证问题和莫迪利安尼的价值理论，是他们改进模型的实证和理论源泉。

2015年，Fama和French发表了一篇新的五因子模型的文章，在文章里，他们加入了盈利能力和投资两个因子。至今为止，许多学者比较了五因子与三因子模型的表现，研究结论差异较大。实际上，学术界更加关心新的因子在经过三因子模型风险调整后还是否具有显著的风险溢价，但这一点在五因子模型上并未体现。

资料来源：思凯 betalpha.那些奇怪的金融研究（九）：从三因子到五因子［EB/OL］.［2017-08-02］. https：//xueqiu.com/4678288336/89851189.此处有改编.

§4.2　套利定价模型

4.2.1　套利定价理论

斯蒂芬·罗斯（Stephen Ross）在20世纪70年代中期建立了套利定价理论（Arbitrage Pricing Theory，APT）。与CAPM理论相比，APT的假设要少得多。它的基本假设是：当存在提高收益率且不会增加风险的机会时，每个投资者都会利用这个机会；证券价格可以用因子模型描述。

因子模型是一种假设证券的收益率只与不同的因子变化相关的经济模型。它具有以下特点：第一，因子模型中的因子应该是系统影响所有证券价格的经济因素；第二，两个证券的收益率相关仅仅是因为它们受相同因子变化的影响；第三，证券收益率中不能由因子模型解释的部分是该证券所特有的，与其他证券无关。

1.单因素模型理论

假设证券的收益率只受一个因子的影响，可用单因素模型（single-factor model）来表示。单因素模型的一般表达式为：

$$R_{it} = a_i + b_i F_t + \varepsilon_{it} \tag{4.8}$$

式中：R_{it}为证券i在时间t时的收益率；F_t为因素在时间t的值，对于所有证券而言是相同的；b_i为证券i对因素的敏感度，对证券i而言，b_i不随时间的变化而变化；ε_{it}为随机误差项，且有$E(\varepsilon_{it}) = 0$，$Var(\varepsilon_{it}) = \sigma_{\varepsilon}^2$。则证券$i$的期望收益为：

$$\overline{R_i} = a_i + b_i \overline{F} \tag{4.9}$$

式中：a_i为因素值为0时证券i的预期收益率，由此可求出相应的证券i的方差和两种证券i和j的协方差：

$$\sigma_i^2 = b_i^2 \sigma_F^2 + \sigma_{\varepsilon}^2 \tag{4.10}$$

$$\sigma_{ij} = b_i b_j \sigma_F^2$$

由于因子模型的特点，存在着以下两个假定：第一，随机误差项与因素不相关；第二，任意两种证券的随机误差项不相关，即一种证券随机误差项的结果与另一种证券随机误差项的结果之间无关。

由n种证券构成的组合的单因素模型表达式为：

$$R_P = a_P + b_P F + \varepsilon_P \tag{4.11}$$

式中：$a_P = \sum_{i=1}^{n} x_i a_i$，$b_P = \sum_{i=1}^{n} x_i b_i$，$\varepsilon_P = \sum_{i=1}^{n} x_i \varepsilon_i b_P$，为证券组合对因素的敏感度；$\varepsilon_P$为

随机误差项。组合的期望收益率为：

$$\overline{R_P} = a_P + b_P\overline{F} \tag{4.12}$$

证券组合的方差为：

$$\sigma_P^2 = b_P^2\sigma_F^2 + \sigma_\varepsilon^2 \tag{4.13}$$

式中：

$$\sigma_\varepsilon^2 = \sum_{i=1}^{n} x_i^2\varepsilon_i^2$$

由式4.8和式4.11可知，证券或证券组合的收益率受两种因素影响：一种是证券市场的共同因素，所有的证券都受它影响；另一种是证券特有的因素，只对单个证券有影响，与其他证券没有关联。由式4.10和式4.13可知，证券或证券组合的风险可以分为两部分，即因素风险与非因素风险，等式右边的第一项为因素风险，第二项为非因素风险。

单因素模型有两个重要特征：

第一，可以运用单因素模型估计切点有效证券组合。单因素模型假定所有的证券收益仅仅对单个共同因子的变化做出反应，省去了直接估算证券间协方差的过程(因为这些协方差包含在证券对共同因子敏感度和共同因子方差之中)，因而大大简化了确定切点证券组合的计算。利用单因素模型，投资者可以估算证券组合中每一种证券的a_i、b_i和σ_ε^2，以及因子F的预期值E（F）及其方差σ_F^2。有了这些估算值，便可计算出证券的预期收益、方差和协方差。接下来，投资者可以利用最优化法，计算出马柯维茨有效集，并根据已知的无风险利率，确定切点证券组合。

第二，由单因素模型可得到分散化投资可降低非市场风险的结论。由市场模型可知，通过分散投资可以使市场风险平均化，并降低证券组合的特有风险。对于任何单因素模型，只要用因子风险和非因子风险分别替代市场模型中的市场风险和特有风险，便可得出同样的结论。

当一个证券组合越分散，也就是包含的证券种类越多时，每一种证券在证券组合中所占的比例X_i也就越小。分散投资并不能使证券组合的β值显著地增加或减少，证券组合的β值只是各证券β值的加权平均，权重为各证券所占的投资比重，因而分散投资只能使因子风险平均化。

但证券组合越分散，非因子风险越低。假设n种证券组成的证券组合中每一种证券的权重X_i都相同，即X_i等于$1/n$，则式4.13可改写为：

$$\sigma_P^2 = \sum_{i=1}^{n}(1/n)^2\sigma_i^2 = 1/n\left[\left(\sigma_1^2 + \sigma_2^2 + \dots + \sigma_n^2\right)/n\right] \tag{4.14}$$

式中：方括号内的值是各证券非因子风险的加权平均。

但证券组合的非因子风险只是它的n分之一。证券组合越分散，证券的种类数n也就越大，$1/n$的值则越小，从而降低证券组合的非因子风险。总之，通过分散投资可以降低非因子风险。

2.多因素模型理论

经济社会状况的好坏影响着大多数公司，对未来预期的改变将会对大多数证券的收益率产生影响。有一些影响证券收益率的因素已成为投资者的共识：①对实际国民生产总值增长率的预期；②对实际利率的预期；③对通货膨胀水平的预期；④对每股收益的预期；⑤流通股的规模大小。用多因素模型取代单因素模型分析证券的收益率，将会更加切合实际。作为多因素模型的一个特例，我们先分析有两个因素的模型，即假定收益率决定模型含有两种因素。

（1）两因素模型。类似于单因素模型，我们可写出两因素模型的表达式：

$$R_i = a_i + b_{i1}F_1 + b_{i2}F_2 + \varepsilon_i \tag{4.15}$$

式中：F_1、F_2为影响证券收益率的两个因素；b_{i1}、b_{i2}为证券i对这两个影响因素的敏感度；ε_i为随机误差项，且有$E(\varepsilon_i) = 0$，$Var(\varepsilon_i) = \sigma_\varepsilon^2$。则证券$i$的期望方差为：

$$\overline{R_i} = a_i + b_{i1}\overline{F_1} + b_{i2}\overline{F_2} \tag{4.16}$$

式中：a_i表示因素值为0时证券i的预期收益率，由此可求出证券i的方差和两种证券i和j之间的协方差：

$$\sigma_i^2 = b_{i_1}^2\sigma_{F_1}^2 + b_{i_2}^2\sigma_{F_2}^2 + 2b_{i_1}b_{i_2}\operatorname{cov}(F_1, F_2) + \sigma_\varepsilon^2$$

$$\sigma_{ij} = b_{i_1}b_{j_2}\sigma_{F_1}^2 + b_{i_2}b_{j_2}\sigma_{F_2}^2 + (b_{i_1}b_{j_1} + b_{i_2}b_{j_2})\operatorname{cov}(F_1, F_2)$$

如果因素之间不存在相关关系，证券i的方差和两种证券i和j之间的协方差为：

$$\sigma_i^2 = b_{i_1}^2\sigma_{F_1}^2 + b_{i_2}^2\sigma_{F_2}^2$$

$$\sigma_{ij} = b_{i_1}b_{j_2}\sigma_{F_1}^2 + b_{i_2}b_{j_2}\sigma_{F_2}^2$$

前面讨论单因素模型所得到的结论和投资分散化的影响，对多因素模型一样适用。类似地，我们可以得到以下结论：

第一，可以运用多因素模型估计切点有效证券组合。

第二，分散化投资可降低非因素风险，可带来因素风险的平均化。

特别值得注意的是，一个处于良好投资分散化状态下的证券组合，非因素风险将非常微小。如同单因素模型，在多因素模型中，证券组合对一种特定因素的敏感度是组合中各证券敏感度的加权平均数，其权数等于每一种证券的投资比例。证券组合的收益率是它所包含的证券收益率的加权平均数：

$$R_P = \sum_{i=1}^{N} x_i R_i$$

将式4.15代入上式可得：

$$R_P = \sum_{i=1}^{N} x_i(a_i + b_{i1}F_1 + b_{i2}F_2 + \varepsilon_i)$$

$$= \sum_{i=1}^{N} x_i a_i + \sum_{i=1}^{N} x_i b_{i1}F_1 + \sum_{i=1}^{N} x_i b_{i2}F_2 + \sum_{i=1}^{N} x_i \varepsilon_i$$

$$= a_P + b_{P_1}F_1 + b_{P_2}F_2 + \varepsilon_P$$

式中：

$$a_P = \sum_{i=1}^{n} x_i a_i \quad b_{P_1} = \sum_{i=1}^{n} x_i b_{i_1} \quad b_{P2} = \sum_{i=1}^{N} x_i b_{i_2} \quad \varepsilon_P = \sum_{i=1}^{n} x_i \varepsilon_i$$

值得注意的是，证券组合的敏感度b_{P_1}和b_{P_2}是它所包含证券的敏感度b_{i1}和b_{i2}的加权平均数。

（2）因素模型的一般形式。同样，我们可以写出因素模型的一般形式：

$$R_i = a_i + b_{i1}F_1 + b_{i2}F_2 + \cdots + b_{im}F_m + \varepsilon_i \tag{4.17}$$

式中：F_1，F_2，…，F_m为影响证券收益率的m个因素；b_{ik}为证券i对因素F_k的灵敏度，k=1，2，…，m；ε_i为随机误差项，且有$E(\varepsilon_i) = 0$，$Var(\varepsilon_i) = \sigma_\varepsilon^2$。

同理，证券组合的收益率为：

$$R_P = a_P + b_{P1}F_1 + b_{P2}F_2 + \cdots + b_{Pm}F_m + \varepsilon_P \tag{4.18}$$

3.套利定价模型理论

（1）套利机会与套利组合。

套利是指无风险的获利行为。金融市场上可能存在两种类型的套利机会：第一，如果一种投资能够立即产生正的收益而且在将来不需要进行任何支付（不管这种支付是正的还是负的），我们称为第一类套利机会。例如，投资者甲以11元的价格卖出证券A（相当于融资），用10元的价格买入证券B（用融得的资金投资），得到1元的收益，而在未来因出售证券A（融资）而发生的任何支付都可以被买入证券B（投资）得到的收益所抵消，这就是第一类套利机会。第二，如果某种投资机会有非正的成本，但在将来获得正的收益的概率为正，而有负的收益的概率为零，我们称为第二类套利机会。例如，投资者乙以10元的价格卖出证券A（相当于融资），再用10元的价格买入证券B（用融得的资金投资），当前支出为0，而未来证券B带来的收益超过因出售证券A而发生的支付，就是第二类套利机会。

在一个均衡的市场中，不存在套利机会。如果存在这样的机会，追求个人利益最大化的投资者会利用这种机会，从而引起证券供求的变化，破坏市场均衡。比如第一种情况，如果存在这样一组证券组合，那么其构造者显然希望这一组合尽可能地大，从而造成对需要买入证券的大量需求和对需要卖出证券的大量抛售，使需要购入的证券价格上升，需要卖出的证券价格下降，直到这一证券组合的收益为零，套利机会消失。于是我们得到均衡市场上无套利机会的假设，这是套利定价理论的基本前提。

所谓套利组合，是指满足下述3个条件的证券组合：

① 该组合中各种证券的权数满足$w_1 + w_2 + ... + w_N = 0$。

② 该组合因素敏感度系数为零，即$w_1b_1 + w_2b_2 + ... + w_Nb_N = 0$。其中，$b_i$表示证券$i$的因素敏感度系数。

③ 该组合具有正的期望收益率，即$w_1E(r_1) + w_2E(r_2) + ... + w_NE(r_N) > 0$。其中，$E(r_i)$表示证券$i$的期望收益率。

套利组合的特征表明，投资者如果能发现套利组合并持有它，那他就可以实现不需要追加投资又可获得收益的套利交易，即投资者是通过持有套利组合的方式来进行套利的。所以套利定价理论认为，如果市场上不存在套利组合，那么市场就不存在套利机会。

【例4-6】假设市场上有3种证券，每个投资者都认为它们满足单因素模型，且具有的期望收益率和因素敏感度见表4-1。

这些期望收益率和因素敏感度是否表示一种均衡状态？如果不是，股票的价格和期望收益率将发生什么样的变化来达到均衡？首先，我们看看这个证券组合是否存在套利机会。根据套利组合定义的3个条件，一个套利证券组合(w_1, w_2, w_3)应该符合：

表4-1　**3种证券的期望收益率和因素敏感度**

证券	r_i (%)	b_i
1	15	0.9
2	21	3.0
3	12	1.8

$$\begin{cases} w_1 + w_2 + w_3 = 0 \\ 0.9w_1 + 3.0w_2 + 1.8w_3 = 0 \\ 0.15w_1 + 0.21w_2 + 0.12w_3 > 0 \end{cases}$$

显然，满足这个方程的解有无穷多个，任取其中一个解，如：

$$(w_1, w_2, w_3) = (0.1, 0.075, -0.175)$$

这就是一个套利证券组合。这个套利证券组合能获得的期望收益率是：

$$(0.15w_1+0.21w_2+0.12w_3) \times 100\% = 0.15\times0.1+0.21\times0.075-0.12\times0.175\times100\% = 0.98\%$$

对于任何只关心更高回报率而忽略非因素风险的投资者，这种套利证券组合是相当具有吸引力的。它不需要成本，没有因素风险，却具有正的期望收益率。当我们仔细研究上述套利问题时可以发现，如果没有其他限制，无限制地卖空证券3可以获得更高的期望收益率。事实上，将方程组的w_3作为参数，对前两个方程求解可得：

$$\begin{cases} w_1 + w_2 = -w_3 \\ 0.9w_1 + 3.0w_2 = -1.8w_3 \end{cases}$$

用消元法解得：

$$w_1 = -\frac{4}{7}w_3,\ w_2 = -\frac{3}{7}w_3$$

因此，只要满足下式，就可以获得正的期望收益率：

$$0.15w_1 + 0.21w_2 + 0.12w_3 = \left(-0.15\times\frac{4}{7} - 0.21\times\frac{3}{7} + 0.12\right)w_3 = -\frac{0.39}{7}w_3 > 0$$

显然，只要$w_3 < 0$，该条件就能得到满足。当$w_3 = -2$时，代入上式知，该套利证券组合的期望收益率是11.14%；而当$w_3 = -10$时，该套利证券组合的期望收益率则高达55.71%。

如果不能卖空，情况就会不同，这时对w_3就会有所限制。如果原有组合中投资者持有证券3的比例是40%，则在进行套利操作时，投资者最多可以将手中的证券3全部卖出，因此可以提高期望收益率的组合是：

$$w_1 = -\frac{4}{7}w_3 = -\frac{4}{7} \times 0.4 = -0.23$$

$$w_2 = -\frac{3}{7}w_3 = -\frac{3}{7} \times 0.4 = -0.17$$

$$w_3 = -0.4$$

即新的组合中不再持有证券3，增加持有证券1和证券2，比例分别为23%和17%。进行上述操作后，可以提高的期望收益率是：

$$(0.15w_1 + 0.21w_2 + 0.12w_3) \times 100\% = \left(-0.15 \times \frac{4}{7} - 0.21 \times \frac{3}{7} + 0.12\right)w_3 \times 100\%$$

$$= 0.39 \times 0.4 \times 100\% = 2.23\%$$

（2）模型假设。

与资本资产定价模型相比，建立套利定价理论的假设条件较少，可概括为4个基本假设。

第一，投资者都是理性的，他们都是风险厌恶者，同时追求效用最大化；

第二，资本市场是完全竞争市场，无摩擦，无须考虑交易成本；

第三，投资者能够发现市场上是否存在套利机会，并利用该机会进行套利；

第四，证券i的收益率受m个因素的影响，且均适用于以下多因素模型：

$$R_i = a_i + b_{i1}F_1 + b_{i2}F_2 + \cdots + b_{im}F_m + \varepsilon_i$$

而且，不同因素之间不存在相关关系，随机误差项与因素不相关，任意两种证券的随机误差项不相关。

（3）APT模型。

套利定价模型是罗斯在1976年提出的。与CAPM不同，APT并没有对个体偏好作任何假设，但它假设任何证券的收益率均满足多因素模型。所以，套利定价模型是一个多因素模型。

套利组合理论认为，当市场上存在套利机会时，投资者会不断进行套利交易，从而不断推动证券价格向套利机会消失的方向变动，直到套利机会消失为止，此时证券的价格即均衡价格，市场也就进入均衡状态。因而套利定价模型的一般表达式为：

$$E(R_i) = R_f + \beta_{i1}\lambda_1 + \beta_{i2}\lambda_2 + \cdots + \beta_{ik}\lambda_k$$

式中：R_f为无风险利率；β_{ik}为证券i对第k个因子的敏感系数；λ_k为第k个因子的风险价格（报酬）。

套利定价模型表明，在市场均衡状态下，证券或组合的期望收益率完全由它所承担的因素风险决定；承担相同因素风险的证券或证券组合都应该具有相同的期望收益率；期望收益率与因素风险的关系，可由期望收益率因素敏感性的线性函数反映。

利用APT模型要辨识市场中重要的因子类别，这些因子应该满足一定的要求：①应当显示总的经济行为指标；②应当包括通货膨胀率；③应当包含某种利率。这是因为股票的价格是未来红利的折现值，而将来的红利与总的经济行为有关，折现率与通货膨胀率和利率有关，因此比较准确的因子模型应该包括上述因子。比如，APT的创立者罗斯就曾提出过通货膨胀、工业生产增长、市场风险报酬和利率期限结构等四个因子。

【例4-7】假设某证券受通货膨胀率、利息率和GDP增长率三个因子的影响，根据APT模型，其期望收益率满足如下方程：

$$E(R_i)=R_f+\beta_{i1}\lambda_1+\beta_{i2}\lambda_2+\beta_{i3}\lambda_3$$

式中：R_f为无风险利率，设为5%；β_{i1}、β_{i2}、β_{i3}分别为相对通货膨胀率、利息率和GDP增长率三个因子的敏感系数，设分别为2、-1、5和1；λ_1、λ_2、λ_3分别为通货膨胀率、利息率和GDP增长率三个因子的风险价格，设分别为10%、15%和5%，则该证券的期望收益率为：

$$E(R_i)=5\%+2\times10\%-1.5\times15\%+1\times5\%=7.5\%$$

由于套利定价模型是一个多因素模型，因此它可以比CAPM更准确地描述证券的期望收益，特别是可以具体地指出证券的期望收益受哪些有实际经济意义的因素影响。这一特点有助于我们了解证券的期望收益或价格变化的影响因素。

4.2.2　套利定价模型的应用与局限性

1.APT的应用

根据APT，我们可以分析不同证券间的相关关系。当证券受同一因素影响时，证券之间存在着相关关系。而证券的非因素风险是无法完全规避的，只能通过分散投资来降低。APT模型提供给我们一个综合分析资产收益率影响因素、确定其均衡价格的方法。

【例4-8】罗尔与罗斯利用套利定价模型对美国股票市场上市股票的影响因素进行了实证分析，使用的数据是纽约证券交易所上市股票的日收益率（数据），样本区间从1962年7月5日到1972年12月31日。实证结果发现，下述四个宏观经济变量影响证券收益：工业产值指数、投机级债券与高等级债券收益率差额、长期政府债券与短期政府债券收益率差额、未预期的通货膨胀率。

假定通过回归分析得知某只证券A对上述四个因素的敏感度系数依次为：$b_1=1.2$，$b_2=-0.6$，$b_3=0.4$，$b_4=0.8$。已知无风险利率为5%；工业生产增长从预期的4%升至6%；通货膨胀率预期为3%，实际为-1%；投机级债券与高等级债券的收益率差额为3%；长短期政府债券收益率差额为-2%。

那么，预期证券A的收益率为：

$$E(R_i)=R_f+\beta_{i1}\lambda_1+\beta_{i2}\lambda_2+\beta_{i3}\lambda_3+\beta_{i4}\lambda_4$$
$$=0.05+1.2\times2\%-0.6\times(-4\%)+0.4\times3\%+0.8\times(-2\%)=9.4\%$$

在构建资产组合时，通过分析资产的影响因素可以达到提出相关度较高的资产进行分散投资的目的。因此APT模型有助于我们进行更好的投资组合管理。APT模型的主要优点在于投资者注意力并不局限在市场上，事实上任何因素都可以作为共同因素而包括在内。

微课4-2　套利定价模型

2.APT的局限性

同CAPM相比，APT模型减少了很多假设前提，更具灵活性。但在实际应用中也存在着许多局限性：

第一，理论定价和实际定价存在着差异。实践中，我们无法将所有影响证券收益率的因素都纳入模型，且在选择资产收益率影响因素时往往带有主观片面性，模型的应用存在着很大的不确定性，那么根据APT模型得到的资产理论价格就与实际价格存在着偏差。

第二，在APT假设前提中，我们假设所有的投资者都能找到并把握投资机会，这意味着对所有投资者而言信息都是可获得的，并且投资者都是同质的。但实际上，并不存在完全竞争市场，信息往往存在着不对称，投资者对信息的分析能力也大大不同。实际条件与假设条件的差异会带来均衡价格与实际价格的偏离。

第三，对于如何确定各影响因素的敏感度，这一问题并没有统一的认识。学术界对此各执一词，尚未有定论。在使用APT模型对资产进行定价时，往往依据经验或者投资者的主观判断，使模型的定价结果存在一定的误差。

4.2.3　套利定价模型与资本资产定价模型的区别

作为现代投资组合理论的两块基石，套利定价理论和资本资产定价模型既有联系，又有区别。

两者的联系表现在：第一，两者都是一种均衡模型，前者假设当前市场处于均衡状态时将不存在套利机会，从而能准确地计算出证券的收益率。它体现的是整个市场上给出的一种合理定价，即投资者无套利机会可利用。当然，现实中不可能完全消除套利机会；相反，正是因为套利机会的存在才促使投资者去套利，而套利的结果反过来又使得套利机会消失，然后，新的套利机会又会产生，再套利、再消除。如此往复，从而使得市场更加趋于合理化。而CAPM则是一种理想的均衡模型，它强调的是证券市场上所有证券的供需均达到均衡。第二，APT与CAPM都建立在一系列的假设之上，只不过APT的假设比CAPM的假设少得多。例如，CAPM需要假设投资者为风险的规避者，具有单调凹向上的无差异效用函数，效用为收益率的函数且存在一个有效率的市场投资组合；APT并没有对投资者的风险偏好做出规定，因此它的适用性增强了。

在CAPM中，证券的风险只用证券相对于市场组合的β系数来解释。它只能确定风险的大小，无法告诉投资者风险来自何处；而在APT中，证券的风险由多个因素共同来解释，不仅能计算出证券风险的大小，而且能告诉投资者风险来自何处，对资产收益率的影响程度有多大。

专栏4-2

“新因子动物园”

20世纪60年代，CAPM模型诞生，金融学界认为市场贝塔是对我们投资预期收益率最好的解释，这揭开了我们用因子解释收益率的序幕。从此之后，成百上千篇文献提出了无数因子去试图解释同一时期的预期收益率，但是这些跨越不同时段、来自不同市场的因子真的都是有效的吗？

Harvey、Liu和Zhu就干了这件看上去相当得罪人的事情，他们从既有的文献里提取出了316个被证明有效的因子，然后重新考查了它们的有效性。感觉有很多老先生如果知道他们要干这种事情来打脸，应该是压不住棺材板了。作者自己也吐槽说，其实研究界更喜欢看大家发现新的因子，对于这类复制检验型的研究不大热衷。

其实三位学者也未穷尽所有文献里的所有因子，因为这个工程量大到没有边际，而且也没有必要。他们的主要目的在于，检验那些被认为在不同市场和不同时期中具有广泛解释力的因子，并且他们没有选择那些只对于部分股票或者只在一定时期内有效的因子，以及那些由于事件驱动的因子也全都排除在外。当然也不是所有公开发表的论文所提出的因子他们都要重新看一遍，毕竟日语写的也看不懂，他们把主要的研究对象放在发表在金融、财务类的顶级杂志之上，另外还在SSRN上搜集了最近上传的工作论文，这些论文一般也要参加过顶级的会议或者已经接受了顶级期刊的评议。最后他们一共筛选出了313篇文献，并从中确定了316个可供研究的因子。其中大部分因子都是最近10年提出的，他们就是传说中的“新因子动物园”。

他们把这316个因子分为两个类型：一个类型是“共同类（common）”因子，这一类的因子可以用来衡量对于所有股票都有影响的风险，比如宏观经济变量、之前提到的市场组合回报率等；另一个类型是“个体类（individual）”因子，这类因子可能只对特定股票产生作用，很多时候我们把这类股票叫作个股的特征。

于是三位作者开开心心地开始了这场“挖坟”之旅。他们一共使用了3种方法来检验这些因子在统计上的显著性，不过他们对不同时期提出的因子显著性做出了不同规定。他们发现，在原来的研究下被认为有效的296个因子中，在第一种方法下有158个被认为是无效的，而在第二种和第三种方法下，无效因子的数目也达到了142个和132个。

事实上，这篇论文是向我们目前采用的统计方法投出了一篇檄文，他们认为人们对统计方法的迷信压倒了对经济逻辑的推崇，统计手段上的相关性可能并不代表明确的经济含义，但是我们会因为追求显著性而提出很多“骇人听闻”的结论。所以这篇论文也强调，如果要求未来金融研究的理论结果更靠谱，我们需要修正统计方法的筛选流程。

他们对于300多个因子的同时检验，其实也揭示了近年来金融研究的一些困惑，比如我们有了更多更好的方法和数据，也提出了更多更新的解释，但是这反而使得我们对市场的理解更加复杂化，经济逻辑也许可以让我们限制自己在一个模型中投入的变量数，但是实际上我们也总能找到新的依据来为自己增添的变量提供注脚。所以这也许是金融研究中的一个有趣的矛盾：大部分被认为可以打败市场的策略，最后都输给了市场，而大部分对市场规律进行剖析的结论，其实也都不正确。

资料来源：思凯 betalpha. 那些奇怪的金融研究（四）：一次检验316个因子是一种怎样的体验［EB/OL］.［2017-06-29］. https://xueqiu.com/4678288336/87963649. 此处有改编.

★ 思政课堂

四方面构建中国特色估值体系　服务好中国资产定价

【归类】号召

【属性】道路自信

全面注册制起航，A股生态将重塑，估值体系亦将发生变化，构建中国特色估值体系提上日程。在业内人士看来，中国特色估值体系需要体现中国市场体制机制、产业结构等，更好发挥资本市场资源配置功能，支持实体经济发展。在企业练好“内功”的同时，充分发挥专业机构定价作用至关重要。

中国证监会2023年系统工作会议提及，“推动提升估值定价科学性有效性。深刻把握我国的产业发展特征、体制机制特色、上市公司可持续发展能力等因素，推动各相关方加强研究和成果运用，逐步完善适应不同类型企业的估值定价逻辑和具有中国特色的估值体系，更好发挥资本市场的资源配置功能”。中金公司研究部策略分析师、董事总经理李求索对《证券日报》记者表示，对于一个成熟且有效的资本市场而言，逐步形成完善、合理的估值体系，对资本市场价值发现以及资源配置功能的发挥具有重要作用。

从当前A股估值体系来看，各板块间的估值并不均衡，尤其是上市银行及央企的估值长期偏低，因此需要进行平衡。从行业角度来看，王昕杰表示，传统考核体系要求下，央企更加侧重营业收入、资产规模以及利润增长，对企业成长性和盈利能力建设的重视度不足。从投资者角度来看，王昕杰表示，投资者对银行及央企的账面价值认知也存在一定分歧；银行业客观存在同质化、经营管理等方面市场化程度不高等现象。谈及如何提升央企和银行的估值中枢，王昕杰表示，中国资本市场已经日益成熟，投资者更关注内在因素，银行应当更多服务于实体经济，央企要加强专业化战略性整合，提升核心竞争力；与此同时，这些公司要进一步强化公众公司意识，主动加强投资者关系管理，让市场更好认识企业内在价值。

谈及如何建立中国特色估值体系，王昕杰认为，可以从四方面入手：首先，推动更多本土机构和长期资金参与；其次，优化资本市场结构，发挥资本定价作用，同时不同市场结构间适用于多重估值体系；再次，关注高ESG评级企业；最后，需要企业苦练“内功”，提高产业核心竞争力。

资料来源：吴晓璐.四方面构建中国特色估值体系　服务好中国资产定价［EB/OL］.［2023-02-22］. http：//epaper.zqrb.cn/html/2023-02/22/content_918182.htm.

★ 本章小结

1.资本资产定价模型对风险管理理论做出了突出贡献：β系数的提出和组合管理角度下资产风险衡量的统一标准。资本资产定价模型提供了对风险进行定价的基本原理；套利定价理论运用多因素模型为投资者进行风险分析和管理提供了新方法。

2.资本资产定价模型指出，当证券市场处于均衡状态时，资产的预期收益率等于无风险收益率加上风险溢价。

3.风险溢价取决于两个因素：第一，市场组合的预期收益率与无风险收益率之差，即单位风险的风险补偿；第二，由β系数表示的市场风险。

4.因素模型基于证券收益率受到某个或某几个共同因素的影响的假设。不同证券的收益率相关，是由于受共同因素的影响。

5.当所有证券都达到均衡价格时，不存在无风险套利机会，我们称不满足无套利条件。无套利定价法是金融学中最重要的方法之一。

6.套利定价理论认为，一种证券的预期收益率等于无风险利率加上多个因素风险报酬率。

★ 综合训练

4.1　单项选择题

1.威廉·夏普、约翰·林特given和简·摩辛分别于1964年、1965年和1966年提出了著名的（　　）模型。

A.资本资产定价　B.套利定价　C.期权定价　D.有效市场

2.反映有效组合收益和风险水平之间均衡关系的方程式为（　　）。

A.证券市场线方程　B.证券特征性方程

C.资本市场线方程　D.套利定价方程

3.（　　）反映证券或组合的收益水平对市场平均收益水平变化的敏感性，是衡量证券承担系统风险水平的指数。

A.证券组合的期望收益率　B.β系数

C.证券间的相关系数　D.证券各自的权重

4.在资本资产定价模型假设条件中，（　　）是对现实市场的简化。

A.投资者对证券的收益和风险有完全相同的预期

B.投资者根据方差评价证券组合的风险水平

C.资本市场无摩擦

D.投资者依据期望收益评价证券组合收益水平

5.下列说法中关于APT的局限性表述不正确的是（　　）。

A.在选择资产收益率影响因素时往往带有主观片面性

B.实际条件与假设条件的差异会带来均衡价格与实际价格的偏离

C.对如何确定各影响因素的敏感度并没有统一的认识

D.APT的假设比CAPM的假设要多

4.2 多项选择题

1.套利组合是满足（　　）条件的证券组合。

A.该组合中各种证券的权数满足 $W_1+W_2+W_3+\cdots+W_n=0$

B.该组合因素敏感度系数为零

C.该组合有正的期望收益率

D.该组合在不同市场中有不同表现

2.以下关于资本资产定价模型假设之一的资本市场无摩擦的说法正确的有（　　）。

A.市场上的借贷利率相等，投资者能以无风险利率借入或者贷出货币

B.所有投资者对未来预期一致

C.市场是完备的，即不存在交易成本和税收，而且所有资产都可无限细分

D.所有投资者均为风险厌恶者

3.均衡状态下，最优风险证券组合等于市场组合是因为（　　）。

A.均衡状态下，投资者手中持有的风险证券必然是市场中流动性不高的证券

B.均衡状态下，投资者手中持有的风险证券必然是市场中流通的证券

C.每个投资者对最优风险证券的偏好不同，但并不影响其持有的风险证券的比例

D.每个投资者对最优风险证券的偏好相同，但投放的资金比例不同

4.以下关于β系数的含义表述正确的有（　　）。

A.衡量系统风险的指标，反映了证券或证券组合收益与风险间的关系

B.反映了证券或证券组合对市场组合方差的贡献率

C.反映了证券或证券组合的收益水平对市场平均收益水平变化的敏感性

D.反映了证券或证券组合对市场组合协方差的贡献率

5.要利用APT模型辨识市场中重要的因子类别，这些因子应该满足（　　）。

A.应当显示总的经济行为指标　　　　B.应当包括通货膨胀

C.应该包含某种利率　　　　　　　　D.应当互不相关

4.3 思考题

1.归纳型资产定价理论与演绎型资产定价理论的来源、区别与联系是怎样的？

2.资本资产定价模型对风险管理理论的贡献及现实影响如何？

3.资本资产定价模型和套利定价模型之间有什么区别与联系？

4.证券市场线的经济意义是怎样的？

4.4 练习题

1.考虑一个特定股票收益的多因素模型（套利定价理论），见表4-2：

表4-2　　一个特定股票收益的多因素模型

因素	因素β	因素风险溢价
通货膨胀	1.2	6
工业生产指数	0.5	8
油价	0.3	3

(1) 目前国库券可提供6%的收益率，如果市场认为该股票是公平定价的，那么请给出该股票的期望收益率。

(2) 假定表4-3第二列给出的三种宏观因素的值是市场预测值，而实际值在第三列给出，在这种情况下，计算该股票修正后的期望收益率。

表4-3　　三种宏观因素的市场预测值和实际值

因素	预期变化率（%）	实际变化率（%）
通货膨胀	5	4
工业生产指数	3	6
油价	2	0

2. 假设市场上有且仅有两种证券A和B及无风险证券C，在均衡状态下，证券A、B、C的预期收益率和标准差见表4-4。

表4-4　　证券A、B、C的预期收益率和标准差

指标	证券A	证券B	证券C
预期收益率（%）	10	16	r_f
标准差（%）	6	12	0

已知某投资者甲无差异曲线方程为$E\left(r_k\right)=a+10\sigma_k^2$，其中，$a$是常数。

(1) 试确定无风险利率r_f。

(2) 若该投资者的投资组合仅由风险证券A和无风险证券C组成，试为该投资者设计最佳投资方案。

(3) 若该投资者的投资组合仅由风险证券B和无风险证券C组成，试为该投资者设计最佳投资方案。

3. 一投资者预期下一年的经济形势可能为高涨、有限增长和衰退三种情形。该投资者在证券A、市场组合M和国库券上均有投资，比例见表4-5。

表4-5　　投资者不同经济形势情形预期下收益情况

指标	高涨	有限增长	衰退
经济状态概率	1/3	1/3	1/3

续表

指标	高涨	有限增长	衰退
市场组合收益率	20%	15%	-5%
证券A收益率	25%	20%	-10%
国库券收益率	7%	7%	7%

（1）试求出CML和SML方程。

（2）若将资金各半分配于市场组合M和国库券，该投资组合的预期收益率和标准差为多少？

（3）试求证券A的β系数，应对其采取何种投资策略？

第5章

有效市场假说

★ 导读

有效市场假说是由美国芝加哥大学的法玛博士提出的，它是现代金融市场理论的基石。有效市场假说认为，证券在任一时点的价格均对所有相关信息做出了反应。根据不同的有效性，有效市场假说可具体分为弱式有效市场假说、半强式有效市场假说、强式有效市场假说三种。有效率市场假说在被广泛应用的同时，也面临着一定的挑战。

★ 关键概念

弱式有效市场（weak form efficiency market）　半强式有效市场（semi-strong form efficient market）　强式有效市场（strong form efficient market）　积极型投资策略（aggressive investment strategy）　消极型投资策略（passive investment strategy）

某日，有父子俩在北京王府井大街逛街。王府井大街是北京最热闹的街道之一，几乎每天都熙熙攘攘，人头攒动，父子俩便在人群中或急或缓地穿行。忽然，走在后面的儿子说："爸爸，地上有100块钱！"没想到父亲头也不回地说："不可能！"

我们说，这位父亲是信奉有效市场假说的。为什么呢？现在，让我们对这个社会场景提一个经济学式的问题：王府井大街上可不可能有100元钱？按有效市场理论，地上是几乎不可能有100元钱的。原因就是，这是王府井大街，大街上的人非常之多，而且人人都长着明亮的眼睛和灵活的肢体，这些条件都不可能给100元钱以足够的驻留空间。有效市场假说认为：一旦大街上出现100元钱，它将迅速消失，其存在的时间大约不会超过1分钟，或者说它几乎不可能以"有"的方式存在那里。这个假设是成立的。因为人人都明白，如果某人只是出于捡钱的目的，而天天去逛王府井大街，那么他走上100年也未必能捡到100元钱。

王府井大街不可能捡到钱，就如同一个"运转良好的金融市场"上不可能捡到好股票。有效市场将消灭所有超额的投资回报。在有效市场中，价格反映了一切。好的股票是你看得见我也瞧得着，怎么可能被人莫名其妙地白捡？有效市场理论的假设是：完全有效的市场一定是无法获得超额投资回报的市场。但是那个小孩可能真地看到了100元钱，那位父亲也忒武断了些。但即使是事实，它也只是生活中的偶然。这种偶然不能证明有效市场理论有问题，所以并不妨碍我们得出这样的结论：假如这个市场是完全有效的，那么任何为取得更高投资回报的努力都将是一场毫无意义的游戏。

§5.1 有效市场理论

5.1.1 有效市场假说的形成与发展

有效市场假说（efficient market hypothesis）是由美国芝加哥大学的法玛博士提出的，它是现代金融市场理论的基石。对于这一金融市场熟为人知的假说，其理论形成的基础却知者甚少。实际上，从理论来源上看，先有收益的统计方法、随机游走过程、奥斯本的七大假设，然后才有法玛的有效市场假说。

最早运用统计方法来分析收益的是法国经济学家路易斯。1900年，巴歇利埃在其博士论文《股票市场价格的随机特征》（The Random Character of Stock Market Prices）中把统计方法运用于股票、债券、期货和期权等工具的投资行为分析中。值得称道的是，他认识到了随机游走过程是一种布朗运动。不过，却没有什么经验证明支持他的假设：市场收益是不相关的、同等分布的随机变量。因此，巴歇利埃的论文尽管具有一定的创新性，却没有受到人们的普遍关注。直到1964年，金融经济学的奠基人保罗·古特纳把这篇论文收集在《古特纳选集》的古典卷中，才为世人注意。这本书介绍了形成法玛有效市场假设的理论基础，标志着数量分析的

"黄金时代"的来临。

20世纪20年代到40年代，市场分析主要由基础分析派（格雷厄姆和多德的追随者）和技术分析派（马吉的追随者）主宰着，到50年代，数量分析派（巴歇利埃的追随者）才粉墨登场。就性质上说，数量分析派更倾向于基础分析派而非技术分析派，因为基础分析派假设投资者是理性的，这与数量分析派的主张相吻合，而技术分析派则假设市场是由情感驱动的，或者由凯恩斯所说的"动物精神"所驱动。

数据分析的观点以收集在《古特纳选集》中的罗伯特（Robert，1964）的论文为代表，罗伯特呼吁要普遍运用基于肯德尔（1964）论文的统计分析，他声称："证券价格的变化就好像轮盘赌的轮子转动一样，每种结果都与过去的历史统计不相关，而相对的频率又是在实际中合理的稳定。"罗伯特进一步说明了变化模型的不相关性，而概率则"必须实际稳定"的论点。他指出变化模型的理论基础是：如果市场是不完善的轮盘赌的轮子，"人们就不会注意到不完善性并按其行事，最终消除不完善"。

奥斯本（1964）在其正式发表有关布朗运动的论文中，坚持股票价格循着随机游走的途径运动的观点。他指出，股票市场价格的变化过程符合布朗运动特征。

奥斯本的成就在于他集中了构成随机游走理论基础的各种概念，最终证明了概率计算的正确性，并为资本市场理论的研究提供了统计分析的工具，从而为资本市场均衡模型的建立奠定了基础。在奥斯本所提到的概念中，对于有效市场假说最为重要的就是理性投资者的概念，也就是说，投资者以合理的、无偏见的态度确定其主观概率。然而，他的基本假设是有局限性的，那就是所研究的问题必须是不相关的、同等分布的随机变量。

1965年，美国芝加哥大学财务学家尤金·法玛在Financial Analysts Journal上发表文章Random Walks in Stock Market Prices。他在这篇文章中第一次提到了"efficient market"的概念。他认为，有效市场是这样一个市场，在这个市场中，存在着大量理性的、追求利益最大化的投资者，他们积极参与竞争，每一个人都试图预测单个股票未来的市场价格，每一个人都能轻易获得当前的重要信息。……在一个有效市场上，众多精明投资者之间的竞争导致这样一种状况：在任何时候，单个股票的市场价格都反映了已经发生的和尚未发生但市场预期会发生的事情。

到了1970年，法玛以理性投资者为假设前提，吸取了巴歇利埃、肯德尔和奥斯本观察的精华，对有效市场假设理论做了最为系统的阐述，并对有效市场进行了定义：如果在一个证券市场中，价格完全反映了所有可以获得的信息，那么就称这样的市场为有效市场。也就是说，如果价格能较迅速地对全部有关新信息做出准确的反应，我们就说这个市场是相对高效的；相反，如果信息在市场上传播相当慢，投资者把时间耗费在分析信息和做出反应上，并且对信息只能做出不完全的或过度的反应，价格便会背离建立在认真分析所有资料基础上的价值，具有这种特征的市场被称为相对低效的市场。

5.1.2 有效市场假说的内容

有效市场假说理论认为，证券在任一时点的价格均对所有相关信息做出了反应。股票价格的任何变化只会由新信息引起。由于新信息是不可预测的，因此股票价格的变化是随机变动的。在一个有效的市场上，将不会存在证券价格被高估或被低估的情况，投资者将不可能根据已知信息获利。

有效市场假说的核心内容是证券价格总是可以充分反映可获得信息的变化，证券的价格等于其“内在价值”。这里的“充分反映”可以理解为两层含义：（1）反映是即时的；（2）反映是准确的。从本质上讲，证券市场有效讨论的是证券价格对信息的反应速度和程度，如果信息能够即时、准确地反映在证券价格中，那么市场就是有效的。收集和处理信息的成本越低、交易成本越低、市场参与者对同样信息所代表的证券价值的认同度越高，市场的效率程度就越高。必须指出，并不是所有信息都对证券价格产生影响，只有可以影响公司基本价值的信息才会对证券价格产生影响。

在一个高度竞争的市场，有效市场假说具有直观的合理性：由于市场上存在大量的投资者，这些投资者都在努力寻求一切获利机会，都在把自己掌握的信息用于投资活动。因此，人们有理由期待股票价格将充分反映所有已知信息，新信息会立即在股票价格中得到反映。

尽管如此，在市场是否有效的问题上，争论一直在持续：如果市场是有效的，那么追求优越的投资表现就变得毫无意义。但反过来，如果没有人去追求优越的投资表现，市场就不可能变得有效。这就是所谓的“有效市场悖论”。

5.1.3 有效市场假说成立的前提条件

有效市场指的是一个价格和投资者都对信息反应具有极高效率的市场，特别是价格对信息反应及时、准确和充分，从而每一种证券的价格都等于其投资价值。要达到这样的有效性，必须满足以下几个条件：

（1）信息公开的有效性。与每一资产相关的全部信息都能够在市场上及时、完全、准确地公开，没有内幕消息。

（2）信息接收的有效性。每个投资者都能够及时、充分地获得其所关注的证券的所有相关的公开信息。

（3）信息判断的有效性。投资者能根据所获得的信息对资产价格和变化做出准确的、及时的判断，并且不同的投资者会做出一致的判断。

（4）信息执行的有效性。投资者获得信息并做出及时、正确的判断后，可以及时行动，实施投资。这也就要求资本市场上金融服务、组织职能要完善，使市场可以运作自如。

5.1.4　有效市场的形成途径

市场如何能达到高效状态，使所有证券价格充分反映有关的和适用的信息呢？我们知道价格是由市场的积极参与者的交易形成的。在市场上如果存在一支精明的队伍，其中有证券分析者、套利者和投机者，他们几乎耗尽全部精力去获得当前可用的资料，借助于先进、精确的方法和计算机的高效对获得的信息进行加工、分析，搜寻当前被误定的价格，并果敢快速地采取行动，这支队伍的共同行为将使得价格变化到合适的位置（完全反映当前的信息），可见市场的高效状态是由“专业投资者”这个群体所创造的。

一个市场高效或低效，不是一个非此即彼的问题，而是一个程度上的问题。根据价格所反映资料或信息的种类不同，可以将有效市场分为不同的形式。

5.1.5　有效市场的形式

与证券价格有关的“可知”的资料是一个最广泛的概念。首先，它包括有关公司、行业、国内及世界经济的所有公开可用的资料，也包括个人、群体所能得到的私人的内部资料。其次，在所有“可知”的资料中有一部分是已公布的公开可用的资料。最后，在公开可用的资料中，有一部分可由对历史证券市场价格进行分析得到。这三类资料是一种包含关系，可用图5-1来表示。

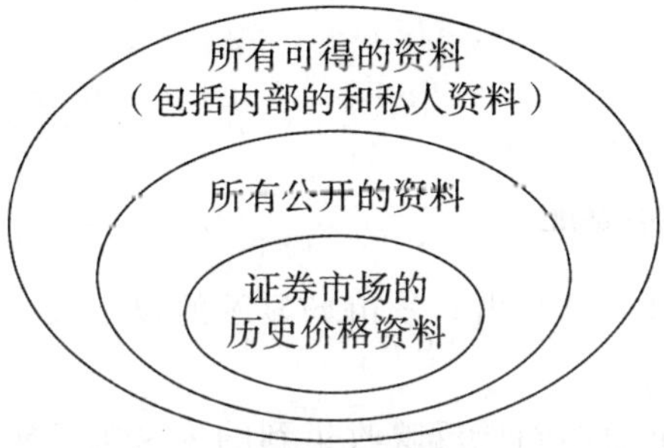

图5-1　三类资料的关系

市场的高效性依据价格反映三类不同资料而分为三种不同的假设形式。

第一，弱式有效市场假说。该假说认为在弱式有效的情况下，市场价格已充分反映出所有过去历史的证券价格信息，包括股票的成交价、成交量以及卖空金额、融资金额等。由于所有的历史价格信息已经全部反映在价格中了，基于历史价格信息进行的对未来价格趋势的预测将是无效的，也就是说，依照历史价格信息所进行的“技术分析”将无法使投资者获取超常收益。

第二，半强式有效市场假说。该假说认为所有公开的有关公司营运前景的可用信息都已被充分反映在价格中。除了过去的价格信息外，还包括公司财务报告信息、经济状况的通告资料和其他公开可用的有关公司价值的信息、公布的宏观经济形势和政策方面的信息。假如投资者能够迅速获得这些信息，股价应迅速做出反应。与弱式有效相比，半强式有效要求更加复杂的信息处理过程，投资者必须掌握经济学和统计学的技术知识，并且对各种行业和公司的特征有深入了解，掌握这些知识和技术需要才华、能力和时间。用经济学的语言来描述就是，这种努力需要付出昂贵的代价，同时获得成功的机会非常少。由于所有的公开信息已经全部反映在价格中了，基于公开信息对未来价格趋势的预测将是无效的，也就是说，基于公开信息所进行的“基本分析”将无法使投资者获取超常收益。

第三，强式有效市场假说。这是最高程度的市场效率概念，在这种形式的假设下，所有与公司有关的信息，包括私人资料或内部资料，还有公开可用的资料都在证券价格中反映出来。与其他两种形式的有效市场相比，强式有效市场还有很长的路要走，很难相信市场已经达到了如此高的效率，以至某些获得真实且有价值内幕信息的投资人都不能够利用这些信息获取超常收益。即使有效市场忠实的支持者，也不会因为发现市场尚未达到强式有效而感到奇怪，也就是说，真实且有价值的内幕信息仍然可以带来超常收益。另外，也很难发现有关市场达到强式有效的证据，因此根据研究所获得的证据，似乎不能够证实市场达到了强式有效。在强式有效市场中，任何针对信息的收集和处理工作均是徒劳的，被动投资策略是唯一理智的选择。

微课5-1　有效市场的形式

5.1.6　有效市场的特征

根据前面的分析，可以总结出有效市场显示的以下几个特征，这些特征可用于对市场是否有效进行检验。

第一，证券价格应迅速准确地反映收集到的未来关于定价的新资料和信息。

第二，证券价格从一个阶段到下一阶段的变化应该是随机的，故今天的价格变化与昨天发生的价格变化或过去的任何一次价格变化无关。

第三，区别将来某段时期的有利和无利的投资不可能以现阶段已知的这些投资的任何特征为依据。例如，你不可能创造一种交易规则，使用有效资料在时间 t 内预测 $t+1$ 时最有利的投资。

第四，如果我们把“投资专家”和“无知的投资者”区分开，将发现我们不能找到这两组人投资绩效的重要区别。换句话说，组与组之间以及组内的投资者之间绩效的不同乃归因于机会，而不取决于一些系统的和持久的不同因素（如搜集资料和分析资料的能力等）。

专栏5-1

股价应该反映陈旧信息吗？

1998年5月3日，星期天，《纽约时报》对EntreMed公司研制出一种具有巨大市场潜力的新型抗癌药物进行了报道。5月4日，该公司的股票价格从上周五的12美元飙升至85美元，股价涨了数倍。第二天股价回调至52美元，在以后的几周里股价一直稳定在30美元左右。根据市场有效假说，可以理解股票价格对这一利好消息做出的反应。然而，问题在于，这则抗癌药新闻根本不是“新闻”。这一医学研究成果早在5个月之前的1997年11月已经在《自然》杂志上公开发表了。图5-2列出了EntreMed公司1997年10月1日—1998年年底的股价和成交量走势图。

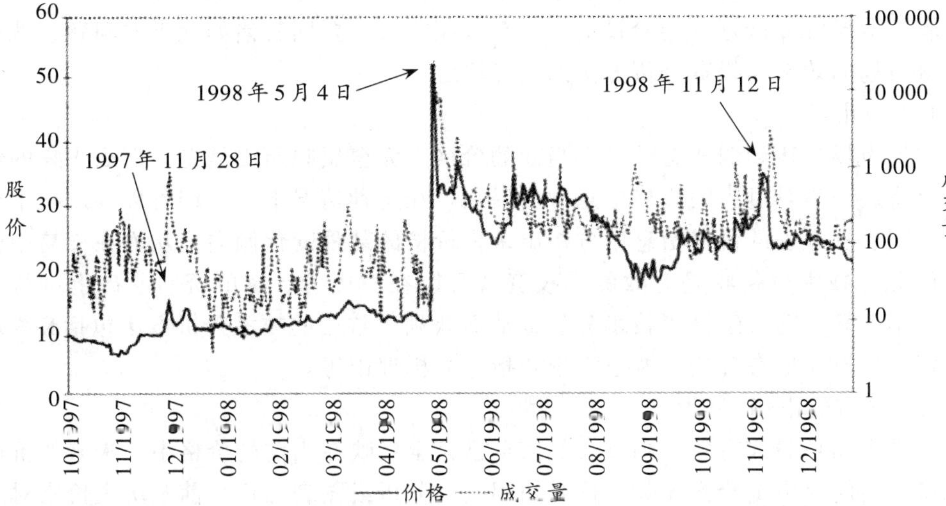

图5-2　EntreMed公司1997年10月1日—1998年年底走势图

图5-2直观地展示了1997年11月底股票价格的较小变化和1998年5月4日的大幅波动。如果有效市场假说是正确的，那么市场应该在5个月以前就做出反应，而不是等到《纽约时报》对陈旧信息再次报道时才做出反应。很显然，市场对《自然》杂志的信息反应不足，而对《纽约时报》的报道则反应过度了。

《纽约时报》的信息发布后，EntreMed公司的股价一直稳定在30美元左右。1998年11月12日，公司在《纽约时报》的头版又公布了一则新闻：其他实验室无法复制该报5月所报道的那种新型抗癌药的研制过程，也就是说，EntreMed公司的抗癌药研发技术未取得实质性的进展。消息出来后，EntreMed公司的股价从信息发布前的32.625美元下降到次日的24.875美元，但是这个价格依然是5月1日的两倍多。

EntreMed公司研发新型抗癌药物的新闻被《纽约时报》报道后，生物板块其他股票的价格走势也呈现出引人注目的变化。包括EntreMed公司在内的纳斯达克生物制药板块指数在《纽约时报》发布新型抗癌药物报道后立刻上涨了7.5%。该板块其他7只成分股当日的收益率超过25%，交易额相当于平均日交易量的50倍。

而在1997年12月28日，《自然》首次公布这则消息的时候，这7只成分股的收益率为4.98%，交易量与以往相当。

资料来源：饶育蕾．行为金融学［M］．2版．北京：机械工业出版社，2018.此处有删减．

§5.2 不同市场有效性下的投资策略

5.2.1 不同市场效率下的证券分析

当市场获知某个公司的新信息时，市场参与者会多快地根据该信息买卖该公司的证券？这些证券的价格又会多快地调整以反映新的信息呢？技术分析、基本面分析或者其他投资分析是否会给投资者带来超额收益？要回答诸如此类的问题，就涉及金融市场的效率与投资分析方法的选择问题。

1.无效市场

如果市场未达到弱式有效，则当前的价格未完全反映历史信息，那么未来的价格变化将进一步对过去的价格信息做出反映。在这种情况下，人们可以利用技术分析或者图表从过去的价格信息中分析出未来价格的某种变化倾向，从而在交易中获利。因此，技术分析将是有效的。投资者可以在历史价、量的资料基础上进行统计、数学计算、图形绘制等技术分析，从而获利。常用的技术分析方法包括K线理论、切线理论、形态理论、波浪理论和指标分析理论等。

2.弱式有效市场

如果市场是弱式有效，则过去的信息已完全反映在当前的价格中，未来的价格变化将与当前及历史价格无关，这时使用技术分析或图表分析当前及历史价格对未来做出预测将是徒劳的。如果不用进一步的价格序列以外的信息，明天价格最好的预测值将是今天的价格。因此在弱式有效市场中，技术分析将失效。此时，公开信息未被当前价格完全反映，分析公开资料寻找错误定价将能够增加收益。因此，在弱式有效市场，技术分析是无用的，但是基本分析和内幕消息有用。

3.半强式有效市场

如果市场达到半强式有效，那么仅仅以公开资料为基础的分析将不能提供任何帮助。因为针对当前已公开的资料信息，目前的价格是合适的，未来的价格变化与当前已知的公开信息毫无关系，其变化纯粹依赖于明天新的公开信息。对于那些只依赖于已公开信息的人来说，明天才公开的信息，他今天是一无所知的，所以不用未公开的资料，对于明天的价格，他的最好预测值就是今天的价格。所以在这样一个市场中，基于公开资料的技术分析和基本面分析毫无用处，获得别人没有的内幕消息才能获得超额收益。

4.强式有效市场

如果市场是强式有效，人们获取内部资料并按照它行动，这时任何新信息（包括公开的和内部的）将迅速在价格上得到反映，所以在这种市场中，任何企图寻找内部信息来打击市场的做法都是不明智的。这种强式有效下，任何专业投资者的市场价值为零，因为任何来源的资料和加工方法都不能稳定地增加收益。每个投资者都只能获得平均收益，所有的信息都无用。

5.2.2　不同市场效率下的投资策略选择

投资组合管理是在组合管理投资理念的基础上发展起来的。投资组合管理的基本目标是分散风险和最大化投资收益，使股票投资组合的风险和收益特征能够给投资者带来最大的满足，即实现效用最大化。根据对市场有效性的不同判断，投资组合管理又演化出积极型与消极型两类投资策略。**积极型投资策略（aggressive investment strategy）旨在通过基本分析和技术分析构造投资组合，并通过买卖时机的选择和投资组合结构的调整，获得超过市场组合收益的回报。消极型投资策略（passive investment strategy）则以拟合市场投资组合为主要目的，通过跟踪误差，尽量缩小投资组合与市场组合的差异，并以获得市场组合平均收益为主要目标。**

市场有效性就是股票的市场价格反映影响股票价格信息的充分程度。如果股票价格中已经反映了影响价格的全部信息，我们就称该股票市场是强式有效市场；如果股票价格中仅包含了影响价格的部分信息，我们通常根据信息反映的程度将股票市场分为半强式有效市场和弱式有效市场。在进行组合投资时，应该对股票市场有效性的不同判断采取不同的股票投资策略：积极型投资策略和消极型投资策略。

1.否定强式有效市场的投资策略

如果股票市场不是有效的市场，即未达到弱式有效，或者为弱式有效和半强式有效时，股票的价格不能完全反映影响价格的信息，那么市场中存在着错误定价的股票。在无效的市场条件下，投资者有可能通过对股票的分析和其良好的判断力以及信息方面的优势，识别出错误定价的股票，通过买入价值低估的股票、卖出价值高估的股票，获取超出市场平均水平的收益率，或者在获得同等收益的情况下承担较低的风险水平。因此，在这种情况下，投资者应当采取积极型管理策略，通过挑选价值低估股票超越大盘。

（1）以技术分析为基础的积极型投资策略。

以技术分析为基础的积极型投资策略是在否定弱式有效市场的前提下，以历史交易数据（过去的价格和交易量数据）为基础，预测单只股票或市场总体未来变化趋势的一种投资策略。**所谓弱式有效市场（weak form efficiency market），就是证券价格充分反映了历史上一系列交易价格和交易量中所隐含的信息，从而投资者不可能通过对以往价格进行的分析获得超额利润。**也就是说，要想获得超额回报，就必须寻求历史交易数据以外的信息。而从技术分析的定义可以看出，正是对弱式有效市场的否定才产生出以技术分析为基础的多种股票投资策略。

①道氏理论。

道氏理论是技术分析的鼻祖，其主要观点有：市场价格指数可以解释和反映市场的大部分行为；市场波动有三种趋势，即主要趋势、次要趋势和短暂趋势；交易量在确定趋势中具有重要作用；收盘价是最重要的价格。

从操作效果来看，道氏理论对大的趋势判断有较大的作用，对短期波动的预测则效果不明显。另外，道氏理论的结论滞后于价格的缺陷也限制了该理论的广泛应用。

②超买超卖型指标。

在道氏理论之后，越来越多的投资经理注意到，可以通过控制股价背离参考基准的幅度来做出买入或卖出决定，进而实现控制投资损益的目的。根据选定的参考基准和计算方法的差异，相继出现了简单过滤器规则、移动平均法、上涨和下跌线以及相对强弱理论。其中，以简单过滤器规则和移动平均法为代表。

③价量关系指标。

市场行为最基本的表现就是成交价和成交量。过去和现在的成交价、成交量涵盖了过去和现在的市场行为。技术分析就是利用过去和现在的成交量、成交价资料，以图形分析和指标分析为工具，来解释预测未来的市场走势。一般买卖双方对价格的认同程度通过成交量的大小得到确认，认同程度高，成交量大；认同程度低，成交量小。通常认为，交易量和价格都上升是投资者对某只股票感兴趣而且这一兴趣将持续下去的信号；反之，价格上升而交易量下降则是股票价格随后将下跌的信号。目前，价量关系的对比分析已经成为技术分析的基本手段。

（2）以基本分析为基础的积极投资策略。

基本分析是在否定半强式有效市场的前提下，以公司基本面状况为基础进行的分析，其内容包括公司的资本结构、资产运作效率、偿债能力、盈利能力和市场占有率等方面，还可以通过同行业的横向或上下游的纵向比较加深对公司基本面的了解。

所谓半强式有效市场（semi-strong form efficient market），就是证券当前价格完全反映所有公开信息，不仅包括证券价格序列信息，还包括有关公司价值的信息、有关宏观经济形势和政策方面的信息。如果市场是半强式有效的，那么仅仅以公开资料为基础的分析将不能提供任何帮助。因为针对当前已公开的信息，目前的价格是合适的，未来的价格变化依赖于新的公开信息。而基本分析是通过对与公司基本面相关公开信息的分析来决定投资策略，并获得超额利润的方法。因此，基本分析一定是建立在否定半强式有效市场的基础之上的。目前国际应用较多的基本分析方法主要有以下几类：

①低市盈率。

选择“双低”股票作为自己的目标投资对象是目前机构投资者普遍运用的投资策略。所谓“双低”，就是低市盈率、低市净率。市盈率是股票价格与每股净利润的比值，市净率则是股票价格与每股净资产的比值。选择市盈率和市净率较低股票的理论基础在于，这两类股票的股价有较高的实际收益的支持。也就是说，这类股票价格被高估的可能性较低，被低估的可能性则较高。选取这两个指标有利于投资经理筛选价值被低估或风险较小的股票。从世界市场的股价表现来看，在美国曾一度出现的股市泡沫使得人们对高市盈率和高市净率的股票缺乏投资信心。因此，低市盈率指标受到普遍欢迎正是在股市过热之后，投资理念向价值回归的一种表现。

②股利贴现模型。

股利贴现模型（DDM）就是将未来各期支付的股利（通常还包括未来某时股票的预期售价）通过选取一定的贴现率折合为现值的方法，考查即期资产价格与预期未来现金流量折现后的现值之间的差异，即净现值（NPV），据此判断股票是否被错误定价。如果净现值大于0，则股票价值被低估，应买入；如果净现值小于0，则股票价值被高估，应卖出。模型中的预期现金流量包括预期的股利支付和未来某时股票的预期售价。通常我们可以通过资本资产定价模型确定折现率，并假定在全部期限内折现率保持不变。按照对未来股利支付的不同假定，股利贴现模型可演化为固定增长模型、三阶段股利贴现模型或随机股利贴现模型等具体表现形式。

另外，我们也可以从内含报酬率的角度来判断是买入还是卖出。内含报酬率就是在净现值等于0时的折现率，它反映了股票投资的内在收益情况。如果内含报酬率高于资本的必要收益率，则买入；如果内含报酬率低于资本的必要收益率，则卖出。

（3）市场异常策略。

除了前面我们介绍的积极型和消极型股票投资策略之外，人们在长期的实践中发现，具有某些特征的一类股票往往其收益表现会高于其他股票或市场总体水平。值得注意的是，这些股票的共同特征不是基于公司基本面进行评价，如业绩、行业特性、行业政策与行业周期，也不能完全套用技术分析的指标做出解释。因此，以这类特殊群体作为主要投资对象的策略通常称为市场异常策略。常见的市场异常策略包括小公司效应、低市盈率效应、被忽略的公司效应以及其他的日历效应、遵循公司内部人交易等策略。

①小公司效应。

所谓小公司效应，就是以市场资本总额衡量的小型资本股票，它们的投资组合收益通常优于股票市场的整体表现。从统计数据来看，在大多数时间里，小公司的投资回报要优于大公司。

②低市盈率效应。

低市盈率效应是指由低市盈率股票组成的投资组合的表现要优于由高市盈率股票组成的投资组合的表现。这与基本分析中的低市盈率指标基本吻合，而这一观点也得到了一些研究的支持。通过对低市盈率股票的观察可以发现：一方面，这一类股票的市场价格更接近于价值，或者出现价值被低估的情况；另一方面，这类股票往往是市场投资者关注较少的股票，或者不是短期内的热点。而对于资本市场而言，价格向价值回归是一种长期趋势，而热点转换也是市场运动的规律，因此价值被低估的、暂时性非热点的公司，往往就是潜在的下一个热点，而其股价上涨的空间和概率都比较大。

③日历效应。

人们在长期的投资实践中发现，在每一年的某个月份或每个星期的某一天，市场走势往往表现出一些特定的规律。例如，在过年前的一段时间里，在假期消费心理和大资金回笼的影响下，股价走势往往比较弱。因此，一些有经验的基金经理可能选择在行情到来之前预先反应，从而更好地把握投资机会。

④遵循公司内部人交易。

如果证券市场是一个完全有效的市场，那么任何人无论通过何种途径都无法获得超过市场平均收益的回报。但实际上完全有效的市场是不可能或很难达到这样的目标，因此我们通常所说的内部人往往可以利用其特殊地位提前于投资者获得公司尚未公布的信息，或者掌握比普通投资者更多的信息，并以此获得超额回报。正如我们所知道的那样，一个信息只有在由少数人掌握的情况下才可能为其带来超额收益，一旦信息被所有人获得，则超额收益就会消失。而内部人正是掌握该信息的少数人，因此有些投资者采取跟随内部人的方式实施其投资策略，在有些时候也可以分享一部分超额收益。

（4）各投资策略的比较及主流变换。

以技术分析为基础的积极投资策略与以基本分析为基础的积极投资策略的区别主要包括以下几个方面：

①对市场有效性的判定不同。

以技术分析为基础的投资策略是以否定弱式有效市场为前提的，认为投资者可以通过对以往价格进行分析而获得超额利润；而以基本分析为基础的投资策略是以否定半强式有效市场为前提的，认为公开资料没有完全包括有关公司价值的信息、有关宏观经济形势和政策方面的信息，因此通过基本分析可以获得超额利润。

②分析基础不同。

技术分析是以市场上历史的交易数据（股价和成交量）为研究基础，认为市场上的一切行为都反映在价格变动中；基本分析是以宏观经济、行业和公司的基本经济数据为研究基础，通过对公司业绩的判断确定其投资价值。

③使用的分析工具不同。

技术分析通常以市场历史交易数据的统计结果为基础，通过曲线图的方式描述股票价格运动的规律；基本分析则主要以宏观经济指标、行业基本数据和公司财务指标等数据为基础进行综合分析。

从投资策略发展演变的过程来看，技术分析和基本分析都曾经主导过一个时期投资分析的主流。自从道氏理论提出以来，技术分析得到了蓬勃的发展，比较典型的如K线理论、切线理论、波浪理论等都是成熟而且应用广泛的技术分析理论。随着上市公司运作的逐步规范和投资理念的理性回归，基本分析越来越受到投资者的关注，股利贴现模型和低市盈率等指标都得到了更为广泛的应用。

投资策略发展到今天，以基本分析为主，辅以技术分析，这也是目前投资策略的主流。以基本分析作为判断公司投资价值的基础，以技术分析观察股价市场走势判断买卖时机，两种分析方法的结合充分发挥了各自的优势。

2.有效市场的投资策略

如果股票市场是一个有效的市场，股票的价格反映了影响它的所有信息，那么股票市场上不存在价值低估或价值高估的股票，投资者也不可能通过寻找错误定价的股票获取超出市场平均水平的收益。在这种情况下，消极型管理是有效市场的最佳选择。投资者不应当尝试获得超出市场平均收益水平的投资回报，而应努力获得与大盘同样水平的收益，减少交易成本。一般情况下，投资者可以模拟一种主要的市场指数进行投资，或者买入并持有投资指数基金，来获得市场的平均收益水平。

（1）简单型消极投资策略。

简单型消极投资策略一般是在确定了恰当的股票投资组合之后，在3~5年的持有期内不再进行积极的股票买入或卖出行为，而进出场时机也不是投资者关注的重点。简单型消极投资策略具有交易成本和管理费用最小化的优势，但同时也放弃了从市场环境变化中获利的可能。这种策略适用于资本市场环境和投资者偏好变化不大，或者改变投资组合的成本大于收益的情况。

（2）指数型消极投资策略。

指数型消极投资策略的核心思想是相信市场是有效的，任何积极的股票投资策略都不能取得超过市场平均收益的投资回报，因此复制一个与市场结构相同的指数组合，就可以排除非系统性风险的干扰而获得与市场相同或相近的投资回报。因此，采取指数型策略的投资管理人并不试图用基本分析的方式来区分价值被高估或低估的股票，也不试图预测股票市场的未来变化，而是力图模拟市场构造投资组合，以取得与市场组合相一致的风险收益结果。

①指数型投资策略的理论基础与实践基础。

按照资本资产定价模型，在一个有效的市场中，市场投资组合（即整个市场）为每单位风险提供了最大的收益，所以基金管理人不试图通过对信息的分析来寻找错误定价的股票，也不去预测整个股票市场的走势并构造投资组合来利用这种走势获得超额回报，而是希望设计一个股票投资组合，该组合的波动能够复制市场投资组合的变动。这样，他就能够获得与市场投资组合相同的收益率。在实际操作中，一般用股票价格指数来代表市场投资组合。所以，基金管理人在实际进行资产管理时，会构造股票投资组合来复制某个选定的股票价格指数的波动，这就是通常所说的指数化策略。

在指数化策略中，具体的股票价格指数的选择，因基金合同所规定的投资范围和投资目标的差异而有所不同。例如，一般的股票基金可以选择反映整个股票市场价格变动的综合股价指数，而小型公司投资基金可以选择小型公司股价指数作为参照指标。我国目前的几只证券投资基金在基金合同中并没有指明侧重某一类股票的投资，因此基金管理人可以将反映整个市场走势的综合指数作为参照指标。

从国外证券市场的实践来看，指数投资基金的收益水平总体上超过了非指数基金的收益水平，而这主要得益于两点：一是市场的高效性。创立指数基金的理论基础是建立在有效市场理论基础上的随机漫步理论。这一理论认为市场上大多数投资者（包括专家）都不能战胜市场，这也是大部分基金的收益不如指数基金的主要原因。二是成本较低。由于指数基金根据已有指数的构成建立投资组合，并不需要基金经理投入过多的精力进行市场研判和个股筛选，并且指数基金的操作策略是购买并持有，不用经常换股，因此指数基金的管理成本和交易成本都很低。

②跟踪误差问题。

复制的投资组合的波动不可能与选定的股票价格指数的波动完全一致。即使在构造的股票组合中包括目标指数的所有成分股股票，成分股股票的权数也会因为公司合并、股票拆细和发放股票红利、发行新股和股票回购等原因而变动，而复制的投资组合不能对此自动调整，更不用说复制的投资组合中包含的股票数目少于指数的成分股股票了。所以，跟踪误差是难以避免的。

为了尽量减少跟踪误差，需要对复制的股票组合进行动态维护，并为此支付相应的交易费用。一般来说，复制的组合包括的股票数越少，跟踪误差越大，调整所花费的交易成本越高。因此，基金管理人必须在组合包含的股票数和交易成本之间做出选择。

如果基金管理人希望复制的投资组合的股票数小于目标股票价格指数的成分股股票数目，可以使用市值法或分层法来构造具体的投资组合。所谓市值法，即选择指数成分股股票中市值最大的部分股票，按照其在股价指数所占比例购买，将剩余资金平均分配在剩下的成分股股票中。而分层法就是将指数的成分股股票按照某个因素（如行业、风险水平β值）分类，然后按照各类股票在股价指数中的比例构造投资组合，至于各类中的具体股票可以随机或按照其他原则选取。

③加强指数法。

鉴于目前很多国家的资本市场都还无法达到强式有效市场的标准，比如我国股市目前是一种弱式有效市场，在这样的市场条件下，投资者可以通过获取比别人更多的信息或掌握更多的技术来获得更高的收益。这使得主动式的专家理财方式有可能比被动式的指数化管理取得更好的成绩。因此，基金管理人试图将指数化管理方式与积极型股票投资策略相结合，在盯住选定的股票指数的基础上做适当的主动性调整，这种股票投资策略被称为加强指数法。

虽然加强指数法的核心思想是将指数化投资管理与积极型股票投资策略相结合，但是加强指数法与积极型股票投资策略之间仍然存在着显著的区别，也就是风险控制程度不同。加强指数法的重点是在复制组合的基础上加强风险控制，其目的不在于积极寻求投资收益的最大化，因此通常不会引起投资组合特征与基准指数之间的实质性背离。而积极型股票投资策略对投资组合与基准指数的拟合程度要求不高，因此，经常会出现与基准指数的特征产生实质性偏离的情况。

事实上，加强指数法的出现也反映了投资管理方式的发展出现了新的变化，即积极型管理与消极型管理开始相互借鉴，甚至相互融合。市场的发展使得双方都意识到自身运作的局限性，从而开始尝试借鉴和吸收对方的有效成分，降低风险或提高收益。例如，有的积极型股票投资管理者可能吸收了一部分指数化投资方式；有的消极型股票投资管理者则可能在不偏离基本原则的基础上，增加积极型投资管理的因素。

5.2.3　有效市场假设下投资组合管理的作用

如果市场被证实为有效的，如前所述，在技术分析与基本面分析都趋于无效的情况下，投资者是否还有必要去研究与组合投资呢？在如此高效的市场下，价格都是内在均衡价值的体现，是否可以随便选择几只证券去投资呢？

市场的有效性与组合管理不是完全相关的两个概念。组合管理的运用及有效发挥作用可以促进市场效率的提高，但是市场有效与否既非进行组合管理的充分条件也非必要条件。投资组合管理的一个最基本的原则是分散化。即使所有的证券价格都处于均衡的水平上，非系统性风险也在一定程度上存在，理性的投资者首先要进行的就是分散这种非系统风险，而这正是通过分散化的资产组合管理来实现的。具体到各个投资者，情况有别，如职业不同、风险偏好不同、面临的税收政策不同等，因而各个投资者的最佳投资组合是有差别的。因此，即便是在高效率的市场中，组合管理也仍然是重要的。与技术分析、基本面分析不同，组合管理的意义不在于是否能获得超额收益，而是在于能否满足投资者本身的特定需要，比如风险规避等。

§5.3　市场有效性的检验

自从法玛1970年正式提出有效市场假说以来，对该理论的实证检验就没有停止过。关于市场有效性的检验都围绕一个主题展开，即过去的价格是否完全反映了信息。

在对发达资本市场进行的研究中，一些成果支持这种假设，认为市场是有效的，或者在某一程度上有效，具体表现在以下几个方面：

（1）投资基金的业绩带有随机性，前一阶段表现优异的基金并不会在后来依然优异。基金业绩排名每期都会有大面积的更换，排名靠前的基金每期都不一样。

（2）实证分析证实，如果信息已经被公众获得，收益良好的信息的发布从整体上看并不能引起股价变动，这证明股价会充分、精确地反映出所有公开的信息。

（3）通过实证研究股价的变化与历史股价变化的相关性以及检验是否可以通过公开信息来预测股价的变动，可以得出股价变化是随机性的结论。

（4）技术分析无效，根据前一阶段数据总结出的规则，运用到新的数据里是无效的；某段时间内的成功预测不意味着另一段时间内也能成功，因而偶然性意味浓厚。

但是，也有一些研究成果与有效市场假说相矛盾，对有效市场假说提出了批判性的意见。例如，在市场有效性的检验中发现了很多“异常现象”，如小公司效应、周末效应、对新信息延迟反应或过度反应等。"异常现象"的存在是对市场弱式有效或半强式有效的一种否定，同时也是投资者利用可获得信息能够获取超额收益的证明。

检验市场有效性的一种方法是检验某种特定的交易或投资策略在过去是否赚取了超额收益。在检验各种投资策略时，你首先得选定某个资产定价模型来确定基准收益率。如果你选择资本资产定价模型（CAPM），那么，基准收益率就可等于无风险利率加上该投资的β系数乘以风险溢价。如果你选择了套利定价模型（APT），那么，基准收益率就等于无风险利率加上该投资的要素β系数与要素价格的乘积之和。由此可见，在检验各种投资策略时，你实际上是在对以下两种假设进行联合检验：（1）你已经选择了正确的基准来衡量超额收益；（2）该市场相对于你在投资中所用的信息是有效的。如果检验的结果是不存在超额收益，那么这个市场相对于该信息集而言是有效的。如果检验的结果表明存在超额收益，则所选的定价模型可能有问题，也可能这个市场是无效的。

另一种方法就是事件研究，它是通过对某一类事件的有关信息发布后市场收益率的变化情况来判断市场的有效性。事件研究是对市场半强式有效的一种重要检验方法，其基本思想是根据某一事件发生后，受影响的股票是否存在反应过度和反应不足来判断市场是否有效，即判断事件是否引起股票产生或正或负的异常收益率。例如，股票的增发、红利的发放、企业的重组和并购等都可以是事件研究的对象。

按照传统的分类，我们将对有效市场假说理论的检验分三部分进行综述，即弱式有效市场的检验、半强式有效市场的检验以及强式有效市场的检验。我们知道，在强式有效假说成立时，半强式有效必定成立；半强式有效成立时，弱式有效亦必定成立。所以，在对有效性进行检验时，应先检验弱式有效是否成立；若成立，再检验半强式有效；若再成立，则最后检验强式有效是否成立。

下面分别介绍不同市场效率下的检验。

5.3.1 弱式有效市场的检验：股票收益模式

弱式有效市场是指证券过去的信息完全反映在当前的价格之中，一个投资者不能利用过去的信息获得超额收益。对弱式有效市场的检验主要是判断证券过去的价格或收益率是否能够预测其未来的价格或收益率。

1.短期收益

有效市场的早期检验是对弱式有效假定的检验。投机者能够找到使他们赚取非常规利润的过去价格的走势吗？这本质上是对技术分析功效的检验。辨别股票价格趋势的一种方法是测度股市收益的序列相关情况。序列相关是指股票收益与其过去的收益相关的趋势。正序列相关意味着正收益有被正收益跟随的倾向。负序列相关指正收益有被负收益跟随的倾向。若股票收益率存在时间上的自相关，即以前的收益率能够影响现在的收益率，则弱式有效不能成立，技术分析有效。根据实证研究表明，一般情况下，在不超过12个月的时间内，股票的收益率是正自相关的。即对于股票而言，过去的一年中，收益率高的股票在未来一段时间里还会表现出较高的收益率，而收益率低的股票还会继续是低收益率。我们称这种情况为股价对新信息反应不足。由于新信息从传播、消化到做出反应存在时滞，股价将随着理解消化资料的投资者越来越多而逐渐变为新的合理价格。

2. 长期收益

研究发现，股票的短期收益率存在着正自相关，那长期收益情况如何呢？通过对过去3～5年内收益率低的股票组合和过去3～5年内收益率高的股票组合的收益状况进行比较就会发现，在样本区间内，收益率低的股票组合的平均累积超常收益率在未来3～5年较收益率高的股票组合高出24.6%（t=2.2）。这种情况也被解释为股价的过度反应，即当投资者改变他们的预期时，他们过度重视最近的信息而不够重视过去的信息，导致投资者对市场极端好的消息或极端坏的消息过度反应。

5.3.2　半强式有效市场的检验：事件研究

在对半强式有效市场的检验中，最常用的就是法玛、费希尔、詹森和罗尔提出的事件研究法。事件研究法主要是判断股票价格对市场中新信息的反应速度，由此来检验证券市场的半强式有效性。由于事件研究不考虑联合假设检验的问题，同时该研究方法只考虑短时间内的数据，并认为在短时间内，新信息的到来会导致股票价格的大幅度波动，因此在检验中只考虑股票价格的波动，不考虑超额收益。事件研究法的结论就是股票价格在新信息宣布当天就会调整到理想的价位，调整的速度将取决于市场的有效程度。

在对半强式有效市场进行检验的过程中，发现了一些无法解释的市场异常现象，即表明市场无效。市场异常可以被分为公司异常、日历异常、会计异常以及事件异常等。

1. 公司异常

公司异常是由公司本身或投资者对公司的认同程度引起的异常现象，如小公司效应。小公司效应，也称规模效应，是指以股票市值为衡量标准的公司规模与证券异常收益率呈反向相关。也就是说，从统计规律看，总市值较小的公司股票有较高的收益率，而总市值较大的股票有较低的收益率。小公司效应的实证研究主要通过判断不同规模公司股票的超额收益率来验证，超额收益率由实际收益率扣除正常收益率求得。这些研究表明，公司规模越小，股票异常收益率越大。而且经风险调整后，小公司股票的高异常收益率仍然存在。

2. 日历异常

日历异常是一类与时间因素有关的异常现象，如周末效应。周末效应，也称星期效应，指证券市场中，一周内各个交易日收益率存在显著差异，一般表现为收益率在星期五趋于上升，在星期一趋于下降。与此类似的还有称为“一月效应”的异常行为，即长期以来，从十二月到一月，股票价格都会经历一个不正常的上涨。以上两个现象是存在并可以预见的，这与有效市场理论的股市不可预见性相抵触，这在某种意义上是对有效市场假说提出了一种挑战。

3.会计异常

会计异常是指会计信息公布后发生的股价变动的异常现象。例如，盈余意外效应，指实际盈余大于预期盈余的股票在宣布盈余后价格仍会上涨；市净率效应，指市净率低的公司的收益常常低于高市净率公司的收益；市盈率效应，指市盈率较低的股票往往有较高的收益率。

4.事件异常

事件异常是与特定事件相关的异常现象。例如，分析师推荐，指推荐购买某种股票的分析师越多，该股票价格反而越有可能下跌；入选成分股，指股票入选成分股，引起股票价格上涨等。

5.3.3 强式有效市场的检验：内幕信息

强式有效市场（strong form efficient market）是指证券的价格不仅反映了公开信息，也反映了内幕信息，拥有内幕信息的投资者是不能获得超额收益的。强式有效市场认为，如果证券的价格反映了所有信息，那么该价格就是市场中所有信息完全加总的价格。因此对强式有效市场的检验主要是判断掌握内幕信息的投资者是否能获得超额收益，主要是通过内幕信息的交易、基金管理者的投资业绩来判断市场是否达到了强式有效。

1.对基金管理者投资业绩的实证检验

由于共同基金是内幕信息拥有者的主要代表，有人认为可以通过对共同基金管理者的投资业绩进行实证研究来判断市场的强式有效性。但也有人认为，由于这些管理者都是金融市场中的顶级人才，他们都具有敏锐的洞察力和完备的知识，所以才会在投资操作中发现一些有利的信息，从而获得可观的利润。因此从严格的角度来讲，仅从基金的投资业绩并不能有效地判断市场是否达到强式有效。夏普、特里纳和詹森分别对共同基金的业绩进行了实证研究，其研究结果都支持了强式有效市场假说。詹森利用资本资产定价模型对100只基金在10年中的表现进行实证检验，发现如果不考虑交易费用，基金有时候会战胜市场，有时候不会，但在考虑交易费用时，有将近80%的基金无法战胜市场。但也有一些学者的研究认为基金是可以战胜市场的，而市场不是强式有效的。他们对大量基金的长期市场表现进行实证分析表明，一些基金经理人可以利用其能够得到的私人内幕信息使基金获得长期超额利润，从而可以战胜市场，因此市场不是强式有效的。

2.证券交易所的专家经纪人

专家经纪人由于保留着限价委托买卖的“记事簿”，他们因此可察觉到股票供求双方的力量变化，预测股票近期走向，他们还经常与专营股票的公司接触并了解许多内幕消息。由于专家经纪人无须报告他们的交易情况和会计信息，很少见到有关专家经纪人交易盈利情况的研究发表。但是，从极少已发表的研究文章可以看出，专家经纪人盈利丰厚，在某些例子中甚至每年比正常收益率高一倍。

3.内幕信息的交易

在公司中，有机会获得内幕信息的人员包括董事会成员、经理、大股东、高级职员以及其他有机会获得内幕信息的雇员。当然，这些雇员也有可能是其他公司的。通过实证检验，我们可以发现，公司的内部人员可以通过内幕信息获得超额收益，同时，市场中的投资者对内幕交易的反应不够迅速，以至于股票的价格无法充分地将内幕信息反映出来，因此市场没有达到强式有效。

对内幕交易经验研究最有意义的是，它与市场没有加总信息的观点一致。按照法玛的强式效率，充分反映所有可获信息的市场应该是信息充分加总的市场。在这样的市场中，即使信息不为所有市场参与者所知，内幕人也不应当获取超额收益，因为他的交易活动会揭示他所掌握的市场信息。但是检验结果表明情况并非如此。显然，这种现象与强式市场效率假说相悖。对此，效率派的解释是：有关强式市场效率的任何结论都要受到一定的限制，必须把资本市场的效率与竞争和信息市场的效率统筹考虑。如果内幕人具有信息而进行垄断，那么这一事实可以被看作信息市场的无效率而不是资本市场的无效率。过滤原则已经表明证券价格展示了实际的不相关性，至少是交易成本水平上的不相关。因此，资本市场的效率是达到运作效率水平上的配置效率。

但是，仍有两种类型的“非正常”收益无法解释。一种类型是大宗交易者能以较低的价格买入而以较高的价格卖出，结果在扣除交易成本后每年挣得的年非正常收益超过200%；另一种类型是以发行价格买入新发证券的个人在月末卖掉时每月能够获得年非正常收益为11.4%。虽然这两种结果都可以解释为强式无效率。但是，效率派迅速指出它们只能代表大宗交易的成交人或投资银行所付出劳务的公平收益，而不能说明市场的无效率。

专栏5-2

3Com与Palm股份分立之谜

3Com公司持有Palm公司的股票，2000年，3Com公司决定将其所持有的Palm公司的股权分立出去。这个分立主要是通过两步来实现的：第一步是“股权分拆”，3Com公司将其持有的Palm公司5%的股份通过Palm公司首次公开发行股票（IPO）后在市场上卖出；第二步是在6个月之后进行“剥离”，3Com公司将把剩下95%的Palm股票分配给3Com公司的股东。根据股权结构，3Com公司的投资者持有的每1股3Com公司的股票将会获得1.5股Palm股票。根据一价律，3Com公司的股票价格至少是Palm公司的1.5倍。在Palm公司公开发行第一天交易结束之后，Palm股票的收盘价为每股95美元，而3Com公司的股价下降到每股82美元。这意味着市场对于3Com公司非Palm部分资产的定价为每股-60.5美元，为此经济学家戏称母公司主体资产为负。分析人员指出，除去Palm资产的其他3Com公司资产为每股35美元左右，资产中现金、有价证券大约是每股10美元。而市场的定价机制却得出母公司主体资产价值为负，这显然是对于一价律的公然违背。

资料来源：饶育蕾.行为金融学［M］. 2版.北京：机械工业出版社，2018.此处有删减.

微课5-2 有效市场的检验方法

§5.4 有效市场假说面临的挑战

有效市场假说在把竞争均衡理论运用到资本市场的同时，也推动了大量的理论和经验研究工作。这是因为，有效率市场假说主要还是一种直觉，其分析性表述远没有其观点本身那样令人信服。特别是在现实中，还存在一些与有效率市场假说的“公平博弈”不一致的反常现象，即通常所说的“异象”。例如，巴苏（Basu，1977、1983）发现，低市盈率的股票经风险调整后的平均收益高于市盈率的股票（低P/E效应）；班斯（Banz，1981）发现，对较小厂商进行有价证券投资能够得到大量的长期超额利润率，但是并非所有时期都如此（小厂商效应）。

对于“异象”，不同的人有不同的解释，大多数金融学家认为这些有关的反常收益研究的结果也是对市场效率的检验，是有关的资本资产定价模型的特殊形式。但是，确定这些反常收益是由于信息低效所致，还是由于作为风险度量方法的资本资产定价模型的不适用所致，传统检验方法则显得无能为力。实际上，有效率假说不只面临着检验方法的挑战，还面临着假说本身的假设条件、定义以及研究方法的挑战。

第一，迄今为止，文献尚未论及在非同时确定价格模式情况下的可操作和可检验的市场效率定义。例如，法玛和其他人已指出的，“充分反映”和“可获得信息”概念是含糊的和非操作的。在市场效率被限定在预期的价格与现行价格相近的情况下，预期的价格无法观察得到和计量出来，倘若预期的价格能够计量，那么，市场也就是无效率的。如果按照法玛（1976）重新以均衡模式为市场效率下的定义，在预期价格与现行价格间建立起联系，则这个定义便意味着经验式的检验变成了均衡价格模式和市场效率的联合检验。也就是说，均衡价格模式成立，则市场有效率，而均衡价格模式成立的前提又是市场有效率，这种联合检验实际是循环推理。市场效率的其他定义是基于在投资者中间的信息传播。“如果人们拥有相同的信息，而现行价格与可能存在的价格相同，则这个市场就是有效率的。”（比弗，1981）这个定义的特点是允许个别投资者有不同类的信仰，并且是在允许考虑个别信号和不同信息情况下市场效率的定义。但是这个定义仍存在检验问题。研究者必须能够决定，什么时候所有的投资者都占有信息，并应用价格把其所占有的信息作为检验市场效率的基准，这个定义仍要求使用“价格模式”来确定效率，结果检验再次成为价格模式和市场效率的联合检验。由于市场效率的概念至今仍不很确切，以至于所要检验的含义仍存在疑问。

第二，检验的结果与市场效率的定义不一致。即使给市场效率下一个清楚的且可操作的定义，市场效率检验仍不能产生清楚的结果：要么与市场效率一致，要么与市场无效率一致。检验始终表明市场是弱式效率，但半强式效率的研究并不完全同意市场是有效率的，虽然半强式效率试图偏向于与公开的可获得的信息相关的市场效率。有关强式效率的研究表明，市场不是强式效率的。这些问题为有效率市场假说蒙上了一层阴影，一方面有效率市场假说是金融投资理论的重要组成部分，另一方面人们又拿不出有力的证据来证明它的正确或者错误。这使它陷入一种矛盾状态：说它正确，没有完全正确的证明；说它不正确，也拿不出完全不正确的证明，而且没有什么理论可以替代有效率市场假说。这说明，有效率假说还有待于从理论上、检验方法上进行完善。

第三，有效率市场假说的“理性投资者”假设与现实不符，使有效率市场假说的整个分析框架就如同建在沙滩上的城堡，摇摇欲坠。有效率市场假说以“理性投资者”为假设前提。到20世纪70年代“理性投资者”假设确定，取代了凯恩斯的“动物精神”假设，从而使金融经济学成为库恩（Kuhn）所说的“规范科学”(normal science)。但是近年来特沃斯基（Tversky，1990）的研究发现，损失越多，人们越倾向于冒险（risk-seeking）：如果赌博能使他们的风险最小化，他们就更有可能赌博。这与理性投资者的假说相悖，而且现实情况是，投资者会处于恐慌、紧张或者狂喜等非理性状态。与“理性投资者假设”相悖的具体因素为：

（1）投资者不一定总是风险厌恶者，尤其是当他们面临着不赌博就会损失更多的情况时，他们就会经常冒险。

（2）当投资者确定了主观概率时，他们不会公正合理地接受信息。他们可能对自己的预测比对他们获得的可靠信息更有信心。

（3）投资者不一定在一得到信息时就做出反应，而是在获得信息后，如果信息证明了最近的趋势变化，投资者才有可能做出反应。这是一种非线性反应，与理性投资者概念所表明的线性反应不同。

（4）没有证据能证明投资者总体要比个体更具有理性的信念。从人类历史来看，社会的动荡，风尚以及风气的发生无一不说明了投资者总体的非理性。

因此，“理性投资者”是一种简单化的假设，它固然有助于计量经济分析求得最优解，但是，如果市场是非线性的（不成比例的），就会有许多的可能解，这种简单化的假设，简单化的求得唯一最优解的做法会把人们误导到一种远离复杂世界的“乌托邦”状态。

第四，有效率市场假说所应用的线性分析受到了“非线性经济学”或称“混沌经济学”的挑战。线性分析是一种成比例的分析，与经济学意义上的均衡分析相对应。

于是，试图用混沌假说来代替有效率市场假说的主张于20世纪80年代末期初露端倪。混沌假说的具体内容是：如果资本市场是混沌的，那么在短期内能预测到股票收益，而在长时期便不能预测股票收益了。从模型的角度看，混沌吸引

(attractor) 能够解释局外人所认识到的巨大的突然变化。有些学者报告了在美国股票收益中所呈现的混沌数据，而有些学者则提出了反对这一现象的证据。近期的研究证明后一种观点是正确的。由乔弗雷·布斯、穆斯塔法、乔杜里等人（Geoffrey Booth and Mustafa Chowdhury etc.，1995）对德国、日本、中国香港、新加坡、中国台湾和韩国所做的研究表明，股票收益呈现非线性相关性，但是这种非线性相关性不是混沌的，却与有条件的异方差自回归模型（ARCH）过程相符合。这个结论证明股票收益遵循鞅模型，因此对收益进行短期预期是不可能的，但是这并不排除对长期收益做出精确预测的能力。

到目前为止，对资本市场是有效率的还是混沌的，并没有得到最终的定论。占主导地位的观点是：检验的结果并没有证明混沌的存在，却与某些情况存在混沌一致，甚至于有些学者把“混沌”看作一种可以选择的方法，以便为复杂的随机行为做出模型。

专栏5-3

20世纪末美国网络股浪潮中的公司更名效应

“人如其名”指一个人的本质往往与其名字相关联。从心理学的角度讲，人的名字会从某种程度上对这个人产生一定的心理暗示，使其朝暗示的方向演变。那么，公司的名称是不是对公司的未来预期收益产生影响呢？公司改了名称是否意味着其内在价值发生了变化？20世纪90年代，网络股繁荣的时候，美国股票市场上出现了一个现象：许多公司将名称改为与互联网有关的名称。他们是为了达到“司如其名”吗？一些公司将名称更新为“.com”（如Wareforce.com）或者为“.net”（如Docplus.net），或者在新的名称中加入Internet这一单词（如Internet Solutions for Business Inc.）。Cooper、Dimitrov和Rau对1998年6月—8月更改名称的95个公司更名后市值的变化进行了研究，将这些公司按业务与互联网的相关度分成四类：第一类为更名前后都为纯粹的互联网公司；第二类为更名之前公司与互联网有一定的关系，更名能更准确地反映这种关系；第三类为公司将业务从与互联网没有关系的业务改为与互联网相关的业务；第四类为更名前后公司核心业务都与互联网没有关系。以更名的时间为第0天，更名前后不同时间区间内样本股票的累积超额收益率统计见表5-1。

表5-1 **公司更名前后不同时间区间内样本股票的累计超额收益率**

类别	更名前后的业务	−2~+2天	+1~+30天	+1~+60天	+1~+120天
1	纯粹互联网公司	36	46	59	44
2	更名后与互联网的关素更明显	105	−7	−31	−74
3	非互联网业务转向互联网业务	14	−18	−2	40
4	核心业务与互联网无关	30	38	140	243
	全样本	53	11	23	28

数据表明，从总体样本看，无论公司更名前后是否与互联网有关，更名后公司都有显著为正的累积超额收益。其中，第一类和第四类公司，即更名前后都与互联

网有关或都与互联网无关的情况，更名以后存在稳定的价值增长。值得注意的是第二类和第三类公司，更名后的短期内获得正的超额回报，但在较长时期以后却出现负的超额收益，特别是第二类公司更为明显。很显然，导致第二、三类和第一、四类公司的系统性差异的，既有理性预期的因素也有非理性的心理因素。

资料来源：饶育蕾. 行为金融学［M］. 2版. 北京：机械工业出版社，2018. 此处有删减.

微课 5-3　有效市场假说面临的挑战

★ 思政课堂

有效市场与有为政府相结合　推动高质量发展

【归类】理论建设

【属性】政府责任，高质量发展

如何处理市场与政府的关系，是中国式现代化进程中面临的重要问题。党的二十大报告指出："充分发挥市场在资源配置中的决定性作用，更好发挥政府作用。"这是对市场与政府关系的基本定位。高质量发展是全面建设社会主义现代化国家的首要任务，如何认识市场、政府在高质量发展进程中的作用，实现有效市场与有为政府良性互动，是高质量发展进程中需要回答的理论和实践问题。

有效市场是指可以借助价格传导机制优化资源配置、实现帕累托最优的市场。有为政府是有所为、有所不为、善于作为的政府。有效市场与有为政府在高质量发展进程中各有其不可替代的作用和功能，二者缺一不可，实现有效市场与有为政府有机结合、相互补充，才能推动高质量发展。

坚持党的领导是实现有效市场与有为政府有机结合的关键，坚持党的领导才能统筹全局、协调各方，确保市场有效运行和市场经济的社会主义性质。党的领导使有效市场与有为政府保持一致性、协调性，这是二者实现有机结合的关键所在。

以市场有效促进政府有为。市场有效需要具备一系列基础性条件，这些条件的创造是政府的责任。市场有效的基础是建立一整套法律、制度确保市场正常运行，制定法律、制度是政府的责任。强化重大基础设施、金融、网络、数据等重点领域安全保障体系，加强重点领域安全能力建设，推进国家安全体系和能力现代化，坚决维护国家安全，这是有为政府的责任。市场有效，要求减少政府对资源的直接配置和对微观经济活动的直接干预，把市场机制能有效调节的经济活动交给市场，把政府不该管、不能管的经济事项交给市场，确保市场与政府各司其职。

以政府有为推动市场有效。有效市场以有为政府为先导，面对市场，如果政府不作为，缺乏应有的监管，市场的盲目性将充分显露出来，导致经济发展的大起大落，这些制约市场有效的问题，只能通过政府运用法律、经济和适当的行政手段才能解决。

资料来源：陈梓睿.有效市场与有为政府相结合 推动高质量发展［EB/OL］.［2023-08-29］. https://news.gmw.cn/2023-08/29/content_36794211.htm.

★ 本章小结

1.有效市场假设理论认为，证券在任一时点的价格均对所有相关信息做出了反应。在一个有效的市场上，将不会存在证券价格被高估或被低估的情况，投资者将不可能根据已知信息获利。

2.法玛首先将信息分为历史信息、公开信息以及全部信息（包括内幕信息）三类，并在此基础上将市场的有效性分为三种形式：弱式有效市场、半强式有效市场以及强式有效市场。

3.弱式有效市场假设认为，当前的股票价格已经充分反映了全部历史信息和交易信息，因此试图通过分析历史价格数据预测未来股价的走势，期望从过去价格数据中获益将是徒劳的。

4.半强式有效市场假设认为，当前的股票价格已经充分反映了历史信息和公开信息，因此通过分析公开信息是不可能取得超额收益的。

5.强式有效市场假设认为，当前的股票价格反映了全部信息的影响。这是一个极端的假设，对任何内幕信息的价值持否定态度。

6.根据对市场有效性的不同判断，投资组合管理又演化出积极型与消极型两类投资策略。

7.按照传统的分类，我们对有效市场假说理论分三部分进行检验，即弱式有效市场的检验、半强式有效市场的检验以及强式有效市场的检验。对弱式有效市场的检验主要是判断证券过去的价格或收益率是否能够预测其未来的价格或收益率。在对半强式有效市场的检验中，最常用的是事件研究法。而对强式有效市场的检验主要是判断掌握内幕信息的投资者是否能获得超额收益，主要是通过内幕信息的交易、基金管理者的投资业绩来判断市场是否达到了强式有效。

★ 综合训练

5.1 单项选择题

1.关于证券市场的类型，下列说法不正确的是（　　）。

A.在强式有效市场中，证券组合的管理者往往努力寻找价格偏离价值的证券

B.在弱式有效市场中，要想取得超额回报，必须寻求历史信息以外的信息

C.在半强式有效市场中，只有那些利用内幕信息者才能获得非正常的超额回报

D.在强式有效市场中，任何人都不可能通过对公开或内幕信息的分析来获取超额收益

2.在（　　）中，证券当前价格完全反映所有公开信息，仅仅以公开资料为基础的信息将不能提供任何帮助，未来的价格变化依赖于新的公开信息。

A.弱式有效市场　　B.强式有效市场

C.半强式有效市场　　D.半弱式有效市场

3.在（　　）中，证券价格总是能及时充分地反映所有相关信息，包括所有的公开信息和内幕信息。

A.弱式有效市场　　B.强式有效市场

C.半强式有效市场　　D.半弱式有效市场

4.在（　　）中，任何专业投资者的边际市场价值为零。

A.弱式有效市场　　B.强式有效市场

C.半强式有效市场　　D.半弱式有效市场

5.在有效市场假说中，(　　) 认为基本面分析是徒劳的、无用的。

A.弱式有效市场　　B.半强式有效市场

C.强式有效市场　　D.无效市场

5.2　多项选择题

1.(　　) 的市场被称为有效市场。

A.证券的市场价格充分及时地反映了全部有价值的信息

B.市场价格代表着证券的真实价值

C.证券的市场价格充分及时地反映了部分有价值的信息

D.市场价格不代表证券的真实价值

2.下列关于有效市场假说的说法正确的是（　　）。

A.有效市场假说理论是美国芝加哥大学财务学家尤金·法玛提出的

B.有效市场假说表明，在有效率的市场中，投资者可以获得高出风险补偿的超额收益

C.只要证券的市场价格充分及时地反映了全部有价值的信息，市场价格代表着证券的真实价值，这样的市场就称为有效市场

D.市场达到有效的一个重要前提是所有影响证券价格的信息都是自由流动的

3.学术界一般依证券市场价格对资料的反映程度，将证券市场区分为（　　）。

A.弱式有效市场　　B.强式有效市场

C.半强式有效市场　　D.半弱式有效市场

4.常见的市场异常策略有（　　）。

A.小公司效应　　B.低市盈率效应

C.被忽略的公司效应　　D.日历效应

5.下列说法中正确的是（　　）。

A.可以用事件研究法来检验市场是否为半强式有效

B.在强式有效市场上，任何投资者都不能获得超额收益

C.在半强式有效市场中，已公布的基本面信息有助于分析师挑选价格被高估或低估的证券

D.在弱式有效市场中，只有那些掌握专门分析工具和具有较高分析能力的专

业人员才能对所披露的信息做出恰当的理解和判断

5.3 思考题

1.什么是有效市场?

2.有效市场假说有哪些形式?

3.不同市场效率下的投资策略分别是什么?

4.有效市场的检验方法有哪些?

第6章

投资分析

★ 导读

概括性地来看，投资分析主要包括两大方面：基本面分析和技术分析。基本面分析用来确认经济体乃至全球经济情况、产业经济情况和公司经济情况。技术分析是在一定理论假设基础上设定一系列数量化指标来分析走势。

★ 关键概念

国内生产总值（gross domestic product）　通货膨胀（inflation）　汇率（exchange rate）　资产负债率（debt asset ratio）　销售利润率（sales profit ratio）　能量潮（OBV）　成交比率（VR）　相对强弱指标（RSI）

§6.1 基本面分析

6.1.1 宏观经济分析

1.判断宏观经济运行的指标

宏观经济分析以宏观经济因素及经济政策对证券市场的影响为分析对象。宏观经济的运行是证券市场表现的最终决定因素，宏观经济运行中的任何细微的变化，都会在证券市场上有所反映，所以，人们常将证券市场（尤其是股票市场）称为经济运行的“晴雨表”。宏观经济所涉及的经济指标如国内生产总值、经济周期、利率、货币供应量、汇率、通货膨胀率等指标都与证券市场有着各种各样的直接或者间接关系。通常可从以下这些指标入手进行分析。

（1）国内生产总值。

国内生产总值（gross domestic product，GDP）指的是一年内在一国领土范围内所产生的、以市场价格表示的产品与劳务的价值总和，是一国宏观经济成就的根本反映。国内生产总值的计算有按当年价格和按不变价格两种方法。由于按当年价格计算的国内生产总值不能准确反映经济的实际增长情况，故世界各国一般都采用不变价格计算国内生产总值。

从国内生产总值的定义可以看出，它是以“国土原则”为核算标准的，不包含本国居民在国外取得的收入，但包含外国居民在本国取得的收入。与国内生产总值相类似的一个概念是国民总收入，这一概念以前称国民生产总值（GNP），是指一个国家或地区所有常住单位在一定时期内所获得的初次分配收入总额，它等于国内生产总值加上来自国外的净要素收入。统计国内生产总值时，常用的公式为：

$$GDP=C+I+G+(X-M) \tag{6.1}$$

式中：C为消费；I为投资；G为政府支出；X为出口；M为进口；$X-M$为净出口。

国内生产总值的增长速度一般用来衡量经济增长率，它是反映一定时期经济发展水平变化程度的动态指标，也是反映一个国家经济是否具有活力的基本指标。对于发达国家来说，其经济发展总水平已经达到相当的高度，经济发展速度的提高相对来说比较困难，例如，美国2019年GDP增长率为2.3%，相对于美国经济基数而言，这个增长率也是比较可喜的。对经济尚处于较低水平的发展中国家而言，由于发展潜力大，其经济发展速度可能达到高速甚至超高速增长。因此，在宏观经济分析中，国内生产总值指标占有非常重要的地位，具有广泛的用途。国内生产总值的持续增长是政府追求的目标之一。

国内生产总值的规模及结构的变化，可以反映出整个经济活动的水平和不同行业生产形势的变化，它们对证券市场产生的影响是十分突出的。从长期看，证券市场价格的变动与国内生产总值的变化是一致的。持续上升的国内生产总值表明国民经济运行状况良好，生产发展形势较好，证券价格一般会稳步上升。例如，2007

年，我国GDP增长率达到了改革开放以来最高的14.2%，A股市场也达到了历史最高的6 124点。而当国内生产总值停止增长甚至下降时，表明国民经济运行状况不佳，工商企业的生产经营面临较严峻的经济形势，反映到证券市场上便产生了上市公司前景黯淡，证券市场供大于求的现象，进而导致证券价格下降。

（2）通货膨胀。

通货膨胀（inflation）是指一般物价水平持续、普遍、明显地上涨。对通货膨胀的衡量可以通过对一般物价水平上涨幅度的衡量来进行。一般来说，常用的指标有三种：零售物价指数（CPI）、批发物价指数、国民生产总值物价平减指数。零售物价指数又称“消费物价指数”或“生活费用指数”，反映消费者为购买消费品而付出的价格的变动情况；批发物价指数反映一国批发价格上升或下降的幅度；国民生产总值物价平减指数则是按当年不变价格计算的国民生产总值与按基年不变价格计算的国民生产总值的比率。由于以上三种指标在衡量通货膨胀时各有优缺点，且所涉及商品和劳务的范围不同、计算口径不同，即使在同一国家的同一时期，各种指数所反映的通货膨胀程度也不尽相同，因而在衡量通货膨胀时需要选择适当的指数。一般来说，在衡量通货膨胀时，零售物价指数使用得最多、最普遍。

通货膨胀一般以两种方式影响经济：通过收入和财产的再分配以及通过改变产品产量与类型影响经济。具体地说，通货膨胀对社会经济产生的影响主要有：引起收入和财富的再分配，扭曲商品相对价格，降低资源配置效率，引发泡沫经济乃至损害一国的经济基础和政权基础。对于通货膨胀的形成原因，传统的理论解释有三种：需求拉动的通货膨胀、成本推动的通货膨胀、结构性通货膨胀。通货膨胀有被预期和未被预期之分，从程度上则有温和的通货膨胀、严重的通货膨胀和恶性通货膨胀三种。温和的通货膨胀是指年通货膨胀率低于10%的通货膨胀；严重的通货膨胀是指年通货膨胀率是两位数的通货膨胀；恶性通货膨胀则是指年通货膨胀率在三位数以上的通货膨胀。温和的通货膨胀是有利于经济增长的，但是各国往往不会长期容忍高的通货膨胀率，因为抑制通货膨胀而采取的货币政策和财政政策通常会导致高失业率和GDP的低增长，因此损失的产量和就业数量本身作为抑制通货膨胀的代价是很大的。

（3）货币供应量。

货币供应量是单位和居民个人在银行的各项存款和手持现金之和，其变化反映着中央银行货币政策的变化，对企业生产经营、金融市场尤其是证券市场的运行和居民个人的投资行为有着重大的影响。我国从1994年第三季度起由中国人民银行按季向社会公布货币供应量统计监测指标。参照国际通用原则，根据我国的实际情况，中国人民银行将我国货币供应量指标分为以下四个层次：

① M0：流通中的现金。

② M1：M0+银行活期存款（包括企业活期存款+机关、团体存款+农村集体存款+个人持有的信用卡类存款）。

③ M2：M1+城乡居民储蓄存款+企业存款中具有定期性质的存款+证券公司客

户保证金。

④ M3：M2+金融债券+商业票据+大额可转让存单等。

其中，M1是通常所说的狭义货币，流动性较强；M2是广义货币；M2与M1的差额是准货币，流动性较弱；M3是考虑到金融创新的现状而设立的。值得注意的是，M1与M2的比值在某种程度上可以衡量一个经济体内货币流动性的大小。如果M2中M1所占比例较高，说明经济体中的货币流动性较强；反之，如果M2中M1所占比例较低，说明经济体中的货币流动性较低。

（4）利率。

利率又称利息率，表示一定时期内利息与本金的比率，通常用百分比表示，按年计算则称为年利率。其计算公式是：

利率=利息/本金×100% （6.2）

利率直接反映信用关系中债务人使用资金的代价，也是债权人出让资金使用权的报酬。

从宏观经济分析的角度看，短期利率的波动反映出市场资金供求的变动情况。在经济发展的不同阶段，市场利率有不同表现。在经济持续增长时期，资金供不应求，利率上升；在经济萧条疲软时，利率会随着资金需求的减少而下降。利率影响着人们的储蓄、投资和消费行为；利率结构也影响着居民金融资产的选择，影响着证券的持有结构。

利率通常由国家的中央银行控制，在美国由联邦储备委员会管理。当经济过热、通货膨胀上升时，中央银行便提高利率、收紧信贷；当过热的经济和通货膨胀得到控制时，利率便会被适当地调低。当前，世界各国频繁运用利率杠杆实施宏观调控，利率政策已成为各国中央银行调控货币供求，进而调控经济的主要手段，利率政策在中央银行货币政策中的地位越来越重要。

（5）汇率。

汇率（exchange rate）是两国货币的兑换比率或换算关系。在直接标价法中，汇率上升表示外币升值、本币贬值，汇率下降表示本币升值、外币贬值。一般来讲，一国的经济越开放，证券市场的国际化程度越高，证券市场受汇率的影响越大。汇率对证券市场的影响主要体现在以下几个方面：

首先，汇率的变动将影响进出口企业的利润。汇率上升，本币贬值，本国产品竞争力强，出口型企业将增加收益，因而企业的股票和债券价格将上涨；相反，依赖于进口的企业成本增加，利润受损，股票和债券价格将下跌。汇率下降则反之。

其次，汇率的变动还将影响国外投资者的投资方向。汇率上升，本币贬值，将导致资本流出本国，资本的流失将使本国证券市场需求减少，从而证券市场价格下跌。汇率下降，将吸引外国投资，引起证券价格上升。

2.周期市场价格的主要影响因素

同任何商品的价格一样，证券价格不是固定不变的。根据证券价格决定模型得出的证券价格只是证券的理论价格，它是在高度简化和严格假设条件下的计算结果。而实际的证券市场受多重因素的影响和作用，这些因素也常常处于变动之中，因此证券价格不可能按照纯粹的理论价格变动。一般来说，影响证券市场价格的因素主要有以下几个方面：

（1）宏观因素。

宏观因素包括对证券市场价格可能产生影响的经济、政治、法律、军事、文化等因素。

① 宏观经济因素，即宏观经济环境状况及其变动对证券市场价格的影响，包括宏观经济运行的周期性波动等规律性因素和政府实施的经济政策等政策性因素。证券市场是整个市场体系的重要组成部分，上市公司是宏观经济运行微观基础中的重要主体，因此，证券市场价格理所当然地会随宏观经济运行状况的变动而变动，会因宏观经济政策的调整而调整。例如，一般来说，股票价格随国民生产总值的升降而涨落；证券市场行情随着宏观经济政策的扩张与紧缩及由此导致的市场资金量的增减而升跌。党的二十大报告指出："未来五年是全面建设社会主义现代化国家开局起步的关键时期，主要目标任务是经济高质量发展取得新突破。"这是当前最基本、最重大的宏观经济背景。

② 政治因素，即影响证券市场价格变动的政治事件。一国的政局是否稳定对证券市场有着直接的影响。一般而言，政局稳定则证券市场稳定运行；反之，政局不稳则常常引起证券市场价格下跌。除此之外，国家的首脑更换、罢工、主要产油国的动乱等也对证券市场有重大影响，例如，2016年11月8日，特朗普当选美国总统的结果一经发布，全球股市"闪崩"，美股三大期指有两个一度触及熔断。而2020年11月4日，美国股指期货受大选开票消息影响反复宽幅震荡后最后收涨。

③ 法律因素，即一国的法律特别是证券市场的法律规范状况。一般来说，法律不健全的证券市场更具投机性，震荡剧烈，涨跌无序，人为操纵成分大，不正当交易较多；反之，法律法规体系比较完善、制度和监管机制比较健全的证券市场，证券从业人员营私舞弊的机会较少，证券价格受人为操纵的情况也较少，因而表现得相对稳定和正常。总体上说，新兴的证券市场往往不够规范，而成熟的证券市场法律法规体系则比较健全。

④ 军事因素，主要是指军事冲突。军事冲突是一国国内或国与国之间、国际利益集团与国际利益集团之间的矛盾发展到无法采取政治手段来解决的最终结果。军事冲突小则造成一个国家内部或一个地区的社会经济生活的动荡，大则打破正常的国际秩序。军事冲突会使证券市场的正常交易遭到破坏，因而必然导致相关证券市场的剧烈动荡。例如，海湾战争之初，世界主要股市均呈下跌之势，而且随着战局的不断变化，股市均大幅震荡。又如，2020年1月3日，伊朗高级军官苏莱曼尼遇袭身亡，随后，事件持续发酵，中东局势紧张，全球市场躁动，国际油价、金价飙升，股市震荡。中国股市周三一开盘，黄金股、石油股大涨，黄金股多只涨停。

⑤ 文化、自然因素。就文化因素而言，一个国家的文化传统往往在很大程度上决定着人们的储蓄和投资心理，从而影响证券市场资金流入流出的格局，进而影

响证券市场价格；证券投资者的文化素质状况则从投资决策的角度影响着证券市场。一般来说，文化素质较高的证券投资者在投资时较为理性。如果证券投资者的整体文化素质较高，则证券市场价格相对比较稳定；相反，如果证券投资者的整体文化素质偏低，则证券市场价格容易出现暴涨暴跌。在自然方面，如发生自然灾害，生产经营就会受到影响，从而导致有关证券价格下跌；反之，如进入恢复重建阶段，由于投入大量增加，对相关物品的需求也大量增加，从而导致相关证券价格的上升。

（2）产业和区域因素。

产业和区域因素主要是指产业发展前景和区域经济发展状况对证券市场价格的影响。它是介于宏观和微观之间的一种中观性影响因素，因而它对证券市场价格的影响主要是结构性的。

在产业方面，每个产业都会经历一个由成长到衰退的发展过程，这个过程称为产业的生命周期。产业的生命周期通常分为四个阶段，即初创期、成长期、稳定期、衰退期。处于不同发展阶段的产业在经营状况及发展前景方面有较大差异，这必然会反映在证券价格上。在区域方面，由于区域经济发展状况、区域对外交通与信息沟通的便利程度、区域内的投资活跃程度等的不同，分属于各区域的证券价格自然也会存在差异，即便是相同产业的证券也是如此。

（3）公司因素。

公司因素是指上市公司的运营对证券价格的影响。上市公司是发行证券募集资金的运用者，也是投资收益的实现者，因而其经营状况的好坏对证券价格的影响极大。而其经营管理水平、科技开发能力、产业内的竞争实力与竞争地位、财务状况等无不关系着其运营状况，这些因素均从各个不同的方面影响着证券市场价格。由于产权边界明确，公司因素一般只对本公司在证券市场上的价格产生深刻影响。

（4）市场因素。

市场因素是指影响证券市场价格的各种证券市场操作。例如，看涨与看跌、买空与卖空、追涨与杀跌、获利平仓与解套或割肉等行为，不规范的证券市场中还存在诸如分仓、串谋、轮炒等违法违规操纵证券市场的行为。一般而言，如果证券市场的做多行为多于做空行为，则证券价格上涨；反之，如果做空行为占上风，则证券价格趋于下跌。由于各种证券市场操作行为主要是短期行为，因而市场因素对证券市场价格的影响具有明显的短期性质。

在以上影响证券市场价格的诸多因素中，宏观因素、产业和区域因素及公司因素主要是通过影响证券发行主体（即公司）的经营状况和发展前景来影响证券市场价格，它们在证券市场之外，因而被称为基本因素。基本因素的变动形成了证券市场价格变动的主要利多题材和利空依据。市场因素主要是通过投资者的买卖操作来影响证券市场价格，它存在于证券市场内部，与基本因素没有直接关联，因而被称为技术因素。技术因素是技术分析的对象。

6.1.2　产业周期分析

1.产业生命周期概述

（1）产业生命周期及其阶段特征。

①初创阶段。

初创阶段是一个产业的起步阶段。在这一阶段，新产业具有明显的幼稚性，表现在产业组织方面，只有为数不多的创业公司介入这一新兴产业，产业的企业数量少、集中程度高；而且由于技术相对不成熟，产业的产品品种单一、质量较低且不太稳定。同时，作为新兴产业，其被大众普遍了解和认可尚需一个过程，因而产业的市场规模狭小，市场需求增长缓慢，需求的价格弹性也很小。但是，产业因创立投资、产品的研究开发和新产品的推介等需要大量投入而固定费用较高，所以产业的利润微薄甚至全产业亏损。表现在市场竞争方面，由于新产业可发展的空间还很大，所以除技术障碍外，进入的壁垒相当低。而且，由于产业发展的当务之急是扩大产业的影响、拓展全产业的市场，各创业公司相互竞争程度较弱，再加上产品品种单一，各企业的产品定价行为也各自为政。此外，由于初生的产业信用较差，一些企业还可能存在因财务困难而引发破产的危险。

在初创阶段后期，随着产业生产技术的提高、规模效应的显现、生产成本的降低和市场需求的扩大，新产业便逐步由高风险低收益的初创阶段转向高风险高收益的成长阶段。

②成长阶段。

成长阶段是产业发展的黄金时期。在这一阶段，新产业快速成长，开始显露出其朝阳产业的风采。在产业组织方面，由于产业的发展得到了广泛的认同，因而市场需求增长迅速，市场规模增大，需求的价格弹性增大。另外，随着生产技术的日渐成熟和稳定，产品呈现多样化、差别化，质量提高且稳定，产业的固定费用也随之下降。但由于市场拓展和广告宣传的费用增加，可变费用开始上升，产业的利润迅速增长，而且利润率较高。在竞争状况方面，新产业的竞争力显著增强。在产业内部，产业的集中程度低、进入壁垒低，而且由于产业的市场容量急剧扩大，大量的新厂商纷至沓来，竞争充分。而这一阶段的主要竞争形式为价格竞争，领导价格制是经常出现的定价形式。

在成长阶段，产业不仅高速成长，而且此时的成长具有较强的可测性。由于受不确定因素的影响较少，产业的波动也较小。在这种情况下，各生产厂商一方面通过扩大产量、提高市场份额来增加收入；另一方面依靠提高生产技术、降低成本以及研制和开发新产品的方法来争取竞争优势、战胜竞争对手和维持企业的生存。在激烈的市场竞争中，资本和技术力量雄厚、经营管理有方的厂商将占有优势，而那些财力与技术实力相对较弱、经营不善或新加入的企业（因产品的成本较高或不符合市场的需要）往往被淘汰或被兼并。因而，这一时期产业的利润虽然增长很快，但产业内部的竞争压力也非常大，破产率与并购率相当高。

在成长阶段的后期，由于产业中生产厂商与产品竞争优胜劣汰规律的作用，市场上生产厂商的数量在大幅度下降之后便逐渐稳定下来。由于市场需求基本饱和，产品的销售增长率减慢，迅速赚取利润的机会减少，整个产业开始进入稳定期。

③成熟阶段。

成熟阶段是产业发展的巅峰阶段，通常会持续相对较长的时期。在这一时期，通过激烈的市场竞争和优胜劣汰而生存下来的少数大厂商基本上垄断了整个产业的市场，每个厂商都占有一定比例的市场份额，由于彼此势均力敌，市场份额比例发生变化的程度较小，因此，成熟阶段也是产业发展的稳定阶段。这一阶段的主要特征是，产业的集中程度很高，并形成了一定程度的垄断，产业的利润因此达到了很高的水平，而风险却因市场比例比较稳定而较低；进入的壁垒高，主要体现为规模壁垒，新企业很难打入成熟期市场；市场需求虽然仍在增长，但增长速度已明显减缓；产品开始再度无差别化，需求的价格弹性减小；由于垄断，通常会出现合谋价格，但厂商与产品之间的竞争手段已逐渐从价格手段转向各种非价格手段，如提高质量、改善性能和加强售后服务等。

在成熟阶段，产业的发展很难保持与国民经济同步增长。而在宏观经济衰退时，成熟型产业还可能遭受较大损失。但是，由于技术创新的原因，某些产业或许会有新的增长。

④衰退阶段。

在经过一个较长的稳定阶段后，产业就进入衰退阶段，衰退阶段是产业发展的暮年时期。衰退阶段的产业具有与初创阶段相类似的一些特征，如由于新产品和替代品的大量出现，原有产业的竞争力下降，市场需求开始逐渐减少，销售下降、价格下跌、利润降低，再加上其他更有利可图的产业的不断涌现，使得一些厂商不断地从原有产业撤出资金，原产业厂商数量减少。当正常利润无法维持或现有投资折旧完毕后，整个产业便逐渐解体了。不过，与人的生命不同，步入暮年的产业未必就一定面临死亡。从历史上看，真正被完全淘汰的产业很少，产业的发展呈现出“生多死少”的特征，多数情况是产业自此进入一个发展停滞、随波逐流的状态。

（2）产业生命周期的影响因素。

由于受多种因素的影响，产业的实际生命周期比上述理论化的产业生命周期要复杂得多。这些影响因素主要有需求、技术进步及社会习惯的改变等。

①需求。

需求是人类社会发展的原动力。当市场上存在尚未得到有效满足的潜在需求，而技术进步推出相应的产品，然后由各厂商组织生产时，新产业就诞生了。因此，新产业的形成过程实际上就是对社会潜在需求的发现和给予有效满足的过程。需求是新产业得以产生的基础，没有需求的新产品只能是一种创新游戏，不可能最终发展成为一个新产业。由于新产品只有在扩大到一定规模后才能形成产业，因此新产品相当规模的潜在需求的存在和逐步实现是新产业形成的第一个条件。一般来说，只有在潜在需求达到相当规模，以至于许多厂商可以同时进行专业化生产且都能获得利润时，新产业的形成才有可能。需求的稳定和饱和推动产业生命周期进入成熟期和衰退期，需求的总量决定了产业成熟后的规模，需求的性质决定了产业将属于劳动密集型产业、资本密集型产业还是知识技术密集型产业。

②技术进步。

技术进步是厂商生产新产品以满足社会潜在需求的关键。技术进步一方面创造新产品、开拓新领域，从而使新产业不断出现；另一方面也创新工艺，推动现有产业的技术升级。当今世界上的许多产业都是技术进步的结果，而另一些产业在技术进步的冲击下衰落或消亡。例如，电灯的出现极大地削减了对煤气灯的需求；蒸汽动力产业则被电力产业逐渐取代；激光排版技术诞生后，传统的铅字排版技术便告消亡；网店的蓬勃发展极大地冲击了实体店铺的销售。

技术进步不仅使新产品的推出成为可能，而且能提高新产业的生产效率，降低成本，从而加速产业的市场扩张，使产业进入快速成长期。技术进步还使产业实现更大规模的规模经济，使厂商能够从生产规模的扩大中获利，从而壮大新产业。此外，通过技术进步改变产业的生产方式以降低成本或通过技术进步创新产品还可以刺激和创造市场需求，为产业的发展拓展空间。

③社会习惯的改变。

社会习惯对关系经济增长的消费、储蓄、投资、贸易等诸方面产生影响，因而也就必然对产业的发展和生命周期各阶段的更替产生重要的影响。例如，社会公众对安全性的强烈要求促使汽车产业加固汽车保险杠、安装乘员安全带、改善燃油系统、提高防污染系统的质量等，而大众环保意识的觉醒则推动了环保产业的迅速发展。

在社会习惯的变迁过程中，国际文化交流起着重要的作用。例如，我国传统上以勤俭为持家原则，但在国际交往过程中逐渐接受了超前消费的观念，这样的转变将会对许多产业（如房地产业）的发展产生深远的影响。

除此之外，人类对经济利益的追求以及由此展开的激烈竞争也是一个重要的影响因素，从某种意义上讲，它是经济发展和产业不断升级的内在动因。在上述影响因素中，起持续作用的是需求、技术进步、利益竞争等内在因素。正是这种持续作用，使得产业生命周期成为各产业发展的一个普遍规律。

2.产业特性与证券投资的选择

（1）不同阶段的产业在证券市场的表现。

由于产业生命周期各阶段的风险和收益状况不同，而证券投资的目的就在于在尽可能小的风险条件下获取最大的收益，因此，处于产业生命周期不同阶段的产业在证券市场上的表现就会有较大的差异。

处于初创期的产业，如20世纪末21世纪初的互联网业、生物制药业等，由于产业创立不久、厂商较少、收益较少甚至亏损，因而在传统的证券市场上是不符合上市条件的。为了满足这些产业发展对资本的需求，推进经济结构的调整和升级，除风险投资基金外，许多国家和地区近年来纷纷创立上市条件有别于传统证券市场的、便于新兴产业上市融资的新型证券市场，如美国的纳斯达克市场、中国香港的创业板市场等（此类新型证券市场一般也称为第二板市场）。

处于成长期的产业由于利润快速增长，因而其证券价格也呈现快速上扬趋势。由于证券价格的上涨以业绩为基础，所以这种证券价格的上扬是明确的，并且具有长期性质。证券价格也会因对未来成长的过度预期和对这种过度预期的纠正而出现中短期波动。另外，由于在产业快速成长的同时产业内部会出现厂商之间的分化。相应地，证券价格也表现为在某一成长性产业的证券价格快速上涨的同时，个别证券却表现不佳。

处于成熟期的产业是蓝筹股的集中地。由于处于成熟期的产业垄断已经形成，产业发展的空间已经不大，所以产业快速成长的可能性已经很小，但一般能保持适度成长，而且垄断利润丰厚。所以，其证券价格一般呈现稳步攀升之势，大涨和大跌的可能性都不大，颇具长线持筹的价值。

处于衰退期的产业由于已丧失发展空间，所以在证券市场上全无优势，多是绩平股、垃圾股。一般情况下，这类产业的股票常常是低价股，不引人关注，只具有证券市场的结构性功能。

（2）产业特性与证券投资的选择。

根据以上所述，对产业投资的选择应遵循以下原则：

①顺应产业结构演进的趋势，选择有潜力的产业进行投资。

产业结构是指国民经济体系中众多产业之间形成的相互联系和比例关系。产业结构包含许多内容，如三次产业之间的关系、重工业和轻工业之间的关系、传统产业和新兴产业之间的关系、原材料工业和加工工业之间的关系、资本密集型产业和技术密集型产业及劳动密集型产业之间的关系等。

由于产业生命周期的存在，各产业的此起彼伏必然使产业结构处在不断演进的动态过程中。目前，世界产业结构总的演进方向是产业结构的高度化。它包括三个方面的内容：一是在整个产业结构中，由第一产业占优势比重向第二产业、第三产业占优势比重演进；二是产业结构中由劳动密集型产业占优势比重逐渐向资本密集型产业、技术知识密集型产业占优势比重演进；三是产业结构中由制造初级产品的产业占优势比重逐渐向制造中间产品、最终产品的产业占优势比重演进。

②对处在生命周期不同阶段的产业，不同的投资者、不同性质的资金应有不同的处理。

由于产业生命周期各阶段的风险和收益特征的不同，以及实际投资过程中投资者资金的来源、资金的可使用周期和投资者投资理念的差异，不同的投资者对所投资产业的选择应符合自身的实际情况。

处于初创期的产业，如目前的遗传工程产业，由于其风险大、收益小，而且介入这一产业的厂商一般只有几家，可选择投资的余地非常小，因而此类产业对于一般的投资者来说都不是合适的可投资产业，而只是投机者或风险投资家的天堂。

进入成长期的产业，如目前的人工智能产业，一方面高速成长，另一方面竞争激烈、破产重组的概率大，因而适合于趋势型投资者，但不适合于价值型投资者（相对于价值型投资者来说，趋势型投资者也是投机者）。由于处于成长期的产业技术风险已基本消除，风险主要来源于公司的经营管理水平和市场开拓能力，因此投资于这类公司需要精心研究上市公司的经营管理水平和市场开拓能力。

处于成熟期的产业，其风险较小、收益较大，但成长性已较成长期大大降低，这类产业比较适合收益型投资者或价值型投资者投资，但不一定适合趋势型投资者。由于成熟期的产业内大多是具有一定垄断地位的大公司，它们的抗风险能力强、垄断收益稳定，因此投资者发生决策失误的可能性较小。

衰退期的产业由于其不仅当前收益低，而且发展空间已无，所以尽管风险小，一般的投资者也应对此类产业敬而远之，而且从长期来看的投资风险一般也不小，除非已有明显的迹象表明产业的复兴在即。

③正确理解国家的产业政策，把握投资机会。

国家对某一产业的扶持或限制，常常意味着这一产业有更多、更快的发展机会，或者是被封杀了发展的空间，而且国家的产业政策往往是在对产业结构发展的方向和各产业发展规律深刻认识的基础上做出并实施的，因而具有显著的导向作用。在把握产业结构演进趋势的基础上正确理解国家的产业政策，能更好地提高投资效益。

从证券市场的角度来看，一段主流行情的形成，除去产业自身的潜质外，常常需要一些事件来触发，这种事件常常是产业内某个公司或某些公司的高速成长、国家政策的重点支持等。因此，正确理解和把握国家的产业政策是掌握证券市场主流行情的关键。

6.1.3 公司分析

1.公司基本素质分析

公司基本素质分析是对公司的综合素质进行评价，为证券投资人提供信息，帮助他们了解企业的现状、发展趋势以及未来可能的发展潜力，是明确公司最重要的利润产出点和最主要的业务风险所在。具体的分析内容包括：公司获利能力分析、公司竞争策略分析和公司技术水平分析。

（1）公司获利能力分析。

投资者投资企业的目的是盈利，因此公司的盈利能力强弱是投资者进行投资选择首先要考虑的因素。获利能力越高，资产成本越低，公司投资价值应该就越高。一般而言，一个公司的获利能力，首先取决于公司所属行业的选择，例如，2016年，在实体经济表现低迷的情况下，房地产行业异军突起，表现亮眼。

（2）公司竞争战略分析。

公司竞争战略所涉及的问题是在给定的一个业务或行业内，经营单位如何竞争取胜的问题。企业要在行业中保持盈利，就要有持久的竞争优势。竞争优势的两种基本形式即低成本和差异性，这两种基本形式与企业寻求获取这种优势的活动范围相结合，就可以得到企业在行业中的三个基本竞争战略：成本领先战略、差异化战略和集聚化战略。企业采用任何一种战略都能获得竞争优势，但实现不同战略的途径和范围是不一样的。成本领先战略和差异化战略在整个行业的广阔范围内寻求优势，而集聚战略在某个行业狭窄的细分市场中寻求成本优势或差异化。在不同的行业中，可行的基本战略是不相同的，并且推行每一种战略所要求的具体实施步骤也因行业的不同而差别很大。

（3）公司技术水平分析。

决定公司竞争地位的首要因素是公司的技术水平。对公司技术水平高低的分析可以从分析技术硬件和技术软件两部分进行。评价技术硬件部分主要考查机械设备、单机或成套设备。软件部分考查的主要内容有：知识产权、生产工艺技术、工业产权、专利设备制造技术和经营管理技术，具备了何等生产能力和达到什么样的生产规模，企业扩大再生产的能力如何，给企业创造多少经济效益等。另外，企业如拥有较多的掌握技术的高级工程师、专业技术人员等，企业就能生产质优价廉、适销对路的产品，企业就会有很强的竞争能力。上市公司技术水平的高低决定了其股价未来能够走多远、走多高。

2.公司财务报表分析

（1）财务报表分析概况。

财务报表是公司根据财务标准或准则向股东、高层管理者、政府（如税务部门）或债权人（如银行）提供或报告公司在一段时期以来的有关经营和财务信息的正式文件。公司财务报表分析是公司分析中最具体、最重要的分析工作，它最能量化地反映出公司真实的经营状况，是证券投资分析中最为重要的一环。现行的财务会计制度规定，公司完整的财务会计报表一般包括资产负债表、利润表、现金流量表和所有者权益变动表。

资产负债表反映的是公司在某一个特定时点的全部资产、负债和所有者权益的状况，从而反映公司投资的资产价值情况（资产方）和投资回报的索取权价值（负债和所有者权益方）。其编制原理为“资产=负债+所有者权益”，其基本目标实际上是报告股东某时点在公司的净投资的账面价值或会计价值。其一般与市场价值有差距，这种差距是因为投资者根据企业未来发展预期的判断所引起的。

利润表反映公司在一段时期内使用资产从事经营活动所产生的净利润或净亏损。编制原理为“销售收入-销售成本-经营费用-管理费用-财务费用-所得税=税后利润”。所以，净利润增加了投资者的价值，而净亏损减少了投资者的价值。编制依据是权责发生制，因此，利润不等于现金。假定其他因素不变，如果“应收账款”太多，盈利的企业可能没有现金；如果“应付账款”增加，亏损的企业不一定没有现金。

现金流量表报告公司在一段时期内从事经营活动、投资活动和筹资活动所产生的现金流量。来自经营性活动的现金净流入量简称“净营业现金流”，它是由企业正常的经营活动产生的，与企业“出售资产”、“银行借款”、“发行股票”或“发行债券”无关。因此净营业现金流是企业现金流量表最重要的组成部分，其信息的含义对企业高层经理、投资者、银行和政府主管机关，都具有重要的政策启示。

所有者权益变动表是指反映构成所有者权益各组成部分当期增减变动情况的报表。所有者权益变动表应当全面反映一定时期所有者权益变动的情况，不仅包括所有者权益总量的增减变动，还包括所有者权益增减变动的重要结构性信息，使报表使用者准确理解所有者权益增减变动的根源。

（2）财务报表分析的主要内容。

财务报表分析的主要内容一般包括公司的获利能力分析、短期偿债能力分析、长期偿债能力分析、资产管理效果分析以及现金流量分析。下面就分别对这几类分析进行简要的介绍：

①获利能力分析。

第一，毛利率。

毛利率是指公司的销售毛利与销售净额的比率。销售毛利是指销售净额减去销售成本的余额。销售净额为销售收入扣除销售退回、销售折扣及折让的差额。

毛利率=销售毛利/销售净额=（销售净额–销售成本）/销售净额　　(6.3)

毛利率是商品流通企业和制造企业反映商品或产品销售获利能力的重要财务指标。商品流通企业商品的销售成本为商品的进价成本，而在制造企业则为产品的生产或制造成本。当毛利扣除经营期间的费用后即为经营利润。可见，毛利率反映了公司产品或商品销售的初始获利能力，保持一定的毛利率对公司利润的实现是相当重要的。

第二，销售利润率。

销售利润率（sales profit ratio）是企业利润总额与净销售收入的比率。销售利润率是衡量企业销售收入的收益水平的指标，属于盈利能力类指标。

销售利润率=利润额 / 销售收入净额×100%　　(6.4)

销售利润率俗称为毛利率，只是口头上的一种表述。实际上，销售利润率与销售毛利率是两个不同的指标，因为前者已剔除了期间费用，后者仍包含期间费用（如管理费用、财务费用等）。

②短期偿债能力分析。

第一，流动比率。

流动比率分析是在会计报表分析中，对短期偿债能力的评价。随着市场经济的发展，企业吸纳不同投资者的资产进行运作盈利，而投资者利用会计报表掌握一定的经营信息，最为关心的是企业短期偿债能力。为了评价企业短期偿债能力，才产生并发展了流动比率分析这一技术。

流动比率=流动资产/流动负债　　(6.5)

流动比率高，一般认为偿债保证程度较强，但并不一定有足够的现金或银行存款偿债，因为流动资产除了货币资金以外，还有存货、应收账款、待摊费用等项目。有可能出现虽然流动比率高，但真正用来偿债的现金和存款却严重短缺的现象，所以分析流动比率时，还需进一步分析流动资产的构成项目。

第二，速动比率。

速动比率虽然可以用来评价流动资产总体的变现能力，但流动资产中包含像存货这类变现能力较差的资产，如能将其剔除，其所反映的短期偿债能力更加令人可信，这个指标就是速动比率。速动比率代表企业以速动资产偿还流动负债的综合能力。

速动比率=（流动资产-存货）/流动负债　　(6.6)

速动资产是指从流动资产中扣除变现速度最慢的存货等资产后，可以直接用于偿还流动负债的那部分流动资产，包括货币资金、短期投资、应收票据、应收账款、其他应收款项等。而流动资产中存货、预付账款、待摊费用等则不应计入。

传统经验认为，速动比率维持在1：1较为正常，它表明企业的每1元流动负债就有1元易于变现的流动资产来抵偿，短期偿债能力有可靠的保证。速动比率过低，则企业的短期偿债风险较大；速动比率过高，企业在速动资产上占用资金过多，会增加企业投资的机会成本。假如某个上市公司有5 000万元的资产，一种情况是，资产全部为设备，另一种情况是60%的资产为实物资产，其他为各类金融资产。假如有一天该公司资金发生周转困难，公司的资产中急需有一部分去兑现偿债时，哪一种情况更能迅速实现兑现呢？理所当然的是后一种情况。因为流动资产比固定资产的流动性大，而更重要的是有价证券便于到证券市场上出售，各种票据也容易到贴现市场上去贴现。许多公司倒闭，问题往往不在于公司资产额太小，而在于资金周转不过来，不能及时清偿债务。

③长期偿债能力分析。

第一，资产负债率。

资产负债率（debt asset ratio）是一项衡量公司利用债权人资金进行经营活动能力的指标，也反映债权人发放贷款的安全程度。

资产负债率=负债总额/资产总额×100%　　(6.7)

这个比率对于债权人来说越低越好。因为公司的所有者（股东）一般只承担有限责任，而一旦公司破产清算，资产变现所得很可能低于其账面价值。所以如果此指标过高，债权人可能遭受损失。当资产负债率大于100%时，表明公司已经资不抵债，对于债权人来说风险非常大。从积极的角度来看，资产负债率偏低表明公司的财务成本较低，风险较小，偿债能力强，经营较为稳健，对于投资行为的态度比较慎重。但是，也有专业人士认为，资产负债率的普遍偏低说明企业的经营趋于谨慎。从会计的角度来看，资产负债率过低或过高均属不太正常，如果过低则表明企业的经营非常保守或对于自己的行业看淡。

第二，产权比率。

产权比率是负债总额与所有者权益总额的比率，是指股份制企业，股东权益总额与企业资产总额的比率，是评估资金结构合理性的一种指标。

产权比率=负债总额/所有者权益总额×100%　　(6.8)

产权比率越高，说明企业偿还长期债务的能力越弱；产权比率越低，说明企业偿还长期债务的能力越强。

产权比率用来表明由债权人提供的和由投资者提供的资金来源的相对关系，反映企业基本财务结构是否稳定。一般来说，所有者提供的资本大于借入资本为好，但也不能一概而论。该指标同时也表明债权人投入的资本受到所有者权益保障的程度，或者说是企业清算时对债权人利益的保障程度。

④资产管理效果分析。

第一，存货周转率。

存货周转率，是指一定时期内企业销售成本与存货平均资金占用额的比率，是衡量和评价企业购入存货、投入生产、销售收回等各环节管理效率的综合性指标。其计算公式为：

存货周转率=销货成本/存货平均余额 (6.9)

存货平均余额=（期初存货+期末存货）/2 (6.10)

存货周转天数=360/存货周转率 (6.11)

存货周转率指标的高低，不仅影响企业的短期偿债能力，而且是整个企业管理的一项重要内容。因此，存货周转率越高，说明企业的经营效率越高，库存存货适度，存货转化为现金的速度就快；反之，存货周转率低，则说明产品积压或采购过量，应及时采取措施加以处理。

第二，应收账款周转率。

应收账款周转率就是反映公司应收账款周转速度的比率，它说明一定期间内公司应收账款转为现金的平均次数。用时间表示的应收账款周转速度为应收账款周转天数，也称平均应收账款回收期。它表示公司从获得应收账款的权利到收回款项、变成现金所需要的时间。

应收账款周转率（次）=销售收入/平均应收账款 (6.12)

应收账款周转天数=360/应收账款周转率=（平均应收账款×360）/销售收入 (6.13)

平均应收账款=（期初应收账款+期末应收账款）/2 (6.14)

一般来说，应收账款周转率越高，平均收账期越短，说明应收账款的收回越快。否则，企业的营运资金会过多地滞留在应收账款上，影响正常的资金周转。但季节性经营的企业使用这个指标时不能反映实际情况。除此之外，还存在一些影响该指标正确计算的因素：大量使用分期付款结算方式，大量地使用现金结算的销售，年末大量销售或年末销售大幅度下降。这些因素都会对计算结果产生较大的影响。

在使用存货周转率和应收账款周转率这两个指标时需要注意，不同的行业上述两个指标有很大的不同，所以不能仅仅通过绝对数字来判断企业运营能力，一般的做法是与行业的平均值进行比较，来判断企业的运营管理水平。

⑤现金流量分析。

在货币经济条件下，公司经营、投资和筹资活动必然有与之相伴随的现金流，现金流量表是公司经营、投资和筹资活动的综合反映。通过对现金流量表的分析，可以较全面地了解公司经营、投资和筹资活动的效率。

各国对现金流量的分类不同，现金流量表的编制方法也不尽相同。我国的会计准则将现金流量分为三类：经营活动所产生的现金流、投资活动所产生的现金流以及筹资活动所产生的现金流。

（3）财务报表分析的主要方法。

财务报表分析的方法主要有比率分析法、结构分析法和因素分析法。

①比率分析法。

比率分析法是首先建立一系列财务指标，全面描述企业的资产流动性、负债管理能力、资产使用效率、盈利能力、价值创造和市场表现，然后将这些财务指标与企业历史上的财务指标、行业的平均数和行业的先进企业的相关指标进行对比，最后综合判断企业的经营业绩、存在问题和财务健康状况。财务比率分析应注意结合实际情况，如行业特点、季节性趋势和通货膨胀等，结合财务报表后的“附注”或“注释”部分，以防止企业的“盈利操纵”。

②结构分析法。

结构分析法是计算某一时期各年“三表”中各项账目的比例，然后与本企业历史财务指标、行业的平均数或先进企业的指标或相关比例进行对比，综合判断企业的经营业绩、存在问题和财务健康状况。其主要有历史比较和结构分析、行业平均数比较、行业先进指标比较。

③因素分析法。

因素分析法主要采用杜邦分析法，其作用是解释指标变动的原因和变动趋势，为采取措施指明方向。对企业资产收益情况通常使用杜邦分解来实现，下面我们对杜邦分析法进行一下说明。

企业净资产收益率的高低受两个因素制约：一是由经营总资产所产生的利润；二是总资产相对于所有者权益的比例。净资产收益率的计算公式为：

$$\text{净资产收益率} = \frac{\text{净利润}}{\text{所有者权益}} \times 100\% = \frac{\text{净利润}}{\text{总资产}} \times \frac{\text{总资产}}{\text{所有者权益}} \times 100\% \tag{6.15}$$

式中：“净利润/总资产”被称为总资产利润率（ROA）；“总资产/所有者权益”被称为财务杠杆（financial leverage）。进一步细分，ROA也由两部分组成，其计算公式为：

$$\frac{\text{净利润}}{\text{总资产}} = \frac{\text{净利润}}{\text{销售额}} \times \frac{\text{销售额}}{\text{总资产}} \times 100\% \tag{6.16}$$

式中：“净利润/销售额”被称为销售利润率（profit margin）；“销售额/总资产”被称为总资产周转率（total assets turnover）。

通过以上细分，净资产收益率可以表示为三个比率的乘积，计算公式为：

$$\text{净资产收益率} = \text{销售利润率} \times \text{总资产周转率} \times \text{财务杠杆} \tag{6.17}$$

具体的关系如图6-1所示。

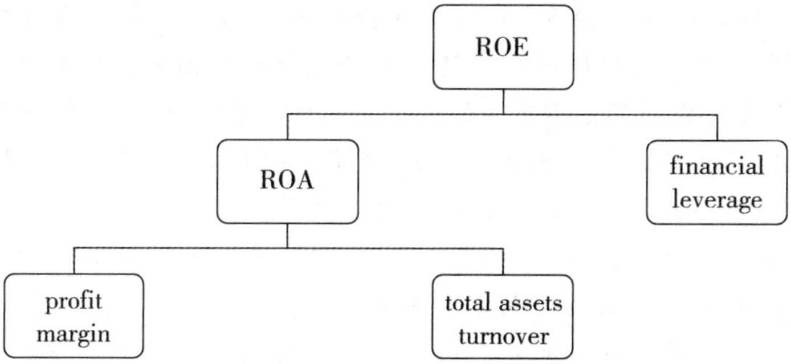

图6-1　因素分析关系图

微课6-1　基本面分析的三个层次

专栏6-1

中国宏观经济展望

2020年第一季度，新冠肺炎疫情对我国经济社会发展带来前所未有的冲击。但新冠肺炎疫情的影响是总体可控的，短期面临的巨大挑战改变不了中国经济稳中向好、长期向好、高质量发展的基本面。

在党中央坚强领导下，我国经济展现出巨大韧性，在常态化疫情防控中经济社会运行逐步趋于正常，复工复产逐步接近或达到正常水平，应对疫情催生并推动了许多新产业新业态快速发展。积极的财政政策更加积极有为，稳健的货币政策更加灵活适度，把支持实体经济恢复发展放到更加突出的位置。货币信贷、社会融资规模增长同经济发展相适应，保持流动性合理充裕，结构性货币政策积极有效，金融服务实体经济特别是中小微、民营企业力度不断加大。稳妥果断防控金融风险，金融体系总体健康，具备化解各类风险的能力。人民币汇率总体稳定，双向浮动弹性提升，外部金融风险冲击得到了有效防范。

世界经济衰退风险加剧，国内经济面临挑战增多。国际疫情持续蔓延，不稳定不确定因素显著增多，IMF预测，2020年全球经济增速为-3%，较2019年下降5.9个百分点。国际金融市场“黑天鹅”事件频发，主要国家货币政策集体步入零利率区间，央行资产负债表急剧扩大。我国防范疫情输入和国际经济风险的压力不断加大，复工复产和经济社会发展面临新的困难，结构性、体制性、周期性问题相互交织，经济发展面临的挑战前所未有。当前，必须充分估计困难、风险和不确定性，切实增强紧迫感，抓实经济社会发展各项工作。针对新冠肺炎疫情造成需求不足、消费减少、企业经营困难、就业压力增大等问题，加大宏观政策逆周期调节力度，坚定实施扩大内需战略，统筹推进疫情防控和经济社会发展工作。

物价形势总体可控，通胀预期基本平稳，对未来变化需持续观察。一季度前两个月，CPI涨幅阶段性上冲至5%以上，主要原因是猪肉等食品价格在春节前后上涨较快和供给受疫情影响有所收缩。随着复工复产有序推进，各部门多举措保供稳价，CPI涨幅已表现出回落态势，3月份降至4.3%，通胀预期总体平稳。受国内需求相对偏弱和国际大宗商品价格大幅下跌影响，PPI涨幅在1月份短暂回正后再次转负，近期降幅有所扩大。短期内，新冠肺炎疫情等因素可能从供求两个方面继续对物价形成扰动，应保持密切监测分析。从基本面看，我国经济运行总体平稳，总供求基本平衡，不存在长期通胀或通缩的基础。

在此，需说明的是，本书此处引用经济展望的主旨不是对经济进行预测，而在于展示分析经济的逻辑。有志于深入学习的学生，请结合当年情况，对下一年度进行自己的展望，并在未来与实际情况进行比较，看所做展望正确与否、原因是什么。

资料来源：中国人民银行.2020年第一季度中国货币政策执行报告［EB/OL］.［2020-05-10］. http：//www.pbc.gov.cn/goutongjiaoliu/113456/113469/4021012/index. html.此处有删减.

§6.2　技术分析

所谓技术分析，是指直接对证券市场的市场行为所作的分析，是通过对市场过去和现在的行为，应用数学和逻辑方法归纳总结其典型规律，并据此预测证券市场的未来变化趋势的一种分析方法。

参与股市交易的投资者往往采用两种分析方法，即基本面分析方法和技术分析方法。基本面分析方法以上市公司的业绩情况、发展前景等为分析重点，着重考查股票的实际价值与二级市场中股价的关系，并从中长线的角度去预测股价的走向。技术分析则侧重于从二级市场中的实际交易情况着手，通过考查买盘与卖盘之间的关系去预测股价在未来或长或短的一段时间内的走势，既可以分析股价趋势运行方向，也可以分析个股的短期走势。它是一种广泛应用于证券市场中的分析工具，也是一种基本技巧和专门学问。

6.2.1　技术分析的基本假设与分类

1.技术分析的三个假设

技术分析基于三个基本的市场假设：市场行为涵盖一切信息，价格沿趋势移动，历史会重演。

（1）市场行为涵盖一切信息。

这一假设是进行技术分析的基础。其主要的思想是认为影响股票价格的每一个因素（包括内在的和外在的）都反映在市场行为中。这条假设认为，任何一个因素对证券市场的影响最终都必然体现在股票价格的所有因素中，都已经在市场行为中得到了反映。

（2）价格沿趋势移动。

这一假设是进行技术分析最根本、最核心的因素。这一假设认为，股票价格的变动是按一定规律进行的，股票价格有保持原来方向运动的惯性。一般来说，一年时间内股票价格一直是持续上涨或下跌的，那么，今后一段时间，如不出意外，股票价格也会按这一方向继续上涨或下跌，没有理由改变这一既定的运动方向。

（3）历史会重演。

这是从人的心理因素考虑的，在市场中总是由具体买卖的人决定最终的操作行为。一个人在某一场合得到某种结果，那么，下一次碰到相同或相似的场合，这个人就会认为得到相同的结果。证券市场也是一样，在某种情况下按一种方法进行操作取得成功，那么以后遇到相同或相似的情况，人们就会按同一方法进行操作；如果前一次失败了，后面这一次就不会按前一次的方法操作。

2.技术分析要素

证券市场中，价格、成交量、时间和空间是进行分析的要素。这几个因素的具体情况和相互关系是进行分析的基础。

（1）价和量是市场行为最基本的表现。

市场行为最基本的表现就是成交价和成交量。成交价、成交量是技术分析要素。在某一时点上的价和量反映的是买卖双方在这一时点上共同的市场行为，是双方的暂时均势点。随着时间的变化，均势会不断发生变化，这就是价量关系的变化。一般说来，买卖双方对价格的认同程度通过成交量的大小得到确认。认同程度小，分歧大，成交量大；认同程度大，分歧小，成交量小。双方的这种市场行为反映在价、量上就往往呈现出这样一种趋势规律：价升量增，价跌量减。根据这一趋势规律，当价格上升时，成交量不再增加，意味着价格得不到买方确认，价格的上升趋势就将会改变；反之，当价格下跌时，成交量萎缩到一定程度就不再萎缩，意味着卖方不再认同价格继续下降了，价格下跌趋势就将会改变。

（2）成交量与价格趋势的关系。

① 股价随着成交量的递增而上涨，这是市场行情的正常特征性，此种量增价涨关系，表示股价将继续上升。

② 在一波段的涨势中，股价随着递增的成交量而上涨，突破前一波的高峰，创下新高后继续上涨，然而此波段股价上涨的整个成交量水平却低于前一波段上涨的成交水平，股价突破创新高，量却没突破创新水平，则此波段股价涨势令人怀疑，同时也是股价趋势潜在的反转信号。

③ 股价随着成交量的递减而回升，即股价上涨，成交量却逐渐萎缩。成交量是股价上涨的原动力，原动力不足是股价趋势潜在反转的信号。

④ 有时股价随着缓慢递增的成交量而逐渐上涨，随后走势突然成为垂直上升的喷发的行情，同时股价急速下跌。这种现象表示涨势已到末期，上升乏力，走势力竭，显示出趋势反转的现象。

⑤ 在一波段长期下跌，到达谷底后股价回升，成交量并没有因股价上涨而递

增，股价上涨欲振乏力，然后再度跌落至先前谷底附近，或高于谷底。当第二谷底的成交量低于第一谷底时，是股价上涨的信号。

⑥ 股价下跌，向下跌破股价形态趋势线或移动平均线，同时出现大成交量，这是股价下跌的信号，表明趋势反转形成空头市场。

⑦ 股价下跌相当长时间，出现恐慌性卖出，随着日益扩大的成交量，股价大幅度下跌。继恐慌性卖出之后，预期股价可能上涨，同时恐慌性卖出所创的低价，将不可能在极短的时间内下跌，之后在低位出现大成交量，股价却没有进一步下跌，价格仅小幅度波动，这是进货的信号。

⑧ 当市场行情持续上涨很久，出现急剧增加的成交量，而股价却上涨乏力，在高位盘旋，无法再向上大幅上涨，显示股价高位大幅震荡，卖压沉重，从而形成股价下跌的因素。股价连续下跌之后，在低位出现大成交量，股价却没有进一步下跌，价格仅小幅度波动，这是进货的信号。

⑨ 成交量作为价格形态的确认。如果没有成交量的确认，价格形态将是虚的，其可靠性也就差一些。

⑩ 成交量是股价的先行指标。关于价和量的趋势，一般说来，量是价的先行者。当量增时，价迟早会跟上来；当价升而量不增时，价迟早会掉下来。从这个意义，我们往往说“价是虚的，而只有量才是真实的”。

时间在进行行情判断时有着重要的作用。一个已经形成的趋势在短时间内不会发生根本改变，中途出现的反方向波动，对原来趋势不会产生大的影响。一个形成了的趋势又不可能永远不变，经过一段时间又会有新的趋势出现。空间在某些意义上讲，可以认为是价格的一方面，指的是价格波动能达到的空间上的极限。

微课6-2　K线形态分析

3.技术分析方法的种类

在价、量历史资料基本面上进行的统计、数学计算、绘图表方法是技术分析方法的主要手段。一般说来，可以将技术分析方法分为如下六类：指标类、切线类、形态类、K线类、波浪类和循环周期类。

（1）指标类。指标类要考虑市场行为的各个方面建立一个数学模型，给出数学上的计算公式，得到一个体现证券市场的某个方面内在实质的数字，这个数字叫指标值。指标值的具体数值和相互间关系，直接反映证券市场所处的状态，为我们的操作行为提供指导方向。指标反映的大多是无法从行情报表中直接看到的。

（2）切线类。切线类是按一定方法和原则在由股票价格的数据绘制的图表中画出一些直线，然后根据这些直线的情况推测股票价格的未来趋势，这些直线就叫切线。切线的作用主要通过支撑线和压力线的作用表现出来。支撑线和压力线的往后延伸位置对价格趋势起一定的制约作用。一般说来，股票价格在从下向上抬升的过程中，一旦触及压力线，甚至远未触及压力线，就会转头向下。或者，股票价格在从上向下跌的过程中，在支撑线附近就会转头向上。另外，如果触及切线后没有转向，而是继续向上或向下，这就叫突破。突破之后，这条切线仍有实际作用，只是名称和作用变了。原来的支撑线变成压力线，原来的压力线变成支撑线。切线类分析主要是依据切线的这个特性。切线的画法最为重要，画得好坏直接影响预测的结果。目前，画切线的方法有很多种，主要有趋势线、通道线等，此外还有黄金分割线、甘氏线、角度线等。

（3）形态类。形态类是根据价格图表中过去一段时间走过的轨迹形态来预测股票价格未来趋势的方法。由价格轨迹或者说形态来推测出证券市场处在一个什么样的大环境之中并据此对我们今后的投资给予一定的指导。其主要的形态有头肩顶、头肩底、M头、W底等十几种。

（4）K线类。K线类的研究手法是侧重若干天K线的组合情况，推测证券市场多空双方力量的对比，进而判断证券市场多空双方谁占优势，是暂时的还是决定性的。K线图是进行各种技术分析的最重要的图表。

（5）波浪类。波浪理论把股价的上下变动和不同时期的持续上涨、下跌看作波浪的上下起伏。波浪的起伏遵循自然界的规律，股票的价格运动也就遵循波浪起伏的规律。

（6）循环周期类。该理论认为，价格的高点和低点的出现，在时间上存在一定的规律性。正如事情发展兴衰的规律一样，价格的上升和下降也存在某些周期特征，如果掌握了这种规律，对买卖交易显然是有帮助的。

专栏6-2

K线形态分析举例

1.低位锤形线（图6-2）

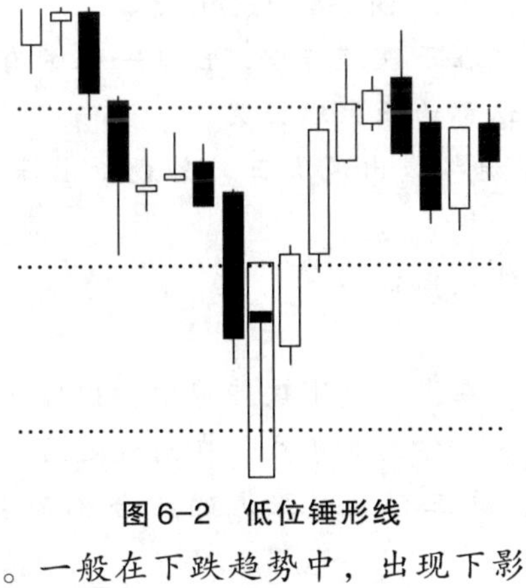

图6-2　低位锤形线

形态介绍：上涨形态。一般在下跌趋势中，出现下影线较长上影线较短的K线形态，形状如一把锤子，这称为低位锤型线。

买入参考位：锤形线出现次日，若能确定收盘价能够越过锤形线实体，则构成买点。

止损参考位：锤形线最低点。

2.低位倒锤形线（图6–3）

形态介绍：上涨形态。一般在下跌趋势中，出现下影线较短而上影线较长的K线形态，形状如一把倒着的锤子，这称为低位倒锤形线。

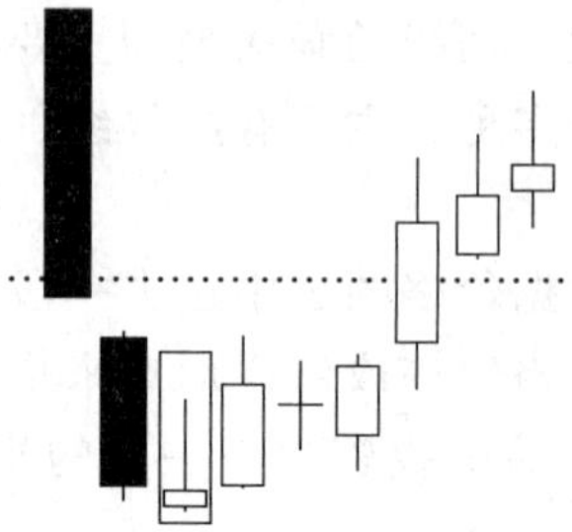

图6–3 低位倒锤线

买入参考位：倒锤形线出现次日，若能确定收盘价能够越过锤形线实体，则构成买点。

止损参考位：倒锤形线最低点。

3.低位螺旋桨（图6–4）

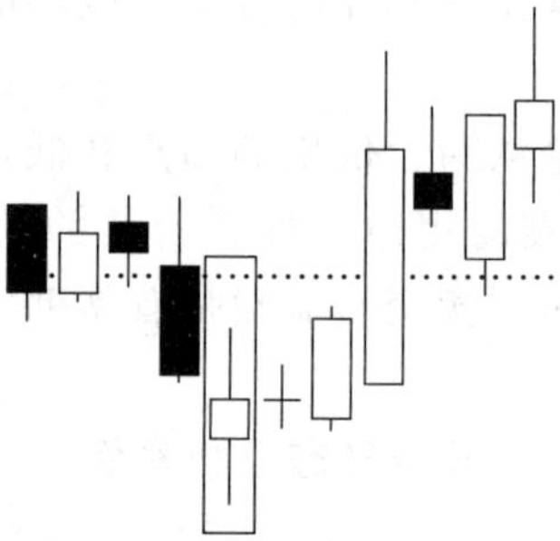

图6–4 低位螺旋桨

形态介绍：上涨形态。在下跌趋势中，出现一根带有较长的上下影线小阴线或小阳线，形状如螺旋桨，这称为低位螺旋桨。

买入参考位：低位螺旋桨线出现次日，若股价上涨越过螺旋桨实体，则构成买点。

止损参考位：螺旋桨线最低位。

4.多方炮（图6–5）

形态介绍：上涨形态。在上涨或下跌趋势中，出现一根中阳线或大阳线，紧接着出现一根实体孕育于阳线实体内的阴线，在阴线之后，又出现一根将阴线完全包住且成交量放大的阳线，这三根K线形成的组合称为多方炮，即两阳夹一阴或几阴。

买入参考位：多方炮形态出现后，次日股价继续上涨并越过第三根阳线实体，则买点出现。

止损参考位：第三根 K 线最低点。

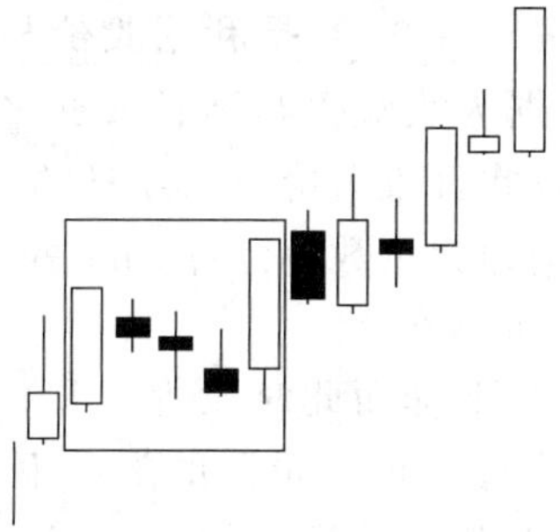

图 6-5　多方炮

资料来源：微博大 V@老袁股道.此处有改编.

6.2.2　证券投资的技术分析指标

1. 量价分析指标

量价分析不仅是股市技术分析的基础，也是股市技术分析的立足点和着眼点。对量价的分析可以从股价与成交量、股价指数与成交总额、平均成交量、成交笔数等几个不同角度分析，但它们的原理和意义基本相同。

（1）成交量分析。

著名的投资专家格兰维尔认为：成交量是股票的元气，而股价不过是成交量的反映罢了，成交量的变化是股价变化的前兆。

成交量是某一交易日中成交的总股数或总手数。一般而言，股价与成交量是同步同向的。成交量递增，表示投资者认同当时的股价，交易投资增旺，自然将股价进一步推高；成交量递减，表示投资者信心不足，离场观望增多，股价随即回落。当股价持续上升，成交量却没能伴随增加，显得后继乏力时，就出现了量价背离的现象，这往往是股市反转的前兆。成交总额同样是测量股市行情变化的灵敏指标，在多头行情里，成交总额随着股价的上升而增加，这里既有股价因素的作用，也反映了有新的资金进入市场，这是推动股价上升的支撑力。在空头市场里，成交总额随股价下跌而减少，除了股价水平降低的因素外，也有资金撤离市场的影响。所以，分析股价指数与成交额的关系，可从资金的变化上反映价量之间的配合状况。

成交笔数分析主要是观察市场人气的聚集和离散，进而研判因人气的变化而可能产生的股价趋势。其分析要点为：当股价处于低价位区时，成交笔数放大，股价上升，表明市场反转，为买入时机。当股价处于高价位区时，成交笔数放大，股价上升，表明仍有一段上升行情；成交笔数放大，股价下跌，表明股价即将下跌，为卖出时机。

平均成交量是每个交易日的总成交量（或成交额）除以成交笔数的结果。平均成交量分析主要用于观察主力和大户的买卖情况，以此来分析判断近期的价格走势。

（2）能量潮。

能量潮（on balance volume，OBV）是利用股价与成交量之间的关系来判断股价走势。计算OBV时所用数据为收盘价与当日成交量，这里的成交量指的是成交的股票的手数。当日收盘价较昨日收盘价高，今日的成交量为正数；当今日收盘价较昨日收盘价低，今日成交量即为负数。计算OBV的公式为：

$$今日OBV=昨日OBV+sgn\pm 今日的成交量 \tag{6.18}$$

OBV的应用：一是OBV线下降而此时股价上升，是卖出信号。因为买方购买能力已经减少，股价虽仍然上涨，但“量”的配合不足将使上升有限或就此下跌。二是OBV线上升而此时股价下跌，是买进信号。因为由于股价较低，所以买方力量加强，随着“量”的注入，即将产生能量，发动起一段看涨行情。三是OBV线从上升转为下降，是卖出信号；从下降转为上升，是买进信号。四是OBV线暴涨时，是卖出信号，因为买方已全力买进，能量不可能长久地维持大成交量。OBV线暴跌时，是买进信号，因为随之将出现卖方回补现象。

（3）成交比率。

成交比率（VR）是一定时期内股价上升日交易金额与股价下降日交易额总和的比率，反映了股市买卖的气势并借以预测股市可能的变动趋势。

成交比率的计算公式为：

$$成交比率=\frac{n日内股价上涨日的成交值总额+\frac{1}{2}n日成交值总和}{n日内股价下跌日的成交值总额+\frac{1}{2}n日成交值总和} \tag{6.19}$$

成交比率分析要点：一是VR值低于60%是股价超卖区，特别是40%～60%，是很容易探底反弹。二是VR值在80%～150%的区间时，股价波动较小。三是VR值在160%～180%的区间时，成交量会逐渐萎缩，很容易下降进入调整期。四是VR值超过350%时，股价进入超卖区。五是股价处于低价位区时，VR值上升而股价未升，为进货时机；股价处于高价位区时，VR值上升股价也上升，可考虑出货。六是VR值急升，交易金额也突然增加，可能是多头行情的开始。

2.涨跌指标分析

（1）相对强弱指标。

相对强弱指标（RSI）是计算某一段时间内股价上涨总幅度平均值占下跌总幅度平均值的百分比。相对强弱指标的计算，首先需要确定所采用的天数。采用较短天数计算的RSI，其波动幅度较宽，较为敏感；采用较长天数计算的RSI，其波动幅度较窄，结论较可靠，但反应速度慢。n日的$RSI_{(n)}$计算公式为：

$$RSI_{(n)}=100-\frac{100}{1+RS_n} \tag{6.20}$$

$$RS=\frac{A}{B} \tag{6.21}$$

式中：RS为相对强度；A为n日上涨幅度的平均值；B为n日下跌幅度的平均值。

相对强弱指标的应用：一是不同参数的RSI曲线的联合使用。参数不同，RSI

曲线不同。参数小的RSI为短期RSI；参数大的RSI为长期RSI。一般而言，当短期RSI＞长期RSI，则属多头市场；当短期RSI＜长期RSI，则属空头市场。二是根据RSI的取值来判断买卖时机。将RSI的取值范围划分为四个区域，根据实际的RSI值来判断买卖时机，见表6-1。

表6-1　RSI应用

RSI值	含义	操作
80 ~ 100	极强	卖出
50 ~ 80	强	买入
20 ~ 50	弱	卖出
0 ~ 20	极弱	买入

需要注意的是，极强与强的分界线和弱与极弱的分界线并不是明确的，不可能画出一条截然分明的分界线，而是一个区域，这个区域与RSI选择的参数和股票本身有关。不同的参数，其区域的划分不同。一般而言，参数越大，分界线离中心线50就越近，离100和0就越远。不同的股票，由于其活跃程度不同，RSI所能达到的高度也不同。一般而言，越活跃的股票，分界线的位置离50就应该越远，越不活跃的股票分界线离50就越近。三是背离现象。这是指实际价格走势与相对强弱指标的升幅或跌幅出现背离，实际价格上升幅度大而相对强弱指标上升幅度开始递减，或实际价格下跌急速而RSI开始出现递减式的下跌，或当价格稍微上升，RSI则急剧反弹。反映在图上，即为股价一浪低（或高）于一浪，而RSI却一浪高（或低）于一浪，显示股价走势即将转向。四是超买与超卖。RSI可显示市场在何时为超买，何时为超卖。

（2）超买超卖指标。

超买超卖指标（OBOS）是通过计算一定日期内的股票涨跌家数来测量市场买卖气势的强弱及趋势，以此作为投资决策的参考依据。一般以10日为参数，采用逐日移动方法计算，计算公式为：

OBOS=N日内上涨家数总和-N日内下跌家数总和　(6.22)

开始计算的时候以当日为基准，向前推移9个交易日，计算近10个交易日的上涨数和下跌数总和大于下跌数总和，OBOS为正值；反之OBOS为负值，以后逐日向前推移，计算近10个交易日的涨跌家数，也可将计算的OBOS值画在坐标上并连成趋势线加以分析。

对OBOS的研究主要是分析它与股票加权指数的分离现象。当OBOS走势与股价指数相分离时，应随时注意大势可能反转。如果加权股价指数持续上升，且位居高档，而OBOS开始下跌，显示大盘已是强弩之末，很多小股票已开始下跌而只能靠少数大盘股支撑指数，未来的市场可能转而走向弱势。如果加权股价指数持续下跌，且位居低档，则OBOS开始上升，显示上升股票家数已超过下跌股票家数，未来市场即将反转上升。

（3）心理线。

心理线（PSY）是分析一段时间内投资者的心理是倾向于买入还是倾向于卖出，以此作为买卖决策的参考，一般以12日或24日作为计算的参数。其计算公式为：

心理线（PSY）=12（或24）日内股价指数上涨天数÷12×100%　　(6.23)

心理线的研判要点如下：一是PSY值在25%～75%之间变动属正常范围；二是PSY值超过75%是超买，低于25%是超卖，股价回跌或上升的机会增多，可准备卖出或买进；三是当PSY值高于90%时是严重的超买，低于10%时是严重的超卖，分别是卖出和买入时机；四是一段上升行情展开前通常超卖的低点会出现两次，因此低点密集出现两次为卖出时机。

（4）人气指标。

人气指标（AR）又称买卖气势指标，是反映市场当前情况下多空双方争斗结果的指标之一。市场人气旺盛则多方占优，买入活跃，股价上涨；反之，人气低落，交易稀少，股价就会下跌。

AR指标的计算方法是，当天股票最高价减去开盘价所得的数为正数，最低价减去开盘价所得的数为负数，将每天的正负数分别累积。开盘价若为最高价时，则该天的正负数均为零，这也需记录计算。但一般股票的价格每天都会有波动，除权或除息日的成交价格不需加以权值修正，只要照平常的方法计算即可。根据上述方法，一般可分别求出26天的累积数，再以正数的总和为分子，负数的总和为分母，两者相除即得AR指标。

$$\text{AR指标} = \frac{\text{正数积累}}{\text{负数积累}} \times 100\% \tag{6.24}$$

AR越大表示多方的强度越大，AR越小表示空方的强度越大。多空双方谁强谁弱的分界线是100%，100%以上表示多方占优，100%以下表示空方占优，正好是100%表示多空双方力量平衡。

由于AR指标的位置并不一定以同一步调上下波动，如一个月前的AR指标可能是100%，而一个月后的AR指标同样为100%时，并不表明两时的股价一致，因此我们只能以当时AR指标的多少来选择买卖的时机。一般说来，当AR指标在100%以下时，大都是股价处于低档整理阶段，投资者可考虑吃进。当AR指标达到200%以上时，就表示股价接近天价，可能要回落，投资者可考虑卖出。上述AR指标的应用并不是对所有的股票都有用，投资者宜先对个股以往的资料做个案分析，再结合AR指标，运用起来则更能得心应手。

（5）买卖意愿指标。

买卖意愿指标（BR）同人气指标一样，也是反映当前情况下多空双方相互争斗结果的指标。AR指标是以买卖气势去把握股价走势，而BR指标则是以买卖者的意愿来预测股价变动。

BR指标的计算公式为：

$$BR_{(n)}指标 = \frac{P_1}{P_2} \times 100\% \tag{6.25}$$

式中：n为选择的天数，一般取26；$P_1=\sum(H - YC)$，表示多方强度总和；$P_2=\sum(YC - L)$，表示空方强度总和，H和L为当日最高价和最低价，YC为前一日的收盘价。

BR指标越大，表示多方力量越强；BR指标越小，表示空方力量越大。双方的分界线是100%，100%以上是多方优势，100%以下是空方优势。

BR指标的应用：

当BR指标值为100%时，表示买卖意愿的强弱呈现出平衡状态。但BR值有时会上升到200%～500%之间，有时也会降到30%～50%之间。当股价从最低价上升时，BR指标多会随着上涨的行情而呈现增加现象；反之，股价从高点滑落时，BR指标也会随之下降。当BR值达到300%以上时，行情更不会再长期持续上涨，即已步入高价（天价）；相反，当BR值在50%以下时，行情也不再会持续滑落下去，即表示已接近地价。

★ 思政课堂

存算一体芯片，人工智能时代的潜力股

【归类】技术趋势

【属性】技术迭代、数字化

算力与经济增长紧密相关，算力指数平均每提高1个百分点，数字经济和GDP将分别增长3.3‰和1.8‰。随着AI的爆发，业界迫切需要技术来解决算力瓶颈。时至今日，新型存算技术和新型存储介质都发展到新阶段，大算力存算一体芯片已成为可能，终端智能电子设备和云端服务器等领域即将迎来新的一拨商业落地。

近几年，存算一体在学术界受到的关注度越来越高，后摩智能认为，存算一体这种颠覆性的新兴技术才是真正赶超巨头的机会，如ISSCC 2022就有多篇关于存算一体技术的论文。在市场需求驱动下，存算一体领域正在从学术界向工业界进军。国外巨头早已布局这一领域，英特尔、三星、IBM、东芝、SK海力士等持续进行相关产品的研发，国产方面，主要以AI为契机，实现特定领域、特定功能的AI存算一体芯片。当前大量存算一体芯片公司陆续出现，且大都还在A轮之前，未来存算一体芯片发展还有巨大潜力，有望成为AI时代变革算力格局的原动力。

“当然，要让技术实现真正的规模化落地仍然有很多难题需要攻克，至今业界都没有一家企业和机构的技术解决方案得到市场的广泛认可。”阿里达摩院如是说。存算一体技术较传统计算加速单元具有颠覆性的性能优势，其技术本身是一门非常复杂的、技术壁垒极高的设计方法学，属于需要多年经验积累、大量资源以及时间投入才能实现的尖端领域。另外，提升存算一体单元的面效比和能效比和高能

效计算如何有效控制存内计算接口，都是重要的挑战。谁拥有兼顾计算密度与存储密度的存内计算硬件架构，谁就拥有了打开高能效计算的金钥匙，但显然揽下这种活并不容易。

实际上，存算一体芯片产业化尚处于起步阶段，面临着产业链上游支撑不足，下游应用不匹配的诸多困局。虽然存算一体的未来是光明的，但超前技术仍然较难导入市场。“至今业界都没有一家企业和机构的技术解决方案得到市场的广泛认可。我们认为，存算一体芯片规模化落地还需要3~5年的时间。”阿里达摩院这样向笔者解答。

资料来源：[1] 微纳电子系.清华大学微纳电子系在《自然·电子》发表存算一体芯片研究综述.[EB/OL].[2020-8-11]. https://www.tsinghua.edu.cn/info/1175/21347.htm.[2] 付斌：存算一体芯片，人工智能时代的潜力股 [EB/OL].[2022-02-21]. https://new.qq.com/rain/a/20220221A0385400.

★ 本章小结

1.判断宏观经济形式的基本变量一般包括国内生产总值、通货膨胀率、货币供应量、利率和汇率等。

2.影响证券市场价格的因素包括宏观因素、产业和区域因素、公司因素和市场因素。

3.产业的生命周期一般分为四个阶段，即初创阶段、成长阶段、成熟阶段和衰退阶段。

4.证券投资技术分析，是撇开社会、政治、经济等影响证券价值的因素，仅对证券市场的供求关系、证券价格的变化的现状和趋势进行分析。

5.技术分析基于三个基本的市场假设：市场行为涵盖一切信息，价格沿趋势移动，历史会重演。

6.技术分析方法有：指标类、切线类、形态类、K线类、波浪类和循环周期类。

7.证券投资的技术分析指标分为量价分析指标和涨跌分析指标两个方面。量价分析指标有：成交量分析、能量潮（OBV）、成交比率（VR）。涨跌分析指标主要有：相对强弱指标（RSI）、超买超卖指标（OBOS）、心理线（PSY）、人气指标（AR）、买卖意愿指标（BR）。

★ 综合训练

6.1 单项选择题

1.证券价格是技术分析的基本要素之一，其中（　　）是技术分析最重要的价格指标。

A.开盘价　　B.收盘价　　C.最高价　　D.最低价

2.我们把根据证券市场本身的变化规律和市场行为得出的分析方法称为

(　　)。

A.技术分析　B.基本分析　C.定性分析　D.定量分析

3.行业分析属于一种（　　）。

A.微观分析　B.中观分析　C.宏观分析　D.三者兼有

4.反映公司在一定时期内经营成果的财务报表是（　　）。

A.资产负债表　B.利润表　C.现金流量表　D.利润分配表

5.通过计算一定日期内股票涨跌家数来测量市场买卖气势的强弱及趋势的指标是（　　）。

A.能量潮　B.超买超卖指标　C.AR　D.BR

6.2 多项选择题

1.按道氏理论的分类，趋势分为（　　）等类型。

A.主要趋势　B.次要趋势　C.短暂趋势　D.无趋势

2.国家调控经济的政策主要有：(　　)。

A.财政政策　B.货币政策　C.利率政策　D.行政手段

3.下列关于系统风险和非系统风险的说法正确的（　　）。

A.系统风险对所有证券的影响差不多是相同的

B.系统风险不会因为证券分散化而消失

C.非系统风险只对个别或某些证券产生影响，而与其他证券无关

D.非系统风险可以通过证券分散化来消除

4.技术分析的三大假设是：(　　)。

A.市场行为涵盖一切信息　B.价格沿趋势移动

C.历史会重演　D.资本市场是有效市场

5.产业周期一般分为以下几个阶段：(　　)。

A.初创阶段　B.成长阶段　C.成熟阶段　D.衰退阶段

6.3 思考题

1.为什么说宏观经济因素是影响证券市场价格变动最重要的因素？

2.产业生命周期的各阶段的特征主要有哪些？

3.简述公司分析的含义及对企业经营的意义。

4.技术分析的基本假设是什么？技术分析包括哪些要素？

5.常用市场分析指标有哪些？它们各有什么特点？

第7章

衍生工具投资

★ 导读

衍生产品的普及改变了整个市场结构：它们连接起传统的商品市场和金融市场，并深刻地改变了金融市场与商品市场的截然划分；衍生产品的期限可以从几天扩展至数十年，已经很难将其简单地归入货币市场或是资本市场；其杠杆交易特征撬动了巨大的交易量，它们无穷的派生能力使所有的现货交易都相形见绌；衍生工具最令人着迷的地方还在于其强大的构造特性，不但可以用衍生工具合成新的衍生产品，还可以复制出几乎所有的基础产品。它们所具有的这种不可思议的能力已经改变了“基础产品决定衍生工具”的传统思维模式，使基础产品与衍生产品之间的关系成为不折不扣的“鸡与蛋孰先孰后”的不解之谜。

★ 关键概念

金融自由化（financial deregulation） 衍生工具（derivative instrument） 金融远期合约（forward contracts） 远期价格（forward price） 远期利率协议（forward rate agreements） 远期外汇合约（forward exchange contracts） 金融期货（financial futures） 金融期权（financial option） 看涨期权（call option） 看跌期权（put option） 金融互换（financial swap）

2007年10月，起源于美国的次贷危机爆发，之后迅速波及全球金融市场，将全球经济带入下降轨道。美联储估计的原本规模1 000亿美元左右的美国次级贷款，何以最终波及大量金融机构，最终放大为一场“金融海啸”呢？很多人将其归咎于金融衍生产品的泛滥和难以估值、无法约束。早在2002年，巴菲特就在其致股东信中断言衍生产品是“魔鬼”和“定时炸弹”，甚至是“大规模杀伤武器”。

金融产品主要有如下三种功能：套期保值、套利、投机。当金融主体想要降低未来收益的波动性，往往会选择套期保值功能。当市场上金融衍生产品的价格偏离其理论价格时，投资者往往会选择衍生产品来进行无风险套利，这会使其价格回到合理的价格上，即套利具有价格发现的作用。投机是指当投资者相信未来金融产品价格会按照自己的判断的方向变化的情况下，利用衍生产品加杠杆对未来金融产品价格进行对赌，当然风险也是相当大的。所以，要论衍生产品功过，还是要坚持一分为二的辩证立场。衍生产品所具有的灵活方便、设计精巧、高效率等特征的确是风险管理和金融投资的利器，不能因为引致“金融海啸”就彻底否定它，对它的研究和运用都还需要进一步深化，例如，对于外贸发达的国家，一般都运用汇率远期来对冲汇率变动带来的风险。同时，也必须看到，对微观个体分散风险有利的衍生工具，并没有从根本上消除金融风险的源头，反而可能引起风险总量的净增长，在特定条件下，就可能酝酿出巨大的金融灾难。党的二十大报告指出：“加强和完善现代金融监管。”因此，强化对金融衍生产品的政府监管、信息披露以及市场参与者的自律是必备的重要举措。

§7.1　金融衍生工具概述

7.1.1　金融衍生工具的产生与发展动因

从20世纪60年代开始，特别是进入70年代以后，随着布雷顿森林体系的解体和世界性石油危机的发生，利率和汇率出现了剧烈波动。宏观经济环境的变化，使金融机构的原有经营模式和业务种类失去市场，同时又给它们创造了开发新业务的机会和巨大的发展空间。与此同时，计算机与信息技术的长足发展及金融理论的突破促使金融机构的创新能力突飞猛进，而创新成本却日益降低。在强大的外部需求召唤下、在美好的盈利前景吸引下，金融机构通过大量的创新活动，冲破来自内外部的各种制约，导致全球金融领域发生了一场至今仍在继续的广泛而深刻的变革。形形色色的新业务、新市场、新机构风起云涌，不仅改变了金融总量和结构，而且对金融体制发起了猛烈的冲击，对货币政策和宏观调控提出了严峻挑战，导致国际金融市场动荡不定，国际金融新秩序有待形成。

1.金融衍生工具产生的最基本原因是避险

20世纪70年代以来，随着美元的不断贬值，布雷顿森林体系崩溃，国际货币制度由固定汇率制走向浮动汇率制。1973年和1978年两次石油危机使西方国家经济陷于滞胀，为对付通货膨胀，美国不得不运用利率工具，这又使金融市场的利率波动剧烈。利率的升降会引起证券价格的反方向变化，并直接影响投资者的收益。面对利市、汇市、债市、股市发生的前所未有的波动，市场风险急剧放大，迫使商业银行、投资机构、企业寻找可以规避市场风险、进行套期保值的金融工具，金融期货、期权等金融衍生工具便应运而生。

2.20世纪80年代以来的金融自由化进一步推动了金融衍生工具的发展

所谓金融自由化，是指政府或有关监管当局对限制金融体系的法令、规则、条例及行政管制予以取消或放松，以形成一个较宽松、自由、更符合市场运行机制的新的金融体制。金融自由化的主要内容包括：

（1）取消对存款利率的最高限制，逐步实现利率自由化。例如，美国《1980年银行法》废除了Q条例，规定从1980年3月起分6年逐步取消对定期存款和储蓄存款的最高利率限制。

（2）打破金融机构经营范围的地域和业务种类限制，允许各金融机构业务交叉、互相自由渗透，鼓励银行综合化发展。

（3）放松外汇管制。

（4）开放各类金融市场，放宽对资本流动的限制。

此外，还包括放松对本国居民和外国居民在投资方面的许多限制，减轻金融创新产品的税负以及促进金融创新等。金融自由化一方面使利率、汇率、股价的波动更加频繁、剧烈，使得投资者迫切需要可以规避市场风险的工具；另一方面促进了金融竞争。由于允许各金融机构业务交叉、相互渗透，多元化的金融机构纷纷出现，直接或迂回地夺走了银行业很大一块阵地；再加上银行业本身业务向多功能、综合化方向发展，同业竞争激烈，存贷利差趋于缩小，使银行业不得不寻找新的收益来源，改变以存、贷款业务为主的传统经营方式，把金融衍生工具视作未来的新增长点。

3.金融机构的利润驱动是金融衍生工具产生和迅速发展的又一重要原因

金融机构通过金融衍生工具的设计开发以及担任中介，显著地推进了金融衍生工具的发展。金融中介机构积极参与金融衍生工具的发展主要有两方面原因：一是在金融机构进行资产负债管理的背景下，金融衍生工具业务属于表外业务，既不影响资产负债表状况，又能带来手续费等项收入。1988年，国际清算银行（BIS）制定的《巴塞尔协议》规定：开展国际业务的银行必须将其资本对加权风险资产的比率维持在8%以上，在考虑信用风险的基础上，其中核心资本至少为总资本的50%。这一要求促使各国银行大力拓展表外业务，相继开发了既能增进收益、又不扩大资产规模的金融衍生工具，如期权、互换、远期利率协议等。二是金融机构可以利用自身在金融衍生工具方面的优势，直接进行自营交易，扩大利润来源。为此，金融衍生工具市场吸引了为数众多的金融机构。但是，由于越来越多的金融机构尤其是商业银行介入了金融衍生工具交易，引起了监管机构的高度关注。《巴塞尔协议Ⅲ》对国际性商业银行从事金融衍生工具业务也规定了资本金要求，其中要求一级资本充足率由4%上调至6%，一级资本占银行风险资产（既包括信用风险，还包括市场风险和操作风险）的下限由2%上调至4.5%。

4.新技术革命为金融衍生工具的产生与发展提供了物质基础与手段

金融衍生产品价格变动与基础资产之间的紧密关系、价格计算以及交易策略的高度复杂性对计算机、网络技术、信息技术提出了非常苛刻的要求。相关领域科技发展的日新月异，极大地便利了衍生产品市场的各类参与者，市场规模和交易效率均显著提高。

专栏7-1

古代也有期权

结合中西方历史的划分和期权运作机制形成等因素，期权历史可以分为古代、近代和现代三个历史阶段。公元前的期权称之为古代期权。古代期权以橄榄压榨机故事为代表。

有证据显示，古希腊的数学家和哲学家泰利斯在橄榄丰收之前利用期权获得了低价使用橄榄压榨机的权利。据说，他是第一个利用期权交易致富的人。泰利斯生活在公元前580年左右古希腊的米利塔斯市，位于现在的土耳其西南海岸。首先，泰利斯运用自己的天文知识在冬季就预测到橄榄在来年春天将获得丰收。他虽然没有什么钱，然而他用自己所有的积蓄在冬季淡季就以低价取得了希俄斯岛和米利塔斯春季旺季所有橄榄压榨机的使用权。当然，他支付的价格也很低，因为当时没有人认为有必要为了这些压榨机来竞价。当第二年春天橄榄获得大丰收时，每个人都想找到压榨机。这时，泰利斯执行他的权利，将压榨机以高价出租，结果赚了一大笔钱。最终，他向世界证明，只要哲学家愿意，他们都可以很容易地成为富人。显然，衍生品交易在公元前就已经出现了。

资料来源：期权策略行星.今天，我想和你聊聊期权的历史［EB/OL］.［2019-11-28］. https：//zhuanlan.zhihu.com/p/44565235.此处有删减.

7.1.2　衍生工具的概念及特点

衍生工具（derivative instrument），亦称“金融衍生工具”和“金融衍生产品”，是与基础金融产品相对应的一个概念。它是在原形金融资产基础上衍生出来的，根据当前约定的条件在未来规定时间就规定的原形金融证券或变形资产进行交易的合约，其价值建立在基础金融证券或基础金融变量之上，价格的变动取决于基础资产价格的变动。

由金融衍生工具的定义可以看出，它们具有下列四个显著特性：

1.跨期交易

金融衍生工具是交易双方通过对利率、汇率、股价等因素变动趋势的预测，约定在未来某一时间按照一定条件进行交易或选择是否交易的合约。无论是哪一种金融衍生工具，都涉及未来某一时间金融资产的转移，跨期交易的特点十分突出，这就要求交易双方对利率、汇率、股价等价格因素的未来变动趋势做出判断，而其判断的准确与否直接决定了其在交易中的盈亏。

2.杠杆效应

金融衍生工具交易一般只需要支付少量的保证金或权利金就可签订远期大额合约或互换不同的金融工具。例如，期货交易保证金通常是合约金额的5%，也就是说，期货投资者可以控制20倍于所投资金额的合约资产，实现以小博大。因此，金融衍生工具交易具有杠杆效应，保证金越低，杠杆效应越大，风险也就越大。在收益可能成倍放大的同时，投资者所承担的风险与损失也会成倍放大，基础工具价格的轻微变动也许就会带来投资者的大悲大喜。金融衍生工具的杠杆效应一定程度上决定了其高投机性和高风险性。

3.不确定性和高风险

金融衍生工具的投资成败有赖于投资者对未来市场价格的预测和判断，金融工具价格的变幻莫测，决定了金融衍生工具交易盈亏的不稳定性，也成为金融衍生工具高风险性的重要诱因。

4.套期保值和投机套利共存

金融衍生工具产生的直接动因是规避风险、进行套期保值。然而，要求保值的交易者不可能都恰好相互达成协议。金融衍生工具在集中了社会经济各种风险之后，需要得以释放和分配，需要有大量活跃的参与者承担风险，即投机者的加入。金融衍生工具的杠杆效应具备了吸引投机者的条件，这种低成本、高收益的交易使相当多的人甘愿冒高风险去一试高低。不论投机者的个人目的如何，他们确实成为金融衍生工具市场中不可缺少的角色，他们类似赌博的行为承担并分散了市场所集中的风险，为市场注入了活力，提高了市场运作效率，使避险者能轻易地在这个市场上转移风险。正是套期保值和投机套利在金融衍生工具市场上的“相互利用”，使金融衍生工具轻易得以生存和繁衍。

微课 7-1 衍生工具的概念及分类

7.1.3 衍生工具的风险

衍生工具产生的最初目的是转移风险，但是衍生工具是把双刃剑，高杠杆性决定了它自身的高风险性。根据各种风险的性质和各种风险相互之间的联系和区别，按照导致损失发生的各种不同因素可将从事衍生工具交易面临的风险分为市场风险、信用风险、流动性风险、操作风险和法律风险五类。

1.市场风险

衍生工具的市场风险是指因为基础金融工具价格发生变化而产生损失的一种风险。它是衍生工具的各种风险中最为普遍的一种风险，存在于每一种衍生工具的交易之中。因为每种衍生工具的交易都是以对相关基础金融产品价格变化的预测为基础的，当实际价格的变化方向或波动幅度与交易者的预测出现背离时，就会造成损失。对不同的交易者来说，衍生工具的市场风险是不同的。对套期保值者来说，市场风险相对较小，因为套期保值者在持有衍生工具的同时，持有基础金融工具，形成相反的交易地位。而对投机者来说，市场风险较大，因为投机者进行此类交易的目的就是通过承担风险来赚取利润，不但没有持有基础金融工具，还会尽量增加杠杆比率，所以一旦失误，损失将十分惨重。

2.信用风险

衍生工具的信用风险是指衍生工具交易中合约的对方出现违约所引起的风险。产生衍生工具信用风险需要两个条件：一是交易对方因财务危机出现违约；二是在合约剩余期限内，违约方的合约价值为负。衍生工具的信用风险包括交割前风险和交割时风险两类。交割前风险是指在合约到期前由于交易对方破产而无力履行合约义务的风险；交割时风险是在合约到期日交易一方履行了合约，但交易对方却未付款而造成的风险。

衍生工具信用风险的大小与衍生工具合约的到期时间长短密切相关，一般来说，时间越长，风险越大。而且交易所内交易的衍生工具的信用风险要大大小于场外交易的信用风险，因为场外交易既没有保证金要求，也没有集中清算制度，因此交易者到期能否履约是无法控制的，这完全取决于交易对手履约的能力和意愿。

3.流动性风险

衍生工具的流动性风险主要包括两类：一类是与市场状况有关的市场流动性风险，另一类是与总的资金状况有关的资金流动性风险。市场流动性风险是指由于缺少交易对手而无法变现或平仓的风险。有些金融产品，因为参与的交易者少，市场交易广度和深度不够，一遇到市场剧烈波动，就难以寻找交易对手，无法及时止损，发生损失。资金流动性风险是指交易者因为流动资金的不足，造成合约到期时无法履行支付义务，被迫申请破产，或者无法按合约的要求追加保证金，从而被迫平仓，造成巨额亏损的风险。流动性风险的大小取决于交易合约的标准化程度、市场规模的大小和市场环境的变化。场外交易的衍生工具基本上是根据交易者的要求设计的，可流通转让的市场很小，流动性风险很大。

4.操作风险

衍生工具交易中的操作风险是指由于公司或企业内部管理不善、人为错误等原因而带来的损失。操作风险包括两类：一类是指在日常交易过程中，出于各种自然灾害或意外事故，如火灾、抢劫或盗窃、通信线路故障、计算机系统故障、高级管理人员人身意外事故和职员日常工作差错等，而给整个机构带来损失的风险。例如，2013年8月16日，光大证券策略部门在使用其独立的套利系统时，由于程序员操作失误，将买入24个ETF成分股写成了买入24组ETF成分股，造成了上证指数在一分钟内上涨超过5%。另一类是指由于经营管理上的漏洞，使交易员在交易决策中出现故意的错误或者非故意的失误，而给整个机构带来损失的风险。操作风险在任何投资形式（如贷款、股权投资、债权投资等）中都会存在，但由于衍生工具投资的技术性和复杂性，使交易者在营运管理上有可能遇到更多的问题。衍生工具交易需要充足的专业人员、完备的管理模式和完善的风险内控机制，以保证和监控交易的进行和头寸变动。

5.法律风险

衍生工具交易中的法律风险（law risk）是指因为法规不明确或交易不受法律保障，从而使合约无法履行而给交易者带来损失的风险。衍生工具交易的增长大大快于市场的建设速度，由于衍生工具属于新型金融工具，相关的法律法规和制度都不很健全，无法可依和无先例可循的情况时常会出现。法规的不完善增加了衍生工具交易的风险。

对以上5种风险防范的侧重点是不同的，市场风险关注合约市场价值的变动；信用风险关注风险暴露及对方违约的概率；流动性风险主要关注因市场广度、深度不足而无法履约的可能性；操作风险关注管理和交易中的主观因素；而法律风险关心的是合约是否具有可实施性的问题。

7.1.4 衍生工具的分类

衍生工具是指其价值依赖于原生资产的金融工具。在现实中通常使用两种方法对衍生工具进行分类：

（1）按照产品类型，可以将金融衍生工具分为远期、期货、期权和互换四大类型。

（2）按照衍生工具的原生资产性质，可以将金融衍生工具大致分为股票类、利率类、汇率类和商品类四类。

§7.2 远期合约投资

7.2.1 金融远期合约概述

1.金融远期合约的定义

金融远期合约（forward contracts）是最基础的金融衍生产品，是指双方约定在未来的某一确定时间，按确定的价格买卖一定数量的某种标的金融资产（或金融变量）的合约。合约中规定，在未来买入标的物的一方称为多方，而在未来卖出标的物的一方称为空方，约定的未来某一确定时间为交割日，未来买卖标的物的价格称为交割价格。

2.远期价格

远期价格（forward price）是指使得远期合约价值为零的交割价格。这个远期价格是理论价格，它与远期合约在实际交易中形成的实际价格（即双方签约时所确定的交割价格）并不一定相等。但是，一旦理论价格与实际价格不相等，就会出现套利机会。若交割价格高于远期价格，套利者就可以通过买入标的资产现货、卖出远期并等待交割来获取无风险利润，从而促使现货价格上升、交割价格下降，直至套利机会消失，使远期理论价格等于实际价格；若交割价格低于远期价格，套利者就可以通过卖空标的资产现货、买入远期来获取无风险利润，从而促使现货价格下降，交割价格上升，直至套利机会消失，实现远期理论价格等于实际价格。由此可见，远期价格是由标的物的现货价格决定的。

3.远期合约价值

远期合约价值则是指远期合约本身的价值，它是由远期实际价格与远期理论价格之间的差距决定的。当远期价格等于交割价格时，远期价值为零。在合约签署时，若交割价格等于远期理论价格，则此时合约价值为零。但随着时间的推移，远期理论价格有可能改变，而原有合约的交割价格则不可能改变，因此原有合约的价值就可能不再为零。

7.2.2　金融远期市场

金融远期市场是进行远期合约交易的市场，是为适应规避现货交易风险的需要而产生的。由于远期市场的存在，远期合约购买者可以找到锁定未来产品价格的机会，从而进行风险规避。

远期合约是非标准化的合约，它不在交易所进行交易，而是在金融机构之间或者金融机构与客户之间通过谈判后签署的。已有的远期合约也可以在场外市场进行交易。在远期市场中，交易双方可以就交割地点、交割时间、交割价格、合约规模、标的物的品质等各方面细节进行谈判，以便尽量满足双方的需要，因此远期市场存在灵活性较大的特点，这也是远期市场的主要优势。金融机构或大型工商企业通常利用远期交易作为风险管理手段。但远期市场也有明显的缺点。首先，由于远期交易没有固定的、集中的交易场所，不利于信息交流和传递，不利于形成统一的市场价格，导致市场效率较低。其次，由于每份远期合约千差万别，这就给远期合约的流通造成较大不便，因此远期合约的流动性较差。最后，远期合约的履约没有保证，当价格变动对一方有利时，对方有可能无力或无诚意履行合约，因此远期市场的违约风险较高。随着远期市场规模的扩大，部分市场出现了专业报价商，有助于提高交易效率。

7.2.3　金融远期合约的种类

根据基础资产划分，常见的金融远期合约包括4个大类：

（1）股权类资产的远期合约。股权类资产的远期合约包括单个股票的远期合约、一揽子股票的远期合约和股票价格指数的远期合约3个子类。

（2）债权类资产的远期合约。债权类资产的远期合约主要包括定期存款单、短期债券、长期债券、商业票据等固定收益证券的远期合约。

（3）远期利率协议。**远期利率协议（forward rate agreements，FRA）是指按照**

约定的名义本金，交易双方在约定的未来日期交换支付浮动利率和固定利率的远期协议。

（4）远期汇率协议。远期汇率协议是指按照约定的汇率，交易双方在约定的未来日期买卖约定数量的某种外币的远期协议。

在这里，我们主要介绍远期股票合约、远期利率合约、远期外汇合约等3种主要的金融远期合约。

1.远期股票合约

远期股票合约是指在将来某个特定日期按特定的价格交割一定数量单个股票或一揽子股票的协议。在美国，有些公司非常看好本公司未来的股价走势，因此在制定股票回购协议时就采用了这种远期股票合约的形式，即承诺在未来某个日期按一个设定价格（高于交易达成时的股票价格）买入自己公司的股票。

2.远期利率协议

（1）远期利率协议的概念。

远期利率协议是买卖双方同意从未来某一商定的时期开始在某一特定时期内按协议利率借贷一笔数额确定、以具体货币表示的名义本金的协议。

在远期利率协议中，通常会涉及以下一些相关的概念：

名义本金：它并不是在合约到期时要付出或收到的实际金额，而只是用它来计算要支付或者收到的现金流。在许多衍生工具合约（包括远期利率协议和以现金结算的商品远期）中都规定了合约的名义本金。

交易日：是指远期利率协议成交的日期。

起算日：开始计算远期合约期限的日期。

结算日：是指名义借贷开始的日期，也是交易一方向另一方交付结算金的日期。

确定日：是指确定参照利率的日期。

到期日：是指名义借贷到期的日期。

合同期：是指结算日至到期日之间的天数，即名义借贷合同的期限。

这些概念的相互关系如图7-1所示。

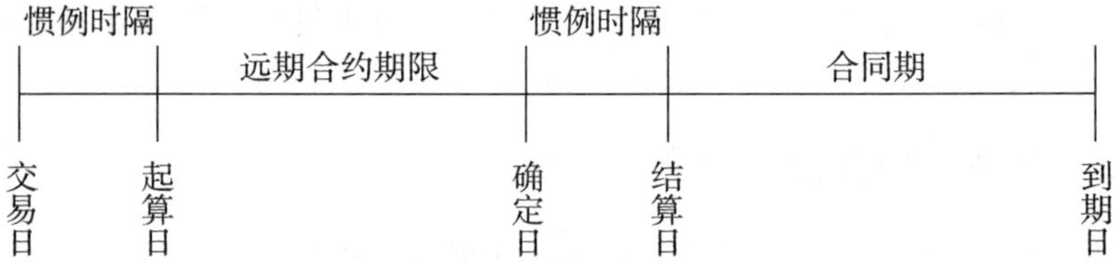

图7-1 远期利率协议相关概念的关系

在远期利率合约中，合约的买方是名义借款人，其订立远期利率协议的主要目的是规避利率上升的风险；而合约的卖方则是名义贷款人，其订立远期利率协议的主要目的是规避利率下降的风险。之所以称为“名义”，是因为借贷双方不必交换本金，只是在结算日根据协议利率和参考利率之间的差额乘以名义本金额，由交易一方付给另一方结算金。此外，在一笔远期利率协议中必须明确两个期限：远期合约期限（t）和合同期限（T），合约中通常用$t\times(t+T)$表示。例如，2023年7月20日，双方同意成交一份名义金额为100万元、合同利率为4.75%的远期利率协议，合同期为3个月。

（2）利率风险规避与结算金的计算。

如果参考利率超过合同利率，那么合约卖方（贷款者）就要支付买方（借款者）一笔结算金，以补偿买方在实际借款中因利率上升而造成的损失，买方规避了利率上升的风险；如果参考利率低于合同利率，那么合约买方就要支付卖方一笔结算金，以补偿卖方在实际贷款中因利率下降而造成的损失，卖方规避了利率下降的风险。一般说来，实际借款利随本清，贷款到期才支付。我们看到结算金是在结算日支付，因此，结算金实际上是额外利息差额的贴现值。其具体计算公式如下：

$$结算金=\frac{(r_m-r_c)\times A\times\frac{D}{B}}{1+(r_m\times\frac{D}{B})}$$

式中：r_m表示参考利率，r_c表示合同利率，A表示合同金额，D表示合同天数，B表示天数计算惯例（美元360，英镑365）。

按照如上计算公式算出的结果，即为该远期利率合约的结算金数额。如果结果是正数，表示是卖方支付给买方该数额的结算金，用以补偿买方在实际借款中因利率上升而造成的损失；若结果为负数，则表示买方支付给卖方结算金的数额，以补偿卖方在实际贷款中因利率下降而造成的损失。

【例7-1】假设A公司在6个月之后需要借出1 000万美元的资金，为期3个月，其财务经理预测届时利率将下降，因此，为锁定其资金成本，该公司与某银行签订了一份协议利率为6%，名义本金额为1 000万美元的6×9远期利率协议。

假设6个月后，市场利率果然下降，3个月期市场利率下降为5.9%，则远期利率协议结算日应交割的金额计算如下：

$$\frac{(6\%-5.9\%)\times 10\,000\,000\times\frac{90}{360}}{1+6\%\times\frac{90}{360}}=2\,463.05（美元）$$

即在结算日，买方要支付给卖方2 463.05美元的结算金，以补偿卖方在实际借出款项中因利率下降而造成的损失。

（3）远期利率协议的功能。

远期利率协议最重要的功能在于通过固定将来实际交付的利率而避免利率变动风险。签订远期利率协议后，不管市场利率如何波动，协议双方将来收付资金的成本或收益总是固定在合同利率的水平上。

如例7-1所示，假设A公司为配合其财务资金的需求，在结算日按当时的市场利率5.9%借出一笔金额为1 000万美元、期限为3个月的资金，则获得的利息收入为：

$$10\,000\,000 \times 5.9\% \times \frac{90}{360} = 147\,500(\text{美元})$$

但由于A公司卖出如上所示的远期利率合约进行避险，在结算日，A公司可获得卖家支付的远期利率协议的利息差价收入2 463.05美元，因此，其借款的实际财务成本为：

$$\frac{147\,500 + 2\,463.05}{10\,000\,000} \times \frac{360}{90} = 6\%$$

由此可见，其实际收益为原远期利率协议设定的资金收益，也就是远期利率合约中的协议利率6%。可见，通过远期利率合约，A公司可以将其投资收益固定，从而避免了利率波动的风险。若6个月后的市场利率上升，通过类似的分析可得，A公司的实际收益仍为6%，同样避免了利率波动的风险。

此外，由于远期利率协议交易的本金不用交付，利息是按差额结算的，所以资金流动量较小，这就给银行提供了一种管理利率风险而无须改变其资产负债结构的有效工具，也在一定程度上降低了远期利率协议的信用风险。与金融期货、金融期权等场内交易的衍生工具相比，远期利率协议具有简便、灵活、不需支付保证金等优点。同时，由于远期利率协议是场外交易，故存在信用风险和流动性风险，但这种风险又是有限的，因为它最后实际支付的只是利差而非本金。

3.远期外汇合约

（1）远期外汇合约的概念。

远期外汇合约（forward exchange contracts），又称期汇交易，是指外汇买卖成交后并不立即办理交割，而是双方根据合同的规定，约定在将来某一时间按约定的远期汇率交割一定金额的某种外汇的合约。在交割的时候，合约的金额并不交割，而只是交割合同中规定的远期汇率与到期日即期汇率之间的差额（即国际金融市场的升贴水）。最常见的远期外汇交易交割期限一般有1个月、2个月、3个月、6个月，长的可达12个月。

远期外汇交易的基本动机主要是：①避险保值。在预计本国货币贬值时，对于未来支付外国货币的进口商而言，因为本币的贬值使得其必须用较多的本国货币才能换得固定数量的外国货币以便支付，这样就会增加进口商的进口成本。然而，预先购买外币的远期外汇则可以使进口商在现在即决定未来所欲购买外国货币的汇率。不论未来汇率如何波动，进口商均可以根据远期外汇交易所约定的汇率、金额进行交割。②投机获利。在外汇市场上，若预期某种货币的汇率将要下跌，则预先卖出该种货币，称作抛出或做空头，待将来价格下降，再行买入以抵补空头。反之，如果预计某种货币汇率将要上升，则预先买进该种货币，称作购进或做多头，待将来价格上升再行卖出。如此贱买贵卖，投机者从中便可赢得利润。

（2）远期交易的汇价。

由于远期外汇交易与即期外汇交易的交割日不同，远期汇率必须反映两种货币在一定期间的利率差。或者说，通常远期外汇价格由三个因素决定：①两种货币的即期汇率；②买入卖出货币间的利率差；③远期期限的长短。

远期外汇汇水及汇率的计算公式如下：

远期汇水=即期汇率×（报价币利率-被报价币利率）×天数/360

远期汇率=即期汇率+即期汇率×（报价币利率-被报价币利率）×天数/360

（3）远期外汇交易的分类。

根据交割日的不同，期汇交易可分为固定交割日的期汇交易和选择交割日的期汇交易。

① 固定交割日的期汇交易。固定交割日的期汇交易是指交易的交割日期是确定的，交易双方必须在约定的交割日期办理外汇的实际交割，此交割日既不能提前也不能推后。

② 选择交割日的期汇交易。选择交割日的期汇交易，又称择期交易，是指交易没有固定的交割日，交易一方可在约定期限内的任何一个营业日要求交易对方按约定的远期汇率进行交割的期汇交易。这类交易在交割日期上具有较大的灵活性，通常适应于难以确定收付款日期的对外交易。

（4）远期外汇合约的功能。

远期外汇买卖是国际上最常用的一种避免外汇风险、固定外汇成本的方法。现实生活中，无论是在进行对外贸易结算、海外投资，还是外汇借贷或还贷时，都会涉及外汇保值的问题，通过远期外汇买卖业务，可事先将某一项目的外汇成本固定，或锁定远期外汇收付的换汇成本，从而达到保值的目的。此外，投资者还可以通过买卖远期外汇合约来进行投机，实现差价收入。

①进口商运用远期外汇交易锁定进口成本。

【例7-2】假设当前（5月8日）美元兑日元的汇率为1美元=133日元。根据贸易合同，进口商甲公司将在6月10日支付2亿日元的进口货款。由于甲公司的外汇资金只有美元，因此需要通过外汇买卖，卖出美元买入相应的日元来支付货款。公司担心美元兑日元的汇率下跌将会增加换汇成本，于是同中国银行签订了一笔直接远期外汇合约，按远期汇率1美元=132.50日元买入2亿日元，同时卖出美元，资金交割日为6月10日。那么，到了6月10日，甲公司需向中国银行支付1 509 433.96美元（200 000 000÷132.50），同时中国银行将向甲公司支付2亿日元。

这笔远期外汇买卖成交后，甲公司美元兑日元的汇率成本便可固定下来，无论国际外汇市场的汇率水平如何变化，甲公司都可按1美元=132.5日元的汇率水平从中国银行换取日元。

假如甲公司未进行上述远期外汇交易，而是等到实际支付货款时才进行即期外汇买卖，那么如果6月10日美元兑日元的即期市场汇率水平下跌（假设跌至1美元=124日元），那么甲公司就必须按此汇率买入2亿日元，同时卖出1 612 903.23美元（200 000 000÷124）。

与做远期外汇买卖相比，公司将多支出：

1 612 903.23－1 509 433.96=103 469.27（美元）

若当6月10日，美元对日元汇率上升为1美元兑140日元，当然乙公司也相应地少支出：

1 506 024.10−200 000 000÷130=32 437.44（美元）

由此可见，通过远期外汇买卖就可以锁定进口商进口付汇的成本，从而有效地规避汇率波动的风险。

②出口商运用远期外汇交易锁定出口收入。

【例7-3】设当前（5月8日）美元兑日元的汇率水平为1美元=133日元。根据贸易合同，出口商乙公司将在6月10日收到2亿日元的货款。乙公司担心美元兑日元的汇率将上升，希望提前1个月固定美元兑日元的汇率，规避风险，也可同中国银行签订一笔直接远期外汇合约，约定按远期汇率1美元=132.80日元卖出2亿日元，同时买入美元，资金交割日为6月10日。那么，到了6月10日，乙公司需向中国银行支付2亿日元，同时中国银行将向乙公司支付1 506 024.10美元（200 000 000÷132.80）。

这笔远期外汇买卖成交后，乙公司美元兑日元的汇率便可固定下来，无论国际外汇市场的汇率水平如何变化，乙公司都将按1美元=132.8日元的汇率水平向中国银行卖出日元。

假如乙公司未进行上述远期外汇交易，而是等到实际收到货款时才进行即期外汇买卖，那么如果6月10日美元兑日元的即期市场汇率水平上升（假设升至1美元=144日元），那么乙公司就必须按此汇率卖出2亿日元，同时买入1 388 888.89美元（200 000 000÷144）。

与做远期外汇买卖相比，公司将少收：

1 506 024.10−1 388 888.89=117 135.21（美元）

若6月10日，美元对日元汇率下降为1美元兑130日元，当然乙公司也相应地多收：

（200 000 000÷130）−1 506 024.10=32 437.44（美元）

③卖空投机。

当投机者预期某外币汇率将有较大幅度下跌时，则会在价位相对较高时先行预约卖出期汇。到期该种外汇汇率如果然下跌，则用下跌的汇率买进该种货币的现汇来交割。在这种方式中，卖出远期时投机者手中实际并无外汇，故称为“卖空”。

【例7-4】假设在多伦多外汇市场，1英镑等于2.3326加拿大元。一投机者预期英镑对加拿大元汇率将下跌，于是卖出10万英镑的3个月远期外汇合约。3个月后，英镑果然贬值，汇率变为1英镑等于2.2202加拿大元。此时，该投机者买进10万英镑，从而净赚：

100 000×2.3326−100 000×2.2202=11 240（加拿大元）

④买空投机。

当投机者预期某种外汇汇率将上升时，在该货币价位相对较低时先行预约买进该货币的远期交易。到期时，如果该种外汇汇率果然上升，则按上升的汇率卖出该种货币的现汇来交割远期，从中获利。

【例7-5】A银行预计3个月后美元即期汇率将上升，当时外汇银行B报出的3个月汇率为1美元=128.20日元，于是A银行准备通过远期交易从中获取收益。A银行的具体操作如下：以1美元=128.20日元的汇率，用日元买入3个月远期美元，待3个月到期时，如果现汇市场汇率如A银行预计一样上升，为1美元=128.40日元，则A银行在现汇市场卖出美元买进日元，然后通过交割远期外汇合同，卖出日元买入美元，实现投机利润0.20日元（128.40-128.20）。

§7.3　期货投资

7.3.1　金融期货的定义

金融期货（financial futures）是指交易双方约定在将来一个确定的时间按当前约定价格买卖一定数量的某种金融资产或金融指标的标准化合约。金融期货的标的物不是一般商品，而是证券、债券、存单、股票、股票指数、利率等金融资产或金融指标。1972年，美国芝加哥商业交易所的国际货币市场开始国际货币的期货交易。1975年，芝加哥商业交易所开展房地产抵押券的期货交易，标志着金融期货交易的开始。现在，芝加哥商业交易所、纽约期货交易所和纽约商品交易所等都进行各种金融工具的期货交易，货币、利率、股票指数等都被作为期货交易的对象。目前，金融期货交易在许多方面已经走在商品期货交易的前面，占整个期货市场交易量的80%以上。

7.3.2　金融期货的特征

与金融现货交易相比，金融期货的特征具体表现在以下几个方面：

1.交易对象不同

金融现货交易的对象是某一具体形态的金融工具。通常，它是代表着一定所有权或债权关系的股票、债券或其他金融工具，而金融期货交易的对象是金融期货合约。金融期货合约是由期货交易所设计的一种对指定金融工具的种类、规格、数量、交收月份、交收地点都做出统一规定的标准化协议。

2.交易目的不同

金融工具现货交易的首要目的是筹资或投资，即为生产和经营筹集必要的资金，或为暂时闲置的货币资金寻找生息获利的投资机会。金融期货交易与金融现货交易不同，它不能创造价值，不是投资工具，而是一种风险管理工具。风险厌恶者可以利用它进行套期保值、规避风险，风险喜好者则可以利用它承担更大的风险。不论是风险厌恶者还是风险喜好者，金融期货的杠杆性都为他们提供了更高的风险管理效率。

3.交易价格的含义不同

金融现货的交易价格是在交易过程中通过公开竞价或协商议价形成的，这一价格是实时的成交价，代表在某一时点上供求双方均能接受的市场均衡价格。金融期货的交易价格也是在交易过程中形成的，但这一交易价格是对金融现货未来价格的预期，这相当于在交易的同时发现了金融现货基础工具（或金融变量）的未来价格。因此，从这个意义上看，期货交易过程也就是未来价格的发现过程。当然，所谓价格发现并不是绝对的，学术界有很多证据表明，由于各种原因，期货价格与未来的现货价格之间可能存在一定的偏离。

4.交易方式不同

金融工具现货交易一般要求在成交后的几个交易日内完成资金与金融工具的全额结算，成熟市场中通常也允许进行保证金买入或卖空，但所涉及的资金或证券缺口部分系由经纪商出借给交易者，要收取相应利息。期货交易则实行保证金交易和逐日盯市制度，交易者并不需要在成交时拥有或借入全部资金或基础金融工具。

5.结算方式不同

金融现货交易通常以基础金融工具与货币的转手而结束交易活动。而在金融期货交易中，仅有极少数的合约到期进行交割交收，绝大多数的期货合约是通过做相反交易实现对冲而平仓的。

作为一种标准化的远期交易，金融期货交易与普通远期交易之间也存在以下区别：

第一，交易场所和交易组织形式不同。金融期货必须在有组织的交易所进行集中交易，而远期交易在场外市场进行双边交易。

第二，交易的监管程度不同。在世界各国，金融期货交易至少要受到1家监管机构的监管，交易品种、交易者行为均须符合监管要求，而远期交易则较少受到监管。

第三，金融期货交易是标准化交易，远期交易的内容可协商确定。金融期货交易中，基础资产的质量、合约时间、合约规模、交割安排、交易时间、报价方式、价格波动限制、持仓限额、保证金水平等内容都由交易所明确规定，金融期货合约具有显著的标准化特征。而远期交易的具体内容可由交易双方协商确定，具有较大的灵活性。

第四，保证金制度和每日结算制度导致违约风险不同。金融期货交易实行保证金制度和每日结算制度，交易者均以交易所（或期货清算公司）为交易对手，基本不用担心交易违约。而远期交易通常不存在上述安排，存在一定的交易对手违约风险。

7.3.3 金融期货的主要交易制度

金融期货交易有一定的交易规则，这些规则是期货交易正常进行的制度保证，也是期货市场运行机制的外在体现。

1.金融期货合约的标准化

金融期货交易是标准化合约的交易。它对交易单位、最小变动价值、每日价格波动限制、合约月份、交易时间、最后交易日等基本要素都作了标准化规定，而唯一不确定的是成交价格。金融期货合约主要包含以下四个标准：标准化的合同面额和合同数量；标准化的交割时间；实行涨跌停限制，规定价格的最大波幅和价格的最小变化幅度；标准化的合约标的物。

2.交易所组织交易

金融期货交易在交易所采取公开竞价的方式决定买卖价格，集中进行交易。期货交易所直接介入每一笔期货交易，充当期货买卖双方的相对方，即买方的卖方和卖方的买方。交易所实行会员制度，非会员参与金融期货交易须通过会员代理完成。

3.保证金制度和每日结算制

保证金制度和每日结算制是金融期货市场交易安全的重要保证。与远期交易不同，期货交易是每天进行结算的，而不是到期一次性进行的，这就是所谓的每日结算制度，其目的是降低信用风险。

保证金可分为客户向会员支付的保证金和会员向结算公司支付的保证金，保证金是履约的保证。买卖双方在交易之前都必须在经纪公司开立专门的保证金账户，并存入一定数量的保证金，这个保证金也称为初始保证金。初始保证金可以用现金、银行信用证或短期国库券等交纳。保证金的比例因合约而不同，也可能因经纪人而不同。对大多数的期货合约而言，初始保证金通常仅为基础金融工具价值的5%～10%。在每天交易结束时，结算公司根据当日的结算价格（结算价格由交易所规定，它有可能是当天的加权平均价，也可能是收盘价，还可能是最后几秒钟的平均价），对投资者未结清的合约进行重新评估，保证金账户将根据期货结算价格的升跌而进行调整，以反映交易者的浮动盈亏，这就是所谓的逐日盯市（marking to market）。当保证金账户的余额超过初始保证金水平时，交易者可随时提取现金或用于开新仓。而当保证金账户的余额低于交易所规定的维持保证金水平时（维持保证金水平通常是初始保证金水平的75%），经纪公司就会通知交易者限期将保证金账户余额补足到初始保证金水平，这就是保证金追加。如果客户不能及时追加保证金，就会被强制平仓。与经纪人要求投资者开设保证金账户一样，清算所也要求其会员在清算所开设保证金账户，称之为清算保证金。与投资者保证金账户的操作方式类似，清算所会员的保证金账户也实行每日结算制度，但对清算所会员来说，只有初始保证金，没有维持保证金，即每天保证金账户的余额必须大于或等于初始保证金余额。

4.涨跌停板制度

涨跌停板制度是将每日价格波动限定在一定的幅度之内的规定，这种人为的制度安排是为了防止期货价格的剧烈震动，保证市场的稳定性。

5.限仓和大户报告制度

限仓制度是期货交易所为防止市场风险过度集中于少数交易者和防范操纵市场行为而规定会员或投资者可以持有的、按单边计算的某一合约投机头寸的最大数额。大户报告制度则是与限仓制度紧密相关的另一个控制交易风险、防止大户操纵市场行为的制度。期货交易所建立限仓制度后，当会员或客户投机头寸达到了交易所规定的数量时须向交易所申报，申报的内容包括客户的开户情况、交易情况、资金来源、交易动机等，便于交易所审查大户是否有过度投机和操纵市场行为以及大户的交易风险情况。

6.合约对买卖双方强制执行

合约到期时，买卖双方必须按合同规定进行实物交割。不过，实践中一般都是在合约到期前通过数额相等方向相反的交易抵消了。

7.3.4 金融期货交易的功能

金融期货交易有多方面功能，其中最基本的功能是套期保值、价格发现、投机和套利。

1.套期保值功能

期货交易之所以能够套期保值，其基本原理在于某一特定商品或金融资产的期货价格和现货价格受相同经济因素的制约和影响，从而它们的变动趋势是一致的，而且，现货价格与期货价格具有市场走势的收敛性，即当期货合约临近到期日时，现货价格与期货价格将逐渐趋合，它们之间的价差即基差将接近于零。

套期保值的基本做法是：在现货市场买进或卖出某种金融资产的同时，做一笔与现货交易品种、数量、期限相当但方向相反的期货交易，以期在未来某一时间通过期货合约的对冲，以一个市场的盈利来弥补另一个市场的亏损，从而规避现货价格变动带来的风险，实现保值的目的。套期保值的基本类型有两种：一是多头套期保值，是指交易者先在期货市场买进期货，以便将来在现货市场买进时不至于因价格上涨而给自己造成经济损失的一种期货交易方式；二是空头套期保值，是指交易者先在期货市场卖出期货，当现货价格下跌时以期货市场的盈利来弥补现货市场的损失，从而达到保值的一种期货交易方式。

2.价格发现功能

价格发现功能是指在一个公开、公平、高效、竞争的期货市场中，通过集中竞价形成期货价格的功能。期货价格具有预期性、连续性和权威性的特点，能够比较准确地反映出未来商品价格的变动趋势。期货市场之所以具有价格发现功能，是因为期货市场将众多的、影响供求关系的因素集中于交易场所内，通过买卖双方公开竞价，集中转化为一个统一的交易价格。这一价格一旦形成，立即向世界各地传播，并影响供求关系，从而形成新的价格。如此循环往复，使价格不断地趋于合理。

由于期货价格与现货价格走向一致并逐渐趋同，所以，今天的期货价格可能就是未来的现货价格。这一关系使世界各地的套期保值者和现货经营者都利用期货价格来衡量相关现货商品的近远期价格发展趋势，利用期货价格和传播的市场信息来制定各自的经营决策。这样，期货价格就成为世界各地现货成交价的基础。当然，期货价格并非时时刻刻都能准确地反映市场的供求关系，但这一价格克服了分散、局部的市场价格在时间上和空间上的局限性，具有公开性、连续性、预测性的特点。应该说，它比较真实地反映了一定时期世界范围内供求关系影响下的商品或金融资产的价格水平。

价格发现并不意味着期货价格必然等于未来的现货价格，正好相反，多数研究表明，期货价格不等于未来现货价格才是常态。由于资金成本、仓储费用、现货持有便利等因素的影响，从理论上说，期货价格要反映现货的持有成本，即便现货价格不变，期货价格也会与之存在差异。

3.投机功能

与所有有价证券交易相同，期货市场上的投机者也会利用对未来期货价格走势的预期进行投机交易，预计价格上涨的投机者会建立期货多头，反之则建立空头。投机者的存在对维持市场流动性具有重大意义，当然，过度的投机必须受到限制。

与现货市场投机相比较，期货市场投机有两个重要区别：一是目前我国股票市场实行T+1清算制度，而期货市场是T+0清算制度，可以进行日内投机；二是期货交易的保证金制度导致期货投机具有较高的杠杆率，盈亏相应放大，具有更高的风险性。

4.套利功能

套利的理论基础在于经济学中的一价定律，即忽略交易费用的差异，同一商品只能有一个价格。严格意义上的期货套利是指利用同一合约在不同市场上可能存在的短暂价格差异进行买卖，赚取差价，也称为跨市场套利。行业内通常也根据不同品种、不同期限合约之间的比价关系进行双向操作，分别称为跨品种套利和跨期限套利，但其结果不一定可靠。对于股价指数等品种，还可以和成分股现货联系起来进行指数套利，当股指期货价格高于理论值时，做空股指期货、买入指数组合，这称为“正套”；反之，若股指期货价格低于理论值，则做多股指期货、做空指数组合，这称为“反套”。期货套利机制的存在对于提高金融市场的有效性具有重要意义。

7.3.5　金融期货市场参与者

按交易动机的不同，金融期货市场的参与者可分为套期保值者、组合投资者和投机者等。

套期保值者是金融期货市场上的主要参与者，主要目的是通过在期货市场上建立与现货市场相反仓位，以锁定其所需金融资产的价值或负债的成本。其本质是通过金融期货规避现货市场上种种不可测风险，包括利率风险、汇率风险和股票价格风险等。

组合投资者往往是指机构投资者，如投资基金管理者在进行资产组合投资时，一般都会运用期货合约来预防股票价格、利率和汇率的不利波动。

投机者是指那些利用金融期货交易的高杠杆性，进行“以小博大”的高风险投资者，其目的不是为其所持资产或负债进行保值，而是借助于较少的保证金和专门的投资知识、丰富的投资经验，通过发现期货市场与现货市场的差价，进行频繁的交易以获取利益。

微课7-2　期货的功能及其参与者

7.3.6　金融期货的主要品种

1.外汇期货

（1）外汇期货的定义。

外汇期货又称货币期货，是以外汇为标的的期货合约，是金融期货中最先产生的品种，主要是为了规避外汇风险。

所谓外汇风险，又称汇率风险，是指由于外汇市场汇率的不确定性而使人们遭受损失的可能性。从其产生的领域分析，外汇风险可分为商业性汇率风险和金融性汇率风险两大类。商业性汇率风险主要是指人们在国际贸易中因汇率变动而遭受损失的可能性，是外汇风险中最常见且最重要的风险。金融性汇率风险包括债权债务风险和储备风险。所谓债权债务风险，是指在国际借贷中因汇率变动而使其中一方遭受损失的可能性。所谓储备风险，是指国家、银行、公司等持有的储备性外汇资产因汇率变动而使其实际价值减少的可能性。

20世纪70年代初，布雷顿森林体系的解体使固定汇率体制被浮动汇率体制所取代，主要西方国家的货币纷纷与美元脱钩，汇率波动频繁，市场风险加大。同时，经济的全球化使得越来越多的企业面临汇率波动的风险，市场迫切需要规避这种风险的工具，货币期货就是在这种背景下产生的。

最早的有形货币期货市场是成立于1972年5月的国际货币市场，简称IMM，它是芝加哥商业交易所的一个分支。起初，其主要交易品种是六种国际货币的期货合约，即美元、英镑、加拿大元、德国马克、日元、瑞士法郎，后又增加了上述货币的期权交易。每种外汇交割的金额限制随货币的不同而不同。例如，每份英镑期货合约要交割62 500英镑，而每份日元期货合约要交割1 250万日元。在美国还有其他交易所进行货币期货交易，如中美洲商品交易所（芝加哥期货交易所的一个附属机构）以及纽约金融交易所。伦敦国际金融期货期权交易所是另一家重要的货币交易所，它成立于1982年，主要交易品种有英镑、瑞士法郎、德国马克、日元、美元的期货合约及期权。此后，澳大利亚、加拿大、荷兰、新加坡等国又陆续成立了多家货币期货交易所，开展货币期货交易，但仍以芝加哥、伦敦两家交易所的交易量最大。

货币期货的期限为3、6、9、12个月。货币期货合约的最长期限为1年。因此，货币期货在为长期外汇风险暴露进行套头交易方面存在局限性。

（2）外汇期货与远期外汇交易。

要把握外汇期货的特征，就要注意比较外汇期货与远期外汇交易两种衍生金融工具之间的区别，二者不同之处主要表现在以下六个方面：

① 流动性不同。远期外汇交易由于参与者在数量上的局限性，一般而言合约的流动性较低；外汇期货交易则由于参与者众多，且有大量的投机者和套利者，流动性较好。

② 合约的标准化程度不同。远期外汇交易的合约内容是由金融机构与客户根据其要求协商而定的，外汇期货交易的合约则是标准化的合约，交易品种、单位、变化幅度、涨跌停板、交割时间等项目都是事先确定的。

③ 交易手段不同。远期外汇交易的市场是无形的，是由金融机构与其客户用各种通信手段构建的；外汇期货交易则是在专门的交易所中进行的，是有形市场交易。

④ 市场参与者不同。远期外汇交易的参与者主要是银行等金融机构及跨国公司等大企业；外汇期货交易则以其灵活的方式为各种各样的企业提供了规避风险的管理工具。

⑤ 履约方式不同。远期外汇交易的履约主要是外汇的全额现金交收；外汇期货交易则大多采取对冲方式了结交易，一小部分采取现金交割方式。

⑥ 信用风险不同。远期外汇交易双方的交易主要建立在双方信用的基础上，相对而言风险较大；外汇期货交易由交易所或结算机构做担保，风险由交易所承担。

2.利率期货

（1）利率期货的概念和特点。

利率期货是继外汇期货之后产生的又一个金融期货类别，其标的物是一定数量的某种与利率相关的商品，即各种固定利率的有价证券。利率期货主要是为了规避利率风险而产生的，它可以规避银行利率波动所引起的证券价格变动的风险。

利率期货是20世纪70年代利率市场化和债券市场特别是国债市场膨胀的产物。多年的实践表明，利率期货在市场经济的运行中发挥着重要的作用。最早开办利率期货业务的是美国。70年代中期，由于受两次石油危机的冲击，美国和西方各主要资本主义国家的利率波动非常剧烈，使借贷双方面临着巨大的风险，特别是越来越多持有国家债券的投资者，急需规避风险、套期保值的工具，在此情形下，利率期货应运而生。1975年10月，芝加哥期货交易所率先进行了以一种固定收益证券——政府全国抵押协会证券为基础的期货合约交易。随后又分别推出了短期国库券、中长期国库券、商业银行定期存款证、欧洲美元存款等金融工具的利率期货。3个月后，芝加哥期货交易所的国际货币市场分部开始进行期限为13个星期的短期国库券期货合约交易。其他交易所迅速效仿，推出了它们自己的利率期货合约。进入80年代，英国、日本、加拿大、澳大利亚、法国、德国、中国香港等国家和地区分别推出了各自的利率期货。

利率期货作为金融衍生工具主要具有以下两个特征：

① 利率期货价格与实际利率反方向变动，即利率越高，利率期货价格越低；利率越低，利率期货价格越高。

② 利率期货的交割方法特殊。利率期货主要采取现金交割方式，有时也有现券交割。现金交割是以银行现有利率为转换系数来确定期货合约的交割价格。

（2）利率期货价格波动的影响因素分析。

① 货币供应量。当货币供应不足时，利率上升；货币供应过剩时，利率下跌。

② 经济发展速度。当经济发展速度较快，贷款需求旺盛时，利率会升高；经济发展速度放慢，贷款需求减少时，利率会下跌。

③ 政府的财政收入。当出现财政赤字时，利率会受到一定的影响。

④ 其他国家利率水平。由于当今国际资本流动频繁，因此一国的利率水平很容易受到其他国家利率水平的影响，最明显的是美国利率对其他国家利率的影响。

⑤ 其他因素，如社会政治环境、失业率等。

（3）利率期货的分类。

利率期货合约可以按照其对应债券的期限分类。利率期货一般可分为短期利率期货和长期利率期货。短期利率期货大多以银行同业拆借市场3月期利率为标的物，长期利率期货大多以2年期以上长期债券利率为标的物。

3.股票指数期货

（1）股票指数期货的概念。

股票价格指数期货是金融期货中产生最晚的一个品种，但却是20世纪80年代金融创新中出现的最重要、最成功的金融工具之一，目前已成为金融期货市场上最热门的、发展最快的期货交易。股票指数是根据股票市场上有代表性的股票价格加权平均计算出来的，是反映整个股票市场上各种股票的市场价格总体水平及其变动情况的一种指标。而股票价格指数期货就是以股票价格指数为标的物的期货交易，因此购买股指期货可使投资者享受高度多元化的好处，又免于实际购买指数中的大量股票的负担。

1982年，美国堪萨斯农产品交易所正式开办世界上第一个股票价格指数期货，之后，美国其他交易所相继推出了其他股指期货合约，它们是：芝加哥商品交易所的标准普尔500种股票价格综合指数期货、纽约期货交易所的纽约证券交易所综合指数期货和堪萨斯农产品交易所的价值线综合指数期货等。美国股票价格指数期货交易品种的发展，推动形成了世界性股指期货交易的热潮，股指期货逐渐成为全球金融市场一个重要投资品种。1983年，澳大利亚悉尼期货交易所制定了自己的股票价格指数期货；1984年，伦敦国际金融期货交易所推出了《金融时报》100种股票价格指数期货；中国香港期货交易所开办了恒生价格指数期货等。

（2）股指期货交易规则。

股票指数期货的标的物特征决定了它独特的交易规则。股价指数期货的交易单位是由标的指数的点数与某一既定的货币金额的乘积表示的。这一乘积是由交易所规定的、赋予每一指数点以一定价值的金额。这一固定金额反映了股票指数期货合约的标准化特征。股票指数期货的报价方式是以期货合约标的指数的点数来报出价格的，最小变动价位通常也以一定的指数点来表示。由于股票指数本身并没有任何的实物存在形式，因此股票指数期货是以现金结算方式来结束交易的。在现金结算方式下，每一未平仓合约将于到期日得到自动冲销，即买卖双方根据最后结算价计算出盈亏金额，通过借记或贷记保证金账户而结清交易头寸。

（3）股指期货的基本特征。

股指期货作为金融衍生工具主要具有以下特点：

① 指数标的。股指期货合约的交易对象既不是具体的实物商品，也不是具体的金融工具，而是衡量各种股票平均价格变动水平的无形指数。

② 卖空交易。股票卖空是指投资者在股票价格处于高价位时，从证券商手中借入股票，在当前价位卖出，当股票价格回落到较低水平时再从证券市场买入相同数量的股票归还给证券商，以此赚得差价。由此我们可以看出，股票卖空交易的一个先决条件是必须首先从他人手中借到一定数量的股票。国外对于股票卖空交易的进行有严格的规定，例如，在英国只有证券做市商才有可能借到英国股票；而美国证券交易委员会规定，投资者借股票必须通过证券经纪人来进行，还得交纳一定额度的相关费用。因此，卖空交易也并非人人可做。而进行股指期货交易则不然。实际上有半数以上的股指期货交易中都包括拥有卖空的交易头寸。股指期货特有的做空机制，使得投资者的投资策略发生了重大变化，从原来买进后等待股票价格上升的单一模式转变为双向投资模式。对投资者而言，做空机制最富有魅力之处是，当预期未来股市的总体趋势将呈下跌态势时，投资人可以主动出击而非被动等待股市见底，使投资人在下跌的行情中也能有所作为。

③ 高杠杆比率。股指期货这种衍生工具之所以被广泛地使用，主要与其高杠杆比率相关。高杠杆比率也即收取保证金的比率较低。在英国，对于一个初始保证金只有2 500英镑的期货交易账户来说，它可以进行《金融时报》100种股票指数期货的交易，交易量可达70 000英镑，杠杆比率为28：1。由于保证金交纳的数量是根据所交易的指数期货的市场价值来确定的，交易所会根据市场的价格变化情况，决定是否追加保证金或是否可以提取超额保证金。

④ 高流动性。有研究表明，股票指数期货市场的流动性明显高于股票现货市场。比如，在1991年，《金融时报》100种股票指数期货的交易量就已达850亿英镑，而2019年，中国全国期货市场累计成交量达39.62亿手，累计成交额达290.61万亿元。

⑤ 低交易成本。相对现货交易，国外指数期货交易的成本是相当低的，只有股票交易成本的1/10左右。目前，我国的主要商品期货成本的手续费大约每手3‰，而相应的股票交易成本大约4‰。指数期货交易的成本包括交易佣金、买卖价差、用于支付保证金的机会成本和可能的税项。例如，在英国，期货合约是不用

支付印花税的，并且购买指数期货只进行一笔交易，而想购买多种股票则需要进行多笔、大量的交易，交易成本很高。

⑥ 现金交割。股指期货市场虽然是建立在股票市场基础之上的衍生市场，但股指期货交割以现金形式进行，即在交割时只计算盈亏而不转移实物。在股指期货合约的交割期，投资者完全不必购买或者抛出相应的股票来履行合约义务，这就避免了在交割期股票市场出现"挤市"的现象。现实中机构投资者一般同时参与股票现货和股指期货两个市场，但现金交割方式本身意味着参与股指期货市场并不需要以参与股票现货市场为前提，这就为一些原先并不参与股票现货市场的投机者提供了一个新的选择。

⑦ 关注宏观。一般说来，股指期货市场专注于根据宏观经济资料进行的买卖，而现货市场则专注于根据个别公司状况进行的买卖。

（4）股指期货的功能。

股票价格指数期货是为适应人们管理股市风险，尤其是系统性风险的需要而产生的。股票价格指数期货之所以能规避股票交易中的风险，主要是因为股价指数的变动代表了整个股市价格变动的方向和水平，而大多数股票价格的变动是与股价指数同方向的。因此，在股票现货市场和股票价格指数期货市场作相反的操作，并通过β系数进行调整，就可以抵消股票市场面临的风险。

专栏7-2

"国储铜事件"主角刘其兵一审获刑7年

2005年，沸沸扬扬的"国储铜事件"主角刘其兵一审被判处7年徒刑后，有关其违规做空伦敦金属交易所（LME）期铜造成巨亏的案情，在事发两年多后开始被披露。

《财经》杂志披露，2005年10月"国储铜事件"爆发后，国家物资储备调节中心（下称"国储"）曾经的"明星交易员"刘其兵失踪近10个月，后于2006年6月21日在昆明市被公安机关拘捕。北京市第一中级人民法院一审判决认定，在先后任职国储进出口处副处长、处长并负责期货自营业务的1999年12月至2005年10月期间，刘其兵违反国家对国有单位进行期货交易的相关规定，将该中心资金用于境外非套期保值的期货交易，致使国家发改委下属的国储截至2004年4月30日越权头寸基本清理完毕时损失折合人民币9.2亿元。

除了刘其兵被判刑，执掌国储10年后于2004年初已告退休的原国储副主任、法定代表人吕嘉范，则以国有事业单位人员滥用职权罪，一审获刑6年。出生于1968年、武汉大学世界经济学系本科毕业的刘其兵，于1994年进入国储系统后不久被重点培养成为国储的核心交易员，并在1997年7月被授权为国储在LME所开立交易账户的交易下达人，甚至在2003年3月后成为国储唯一有权进行境外期货交易的交易员。作为当年操作期铜外盘交易的中国交易员中迅速崛起的一颗明星，刘其兵曾有过炫目的辉煌。事实上，在LME铜价从1999年初的每吨1 000多美元上涨至2004年初的每吨3 000美元期间，看多的刘其兵一路春风得意。其拿手的境内外期铜反向套利（做多国内期铜同时做空伦敦期铜）交易技术在"国储铜事件"最终处理完毕后，还为国储在国内期货账户保留下1.89亿元的盈利。

不过，在2004年LME铜价突破每吨3 000美元后，反手做空的刘其兵开始噩梦连连。当LME铜价一天暴跌10%后，决定豪赌以求翻身的刘其兵在其结构性期权组合中越权大量卖出看涨期权。与导致英国巴林银行倒闭的交易员李森类似，虽以大量卖出期权所收取的期权费弥补了一时的期货空头追加保证金要求，但如同饮鸩止渴，持续上扬的LME铜价终于将刘其兵推入万劫不复之地。2005年国庆后，LME铜价突破每吨4 000美元。面临年底即将到期被执行的大量看涨期权，心理崩溃的刘其兵于2005年10月选择了逃遁，且传言还留有遗书。此时，他在伦敦的铜期货及期权上共持有20万吨的未平仓空头头寸。而按照法庭认定的数据，当时账面亏损已达6.06亿美元。事后，由于有关方面采取了平仓、展期及实物交割等多种方式止损，被法庭认定的最终亏损额仍高达9.2亿元人民币。

资料来源：罗文辉.国储铜事件主角刘其兵一审获刑七年［EB/OL］.［2008-04-29］. http：//finance.sina.com.cn/money/future/fmnews/20080429/02204812719.shtml.此处有删减.

§7.4　期权投资

7.4.1　金融期权概述

1.金融期权的定义

金融期权（financial option）是以合约方式，规定合约的购买者在约定的时间内以约定的价格购买或出售某种金融资产的权利。同时，合约的购买者也有权选择不执行合约，因此期权交易也称为选择权交易。具体地说，其购买者在向出售者支付一定费用后，就获得了能在规定期限内以某一特定价格向出售者买进或卖出一定数量的某种金融商品或金融期货合约的权利。

期权交易实际上是一种权利的单方面有偿让渡。期权的买方以支付一定数量的期权费为代价而拥有了这种权利，但不承担必须买进或卖出的义务；期权的卖方则在收取了一定数量的期权费后，在一定期限内必须无条件服从买方的选择并履行成交时的允诺。

在期权的协议中一般都会有对保证金与交易头寸的限制。期权交易保证金是对期权合约的出售者收取的，保证金可以是现金也可以是流动性很强的证券。为了维护期权市场的正常秩序，很多合约都有头寸限制，即一个交易者所能拥有的某种期权合约的数量限制。

2.金融期权的特征

与金融期货相比，金融期权的主要特征在于它仅仅是买卖权利的交换。期权的买方在支付了期权费后，就获得了期权合约所赋予的权利，即在期权合约规定的时间内，以事先确定的价格向期权的卖方买进或卖出某种金融工具的权利，但并没有必须履行该期权合约的义务。期权的买方可以选择行使他所拥有的权利；期权的卖方在收取期权费后就承担着在规定时间内履行该期权合约的义务。即，当期权的买方选择行使权利时，卖方必须无条件地履行合约规定的义务，而没有选择的权利。

3.金融期权的种类

金融期权的种类很多，可以从投资者的买卖行为、合约履行时间、期权标的物的性质来划分。

（1）从投资者的买卖行为划分，金融期权可以分为买入期权和卖出期权。

买入期权又称看涨期权（call option），是指期权的买方具有在约定期限内按协定价格买入一定数量金融资产的权利。投资者之所以买入看涨期权，是因为他预期这种金融资产的价格在近期内将会上涨。如果判断正确，按协议价买入该项资产并以市价卖出，可赚取市价与协议价之间的差额；如果判断失误，则损失期权费。

卖出期权又称看跌期权（put option），是指期权的买方具有在约定期限内按协议价卖出一定数量金融资产的权利。投资者买入看跌期权，是因为他预期该项金融资产的价格在近期内将会下跌。如果判断正确，可从市场上以较低的价格买入该项金融资产，再按协议价卖出，将赚取协议价与市价的差额；如果判断失误，将损失期权费。

（2）按履约灵活性的不同，金融期权可以分为欧式期权和美式期权。

欧式期权只能在期权到期日执行，既不能提前，也不能推迟。

美式期权则可在期权到期日或到期日之前的任何一个营业日执行，当然，若超过到期日，美式期权也同样会被作废。

（3）按照金融期权标的物性质的不同，金融期权可以分为股票期权、股票指数期权、利率期权、货币期权、金融期货合约期权。

① 股票期权。股票期权是指买方在交付了期权费后，即取得在合约规定的到期日或到期日以前按协议价买入或卖出一定数量相关股票的权利。

② 股票指数期权。股票指数期权以股票指数为标的物，买方在支付了期权费后，即取得在合约有效期内或到期时以协定指数与市场实际指数进行盈亏结算的权利。股票指数期权没有可作实物交割的具体股票，采取现金轧差的方式结算。

③ 利率期权。利率期权是指买方在支付了期权费后，即取得在合约有效期内或到期时以一定的利率（价格）买入或卖出一定面额的利率工具的权利。利率期权合约通常以政府短期、中期、长期债券，欧洲美元债券，大面额可转让存单等利率工具为标的物。

④ 货币期权。货币期权又叫外币期权、外汇期权，是指买方在支付了期权费后，即取得在合约有效期内或到期时对以约定的汇率购买或出售一定数额某种外汇资产的权利。货币期权合约主要以美元、欧元、日元、英镑、瑞士法郎、加拿大元及澳大利亚元等为标的物。

⑤ 金融期货合约期权。金融期货合约期权是一种以金融期货合约为交易对象的选择权，它赋予持有者在规定时间内以协定价格买卖特定金融期货合约的权利。

4.期权交易与期货交易的比较

金融期权和金融期货作为20世纪的两大金融创新，二者具有密切的联系，对二者关系的分析将有助于更好地理解金融期权的概念及特征。虽然二者的交易对象都是标准化合约，但一般认为，大规模的期权交易是在期货交易的基础上发展起来的，是以期货市场的发育程度与规则的完备为前提的。期权在为交易者提供更多的选择工具的同时，也推动了期货市场的发展。期权交易是一种以特定权利为买卖对象的交易，与期货交易的主要差别在于以下四点：

（1）买卖双方的权利义务不同，这也是金融期权与金融期货最重要的区别。在期货交易中，买卖双方都被赋予了相等的权利和义务；而在期权交易中，买方有权在认为合适的时候行使或放弃权利，而卖方却只有满足买方要求履行合约时买入或卖出一定数量的基础金融工具的义务。

（2）履约保证金的规定不同。在期货交易中，买卖双方都要缴纳一定数量的保证金；而在期权交易中，期权买方只需支付购买期权的权利金，不需要缴纳保证金，只有期权卖方尤其是无担保期权的出售者才需要缴纳保证金。

（3）价格风险不同。在期货交易中，市场风险取决于价格变动的幅度，买卖双方的风险都是无限的。在期权交易中，买方的风险是有限的，最大额度为权利费；而期权卖方的风险是无限的，其风险近似于持有单向期货头寸的风险。

（4）合约基础金融工具不同。金融期货合约是交易双方达成的在未来特定日期交付一定金融工具的可转让且标准化的合约，合约的基础金融工具是基础性的金融工具，而期权交易的基础金融工具除了一般的金融工具以外还包括金融期货合约甚至于金融期权合约本身，即会形成复合期权。

（5）套期保值的作用与效果不同。金融期权与金融期货都是人们常用的套期保值工具，但它们的作用与效果是不同的。人们利用金融期货进行套期保值，在避免价格不利变动造成损失的同时，也必须放弃若价格有利变动可能获得的利益。人们利用金融期权进行套期保值，若价格发生不利变动，套期保值者可通过执行期权来避免损失；若价格发生有利变动，套期保值者又可通过放弃期权来保护利益。这样，通过金融期权交易，既可避免价格不利变动造成的损失，又可在相当程度上保住价格有利变动而带来的利益。

但是，这并不是说金融期权比金融期货更为有利。例如，从保值角度来说，金融期货通常比金融期权更为有效，也更为便宜，而且要在金融期权交易中真正做到既保值又获利，事实上也并非易事。

所以，金融期权与金融期货可谓各有所长，各有所短。在现实的交易活动中，人们往往将二者结合起来，通过一定的组合或搭配来实现某一特定目标。

7.4.2 金融期权的价格

金融期权是一种权利的交易。在期权交易中期权的买方为获得期权合约所赋予的权利而向期权的卖方支付的费用就是期权的价格。期权价格受多种因素的影响，但从理论上说，由两个部分组成，一是内在价值，二是时间价值。

1.内在价值

内在价值也称履约价值，是期权合约本身所具有的价值，也就是期权的买方如果立即执行该期权所能获得的收益现值。一种期权有无内在价值以及内在价值的大小取决于该期权的协定价格与其标的物市场价格之间的关系。协定价格是指期权方实际买卖标的物的价格。根据协定价格与标的物市场价格的关系，可将期权分为实值期权、虚值期权和平价期权三种类型。

对看涨期权而言，若市场价格高于协定价格，期权的买方执行期权将有利可图，此时为实值期权；市场价格低于协定价格，期权的买方将放弃执行期权，为虚值期权；对看跌期权而言，市场价格低于协定价格为实值期权，市场价格高于协定价格为虚值期权；若市场价格等于协定价格，则看涨期权和看跌期权均为平价期权。

从理论上说，实值期权的内在价值为正，虚值期权的内在价值为负，平价期权的内在价值为零。但实际上，无论是看涨期权还是看跌期权，也无论期权标的物的市场价格处于什么水平，期权的内在价值都必然大于零或等于零，而不可能为负值。这是因为期权合约赋予买方执行期权与否的选择权，而没有规定相应的义务。当期权的内在价值为负时，买方可以选择放弃期权。

2.时间价值

内在价值是决定期权价格的主要因素，但并非唯一的因素。在现实市场中，各种期权通常是以高于内在价值的价格交易的，平价期权和虚值期权在这一点上尤其明显：虽然这两类期权的内在价值为零，但在到期以前，它们总是以高于零的价格在买卖的。这是因为在期权价格中，还包含着一个重要的部分：期权的时间价值。

与我们平时所理解的时间价值（即无风险利率，货币持有者暂时放弃货币所获得的回报）不同，期权的时间价值是指在期权有效期内标的资产价格波动为期权持有者带来收益的可能性所隐含的价值。换句话说，期权的时间价值实质上是期权在其到期之前获利潜力的价值。我们知道，期权的买方通过支付期权费，获得了相应的权利，即（近于）无限的收益可能和有限的损失。这意味着标的资产价格发生同样的上升和下降，所带来的期权价值的变化是不对称的，这一不对称性，使得期权总价值超过了其内在价值，就是期权时间价值的根本来源。

3.影响期权价格的主要因素

期权价格由内在价值和时间价值构成，因而凡是影响内在价值和时间价值的因素，就是影响期权价格的因素。

（1）协定价格与市场价格。

协定价格与市场价格是影响期权价格最主要的因素。这两种价格的关系不仅决定了期权有无内在价值及内在价值的大小，而且决定了有无时间价值和时间价值的大小。一般而言，协定价格与市场价格间的差距越大，时间价值越小；反之，则时间价值越大。这是因为时间价值是市场参与者因预期标的物市场价格变动而引起内在价值变动而愿意付出的代价，当一种期权处于极度实值或极度虚值时，市场价格变动的空间已很小。只有当协定价格与市场价格非常接近或为平价期权时，市场价格的变动才有可能增加期权的内在价值，从而使时间价值随之增大。

（2）权利期间。

权利期间是指期权剩余的有效时间，即期权成交日至期权到期日的时间。在其他条件不变的情况下，权利期间越长，期权价格越高；反之，期权价格越低。期权时间价值代表到期之前期权带来收益的可能性。因此，距离到期的时间越长，期权时间价值一般来说越大。对于美式期权来说，这一点显然是肯定的；而欧式期权由于只能在到期日执行，所以这一关系不一定成立，但总的来说其时间价值也是随着时间的延长而增大的。这意味着在一般情况下，期权的边际时间价值都是正的。

但是，通常权利期间与时间价值存在同方向但非线性的影响。我们应注意到，随着时间的延长，期权时间价值的增幅是递减的，这就是期权的边际时间价值递减规律。换句话说，对于到期日确定的期权来说，在其他条件不变时，随着时间的流逝，其时间价值的减小是递增的。这意味着，当时间流逝同样长度，期限长的期权的时间价值减小幅度将小于期限短的期权时间价值的减小幅度。

（3）利率。

利率，尤其是短期利率的变动会影响期权的价格。但利率变动对期权价格的影响是复杂的。一方面，利率变化会引起期权标的物的市场价格变化，从而引起期权内在价值的变化。另一方面，利率变化会使期权价格的机会成本变化，同时，利率变化还会引起对期权交易的供求发生变化，因而从不同角度对期权价格产生影响。例如，利率提高，期权标的物如股票债券的市场价格将下降，从而使看涨期权的内在价值下降，看跌期权的内在价值提高；利率提高，又会使期权价格的机会成本提高，有可能使资金从期权市场流向价格已下降的股票债券等现货市场，减少对期权交易的需求，进而又会使期权价格下降。总之，利率对期权价格的影响是复杂的，应根据具体情况作具体分析。

（4）标的物价格的波动性。

通常，标的物价格的波动性越大，期权价格越高；波动性越小，期权价格越低。这是因为，标的物价格的波动性越大，则在期权到期时，标的物市场价格涨至协定价格之上或跌至协定价格之下的可能性越大。因此，期权的时间价值，乃至期权价格都将随标的物价格波动的增大而提高，随标的物价格波动的缩小而降低。

（5）标的资产的收益。

标的资产的收益将影响标的资产的价格。在协定价格一定时，标的资产的价格又必然影响期权的内在价值，从而影响期权的价格。通常，标的资产收益率越高，看涨期权的价格越低，而看跌期权的价格越高。

7.4.3　金融期权交易策略

金融期权是一种复杂的交易技术，在实际交易中各类交易者使用无数种可供他们选择的交易策略。但是，无论多复杂的交易策略，一般都离不开金融期权的四种基本交易策略：买入看涨期权、卖出看涨期权、买入看跌期权、卖出看跌期权，见表7-1。

表7-1 期权市场四种基本交易策略汇总表

交易策略	买入看涨期权	卖出看涨期权	买入看跌期权	卖出看跌期权
对市场的判断	看涨	看跌	看跌	看涨

7.4.4 期权投资盈亏分析

表7-2分析了资产价格未来发生不同变化时的投资者的盈亏状况。

表7-2 期权投资者的盈亏状况

合约种类	资产价格变动	合约多头方	合约空头方
看涨期权	价格上涨	有利，执行合约 最大收益：无限	不利 最大损失：有头寸则损失有限，无头寸则损失无限
	价格下跌	不利，不执行合约 最大损失：期权费	有利 最大收益：期权费
看跌期权	价格上涨	不利，不执行合约 最大损失：期权费	有利 最大收益：期权费
	价格下跌	有利，执行合约 最大收益：执行价格－资产现价－期权费	不利 最大损失：执行价格－资产现价－期权费

根据表7-2的分析，我们可以得出如下结论：

（1）期权合约的购买者损失和合约出售者的收益都是有限的，最多是期权的出售价格。

（2）看涨期权对于购买者来说，收益可以无限高，因为资产价格上涨是无限的；对于出售者风险是非常大的，因此看涨期权的价格一般较高。

（3）看跌期权对于购买者来说，收益是有限的。因为资产价格下跌是有限的，最低为零，对于出售者损失也是有限的。

（4）预期市场价格将上涨（下跌）者既可以选择购买看涨（看跌）期权，也可以选择出售看跌（看涨）期权，但两者的风险和收益是不同的。

（5）期权与期货的异同：期权与期货相比有许多相似之处。例如，它们都是衍生工具，都是一种标准化合约，都是买卖合约在前、实际交割在后，都具有杠杆功能。但它们又有重要区别，主要表现在期货合约中买卖双方的权利和义务是相等的，合约对双方都有强制性。但期权合约中双方的权利和义务是不对等的，合约只对卖方具有强制性，而对买方具有选择性。由此，两种合约的风险收益特性也有所不同。在期货合约下，当期货合约价格上升时，合约的买方会实现一美元对一美元的收益；当期货价格下降时，合约的买方会遭受一美元对一美元的损失。卖方的情况正好相反。期权没有这种对称性的风险收益关系。期权买方保留所有潜在收益，但收益因期权价格增加而减少；期权卖方可实现的最大收益是期权价格，但会面对巨大的损失风险。所以，投资者可以利用期货防范对称的风险，利用期权防范不对称的风险。

微课7-3 期权交易策略

7.4.5 金融期权的功能

金融期权发展至今之所以成为当今金融市场上最受欢迎的金融衍生工具之一，是因为期权为交易者提供了以下方便：

期权向需要避险的交易者提供了一个类似于保险的单向套期保值工具，实现了将对称性风险向非对称性风险的转化。对于那些持有复杂的投资组合的投资者而言，他们可以通过交易与他们的投资组合有关的期权来调整其投资的风险和收益特征，实现最优的风险管理。

1.利用期权合约防范价格上升的风险

假设某基金经理知道将收到一笔资金，但是，近来股价波动较大，未来市场走势不明朗，为了规避价格上升的风险，他准备利用期权来锁定购买价格，进行货币购买力的套期保值。

（1）基金经理的投资方案一：购买看涨期权还是看跌期权。

如果购买看涨期权，对他的好处在于，价格如果上涨，他可以执行合约，低价购入，高价卖出；价格如果下跌，他可以不执行合约，损失仅限于购买合约的费用，价格下跌所形成的货币购买力升值，多少也可以抵补一些损失。对他的不利之处在于合约购买成本较高。

如果出售看跌期权，对他有利之处在于，他可立即获得货币收入，即合约出售价款，如果合约不执行，这便是他的总收入，如果合约被执行，这笔收入可抵补一些损失。对他的不利之处在于，他将不得不在现货价格已降低的情况下，按较高的合约规定价格购入。但如果他当初是以锁定价格为目的的，这也并未违背他以合约价格买入资产的初衷。

（2）基金经理的投资方案二：购买股票期权还是股票指数期权。

二者区别在于前者具体，后者综合，看他是要对基金整体还是局部进行保值。假设这位基金经理选择了购买A股票看涨期权的策略，时间是2月8日，A股票的市场价格为100英镑，A股票3月底可执行的看涨期权合约价格和相应的执行价格列于表7-3。

表7-3　　看涨期权合约执行价格及合约报价　　单位：英镑

执行价格	80	90	100	110	120
合约价格	0.4	0.3	0.2	0.12	0.08

从这张报价表来看，买入期权合约的执行价格越是高于现价，期权合约的价格便越低。因为执行价格越高，执行合约的成本就越高，合约执行的可能性就越小。假设为降低期权交易成本，该经理选择了执行价格为110英镑的买入期权合约，合约报价0.12英镑是期权的报价，由于每份股票期权合约的标准量为1 000股，因此，这份期权合约的总价值为120英镑（0.12×1 000）。

3月份其基金经理收到现金，3月A股票价格上涨到每股130元，他便可要求执行合约，按每股110英镑购入1 000股A股票，总支出为110 000英镑，随即他便可按每股130英镑售出，总收入为130 000英镑，收支相抵，再扣除购买合约的成本，这位经理盈利19 880英镑（（130 000 − 110 000）− 120）。

2.利用期权合约防范价格下降的风险

某基金经理管理着市场价值为7 500万美元的指数基金，该指数基金是模仿标准普尔500设立的，为抵御市场价格下跌造成基金资产贬值的风险，该经理决定利用股票指数期权进行套期保值，当前的指数水平为672，他希望把指数锁定在677的水平上。为实现这一目的，他既可选择出售看涨期权，也可选择购入看跌期权。

（1）选择出售看涨期权。

假如他选择了出售看涨期权的话，他将首先获得出售合约的收入，如果指数下跌，对方就会放弃执行合约，合约出售价将成为他的盈利，他在期权交易中的盈利将可多少抵补一些基金资产的贬值损失。如果指数上升，基金资产的升值加上出售合约的收入，也会抵补一些因执行期权而发生的亏损。

【例7-6】该基金经理选择以6美元的单位价格出售执行价格为677美元的指数期权合约，7 500万美元的指数区在指数为672的水平上相当于111 607（75 000 000÷672）个指数单位，由于每份指数合约的乘数为100，因此，该基金经理决定出售1 116份合约，合约出售的总收入为6×100×1 116 = 669 600（美元）。如果指数下跌了，对方放弃执行合约，这669 600美元便是这位基金经理在期权交易中的盈利。如果指数上升，由于他有基金头寸，因此，在现金差价交割的方式下，合约的执行将导致基金头寸因价格上升而升值的货币价值量被转移到合约购买者的账户上去。但是，指数基金的价值保持在基金经理愿意接受的677指数水平之上。从乐观的角度看，他只是少赚了，但也不亏。

（2）选择购入看跌期权。

假如他选择了购入看跌期权，他将首先为获取合约而投资，如果指数下跌，他就可执行合约，执行价格与实际指数之差，可帮他赚回合约投资成本，甚至带来盈利。如果指数上升，他就放弃执行合约，他的最大损失为对合约的投资，而指数上升引起的基金资产升值，可抵补一些期权交易损失。

另外，对希望借助基础金融工具价格的涨跌而进行投机的交易者，期权是一个较好的替代品。由于一般情况下期权价格都低于基础金融工具价格，使得期权投机所需的资金较少，有助于降低交易成本，具有杠杆作用。对于期权买方而言，即使基础金融工具价格产生不利变动，其最大损失只限于支付的权利费，起到了保险的作用；如果期权价格发生有利变动，也只需支付权利费即可获得较高收益。对期权卖方而言，通过将收取的权利费进行再投资，则可以提高资金运用效率。

专栏7-3

一日暴涨192倍的神秘期权

2019年2月25日，期权合约“50ETF购2月2.8”在随后短短的三天时间里经历了如过山车一般惊心动魄的历程，第一天实现192倍收益，第二天暴跌91.7%，第三天价值几乎归零，见表7-4。

表7-4　**50ETF看涨期权价格**

期权合约品种	2月22日收盘价	2月25日收盘价	收益倍数	2月27日收盘价
上证50ETF指数	2.6180	2.8160	—	2.7360
50ETF购2月2.8	0.0003	0.0581	192.67	0.0001
50ETF购3月2.8	0.0155	0.1332	7.59	0.0750
50ETF购6月2.8	0.0690	0.2212	2.21	0.1851

在一天之内涨幅高达192倍的神秘期权正是“50ETF购2月2.8”期权。该期权的行权时间是2月27日，期权的行权价格为2.8元，截至前一个交易日（2月22日），50ETF指数仅2.618，离到期日（2月27日）仅3个交易日。

让我们穿越时空，回到2月22日，假设我们无法预知未来，我们万万无法想到50ETF这样的权重指数会在三天内增长6.9%，突破2.8。尤其是在当时的内部与外部经济环境下，股票市场在已经经历了一轮上涨之后在3天内再增长7%，这着实是一件概率非常小的事件。在这样的背景与环境下，2月22日，期权合约“50ETF购2月2.8”报价非常便宜，仅0.0003元。2月25日，A股三大股指大涨5%以上，50ETF更是暴涨7.5%，达到了2.8160，突破了行权价格2.8。期权合约“50ETF购2月2.8”由深度虚值期权变为实值期权，价格涨到0.0581，涨幅高达192倍。2月26日，股指回落，期权价格也暴跌91.7%，并在其后一天基本归零。3个交易日，从暴涨192倍到归零，过山车一般的价格波动正是期权交易的特点和魅力所在。

期权的价值由两部分组成，一个是内在价值，一个是时间价值。平值期权的时间价值最大，深度实值和深度虚值期权的时间价值最小，并在到期日前几天接近于0。虚值期权只有时间价值没有内在价值。2月22日周五收盘时，50ETF基金的价格是2.6180元。2月行权价2.8元的看涨期权是深度虚值期权，并且该合约距离到期日只有3个交易日，在2月22日收盘时期权价格是0.0003元。由于该期权既是深度虚值期权，又面临着即将到期，期权的价值几乎为0，所以上周五期权的收盘价是个较为合理的价格。但周一股市涨幅较大，50ETF基金涨7.56%，收2.816元。2月行权价2.8元的看涨期权合约，从深度虚值期权变成了一个浅实值期权，其价格也要有较大的涨幅。总结来看，造成收益率暴增的原因有二：

（1）从内在价值的角度，标的资产价格从2.6180涨到2.8160，正向突破了行权价格（2.8），由虚值期权变为实值期权。

（2）从时间价值角度，期权即将到期（距到期日仅3个交易日），期权波动强烈。

资料来源：陈嘉宁.一天狂赚192倍，次日暴跌91.7%！期权这东西，什么人玩得起？[EB/OL].[2019-03-10]. https：//www.sohu.com/a/299991118_371463？_f=index_pagerecom_13.此处有删减.

§7.5 互换投资

金融互换（swap），也称金融掉期，是指交易双方达成协议，约定按照商定条件，在未来的一段时间内，互相交换一系列不同金融资产或负债的合约。

7.5.1 金融互换的产生与发展

互换合约最早出现在1979年的伦敦，但一开始并没有引起市场的充分重视。1981年，所罗门兄弟公司促成了世界银行和IBM公司的一项货币互换，成为互换市场发展的里程碑。从此，互换得到了迅速的发展，同年在伦敦推出了利率互换，第二年利率互换被引进美国。互换可以用来控制利率、汇率和商品价格变化所带来的风险，因此，它得到了广泛的应用。互换开始时是一种非标准化的合约，以满足不同客户的不同需求。但由于合约内容复杂，交易成本很高，妨碍了互换的进一步发展。1984年，一些从事互换交易的有代表性的银行（包括商业银行和投资银行）开始了促进互换合约文件的标准化进程。1985年，这些银行组织了“国际互换交易商协会”（简称ISDA）并在1987年促成了互换标准格式合约的出版，极大地减少了发起一项互换所需要的时间和费用。

7.5.2 金融互换的理论基础

比较优势理论是英国著名经济学家大卫·李嘉图提出的。他认为，在两国都能生产两种产品，且一个国家在这两种产品的生产上均处于有利地位，而另一国均处于不利地位的条件下，如果前者专门生产优势较大的产品，后者专门生产劣势较小（即具有比较优势）的产品，那么通过专业化分工和国际贸易，双方仍能从中获益。李嘉图的比较优势理论不仅适用于国际贸易，而且适用于所有的经济活动。互换是比较优势理论在金融领域最生动的运用。根据比较优势理论，只要满足以下两种条件，就可进行互换：首先，双方对对方的资产或负债均有需求；其次，双方在两种资产或负债上存在比较优势。概括起来，金融互换实际上是一个市场参与者利用其在某个金融市场上的比较优势得到在另一个市场上的所需的资产或负债的交易。

7.5.3 互换合约的内容

互换合约是指交易双方据以进行交易的权证。合约一般对交易双方权利义务和交易条件有详细的规定。互换合约由以下几方面的内容构成：

1.交易双方

交易双方是指相互交换货币或利率的双方交易者，互换的交易双方有时是两个以上的交易者。如果交易双方都是国内的交易者，称为国内互换；如果交易双方都是不同国家的交易者，则称为跨国互换。

2.合约金额

由于交易者参与互换市场的目的是从事融资、投资或财务管理，因而每一笔互换交易的金额都比较大，一般在1亿美元至10亿美元或以上，或者是等值的其他国家货币。

3.互换货币

理论上互换的货币可以是任何国家的货币，但进入互换市场并经常使用的货币则是世界最主要的可自由兑换的货币，如美元、英镑、瑞士法郎、日元、新加坡元、港元、欧元等。

4.互换利率

目前，进入互换市场的利率包括固定利率、伦敦银行同业拆放利率（LIBOR）、存单利率、银行承兑汇票利率、优惠利率、商业票据利率、国库券利率等。

5.合约期限

互换交易通常是外汇市场、期货市场不能提供中长期合同时才使用，因而其期限较长，一般为中长期。

6.互换价格

利率互换价格是由与固定利率、浮动利率和信用级别相关的市场条件决定的。货币互换价格由交易双方协商确定，通常反映两国货币的利率水平，主要是由政府债券利率作为参考的依据。此外，货币互换价格还受到政府改革目标、交易者对流动性的要求、通货膨胀预期以及互换双方的信用级别等的影响。

7.权利义务

互换双方通过签订合约来明确各自的权利义务，并在合约到期日承担互相交换利息或货币的义务，同时也获得收取双方利息或货币的权利。

8.价差

价差表现为中介买卖的差异，美元利率互换的价差通常为0.0005～0.0010，货币互换的价差不固定，价差的多少一般视信用风险而定。

9.其他费用

其他费用主要指为互换市场的中介者因安排客户的互换交易，对互换形式、价格等提供咨询服务而支付的费用，如法律费、交换费、咨询费、监督执行合约费等。

7.5.4 金融互换的作用

1.降低筹资成本并防范汇率和利率风险

这是互换业务最重要的作用。一些国家的政府机构、私人企业、跨国公司及国际金融机构等需要特定的货币资金，但由于种种原因，只能筹措到别的货币，再通过互换业务，调剂成自己所需要的货币，同时还降低了成本，可谓一举两得。例如，1981年世界银行同美国国际商业机器公司（IBM）签订了总额为2.9亿美元的美元固定利息债务与瑞士法郎、德国马克固定利息债务的互换合同。当时世界银行需要低息的、固定利率的瑞士法郎和德国马克资金，而IBM正在准备资金以偿还瑞士法郎和德国马克的债务，为此世界银行在欧洲货币市场上发行欧洲美元债券，并将所筹资金立即在现汇市场上兑换成瑞士法郎和德国马克，同时与IBM签订货币互换合同，由IBM负责偿还世界银行的欧洲美元债券本息，而世界银行负担IBM的瑞士法郎和德国马克债务到期本息的偿还，双方都消除了汇率风险并降低了费用。

2.可使某些筹资人进入到原本很难进入的市场

金融互换还能使某些筹资者进入到原本很难进入的市场。例如，日本某一企业准备筹集一笔美元资金，原计划到美国市场或欧洲美元市场发行美元债券，但由于这两国市场的评级机构对该企业的信用评级较低，而日本的评级机构则给予该企业较高的信用等级，因此，这家日本企业可以先在日本发行日元债券，随后做一笔互换交易，把日元债券换成美元债券，其成本要比直接发行美元债券低。

3.有利于企业和金融机构的资产负债管理

企业和金融机构可以根据需要，将一种货币的资产或负债通过货币互换换成另一种货币的资产或负债，从而适应资产与负债需求一致的资产负债管理战略的要求。

7.5.5 金融互换的类型

根据基础金融工具的不同，金融互换市场一共有三种主要类型：利率互换市场、货币互换市场和股票指数互换市场。利率互换和货币互换是最重要的两种互换。

1.利率互换

利率互换是指双方在未来一定时期内将同种货币的同样名义本金的某种现金流相互交换，是以不同的利率指标（包含浮动利率或固定利率）作为交换的基础金融工具。一般来说，其中一方的现金流以浮动利率计算，而另一方的现金流以固定利率计算。利率互换不需要交换本金，只需要在每期进行利差交割，而且期限通常在2年以上。

最基本的利率互换是固定利率与浮动利率的互换，这种交换一般是债务交换，交易的双方在各自的市场（固定利率市场和浮动利率市场）上有比较优势。下面用一个例子来说明这种利率互换的交易过程。

【例7-7】A、B公司都想借入5年期的1 000万美元的款项，对于未来的利率趋势变动有各自的判断，A想借入与6个月相关的浮动利率的借款，B想借入固定利率贷款，但是两家公司信用等级不同，因此市场向他们提供的利率不同，见表7-5：

表7-5　**A、B公司可得到的利率情况**

	A公司	B公司	优势差异
固定利率	10%	11.2%	1.2%
浮动利率	6个月LIBOR+0.3%	6个月LIBOR+1%	0.7%
可以实现总节约			0.5%

我们看到A公司在两市场均具有绝对优势，固定利率市场的绝对优势是1.2%（11.2%-10%），浮动利率市场的绝对优势是0.7%（LIBOR+1%-（LIBOR+0.3%）），但是两家公司只能在其中一个市场上借款。A在固定利率市场上有比较优势，B在浮动利率市场有比较优势。这样双方就可以利用各自的比较优势对借款活动进行安排，就是各自在比较优势市场借款，然后二者互换，从而达到共同降低筹资成本的目的。

这种安排是：由于借款本金相同，不必交换本金，而对未来的利息进行交换，A向B支付浮动利息，B向A支付固定利息。

通过发挥各自的比较优势，双方总的筹资成本降低0.5%（11.2%+（6个月LIBOR+0.30%）-10%-（6个月LIBOR+1%）），这就是互换利益。这是合作的结果，由二者分享，具体分享由谈判决定，我们假定各自分享一半，同时没有中介费用，这样双方按照自己的意愿实现借款，同时各自降低融资成本0.25%，A、B的实际支付为浮动利率6个月LIBOR+0.05%、固定利率10.95%，如图7-2所示。

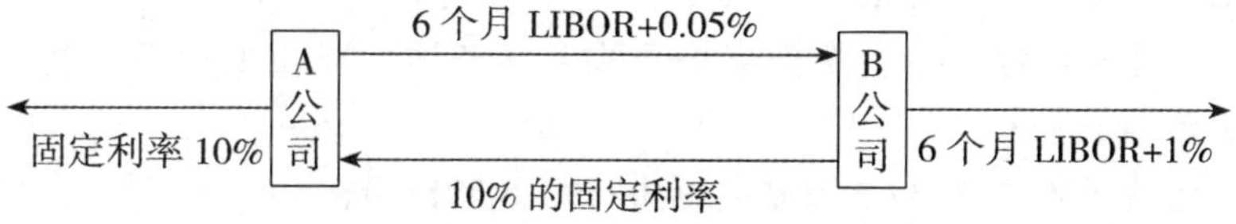

图7-2　互换利率

通过互换达到的效果见表7-6：

表7-6　**互换效果**

	A公司	B公司
实际筹资成本	6个月LIBOR+0.05%	9.95%
市场筹资成本	6个月LIBOR+0.30%	11.20%
成本节约	0.25%	0.25%

2.货币互换

货币互换是交易双方在未来的一段时间内交换两种不同货币的本金和利息现金流。货币互换和利率互换相似，但是有两个不同点：首先，货币互换通常在合同开始与期满时都有本金的交换（这些交换大多按即期汇率进行），而利率互换是没有本金交换的；其次，货币互换的利息是以不同货币进行交换的，而利率互换是使用同一种货币。

货币互换的主要原因是双方在各自国家中的金融市场上具有比较优势，货币互换的双方既可以按两种货币的固定汇率交易，也可以按变动汇率进行交易，既可以用固定利率也可以用浮动利率来进行互换交易。

（1）货币互换的基本原理。

货币互换交易一般有三个基本步骤：

① 本金的初期交换。这是指互换交易初期，双方按协定的汇率交换两种不同货币的本金，以便将来计算应支付的利息再换回本金。初期交换一般以即期汇率为基础，也可按交易双方协定的远期汇率作基准。

② 利率的互换。这是指交易双方按协定的利率，以未偿还本金为基础，进行互换交易的利率支付。

③ 到期日本金的再次互换。这是指在合约到期日，交易双方通过互换，换回期初交换的本金。

通过货币互换的三个基本步骤，就能够把一种货币的债务有效地转变为另一种货币的债务从而得到充分保值。

（2）运用货币互换降低筹资成本的分析。

【例7-8】假设日本一家公司A需借入5年期6 000万英镑的资金，以满足在英国大量投资的需要，由于该公司已在英国发行了大量英镑债券，很难再以5.75%的利率发行新债，但该公司可以按8.875%的固定利率发行5年期的欧洲美元债券。与此同时，中国香港一公司B准备从国外大量进口商品，需借入一笔欧洲美元，原所借的欧洲美元利率均在9.25%左右，但它从未发行过英镑债券，并可按5%的利率发行5年期欧洲英镑债券。这两家公司在英国资本市场上发行不同货币的债券存在其相对优势的利差：

欧洲美元债券利差为37.5个基点（9.25%-8.875%）；

欧洲英镑债券利差为75个基点（5.75%-5%）；

美元与英镑的汇率为：1英镑=1.3美元。

具体利率情况见表7-7：

表7-7　**A、B公司利率情况**

	A公司（日本公司）	B公司（中国香港公司）	优势差异
英镑市场	5.75%	5%	-75个基点
美元市场	8.875%	9.25%	37.5个基点
实现的总节约			112.5个基点

某投资银行作为双方交换的中间人，按年度本金额的0.25%收取手续费。于是双方达成协议，通过投资银行进行互换。基本程序是：

①期初交换债券本金。由日本公司在英国发行欧洲美元债券7 800万美元，由中国香港公司发行英镑债券6 000万英镑，通过投资银行互换本金，如图7-3所示。

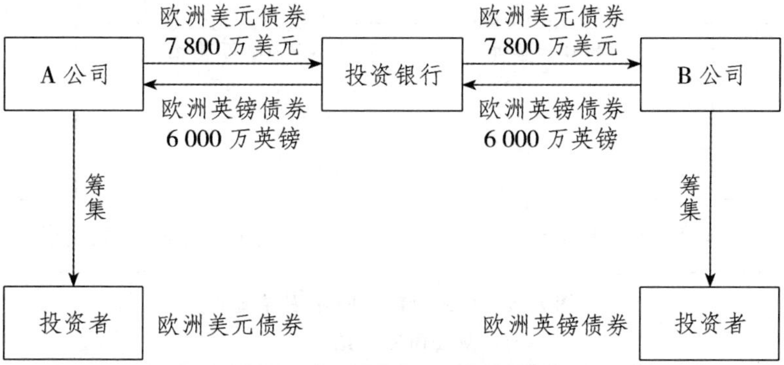

图7-3 两公司期初交换债券本金

②期内交换利率。5年中由日本公司每年向中国香港公司支付6 000万英镑债券的利息，年利率为5%；中国香港公司每年向日本公司支付7 800万美元债券的利息，利率为8.875%；投资银行各自收取0.25%的手续费，如图7-4所示。

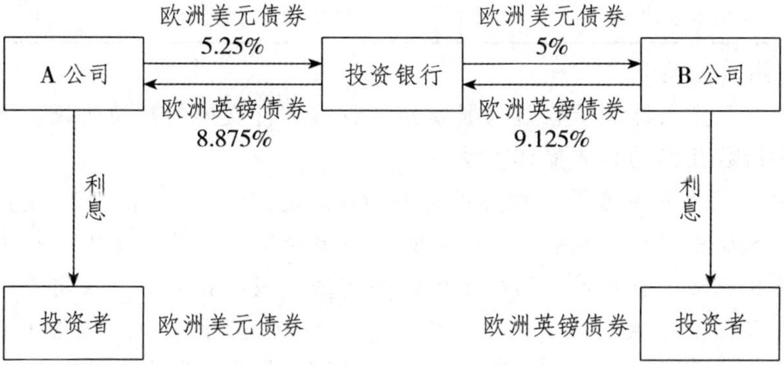

图7-4 两公司期内交换利率

③期末归还债券本金。由日本公司向投资者偿还欧洲美元债券7 800万美元，由中国香港公司向投资者偿还欧洲英镑债券6 000万英镑，完成此笔交易，如图7-5所示。

通过上述互换交易，日本公司发行欧洲美元债券筹集到了所需要的英镑，并且发行成本比直接发行欧洲英镑债券节省了50个基点（即5.75%-5.25%）；中国香港公司发行的欧洲英镑债券换回了所需的欧洲美元，其发行成本也比直接发行欧洲美元债券节省12.5个基点（即9.25%-9.125%）；投资银行在双方互换中达到费用为50个基点。具体结果见表7-8。

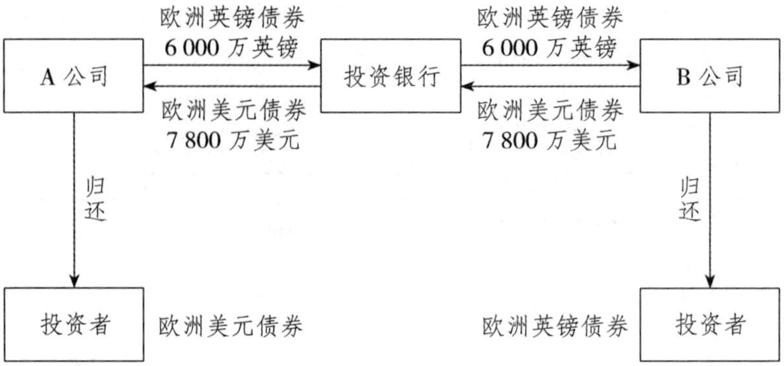

图7-5　两公司期末归还债券本金

表7-8　**两公司交换结果**

	A公司	B公司
实际筹资成本	5.25%	9.125%
市场筹资成本	5.75%	9.25%
成本节约	0.50%	0.125%

3.股票指数互换

股票指数互换，即固定收益与股票指数收益进行交换的互换协议。下面我们举例说明股票指数互换的具体操作方法。

【例7-9】某指数基金是模仿标准普尔500而设立的，因此，它的收益波动情况与标准普尔500很接近。该基金经理为避免基金价值在指数波动中的损失，套取固定收益市场和浮动收益市场之间的价差，决定进行股票指数的互换交易。

该基金经理与互换交易商签了一份观念值为100万美元、期限为1年的互换合约。合约规定交易商支付年息9%（季息2.25%）的固定收益，基金经理支付标准普尔500的收益率，每季交换一次。互换合约执行结果见表7-9。

表7-9　**互换合约执行结果**　单位：万美元

季度	标准普尔500指数收益率	交易商付款	基金经理付款	基金经理净收入
1	0.02	22 500	20 000	2 500
2	0.022	22 500	22 000	500
3	−0.01	32 500	0	32 500
4	−0.012	34 500	0	34 500
合计				70 000

第一、二季度，标准普尔500收益率为正值，故双方都有付出，但因标准普尔500收益率小于固定的季度收益率，因此基金经理的收入大于付出。在第三、四季

度，标准普尔500的收益率变为负数，如果没有互换的话，基金就会发生贬值。但是在互换交易中，损失被一起换给交易商了，因此，基金经理不但收到了固定收益，还收回了资产贬值额。这一年基金经理通过掉期业务获得了7万美元的收入，这当然能或多或少地弥补市场下滑给基金资产价值带来的损失。

★ 思政课堂

《中华人民共和国期货和衍生品法》表决通过

【归类】新法律

【属性】标准意识、法治意识

十三届全国人大常委会第三十四次会议2022年4月20日表决通过《中华人民共和国期货和衍生品法》。专家普遍认为，此法补齐了我国期货和衍生品领域的法律“短板”，规定了期货市场要发挥发现价格、管理风险、配置资源三大功能，明确了期货市场的定位和发展方向，为促进规范行业和市场发展，保护投资者权益，推动期货市场更好服务实体经济提供了强有力的法律保障。这部法律自2022年8月1日起施行。

经过30多年的探索发展，我国期货市场已成为全球举足轻重的衍生品市场。中国期货业协会数据显示，2021年全市场累计成交量、成交额均创下历史新高，分别为75.14亿手、581.20万亿元。我国商品期货的交易规模已连续多年位居全球第一，是全球最大的农产品、有色金属、焦炭、动力煤和黑色建材期货市场。

期货市场是管理风险的市场，必须做好自身风险防控，坚决守住不发生系统性风险的底线。“作为全球规模最大的商品衍生品市场，必须有一部专门法律加强监管。”对外经济贸易大学国际经贸学院研究员、博士生导师李正强认为，该法的出台，将补齐市场法规“短板”，对行业和市场的未来发展意义重大。

2021年4月，十三届全国人大常委会对期货法草案进行了初次审议。同年10月，草案二审稿根据有的委员和有关方面的建议，将名称修改为“期货和衍生品法”。

对于此次该法的最终三审通过，南华期货董事长罗旭峰认为，该法从法律意义上明确了期货交易的合法性和重要性，明确了期货市场和经营机构的法律地位，为投资者未来开展期货及衍生品相关业务奠定了法律基础，也为司法机关未来审理期货交易相关案件明确了法律依据。

资料来源：刘开雄.期货和衍生品法表决通过［EB/OL］.［2022-04-20］. http：//www.news.cn/2022-04/20/c_1128576908.htm.

★ 本章小结

1.金融远期合约是指双方约定在未来的某一确定时间，按确定的价格买卖一定数量的某种标的金融资产或金融变量的合约。其中，远期股票合约是指在将来某个特定日期按特定的价格交割一定数量单个股票或一揽子股票的协议。远期利率协议是买卖双方同意从未来某一商定的时期开始，在某一特定时期内按协议利率借贷一笔数额确定、以具体货币表示的名义本金的协议。远期外汇合约，是指外汇买卖成交后并不立即办理交割，而是双方根据合同的规定，约定在将来某一时间按约定的远期汇率交割一定金额的某种外汇的合约。

2.金融期货是指交易双方在将来的约定时间按当前约定价格买卖一定数量的某种金融资产或金融指标的标准化合约。其中，外汇期货又称货币期货，是以外汇为标的的期货合约。而利率期货的标的物是一定数量的某种与利率相关的商品，即各种固定利率的有价证券。股票价格指数期货是以股票价格指数为标的物的期货交易。

3.金融期权是以合约方式，规定合约的购买者在约定的时间内以约定的价格购买或出售某种金融资产的权利。按投资者的买卖行为划分，金融期权可以分为买入期权和卖出期权。买入期权又称看涨期权，是指期权的买方具有在约定期限内按协定价格买入一定数量金融资产的权利。卖出期权又称看跌期权，是指期权的买方具有在约定期限内按协议价卖出一定数量金融资产的权利。按履约灵活性的不同，金融期权可以分为欧式期权和美式期权。欧式期权只能在期权到期日执行，既不能提前，也不能推迟。美式期权则可在期权到期日或到期日之前的任何一个营业日执行。按照金融期权标的物性质的不同，金融期权可以分为股票期权、股票指数期权、利率期权、货币期权、金融期货合约期权。

4.根据基础金融工具的不同，金融互换市场一共有三种主要类型：利率互换市场、货币互换市场和股票指数互换市场。利率互换是指双方在未来一定时期内将同种货币的同样名义本金的某种现金流相互交换，是以不同的利率指标（包含浮动或固定利率）作为交换的基础金融工具。货币互换是交易双方在未来的一段时间内交换两种不同货币的本金和利息现金流。股票指数互换是固定收益与股票指数收益进行交换的互换协议。

★ 综合训练

7.1 单项选择题

1.金融衍生工具交易一般只需要支付少量的保证金或权利金就可签订远期大额合约或互换不同的金融工具，这是金融衍生工具的（　　）特性。

A.跨期性　　B.联动性

C.杠杆性　　D.不确定性或高风险性

2.金融衍生工具产生的最基本原因是（　　）。

A.新技术革命　　B.金融自由化　　C.利润驱动　　D.避险

3.金融期货的（　　），就是通过在现货市场与期货市场建立相反的头寸，从而锁定未来现金流或公允价值的交易行为。

A.套期保值功能　　B.价格发现功能　　C.投机功能　　D.套利功能

4.交易双方在场外市场上通过协商，按约定价格在约定的未来日期（交割日）

买卖某种标的金融资产的合约是（　　）。

A.金融互换　　B.金融期权　　C.金融期货　　D.金融远期合约

5.下列有关金融期货叙述不正确的是（　　）。

A.金融期货必须在有组织的交易所进行集中交易

B.在世界各国，金融期货交易至少要受到1家监管机构的监管，交易品种、交易者行为均须符合监管要求

C.金融期货交易是非标准化交易

D.金融期货交易实行保证金制度和每日结算制度

7.2　多项选择题

1.金融衍生工具按照自身交易方法可分为（　　）。

A.金融远期　　B.金融期权　　C.金融期货　　D.金融互换

2.金融互换是指两个或两个以上的当事人按共同商定的条件，在约定的时间内定期交换现金流的金融交易，可分为（　　）。

A.货币互换　　B.利率互换　　C.股权互换　　D.债券互换

3.根据基础资产划分，常见的金融远期合约包括（　　）。

A.股权类资产的远期合约　　B.债权类资产的远期合约

C.远期利率协议　　D.远期汇率协议

4.金融期货交易的基本功能包括（　　）。

A.套期保值　　B.价格发现　　C.投机　　D.套利

5.作为一种标准化的远期交易，金融期货交易与普通远期交易之间存在的区别是（　　）。

A.交易场所和交易组织形式不同

B.交易的监管程度不同

C.金融期货交易是标准化交易，远期交易的内容可协商确定

D.保证金制度和每日结算制度导致违约风险不同

7.3　思考题

1.衍生证券交易有哪些风险？

2.什么是远期合约？包括哪些种类？

3.什么是期货？期货有哪些种类？

4.期货交易有哪些基本规则？

5.什么是期权交易？期权交易有哪些种类？

6.远期交易与期货交易的区别是什么？

7.对期货交易与期权交易进行比较。

8.什么是互换？包括哪些类型？

7.4　练习题

1.3月3日，法国出口商出口价值200万英镑的商品到英国，双方商定两个月后付款。市场条件如下：即期汇率为1GBP=8.7070EUR，2个月远期汇率为1GBP=

8.7140EUR。问：该出口商应如何操作？

2. 假定英镑和美元汇率为1英镑=1.5000美元。A公司想借入5年期的1 000万英镑贷款，B公司想借入5年期的1 500万美元贷款。市场向它们提供的固定利率见表7-10。问：应该如何操作？

表7-10 **市场向两公司提供的固定利率**

公司	美元	英镑
A公司	8.0%	11.6%
B公司	10.0%	12.0%
借款成本差额	2.0%	0.4%

第8章

投资决策与评价

★ 导读

企业的各级决策者常常会面临财务方面的重大选择，而财务决策和财务计划是企业成功的关键。任何一项商业运作计划都必须有一个保障运作细节得以实施的财务计划与之相适应。虽然商人们要做出许多重要的决策，尤其是那些与他们所在企业的成败休戚相关的决策，但对企业来说最重要的是财务计划和财务决策。本章就站在企业投资决策者的角度来讲述投资决策和投资评价的方法。

★ 关键概念

回收期法（payback method） 净现值法（net present value，NPV） 会计收益率法（accounting rate of return method） 内部收益率法（internal rate of return，IRR）

§8.1 投资决策基础

8.1.1 企业的目标

我们做出任何选择都是以期望达到的目标为依据的。同样，为了在不同的投资方案之间做出明智的选择，我们首先需要知道进行投资选择的企业的目标。在做投资决策时，我们通常假定进行投资决策的企业是私人所有的企业，所以并不存在委托代理问题，即股东和管理人在投资决策上的目标是一致的。

对大多数股东来说，持股的目的就是增加财富，他们宁愿放弃现金而买进股票或者放弃能够得到的红利以便（希望）将来收到更多的资金回报。因此，企业将用实现股东财富最大化目标来评价不同的投资机会。如此说来，决策应该使股东财富最大化。当然，我们并不主张股东财富最大化是企业的唯一功能。任何决策，包括资本投资决策，都应该把股东们的利益放在首位。

8.1.2 投资决策过程的特点

投资决策的制定并不是一蹴而就的，它涉及许多阶段，并且需要企业的许多个人和部门参加。投资决策过程从确定待选方案开始，投资过程的第二阶段是把第一阶段确定下来的待选方案转换成可行的方案。在得出几种可能性并把它们变成经过具体界定过的项目方案之后，投资过程的第三阶段就是要对究竟采取哪一方案进行决策。为此，需要我们进行投资评价活动。投资评价要决定从待选投资方案中获得的收益是否足以补偿初始投资支出。这就意味着，我们必须得到每一方案的现金流量。投资过程的第四阶段是决策的实施。这涉及对项目进行计划、组织工程建设和采购设备材料等。投资过程的最后阶段需要对项目和决策过程进行评审。这个阶段可使企业吸取经验并改进以后的决策。

8.1.3 项目现金流的确定

后面我们要提及的所有评价方法都要求有项目现金流量的有关数据，因为评价方法将确定待选项目的现金流量是否足以保证收回项目的初始投资。然而，获得相关、可靠的现金流量数据仍然存在由时间、销售收入和成本导致的很大困难。投资评价所给出的建议的质量只能取决于所使用的现金流量数据的质量，而搜集可靠数据的代价特别大。因此，在开始阶段，一般只作粗略的估算。如果要继续对项目进行详细的论证，就需要调整、完善初步估算，到这时再进行详细的市场研究就比较合适。同样，当项目继续进行投资评价时，需要更详细的工程、生产和财务方面的数据。获得可靠的数据，而且只将相关的数据输入到投资评价计算过程中也是很重要的。需特别注意的是，要避免使用基于财务惯例的现金流量，就像在公司各部门间分配固定管理费一样。公司发生的任何固定成本都不受潜在项目决策的影响。根据定义，固定成本就是固定不变的成本，无论新投资决策的结果如何，固定成本都一样。任何投资评价所用的现金流量都可定义如下：任何投资评价计算所使用的净现金流量是仅仅由项目本身引起的边际或增量收入、支出之和。

值得注意的是，这一定义未提及企业的利润而是注重于现金流量。强调现金流量可能显得有些令人费解，因为商人们大都把利润作为衡量企业业绩的主要标准。但是，由利润水平所反映出的公司经营状况的良好指标只是特定时间里公司业绩的写照，它不反映公司的长期业绩。我们已经知道，当讨论资本项目的投资时，公司关心的是在某一时期放弃的消费（资金）要换取未来更高的预期消费（资金）。利润是个会计概念，它要把一个连续的现金流量（来自企业运营）划分成离散的时间段（会计年度）。因此，尽管利润给出了公司所有者潜在消费的度量标准，但它不能全面、精确地反映潜在消费。

§8.2　现金流确定条件下的投资决策

8.2.1　贴现方法

净现值法和内部收益率法是投资评价的两个主要贴现方法。为了便于理解，我们提出两个简化假设：第一，由投资带来的未来收益是能确切知道的。第二，不存在通货膨胀。

1.净现值法

我们在第1章讨论现金流量时对净现值间接地做了一些讨论。显然，**净现值（net present value，NPV）涉及一项投资的未来现金流量的现值和该项投资所需要筹措的现金支出的比较。**用净现值法，可以比较现金流量的现值能否带来额外的资金收益。

为计算净现值，第一步应当估计有关投资项目的未来所有的净现金流量（收入减成本）；第二步需要用适当的贴现率将这些现金流量转换成等值的现值；第三步将未来现金流量的现值加总；第四步是用未来现金流量的现值之和减去项目初始投资，最后的计算结果就是净现值。计算净现值的数学公式如下：

$$\begin{aligned}\text{NPV} &= \frac{P_1}{(1+R)} + \frac{P_2}{(1+R)^2} + \frac{P_3}{(1+R)^3} + \frac{P_4}{(1+R)^4} + \cdots + \frac{P_n}{(1+R)^n} - P_0 \\ &= \sum_{t=1}^{t=n} \frac{P_t}{(1+R)^t} - P_0\end{aligned} \tag{8.1}$$

式中：P_t为第t年的净现金流量；n为项目产生现金流量的年份；P_0是所需要的初始投资；R为适当的贴现率。

这个公式计算出来的结果是项目的盈余，该盈余是按边际收益率进行投资所获得的超额收益。如果净现值是正值，投资就会产生盈余，也就会增加股东的财富。如果净现值是负值，则项目为亏空，而进行这样的投资会减少股东的财富。

因此，在一定条件下，净现值法对独立项目能提供明确的决策建议：应该投资净现值为正的项目，不应该投资净现值为负的项目。同样，当项目为互斥项目时，净现值法可以给出明确的项目排序建议：如果净现值为正，选取净现值最大的项目；如果净现值都为负，拒绝所有的项目。

【例8-1】某洗发水公司想引进一条新生产线生产新研制的洗发水。新生产线需要新的场地，该公司既可以专门建一家工厂，也可以对企业目前闲置未用的工厂加以改造。虽然专门建造工厂需要较高的初始投资，但新工厂运行费用较低，因为它是一个从整体上按企业意图进行恰当设计的工厂，与改造旧工厂相比，它能得到更充分的利用。企业因此面临着两种不同的投资方案。新建工厂（项目1）和改造工厂（项目2）的净现金流量见表8-1、表8-2，这些现金流量的现值是按10%的贴现率计算出来的。

表8-1　**新建工厂（项目1）的净现金流量表**

第 n 年	现金流入（万元）	按 $(1+R)^n$ 贴现	现值（万元）
0	-1 600	1	-1 600
1	280	1.1	254.5455
2	400	1.21	330.5785
3	480	1.331	360.6311
4	640	1.4641	437.1286
5	640	1.6105	397.3921
6	480	1.7716	270.9415
总计	—	—	451.2173

表8-2　**改造工厂（项目2）的净现金流量表**

第 n 年	现金流入（万元）	按 $(1+R)^n$ 贴现	现值（万元）
0	-1 200	1	-1 200
1	160	1.1	145.4545
2	208	1.21	171.9008
3	360	1.331	270.4733
4	560	1.4641	382.4875
5	560	1.6105	347.7181
6	320	1.7716	180.6277
总计	—	—	298.6619

项目1的净现值为451.2173万元，项目2的净现值为298.6619万元。所以，尽

管项目1的初始投资成本较高，但项目2的运行成本较高，从而使它的盈余比项目1少。如果净现值较高项目的净现值为正，企业应该选取项目1。项目盈余意味着进行该项投资将使股东财富增加，而且，选择项目1比项目2使股东的财富增加更多。

2.内部收益率法

内部收益率（internal rate of return，IRR）中的内部收益率是净现值公式中使净现值为0的贴现率。内部收益率法与净现值法很相似。尽管如此，用内部收益率评价项目可能会产生不同的项目排序结果。前面介绍的净现值计算公式是计算内部收益率的基础。因此，内部收益率可通过下面的公式求解得到：

$$0 = \frac{P_1}{(1+IRR)} + \frac{P_2}{(1+IRR)^2} + \frac{P_3}{(1+IRR)^3} + \frac{P_4}{(1+IRR)^4} + \cdots + \frac{P_n}{(1+IRR)^n} - P_0 \tag{8.2}$$

$$= \sum_{t=1}^{n} \frac{P_t}{(1+IRR)^t} - P_0$$

用上面的公式计算出来的IRR值可以分析回收初始资金支出之后，在资金使用期内占用资金的投资收益率。计算出IRR值之后，我们就可以通过比较内部收益率与企业的资本成本（企业的贴现率），决定是否应该进行项目投资。

如果内部收益率低于企业的资本成本，就不能进行该项目的投资，因为进行该项目投资会减少股东的财富。内部收益率的决策标准是，如果内部收益率比资本成本高，就应该进行项目投资。因为项目产生的收益比支付给资金提供者的费用大，因此项目将产生超过资本成本的盈余，从而使股东财富增加。

虽然内部收益率被描述成一种投资评价方法，但更准确地讲，它不过是一种数学运算，因为它仅仅是净现值方程中贴现率的解。实际上，内部收益率法并不比净现值法提供更多新的信息。但是，根据许多研究，内部收益率法比净现值法应用得更广泛。

我们用例8-1来说明内部收益率法的使用。在此仍然假定企业的资本成本为10%（表8-1和表8-2所用的贴现率）。对于项目1和项目2，当用10%的贴现率试算时，净现值为正，因此IRR肯定比10%的贴现率要高。我们用Excel软件来计算两个项目的IRR，得知项目1和项目2的内部收益率分别为18%、17%。

前面我们已经讲过，要使投资决策和企业目标一致，就必须考虑资金的时间价值。净现值法和内部收益率法都具有这种优点，它们把未来收入或支出的所有资金都进行贴现计算。由于这个原因，两种方法都被认为是“科学的”投资评价方法。但这样说时有两点值得注意：

首先，虽然在现金流量确切已知、通货膨胀率为零时，该方法确实能提供明确的决策建议，但实际中这样的条件不容易满足，所以需要在应用这些方法时结合自己的判断和经验。也就是说，“科学的”标签并不意味着要把这些方法当作一成不变的教条来使用。这些方法虽然有助于决策制定，但它们绝对不能代替这个过程。

其次，虽然这两种方法都被认为是科学方法，但在特殊情况下，同样的投资项目会给出不同的排序结果。显然，只有一个排序是对的，而知道哪一个是正确的很重要。

专栏8-1

IRR评估偏差

假设两个投资金额相同的项目A和B，见表8-3，投资期均为5年，A项目的回报特征是先小后大，B项目的回报特征是先大后小。从IRR来看，显然B项目具有压倒性的优势，高出A项目10个百分点。但如果我们假设从项目中获得的收益不可能高于8%的基本回报水平，那么从净现值来看，A项目和B项目差距不大，反而是A项目要略高于B项目。IRR指标释放的烟雾来自投资期间现金流都具有同样回报水平的假设，B项目现金回报较早获得的特征更是加剧了IRR对其真实回报水平的扭曲。

表8-3　　项目A和B的投资情况

项目	投资额	第1年	第2年	第3年	第4年	第5年	IRR	净现值
A	-1 000	200	300	400	500	800	26%	672
B	-1 000	600	500	400	300	200	36%	658

实际上，只有当项目不产生任何期中现金流，或期中现金流全部能用于再投资并获得同样的收益率时，IRR才能真正算是项目的年度投资收益率。显然更合理的假设是，企业从项目中得到的现金回报只能获得该行业的平均回报水平，也正因为如此，那些IRR越大的项目，其与真实回报水平之间的偏差也就越大。

资料来源：鲸算师irr计算器.IRR解密：一个评估收益率的真实指标［EB/OL］.［2019-11-28］. https://zhuanlan.zhihu.com/p/266145447.此处有改编.

8.2.2　投资预算的其他方法

虽然说，在进行投资评价时必须考虑资金的时间价值，正如我们看到的，长期以来人们一直希望考虑资金的时间价值并把它们折成现值。但是，尽管贴现评价方法具有尽人皆知的优点，但企业还是继续使用非贴现的其他评价方法。这里我们介绍两个用得最广的非贴现方法，即回收期法和会计收益率法。

1.回收期法

回收期法（payback period method）采用最直截了当的办法来评价一项投资，其试图度量从投资中产生的收入“偿付”投资成本的时间长度。从投资中产生的收入是用投资项目产生的净现金流量来度量的（也就是每期的现金收入总额与现金支出总额之差）。为了说明回收期法的运用，我们来看看下面的两个投资项目，每个项目都投资300万元，其现金流量见表8-4。

这两个项目的现金流量告诉我们，300万元的投资，项目1需要4年收回，而项目2要5年才能收回。因此项目1的回收期为4年，项目2的回收期为5年。回收期法的作用有两种。

表8-4　**两个项目的现金流量**　单位：万元

第 n 年	项目 1 的现金流量	项目 1 的累计现金流入	项目 2 的现金流量	项目 2 的累计现金流入
1	45	−255	60	−240
2	120	−135	60	−180
3	90	−45	60	−120
4	45	0	60	−60
5	18	18	60	0
6	0	18	60	60
7	0	18	60	120
8	0	18	60	180
9	0	18	60	240
10	0	18	60	300

第一种，当投资项目互斥（即要么投资项目 1，要么投资项目 2，不能同时对两者投资）时，回收期法可用于项目排序。

第二种，当项目无约束时（亦即如果符合投资标准，对项目 1 和项目 2 都可以进行投资），回收期法可用于做出接受或拒绝项目的决策。

用回收期法解决第一类问题时，首先必须确定标准回收期，在标准回收期内，所有可接受的项目都能够偿还投资支出。“可接受”标准回收期的选择是不定的，但可根据行业特点进行选择。例如，如果一个企业存在潜在的现金流量问题以及严重的资本限额问题，也许会选择一个较短的标准回收期，如 2 年。在此情况下，不论项目 1 还是项目 2，都不会被公司接受。相反，如果标准回收期定为 4 年，项目 1 可接受，项目 2 则不被接受。如果标准回收期定为 8 年，那么两个项目都能被公司接受。用回收期法对互斥项目进行排序，只需选择回收期最短的项目。上例中，就应该选择项目 1。

回收期法用起来很简单，而且用这种方法做出的投资评价的结果解释起来也很直截了当。但是，回收期法有许多缺点，只有在存在现金流量问题和资本限额问题、企业想早点收回投资时，它才可以作为初步的筛选工具。回收期法的最大缺陷是它没有考虑资金的时间价值。但它可以使用贴现回收期，在一定程度上克服这一缺陷。即在计算回收期之前，要把现金流量折成现值。仍以上述例子来作说明，假定贴现率为 10%，根据贴现系数把现金流量贴现，见表 8-5。

从表 8-5 我们可以看出，回收期法的最简单形式可能出现严重问题。首先，一旦现金流量贴现，项目 1 不再能够偿还项目的初始投资，贴现现金流量之和只有 249.62 万元。但是同时，虽然项目 2 在使用贴现现金流量数字时能够偿还项目资本

表8-5 两个项目的贴现现金流量 金额单位：万元

第n年	项目1的现金流量	贴现系数（10%）	项目1的贴现现金流量	项目2的现金流量	项目2的贴现现金流量
1	45	0.9091	40.91	60	54.55
2	120	0.8264	99.17	60	49.58
3	90	0.7513	67.62	60	45.08
4	45	0.6830	30.74	60	40.98
5	18	0.6209	11.18	60	37.25
6	0	0.5645	0.00	60	33.87
7	0	0.5131	0.00	60	30.79
8	0	0.4665	0.00	60	27.99
9	0	0.4241	0.00	60	25.45
10	0	0.3855	0.00	60	23.13

支出，它好像比项目1更可取，但回收期比不贴现回收期长了许多，达到8年。虽然对现金流量进行贴现计算后使回收期法较能让人接受，但问题依然没有解决。事实上，回收期法声称的一个最大的优点，即简便性，在使用贴现回收期法时很快就失去了。既然要用贴现值，为什么不干脆采用这些评价贴现方法（NPV法或IRR法）呢？

回收期法的主要问题在于标准回收期选择的随意性，以及只考虑标准回收期（可接受项目临界点）内的现金流量。让我们更详细地讨论这两个临界点。该方法没有确定可接受项目回收期的长度的标准。尽管可能给出了根据企业现金流量情况来确定的一些原则，但最终的选择还是随意的。这就可能导致对项目接受与否做出随意的决策。

2.会计收益率法

会计收益率法（accounting rate of return method）就是基于会计利润和平均占用资本等会计概念的投资评价方法。会计收益率是根据估计的项目整个寿命期内年平均会计利润与估计的资本占用之比计算出来的。

会计收益率=年平均会计利润（折旧后）/平均资本占用 (8.3)

一般还需要先计算项目寿命期内的平均资本占用，计算公式如下：

平均资本占用=（初始资本投资+投资残值回收）/ 2 (8.4)

【例8-2】如果项目A预计寿命期为6年，项目开始时需要33 750万元的资本，项目终结时（第6年末）预计残值为3 750万元。项目估计的会计利润（折旧后）见表8-6。

表8-6　　项目估计的会计利润　　单位：万元

第 n 年	开始时需要资本	预期会计利润	残值
1	33 750	3 750	
2		3 750	
3		6 000	
4		6 000	
5		9 000	
6		9 000	3 750
总额		37 500	
平均年利润		6 250	

项目总利润为37 500万元，因此平均年利润为6 250万元。用项目初始资本投资计算出的会计收益率为18.52%（6 250/33 750）。

可计算出平均资本占用额为：

（33 750+3 750）/2=18 750（万元）

用这种资本占用的定义，会计收益率为：

6 250/18 750×100%=33.33%

在做出接受或拒绝的决策时，要确立最小可接受收益率。如果会计收益率比这一可接受收益率大，项目可接受；否则，项目被拒绝。

会计收益率是一种流行的投资评价方法，主要是因为其用起来比较简单，需要用到的会计数据也容易得到。用这种方法得到的结果还很容易理解，因为评价结果是用百分数表示的。实际上，占用资本的收益经常用作衡量管理业绩的尺度。

虽然会计收益率法具有把全部现金流入用于其计算之中（不像投资回收期法只考虑项目寿命期前几年的现金流入）的优点，但该方法仍然有许多严重的缺点。首先，最小可接受收益率的选择是随意的，它导致与可接受回收期确定的随意性完全相同的问题。其次，它是一种非贴现评价方法，未考虑资金的时间价值。再次，前面讨论的会计收益率的定义，从我们上面的计算过程可以看出，项目投资的初始会计收益率和最后计算出的是不一样的。它没有给出清晰、准确的计算资本占用的方法。事实上，与利润计算有关的问题，也使得决策者能够通过操纵投资评价来达到他们自己的目的。这种方法所使用的会计利润不是实际的现金流入和流出。

§8.3　现金流不确定条件下的投资决策

前面我们已经讨论过净现值法及其优越性，但那是建立在项目的现金流是确定的条件下的。事实上，绝大多数投资的项目现金流是不确定的。虽然对未来现金流贴现考虑了资金的时间价值，但它并未解决现金流不确定的问题。不确定性问题渗透在投资评价的整个过程中，决策者要认识到不确定性带来的困难及其解决方法，这些方法有助于我们处理决策制定过程中出现的不确定性问题。本节我们来讨论在现金流不确定条件下的投资决策方法，我们将仍以净现值法为出发点，并对其进行发展。

8.3.1 风险和不确定性

我们知道，未来现金流确定性存在与否与投资决策者获取信息的状况有关。当信息不充分时，任何特定决策的后果都不能准确地加以确定。而信息不充分还可以分为两种不同的状态：一种是“风险”，另一种是“不确定性”。

对于任何特定行动（也就是进行任何特定投资），也许会产生一系列的可能结果。但是，项目进行之后只会出现一个结果。假定所有可能结果都是可以识别的，“风险”与“不确定性”两种状态的不同之处就在于决策者是否知道各种可能结果的概率。

风险是指决策者有足够的信息来确定每一种可能结果发生概率的情形。但在不确定条件下，决策者可以识别每一种可能结果，但是没有足够的信息来决定每一种可能结果的概率。

对于企业，其风险主要是源于：产品需求水平的不确定性、新产品销路是否畅通、竞争对手行为的不确定性、生产成本的不确定性，等等。投资评价过程中，处理风险和不确定性问题必须考虑上述因素的估计值与实际值之间的差异。

由于估计上的风险和不确定性，读者也许会认为现金流量估计毫无意义，也没有进行正式投资评价的必要。这种做法对管理实践是没有好处的。虽然不确定性给决策者进行现金流量估计带来了严重的问题，我们仍然需要使用投资评价方法。通过进行正式的投资评价，决策者有可能制定出明智的决策。但是，虽然投资评价方法的使用应借助于判断和经验，但这并不意味着应该仅仅依靠判断和经验。

实践中，人们已经提出了许多方法来帮助决策者在未来现金流量不确定的情况下进行投资评价。这些方法包括：最简单、最直观的方法和较为高级的方法。这里需要强调，投资决策没有什么“绝对正确的答案”，各种方法只能对决策者起指导作用。然而，这并不能抹杀它们的作用，因为不同的方法提供不同的指导。这些方法的价值就在于它们为决策者提供了有用的信息和思考项目全过程中可能产生的各种问题的不同途径。

8.3.2 简单直观的投资决策方法

1.期望净现值法

期望净现值标准是一个处理风险的极为简单的方法。这种方法基于以下观点：第一，在现金流量不确定的情况下，根据与投资结果相关的一组假设条件（如各种成本）得出的某一组现金流量估计值进行投资评价是不明智的。第二，决策者应当以多种情形为基础进行大量现金流量估计。我们以一个例子来说明期望净现值法。

【例8-3】一家洗发水公司正在考虑是否将其新的产品推入市场，用于生产该产品的设备的寿命为6年。公司认为与生产相关的费用和销售水平将主要取决于两个因素：整体经济状况，可能一般也可能高涨；主要竞争对手的反应，可能毫无反应或是推出竞争性新产品。这两个因素导致四种可能的结果：（1）经济高涨，竞争对手推出新产品；（2）经济高涨，竞争对手无反应；（3）经济状况一般，竞争对手推出新产品；（4）经济状况一般，竞争对手无反应。假定贴现率为10%，公司计算出每种可能结果的预期现金流量和净现值，具体数据见表8-7：

表8-7　**每种可能结果的预期现金流量和净现值**　单位：万元

第n年	结果1	结果2	结果3	结果4
0	-159	-159	-159	-159
1	54	54	36	36
2	51	72	36	48
3	51	72	30	45
4	45	72	33	42
5	30	42	24	36
NPV	10.53	60.22	-37.69	-8.43

已知这组可能的净现值数据后，公司要对每一种可能状态发生的概率进行估计，并在此基础上计算期望净现值。公司估计，经济状况一般的概率为0.55，高涨的概率为0.45；公司竞争对手不做任何反应的概率为0.45，做出反应的概率为0.55。这样，每种状态发生的概率见表8-8：

表8-8　**每种状态发生的概率**

	经济高涨的概率 0.45	经济状况一般的概率 0.55
竞争对手推出新产品的概率 0.55	0.2475	0.3025
竞争对手不做反应的概率 0.45	0.2025	0.2475

对每种可能状态的发生概率进行计算后，公司现在可以计算净现值的期望值：

期望净现值（ENPV）=10.53×0.2475+60.22×0.2025−37.69×0.3025−8.43×0.2475=1.31

计算出期望净现值后，决策者现在可以判断是否值得进行投资。一般的决策标准如下：对于独立的投资，选取期望净现值为正的而舍弃期望净现值为负的项目；对互斥项目的投资项目，若期望净现值为正，则选取期望净现值最高的投资项目。由此，例子中的投资项目期望净现值为正，公司应投资于此项目。

但是，期望净现值法中存在很多问题，因此不应机械地使用，而应作为投资决策的指导。该方法有以下几个缺陷：

第一，它没有考虑对风险的态度。因为虽然该风险性投资项目的期望净现值较高，但发生亏损的概率为0.3025①。期望净现值法仅仅集中考查一个数据，即期望净现值，而没考虑到期望净现值的概率分布及决策者对待风险的态度。

第二，当我们考虑投资的多种情形时，与投资评价中使用的现金流量数据相关联的预测问题会随之增加，从而削弱了期望净现值法的作用。在上例中，需要对四种不同情况下的现金流量及每种可能情况的发生概率进行估算。尽管有种种缺陷，但只要不生搬硬套，期望净现值法确实能为决策者提供重要信息。

第三，期望净现值法的第二个问题与期望值的性质有关。当某种行为重复进行时，期望值比较符合实际情况。但投资项目的结果只有一个，如果投资多次进行，平均投资收益将为期望净现值。可是，由于投资只进行一次，净现值或者是10.53，或者是60.22。对于此类一次性投资，期望净现值法作用有限。

微课8-1　期望净现值法

2.风险调整贴现率法

在投资决策过程中，考虑到不同的决策者对待风险的态度不尽相同时，我们可以尝试用按风险调整贴现率法处理现金流量不确定性带来的问题。在存在风险的情况下，风险厌恶的投资者会要求较高的收益率以弥补他为承担风险付出的代价，风险越大，收益率必须越高。而对于具有风险偏好的投资者，他们对风险的期望收益率要求没有那么高，即比风险厌恶者要求的期望收益率的风险低。

风险调整收益率法将这个简单的概念付诸实践。决策者应首先决定零风险投资所需的收益率（也可称作无风险收益率），然后根据投资的风险状况加上风险报酬。风险越大，风险报酬率应越大。用这种方法计算出的收益率（无风险收益率加上风险报酬）将作为净现值计算中的贴现率使用。

投资决策者有可能根据不同的项目分别确定各项投资合适的贴现率。比方说，决策者经过考虑，认为项目1的贴现率应为15%，类似地，决策者也可能确定其他项目的贴现率为18%等。这种方法的问题就在于决策者凭主观意愿确定贴现率。这种主观性虽不能完全去除，但是可以通过在做出决策之前把风险划分成不同类型的方法，在一定程度上避免主观性。

3.敏感性分析

敏感性分析是处理风险和不确定性问题的第三种方法，这种方法虽然比较简单，却可以使决策者对投资项目的本质有更深入的了解。敏感性分析的目的是找出

① 0.3025=0.55×（0.3025+0.2475）。

投资机会的“盈利能力”对哪些因素最敏感。敏感性分析通过识别那些值得获得更多可靠数据的因素，从而为决策者提供重要的线索。如此，决策者便可以把有限的资源用在获取影响项目“盈利能力”的最重要因素的有关信息上。进行敏感性分析一般有以下几个步骤：

第一步，对净现值计算所需的各种现金流量数据进行最佳的估计，比如劳动力成本、广告费用、销售收入等，估计出每个项目在寿命期的净现金流量，并且用标准净现值公式计算出该项目的净现值。

第二步，通过敏感性分析可依次检验净现值计算中使用的每一个数据，检验每一项估计值并确定项目的净现值由正值变为0之前每一项的变动程度。进行检验时，所有其他估计值都保持原有水平，从而确定估计值的变动如何影响净现值。

第三步，根据每一个估计值变动的程度，决策者可利用敏感性分析的结果决定哪一方面的信息最重要，鉴于原估计值的计算是依据不完善的信息，而信息非常昂贵，然后对比较重要的信息进行进一步收集。

敏感性分析的替代方法与之非常类似，但是它不是针对每一项估计值都确定项目的保本点，而是收集有关每一项特定变动造成影响的信息。敏感性分析是确定项目盈利能力最敏感因素的一种极为有用的方法。它为决策者提供制定决策所需要的重要信息。最重要的是，它指导决策者确定最值得深入研究的因素。但是，敏感性分析并非处理风险和不确定性的完美解决方法。特别是，虽然敏感性分析能提供有用信息，但在上述敏感性分析的应用实例中，一次只有一个因素发生变动，而实际上两个或更多的现金流量数据会同时变化。

8.3.3　投资决策的其他方法

1.决策树法

决策树法和期望净现值法的基本思想是一样的。不过，期望净现值法是用于现金流量不确定情况下的投资评价决策；决策树法不仅需要估计一种假设条件下的单组现金流量，还应该估计出不同条件下的多组现金流量。

例8-3中，我们假定无论公司面临4种情况中的哪一种，该种情况都会一直持续到项目结束。实际上，公司面临的运作环境不仅是不确定的，而且也是动态的。也就是说，第一年的经济状况一般，而第二年很可能是繁荣的。为便于分析，我们假定竞争对手不会做出反应，即影响项目净现金流量的因素只有经济状况，并且假设项目期为3年。

一般来说，前一年经济状况会影响后一年的经济状况。这里我们假定，如果今年经济状况一般，那么公司估计明年经济状况仍处于一般状态的概率为0.8，明年经济繁荣的概率只有0.2。但是，如果今年经济繁荣，明年经济继续繁荣的概率增加为0.45，明年经济状况一般的概率为0.55。我们还假定公司知道投资起始年的经济繁荣情况。

由于经济状况以年为单位发生变化，我们现在就能计算出所有可能的现金流量值以及相应的概率，计算结果见图8-1的决策树。顺着决策树的各个分支就能计算出每一种情况下的现值和相应的概率。最后将各种情况的期望值加总，得到总期望净现值。

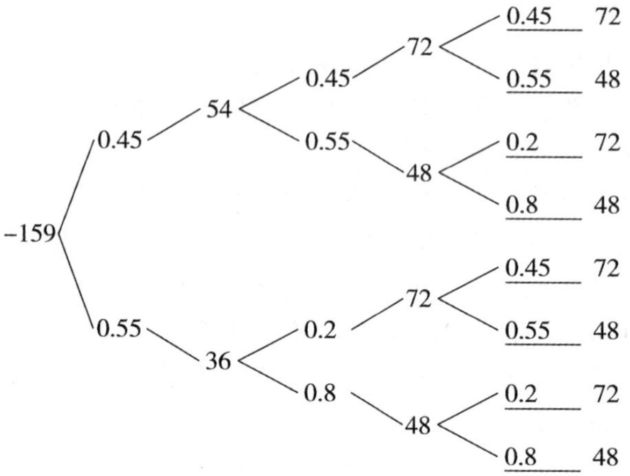

图8-1 决策树

2.仿真法

仿真法可以弥补敏感性分析的这样一个缺点：敏感性分析一次只能考虑一个变量的变动，但是实际情况往往是两个或多个变量同时变动。仿真模型能够模拟几个变量同时发生变化的情形。但由于仿真法只有利用计算机才能取得令人满意的结果，所以该方法最适宜评价大型项目。

仿真模型是一种数学模型，用来模拟财务决策中各种可能的取值。在介绍敏感性分析方法时，我们按照每个变量的"最好估计"来预测现金流量。它仅仅估算出每个变量对应的一个现金流量值，还必须明确每个变量各种可能的取值的概率分布。

通过仿真法我们可以得到的结果不只是净现值（如平均值等），而且是净现值的完整的概率分布，这样决策者就能够找到某些特殊问题的答案。另外，由于该方法不仅能计算出平均值，而且能得到概率分布的标准偏差，从而能更详细地进行风险与收益比较分析。最后，通过仿真法可以具体考查不同变量之间的相互关系。

不过，仿真法最主要的缺点是，收集相关信息并把数据输入仿真模型的过程需要花费大量的时间，费用也很高。另外，每个变量的概率分布也不容易获得，尤其在遇到新的、"一次性"的项目时更是如此，而且可能出现变量之间的多重相关，从而使证明、构建合适模型的过程变得更为复杂。

还有一种处理风险和不确定性问题的全新方法——博弈论法。虽然这种方法的理论基础是博弈论，但理解起来还是比较简单的。博弈论法适用于决策者不知道每种可能结果的概率是多少的情况。换句话说，它们适合用来进行不确定性条件下的投资决策，而不是风险条件下的投资决策。这类方法共有5种：（1）贝叶斯-拉普拉斯法则；（2）最大最大法则；（3）最大最小法则；（4）赫维斯基法则；（5）最小最大法则。

博弈论方法为决策者提供了一些新的投资决策方法，所以能为决策者提供重要的信息和结论。但是，这些方法都不能给出确切的决策建议。不过根据自身的风险偏好和对风险的态度，决策者可以选择一个或多个博弈论方法进行分析，用博弈论法做出的投资评价仍然很有参考价值。

微课 8-2　投资决策的其他方法

§8.4　投资评价与资本资产定价模型

如我们前面章节提到的，资本资产定价模型最初的目的是对风险资产进行估价(或定价)。但股票的价值在很大程度上取决于购进股票后获得收益的风险程度。多数情况下，二者虽然都是进行投资，但未来的收益也是不确定的。投资者都是放弃了现在的消费，以期获得更多的消费。因此，适合给股票（及其他风险资产）定价的模型，同样可以用来决定风险投资项目的贴现率。

资本资产定价模型可以客观地决定风险报酬，在风险调整前的贴现率的基础上加上风险报酬，就可以得到一个合适的调整风险后的贴现率。

8.4.1　系统风险和非系统风险

我们在前面谈及风险，都未对其做区分，这里隐含了一个假设，即风险都是一样的，并且采用任何方法确定调整风险后的贴现率时，决定风险报酬都不需要区别风险的不同类型。这样理解风险不仅过于简化，还可能在根据风险因素调整贴现率时出现严重错误，进而导致投资决策失误。

一般说来，我们把风险来源划分为影响经济体系中所有企业的一般性风险（即系统风险）和只对某些企业产生影响的企业特殊风险（即非系统风险）。一般性风险来源包括经济体系中消费需求总体水平、税收水平、利率水平和能源价格等诸如此类的因素。除了一般性因素外，还存在只对某些企业产生影响的特殊风险。企业特殊风险包括企业的研究与开发计划成功与否、企业广告促销活动的效果、企业内部的工业关系以及企业管理能力和管理效率等因素。这类因素对任何投资项目的结果都会产生很大的影响。

区分两种风险是有重要意义的，因为非系统风险可以用很低的成本避免并且很容易避免。比如同时拥有两家收益负相关的股票，决策者就可以避免非系统风险。但是系统风险是不可避免的。

通过上述分析，我们可以得知，投资者应该能够获得系统风险的收益，但是不能获得非系统风险的报酬。因此，在确定适合的收益率时，考查的不是总体风险，而应该考查系统风险。而我们应该注意到，处于同样总体风险水平的两家公司的收益率是不一样的，但具有相同系统风险水平的两家公司必须提供相同的收益率。

8.4.2 系统风险的期望收益率

我们已经知道，系统风险是由一般性的市场因素所导致的风险，这些一般性因素对整个经济都会产生影响。因此，系统风险是与市场的系统性变化相联系的风险。因此，我们就可以通过分析某个公司的收益变化与整个经济体系的收益变化的相互关系来度量系统风险。例如，可以通过考查大量企业的收益指标来反映整个经济体系的收益变化，如《金融时报》全部股票价格指数。该指数的变化反映了伦敦证券交易所的所有股票的收益变化。度量单个公司的系统风险应该反映单个公司的股票收益变化与整个市场收益变化的关系。

资本资产定价模型方法中最重要的系数是资产的β系数。β系数反映公司风险和整个市场风险的相对关系。β系数是反映公司的收益变动相对于整个市场收益变动的比率。我们也可以通过对单个公司的股票收益变化和整个市场收益变化的历史数据进行回归分析，得到的斜率就是β系数。

计算出β系数后，可算出期望收益率为：

$$R_i = R_f + (R_m - R_f)\beta_i \tag{8.5}$$

式中：R_i为期望收益率（贴现率）；R_f为没有考虑风险的利率（例如政府债券的利率）；R_m为整个市场的收益率（例如全部股票价格指数）；β_i为公司的系数。

因此，如果没有考虑风险的收益率是5%，整个市场的平均收益率是15%，β系数是2。那么期望收益率为：

$$\begin{aligned} R_i &= R_f + (R_m - R_f)\beta_i \\ &= 5\% + 2 \times (15\% - 5\%) \\ &= 25\% \end{aligned}$$

计算出的值就是整个公司的期望收益率。如果任何新项目的系统风险水平和整个公司的系统风险水平一样的话，公司的期望收益率还可以作为单个项目的贴现率。

8.4.3 资本资产定价模型的困难

资本资产定价模型方法在具体应用过程中常常会遇到一些困难：

（1）如果是全新的项目，可能没有可以利用的历史数据来估计项目的系数，这样往往就需要应用主观判断。

（2）从技术角度看，资本资产定价模型方法是单期模型，计算出的期望收益率只能用于单期项目。但许多项目都是多期的，所以把理论上的单期模型应用到实际项目时，就会出现一些问题。虽然也可以把资本资产定价模型方法扩展应用到多期项目，但应用起来非常复杂。

（3）系数在不同时期可能会发生变化。

（4）我们上面已经讲过，估计期望收益率并不容易。要么你自己需要用大量的数据，要么从服务公司购买系数的值。由此可见，虽然资本资产定价模型方法在理论上具有重要突破，但实际应用起来却很复杂，而且存在一些缺陷。

§8.5　项目评价

以上我们讨论了各种投资评价方法、在方法应用过程中可能遇到的问题以及解决这些问题的方法，本节我们将讨论投资项目在已经选定并开始实施阶段应该怎么办。在此要强调一点，项目开始实施并不是投资评价过程的结束。相反，决策仍然需要对项目进行评价，并在项目实施过程中对项目业绩进行监测。

8.5.1　项目实施过程

项目实施要考虑许多不同的方面，例如，要建一个新工厂推出一种新产品，这项投资的实施过程要考虑许多方面，包括购买合适的地块、设计厂房、签订建筑工程合同以及产品的设计和营销等。项目实施过程中不仅要考虑许多方面，而且不同的事件发生的时间也不相同。例如，买地块的时间比产品销售的时间可能会早得多。

项目经理必须知道项目的进展情况、投资的不同阶段分别有哪些要求，以及项目进展是否和进度安排一致等。项目经理必须知道延误情况以及导致延误的原因。换句话说，项目经理必须监测项目的进展情况与投资评价阶段的预计相符合的程度。项目实施过程的监测功能有：第一，在必要时采取补救措施；第二，了解项目实施过程发生与预计不一致的时间和原因，以提高今后的投资决策水平。

8.5.2　项目的监测与补救措施

对项目进行监测时不仅要考虑项目的物质进展情况，还要考虑项目的财务状况。项目经理发现延误或问题，必须决定是否需要采取补救措施，采取什么样的补救措施。例如，由于竞争对手推出了一种类似的产品，并采取了大规模的广告促销活动，导致销售额低于预计水平，那么这个工厂应该同样采取更大规模的广告促销活动。

项目经理不能简单地认为项目的进展会和预计的情况一样，了解项目进展情况以及进展与预计不一致的原因很重要。了解这些信息，项目经理才能决定采取什么样的补救措施。

8.5.3　监测项目的实施和经验的总结

监测者应该从项目实施的问题中汲取经验教训，这些问题可能会对提高投资评价水平大有帮助。项目实施过程中出现与预期水平不相符的情况可能不是由于外部原因所致，而是在项目的投资评价阶段做预测时出现了系统性错误。

从过去的投资评价中吸取经验教训，既可以通过监测项目进展情况，也可以通过事后审计。虽然二者有相似之处，但事后审计往往在项目进行了很长一段时间后才进行。

事后审计不是针对项目的每个方面，而是重点考查对项目成败有重要作用的方面。它具体考查敏感性分析时常常要考虑的一些重要因素。事后审计的一个重要附带作用是让参与投资评价的人员知道他们的预测经过将会在事后审计中被仔细审查，从而使他们在评价企业时更加准确地做出预测。而且，事后审计可能会让部分预测人员过于小心，他们可能会使本来获利的项目被剔除。因此，完善事后审计很重要，使销售部门不仅要为过分乐观的估计负责，还要为低估效果负责。如果能正确加以运用，事后审计可以作为提高投资决策水平的重要工具。

专栏8-2

中国企业对共建“一带一路”国家投资成效显著

社会科学文献出版社2020年7月出版的企业国际化蓝皮书《中国企业全球化报告（2020）》显示，在复杂的国际局势下，中国企业的全球投资总体稳步发展，对共建“一带一路”国家投资成效显著。

《中国企业全球化报告（2020）》由全球化智库（CCG）和西南财经大学发展研究院联合编著。蓝皮书总报告归纳总结了2018—2019年全球对外投资、中国企业对外投资以及外商在华投资的情况、特点与趋势。

蓝皮书表示，中国企业对外投资存量全球占比不断提升，企业海外并购行业结构更加多元，制造业、信息传输、计算机服务和软件业等行业对外投资表现亮眼。企业对共建“一带一路”国家投资积极推进，成效显著，占中国企业对外投资的比重不断上升。

蓝皮书分析了中国企业对外投资的三大趋势。第一，“一带一路”朋友圈不断扩大，孕育更多投资机会，或将重塑全球投资新格局，吸引更多中国企业加入。第二，中国企业在电子商务领域已经取得了技术优势，随着云计算、大数据等技术的发展和应用，中国企业在跨境电商行业将迎来更多投资机会与发展机遇。第三，中国企业对外投资方式将更为多元，私募股权基金、风险投资基金等财务投资者与产业类战略投资者合作进行海外并购投资的趋势明显。

蓝皮书还就中国企业如何应对错综复杂的国际局势，如何应对欧美发达国家对外资审查趋严的形势，尤其是在中美贸易摩擦下，中国企业如何投资美国，以及“一带一路”的可持续发展、对外经贸合作区的高质量发展等问题提出了对策建议。

资料来源：冉文娟.蓝皮书：中国企业对外投资稳步发展 “一带一路”沿线国家投资成效显著［EB/OL］.［2020-07-21］. https://baijiahao.baidu.com/s?id=1672824129416249010&wfr=spider&for=pc.此处有删减.

★ 思政课堂

国家金融监管总局：引导保险资金更大力度地支持资本市场

【归类】政策导向

【属性】服务实体经济，资源配置

2023年9月10日，国家金融监督管理总局发布《关于优化保险公司偿付能力监管标准的通知》，在保持综合偿付能力充足率100%和核心偿付能力充足率50%监管标准不变的基础上，根据保险业发展实际，优化了保险公司偿付能力监管标准。

通知文件内容共十条，包括四个方面：

一是差异化调节最低资本要求。要求总资产100亿元以上、2 000亿元以下的财产险公司和再保险公司，以及总资产500亿元以上、5 000亿元以下的人身险公司，最低资本按照95%计算偿付能力充足率；总资产100亿元以下的财产险公司和再保险公司，以及总资产500亿元以下的人身险公司，最低资本按照90%计算偿付能力充足率。

二是引导保险公司回归保障本源。将保险公司剩余期限10年期以上保单未来盈余计入核心资本的比例，从目前不超过35%提高至不超过40%。财产险公司最近一个季度末计算的上两个会计年度末所有非寿险业务再保后未到期责任准备金回溯偏差率的算术平均数、未决赔款准备金回溯偏差率的算术平均数小于等于-5%的，保费风险、准备金风险的最低资本要求减少5%。保险公司投资的非基础资产中，底层资产以收回本金和固定利息为目的，且交易结构在三层级及以内（含表层）的，应纳入利率风险最低资本计量范围。

三是引导保险公司支持资本市场平稳健康发展。对于保险公司投资沪深300指数成分股，风险因子从0.35调整为0.3；投资科创板上市普通股票，风险因子从0.45调整为0.4。对于投资公开募集基础设施证券投资基金（REITS）中未穿透的，风险因子从0.6调整为0.5。要求保险公司加强投资收益长期考核，在偿付能力季度报告摘要中公开披露近三年平均的投资收益率和综合投资收益率。

四是引导保险公司支持科技创新。保险公司投资的国家战略性新兴产业未上市公司股权，风险因子赋值为0.4。保险公司经营的科技保险适用财产险风险因子计量最低资本，按照90%计算偿付能力充足率。

通知自发布之日起实施。国家金融监督管理总局将按照党中央关于机构改革的要求，加强机构监管、行为监管、功能监管、穿透式监管、持续监管，进一步提升服务实体经济和人民群众质效。

资料来源：国家金融监管总局.引导保险资金更大力度地支持资本市场［EB/OL］.［2023-09-11］. http：//zjnews.china.com.cn/yuanchuan/2023-09-11/390502.html.

★ 本章小结

1.在确定条件下，净现值法可为独立投资项目提供确切的决策建议：选取净现值为正的项目进行投资，拒绝净现值为负的项目。内部收益率是净现值方程中使净现值为零的贴现率。

2.如果是独立项目，内部收益率大于资本成本就应该进行投资。如果是互斥项目，内部收益率决策标准是：如果内部收益率大于资本成本，选取内部收益率最高的项目进行投资。

3.回收期法用于度量用投资产生的收入回收投资成本所经历的时间长度。

4.在存在风险和不确定性条件下，决策者可以采用的方法都是以净现值法作为出发点，把净现值法加以扩展就可以处理投资分析中的风险和不确定性。

5.投资者可以通过购买范围较广的股票组合来避免非系统风险。

★ 综合训练

8.1 单项选择题

1.对大多数股东来说，持股的最终目的就是为了（　　）。

A.得到红利　　B.取得股票

C.对公司进行管理　　D.增加财富

2.（　　）就是基于会计利润和平均占用资本等会计概念的投资评价方法。

A.会计收益率法　　B.回收期法

C.内部收益率法　　D.净现值法

3.（　　）涉及一项投资的未来现金流量的现值和该项投资所需要筹措的现金支出的比较。

A.回收期法　　B.净现值法

C.内部收益率法　　D.会计收益率法

4.资本资产定价模型方法中最重要的系数是（　　）。

A.R_f　　B.R_m　　C.β　　D.R_i

5.如果没有考虑风险的收益率是5%，整个市场的平均收益是16%，β系数是2，那么期望收益率为（　　）。

A.25%　　B.26%　　C.27%　　D.28%

8.2 多项选择题

1.（　　）是投资评价的两个主要贴现方法。

A.会计收益率法　　B.回收期法　　C.内部收益率法　　D.净现值法

2.期望净现值法的缺陷有：（　　）。

A.它没有考虑对风险的态度

B.当我们考虑投资的多种情形时，与投资评价中使用的现金流量数据相关联的

预测问题会随之增加，从而削弱了期望净现值法的作用

C.期望净现值法的第二个问题与期望值的性质有关

D.期望净现值法的理论基础不科学

3.简单直观的投资决策方法有（　　）。

A.期望净现值法　　B.风险调整贴现率法

C.敏感性分析　　D.决策树法

4.信息不充分可以分为两种不同状态：（　　）。

A.博弈　　B.不确定性　　C.风险　　D.均衡

5.回收期法的作用有（　　）。

A.确定项目的现金流量及期限

B.当投资互斥时，回收期法可用于项目排序

C.回收期法可用于项目的净现值的计算

D.当项目无约束时，回收期法可用于做出接受或拒绝项目的决策

8.3　思考题

1.简述投资评价回收期法的基础。

2.在什么情况下，净现值法和内部收益率法得出的决策建议肯定是一样的？

3.决策树分析方法比期望净现值法在哪些方面有优势？

4.如果公司同时面临系统风险和非系统风险，为什么在投资评价过程中区分这两种风险具有重要意义？

8.4　练习题

有两个投资项目的投资均为30 000元，其净现金流量见表8-9：

表8-9　两投资项目的净现金流量

第 n 年	项目1的净现金流量（元）	项目2的净现金流量（元）
1	6 375	4 250
2	6 375	4 250
3	6 375	5 100
4	6 375	5 100
5	4 250	6 800
6	0	12 750
7	0	12 750

（1）采用名义现金流分别计算两个项目的回收期，假定标准回收期为4年。

（2）在12%的贴现率下，哪个项目回收更快？

第9章

实物投资

★ 导读

作为一名“聪明”的投资者，在做金融投资的同时也应当关注实物投资，在诸多投资理财工具中，实物投资目前是中国普通投资者较少涉及的领域，但其中确有很多投资品种具有良好的投资价值。比如，黄金投资具有较好的抗通胀作用；高新技术产业投资尽管有一定的风险，但它成功后能带来的回报非常丰厚；房地产投资在这些年已经成就了一大批人的财富梦想。所以，学习和了解实物投资同样重要。

★ 关键概念

产业投资（industry investment）　私募股权投资（private equity）　流动资产（liquid asset）　无形资产（intangible assets）　风险投资（venture capital investment）　首次公开上市（initial public offering）　股票回购（stock repurchase agreement）　大宗商品（commodity）

在古代，有个庄园的主人有事要外出半年，他在临走前给了两位仆人每人10两银子，并嘱咐他们要好好管理这笔财富。主人将大小事情交代清楚后就离开了，半年之后回到家里。仆人甲说："我把这10两银子埋在地下，现在一点都没少。"仆人乙随后拿出20两银子交给主人说："我拿当初的10两银子购进了一批原材料，生产了一批产品，最后将其卖出去，净赚了10两银子。"主人听了之后感动万分，在之后的日子里主人非常关心仆人乙的生活，也非常尊重他的想法，而且将他提拔成管家，仆人乙在庄园的地位也大大提高了。这个故事里的仆人乙就是一个懂得实物投资的人。

§9.1　产业投资

党的二十大报告指出："坚持把发展经济的着力点放在实体经济上。"在我国现在的发展阶段，产业投资不但促进了企业的快速成长和发展，为企业创造了成长的沃土，也为投资者提供了获利的空间。最重要的是，产业投资推动了地区的经济发展，壮大了实体经济，所以学习了解产业投资具有重要意义。

9.1.1　产业投资介绍

1.产业投资的种类

产业投资（industry investment）又称为实业投资，是指为获取预期收益，以货币购买生产要素，从而将货币转化为产业资本，形成固定资产、流动资产和无形资产等的经济活动。产业投资有许多不同的种类。由于观察的角度和核算方法不同，产业投资有不同的分类方法和计算口径。一些支出在企业会计核算中记为投资，但在国民经济统计中却作为中间消耗和消费支出。这些分类都是为满足一定的需要而做出的，不能简单地判断孰对孰错，重要的是了解和把握各种产业投资概念的内涵。

（1）固定资产投资、流动资产投资与无形资产投资。

在企业的财务核算中，依据资产形态的不同，产业投资可以分为固定资产投资、流动资产投资与无形资产投资。

①固定资产投资。

固定资产投资的特点有以下四点：

第一，投资过程的长期性。固定资产投资有两种形式：一种是通过采购活动就可以完成的，如购买不需要安装的设备。另一种是不仅需要采购物资，还要追加劳动才能够完成，如需要安装的设备要经过安装，房屋、建筑物等要有各种建筑材料，通过施工才能建成。后一种形式是固定资产投资的基本形式。就后一种形式而言，固定资产投资从项目动工上马到建成交付使用，往往要经历较长的时间，在这期间，只有投入，没有产出。

第二，资产地点的固定性。这表现在它和土地连成一体，投资地点一经确定，并经过施工建在哪里，就始终在哪里发挥作用，不能移动，如工厂、高炉等。其中，有的固定资产如煤井、水库等，它们本身就是土地不可分割的一部分。这种情况正如马克思所指出的："劳动资料固定在一个地点，把根牢牢扎在地里这个事实，使这部分固定资本在国民经济中具有一种独特的作用。它们不能被运往国外，不能作为商品在世界市场上流通。"

第三，项目资产的不可分性。固定资产投资项目单位规模应达到规模经济的要求，一般需要一次性垫支的资金数额巨大，如修建一座水力发电站，必须购置发电机、修筑水坝、安设船闸等。而且，水坝必须达到一定的高度，发电机必须达到一定的数量，方可使水资源得到充分的利用，从而最大限度地降低发电成本和提高电力投资收益。水力发电站建成以后，可以长期发挥作用，尽管每年损耗的价值只是其中很小的一部分，但使用的却是整个发电站。为此，必须为长期使用发电站一次性垫支整个发电站所需的固定资产的价值。

第四，固定资产项目形成的单件性。以工业固定资产投资为例，由于行业不同，规模有大有小，技术水平有高有低，各个投资项目可以说是千差万别的。即使是基本相同的项目，也会由于建设地点、建设条件的不同而产生很大的差别。因此，在确定每项投资时，都要分别进行可行性研究，进行技术上、经济上的论证，并逐项进行设计和组织施工。

②流动资产投资。

流动资产投资是增加流动资产的投资，其中主要是增加存货的投资。**流动资产（liquid asset）是指在一次生产过程就改变或消失其原有实物形态的生产资料，如原材料、在产品和产成品等。**

流动资产具有如下几个基本特点：第一，流动资产在生产过程中起着劳动对象的作用。第二，流动资产只能参加一次生产过程，并在生产过程中改变或消失原有的实物形态，而且在每个生产周期后都必须重新购买新的原材料。第三，流动资产只参加一次生产过程，它的价值则是一次全部转移到产品中去。

流动资产和固定资产一样，都是生产过程中不可缺少的生产要素。在固定资产投资项目完工后，如果不能及时垫支足够的流动资产投资，固定资产投资的成果就不能充分发挥作用。不仅如此，要使生产过程连续进行，流动资产的各种要素必须和固定资产的各种要素一样，不断地固定在生产过程中，而且固定资产和流动资产在数量上还要成比例。从价值周转的角度看，固定资产投资和流动资产投资不同，前者属于长期投资，后者属于短期投资。但是，从价值被占用的角度看，固定资产投资和流动资产投资一样，两者都要被生产过程长期占用。

流动资产投资可分为必要投资与非必要投资。在保证生产正常进行的限度内，储存一定量的原料、辅助材料、半成品和产成品，属于必要流动资产投资的范畴。如果必要流动资产投资得不到保证，就会使开工不足，造成固定资产的闲置浪费。但是，如果产品销售不出去，或者原材料储备超过了生产正常需要的限额，由此增加的投资就成为非必要流动资产投资。这种投资不仅不会带来收益，相反会造成社会经济资料的闲置和浪费。

③无形资产投资。

无形资产投资是为了获取无形资产而进行的投资。**无形资产（intangible assets）是指在生产过程中能够长时间发挥作用，并能为所有者带来收益，而没有实物形态的资产，包括专利权、非专利技术、商标权、土地使用权等。**专利权是指由政府的专利主管机关根据发明人的申请，认为其发明符合法律规定的条件而授予发明人的一种独占权利。非专利技术又称技术诀窍和技术秘密，是指未经申请专利但具有实用价值的专门知识和经验。商标权是指商标经登记注册后，政府赋予商标所有者使用这种商标的专有权利。土地使用权是指依法律规定对土地享有利用、经营和取得收益的权利。

无形资产具有以下几个特点：第一，垄断性。无形资产受法律保护，其使用权为所有者所独占，购买技术专利、非技术专利、土地使用权必须支付相应的费用。自行开发的技术专利，不仅要花费科技开发费用，还要支付技术专利申请费和维持费用。第二，无形资产没有实物形态。有的无形资产是对某种物品的使用权，如土地使用权和商标；有的无形资产则是能够带来收益的知识和技能，如技术专利和非技术专利。第三，无形资产必须以有形资产为依托才能发挥作用，而不能脱离有形资产而独立存在。第四，无形资产的价值在于它为企业以现有的有形资产获得高于正常投资报酬率的超额收益提供了可能，这种超额收益具有很大的不确定性。

（2）兼并与收购投资。

企业的兼并与收购（merger & acquisition，M & A），通常被简称为并购。兼并与收购投资是指用于企业兼并和收购的投资。

兼并分为吸收合并（merger）或新设合并（consolidation）。其中，吸收合并是指目标（被兼并）企业被投标（兼并）企业吸收，目标企业的股东原来的股票被置换成投标企业的股票。兼并企业原来的名称和法律地位不变，继续存在，而被兼并企业则解散，其法律地位消失，不再作为一个独立经营实体而存在。新设合并则是指参与合并的双方经过解散，其法律地位均消失、重新登记设立一家全新的公司的一种兼并形式。

收购分为股票收购（acquisition of stocks）和资产收购（acquisition of assets）。股票收购是指投标企业用现金、股票或其他证券（或三种方式的某种组合）购买目标企业的具有表决权的股票。在购买股票时，投标企业的管理层可以与目标企业的管理层就收购股票有关事宜进行协商，也可以直接向目标企业的股东发出购买股票的要约，该要约常常通过报纸广告等方式进行公告。后者被称为发盘收购（tender offer），通常，投标企业与目标企业的管理层协商失败之后才采取发盘收购的方式。资产收购中投标企业向目标企业进行支付，而不是直接向其股东进行支付。资产收购可以避免在购买股票方式下由少数股东带来的潜在问题，也可以逃避目标企业的一些债务（实际债务以及或有债务）。其缺点是这种方式要求进行资产过户，而这一法定程序成本高昂。如果投资者运用高比例的债务融资购买企业的股票，就是杠杆收购（leveraged buyout，LBO）；如果是公司管理层通过杠杆收购的方式取得了公司的所有股票，就是管理层收购（management buyout，MBO）。完全意义上的企业兼并与收购，既不一定需要购置新的资产，也不一定需要对原有资产进行更替，这表明兼并与收购不同于一般意义上的投资。因此，在国民经济核算中，资本形成总额和积累额中都没包括兼并与收购投资。但是，从企业的角度看，投标企业无论收购目标企业的股份还是资产，都需要支付货币资金。在兼并过程中，投标企业常常也需要一定数量的费用支出。企业兼并和收购的直接效果是兼并与被兼并企业、收购与被收购企业现有资产的整合和优化，这可能产生增加收入、降低成本等多种协同效应，从而可能增加企业的市场价值。兼并与收购投资效率往往要远远高于新建一个同样规模的企业的投资效率，而且从投资到产生收益的时滞较短。从这个意义上说，兼并与收购投资是产业投资的高级形态，与一般产业投资的差异在于，其投资运作的对象是整个企业或现在的资产存量，目的则是实现企业或企业资产的整合和优化。

（3）房地产投资、高新技术产业投资与风险投资。

①房地产投资。

房地产又称不动产，包括地产和房产。地产是指对土地的所有权或使用权。在我国，城市土地归国家所有，城市居民和企业只拥有对土地的使用权；农村土地和城市郊区土地，除法律规定属国家所有的以外，属集体所有，农村居民个人也只有土地使用权。房产包括住宅和非住宅两大类，其中，住宅是供人们长期居住使用的建筑物。

广义地说，房地产投资是指以营利为目的，用于形成不动产为目的的投资。房地产投资包括两种基本类型：一种是房地产开发投资，主要指房地产企业用于房地产开发的投资；另一种是房地产交易投资，是指为了获取租金或增值收益而购置房地产的投资。房地产开发投资需要经历从房地产项目建设到房地产销售等一系列环节才能实现投资的回流和增值，和其他产业投资的不同之处仅在于，房地产本身就是房地产企业的产品。房地产交易投资主要利用房地产买入和卖出的差价谋利。

我们通常所说的居民个人的房地产投资也有两类：一类是建造或购置供自己使用的住宅，另一类是为了获取租金或增值收益而建造或购置房地产的投资。在国民经济统计中，房地产企业用于房地产开发的投资和居民个人自建房屋的投资是计入固定资产投资的，但用于购买商品住宅的支出并不计入固定资产投资。这是因为，如果既计算房地产开发投资又计算居民购置商品住宅的投资，会造成重复计算。

房地产投资的基本功能是为居民生活和企业生产经营提供空间场所，从而为居民生活提供基本的生活资料，为国民经济各部门提供必要的物质条件，为城市化提供物质载体。但是，单纯的房地产投资并不能增加社会的生产能力，房地产交易投资只能改变房地产在社会成员之间的分配，房地产投资过度将造成房地产价格过度上涨，从而会影响经济的健康发展。

②高新技术产业投资。

严格地说，高新技术包括高技术和新技术两个不同的范畴。高技术是以科学最新成果为基础的技术。目前公认的高技术包括信息技术、生物技术、新材料及新能源技术、航空航天技术和海洋开发技术等。新技术是某一领域和范围相对较新的技术，并不一定是高技术。高新技术产业是指研究和开发高新技术产品的企业的集合，高新技术产业投资则是高新技术产业部门的投资。值得指出的是，高新技术产业投资可以有两种不同的统计口径：一种是只计算高新技术产业部门的固定资产和流动资产投资；另一种则是将研究和开发费用支出也计入高新技术产业投资，后者实质上是一种无形资产投资。

③风险投资。

风险投资（venture capital investment，VC），又称创业投资，是指为了促进高新技术成果尽快商品化，获取高额资本收益，而将现期一定的资源或经济要素冒险投入处于高风险状态（阶段）中的投资对象（风险企业），从而转化为（权益）资本的过程。风险投资方向主要集中于高新技术领域；投资的对象主要为新兴的、迅速发展的、有巨大竞争潜力的中小企业；投资方式主要为股权投资；重点支持处在开发和试生产阶段的科技成果迅速进入商品化推广应用阶段；主要通过在风险企业公开上市后转让股权获取投资收益。在收回投资后，又转向新的风险投资。可见，风险投资不同于一般的产业投资，其投资目的并不在于形成产品生产能力，通常也不是通过利用所形成的资产生产产品来收回投资和实现投资的增值。它也不同于股票投资，只有在风险企业公开上市后才有可能转让股权。因此，可以说，风险投资是以金融创新和技术创新为基础的产业投资的新兴形态。从社会的角度看，风险投资部分将转化为风险企业的固定资产和流动资产，部分将转化为风险企业的无形资产。第二次世界大战以后，尤其是20世纪70年代以来，风险投资在全球范围内获得了迅速发展，极大地促进了科学技术的发展。据美国商业部统计，第二次世界大战后，95%的科技发明与创新都来自小型企业，而这些发明和创新转化为实际生产力则主要借助于风险投资的帮助。

2.产业投资的特点

产业投资通常是一个庞大的系统工程，内容复杂，涉及面广，因而往往以项目的方式组织实施。一个投资项目就是一个投资组织单位，要在规定时间内，按同一个目标或一组目标，组织固定资产、流动资产和无形资产投资，并形成产业的综合生产能力或服务能力。从总体上看，产业投资不仅具有与证券投资相同的一些特性，如跨时性和未来收益的不确定性，还具有自身的特点。

（1）长期性。

产业投资和证券投资一样是跨时的，而且从投入到产生收益往往需要经历较长的时间。产业投资中的固定资产投资，从项目动工上马到建成交付使用，动辄几年，甚至十多年。在这期间，只有投入，没有产出，投入的资金好像被冻结起来。投资规模越大，工期越长，则被暂时“冻结”的资金也越多。就一个投资项目看是如此，从全社会来看也是这样。因此，社会究竟能在多大规模上经受得住这种暂时的“冻结”而不至于影响人民的生活水平和社会再生产的正常进行，客观上就有一个界限。流动资产投资和无形资产投资，虽然一般只需要经历一个购买过程就可完成，但其投资的时间必须与固定资产投资相配合。

（2）不可分性。

产业投资的不可分性表现在两个方面：其一，产业投资必须达到规模经济的要求，一般需要一次性垫支的资金数额巨大。例如，修建一座水力发电站，必须投资购置发电机、修筑水坝等。而且，水坝必须达到一定的高度，发电机必须达到一定的数额，方可使水力资源得到充分利用，从而最大限度地降低发电成本和提高电力投资效益。其二，产业投资必须符合形成综合生产能力或服务能力对各类要素的技术要求。例如，建设一个汽车生产企业，不仅需要进行固定资产投资，还必须进行相应的流动资产、无形资产和递延资产投资。否则，企业的生产和经营就不能正常展开。不仅如此，各类产业投资还要在规模和结构、数量和质量上相互匹配。例如，流动资产投资不足，会导致固定资产不能获得充分利用，无形资产投资不足则会影响企业的技术进步。

（3）固定性。

产业投资通常是选择在一定的地点进行的，投资形成的生产能力和服务能力要固定在建设地点长期发挥作用。例如，建设一个汽车生产企业，在投资前，通常有多个地点可供选择。但是，汽车生产企业一旦建立起来，就难以动迁。如果投资地点选择得当，不仅会给企业的生产和经营带来便利，还会促进当地经济和社会的发展；如果投资地点选择不当，不仅可能给企业带来先天性不足，还可能影响当地经济和社会的发展。

（4）异质性。

产业投资不能像成批生产标准产品那样组织实施。以工业投资为例，由于行业不同，规模有大有小，技术水平有高有低，各个投资项目可以说是千差万别，即使是基本相同的项目，也会由于建设地点、建设条件的不同而有很大的差别。

（5）专用性。

产业投资所形成的资产大多具有专用性，即有着专门的用途。即使具有多种用途的设备，如普通的钻床，一旦固定在某个地点，其用途也会受到限制。虽然原材料通常不具有专用性，但一旦进入特定的企业，再运往其他企业，就需要追加流通费用。加工成为产成品或在产品后，这样的流动资产通常不能再做他用。

（6）不可逆性。

由于上述多种原因，产业投资的成本至少部分是沉没的。这就是说，在产业投资前，如何使用货币资本，投资者可有多种选择；何时进行产业投资，投资者也有多种选择。但是，一旦投资者做出决定，产业投资项目上马，要想改变投资的预定方案就很困难，不仅资产建成后难以改变其用途和使用地点，如果工程半途而废，往往也会造成巨大损失。

3.产业投资的作用

（1）影响企业的经济效益和整个国民经济的效益。

企业的效益和国民经济效益可以归结为经济要素投入与产出的比例。资本无疑不是唯一的经济要素，但是，没有资本的投入，就业不充分，劳动力资源就得不到充分利用；技术开发就缺乏物质手段，技术成果的推广和使用也无从谈起。产业投资具有长期性、不可分性、固定性、异质性和不可逆性，产业投资决策正确与否，会对企业的生存与发展，对国民经济的发展与稳定产生长远性、全局性的影响。

（2）制约和影响企业制度和整个经济制度。

企业的资本和资产来源于产业投资，从这个意义上可以说，有什么样的产业投资制度，就有什么样的企业制度。传统经济体制的主要弊端就在于国家直接组织一般竞争性的产业投资，而要建立现代企业制度，就必须在企业投资主体多元化的基础上，实现企业所有权与经营权的分离，同时还必须建立健全企业治理机制。企业治理的核心问题是如何界定所有者与经营者及相关利益者权利、责任和利益关系，关键则在于如何构建企业投资的激励与约束机制。这是因为，产业投资决策对企业而言，无疑是一种战略性的决策。从整个经济制度看，市场经济不仅要有现代企业制度作为基础，还要构建健全的宏观调控体系和保证经济可持续发展的机制。宏观调控离不开对产业投资的有效调控，可持续发展也离不开通过投资制度的改革，促进资源的合理配置和利用。

（3）制约和影响企业和国民经济的增长与结构变化。

产业投资的结果形成生产能力或服务能力，对未来的生产起着决定性的作用。从宏观的角度看，产业投资规模的大小，直接影响经济发展速度的快慢和居民生活水平的高低，产业投资增长的波动则可能引起整个经济的起伏波动。产业投资结构对国民经济结构状况也有决定性的影响，现有的产业结构是过去产业投资的结果，而今天的产业投资又塑造着未来的产业结构。从微观经济的角度看，产业投资对未来企业生产什么、如何生产、在什么地方生产、以多大规模生产，也有着决定性影响。

（4）制约和影响企业和国民经济的技术水平。

要推进科学技术的进步和发展，必须推进高新产业的发展，为此，就必须进行相关产业部门的投资；要推广高新技术成果的应用，必须在产业投资中采取先进的技术设备、新材料和新的产品设计；还必须提高无形资产投资的比重。可见，无论是企业的技术进步，还是整个国民经济的技术进步，都要有产业投资作为物质保障。

（5）制约和影响生产要素的区际流动和生产力的布局。

经济区位理论认为，在其他条件既定的情况下，新工业基地形成的首要前提是得到足够的资本投资，否则已经形成的工业区也会衰落。从宏观上看，产业投资分布不合理就会扩大和加剧生产力地区分布上的不平衡，导致地区经济的畸形发展。同时，产业投资布局还影响各地区生产力的发展方向，布局失当会使各地区的经济优势得不到充分发挥。从微观上看，产业投资布局失当会使项目投资倍增，建设周期拖长；所形成的固定资产将给企业带来先天性不足，造成经济上的不合理，并给所在城镇和地区的经济发展和环境保护带来不利的影响。

9.1.2 产业投资的主体和目标

1.产业投资的主体

产业投资主体可以按不同的标准分类，如按经济形式可以分为国有单位、私营单位、混合所有制单位、个体工商户等。按经济性质可以分为政府、企业和个人。在市场经济条件下，企业是产业投资的主要组织单位，也是最具有典型意义的产业投资主体。从社会的角度看，居民个人是证券投资的主体，他们为产业投资提供资金来源；企业组织产业投资，形成生产能力和服务能力，创造收入；政府投资主要应用于企业不愿或无力进入的产业部门和公共部门。因此，这里我们主要考查企业投资主体。企业按所有制形式，可以分为三种基本类型：个人所有制企业、合伙制企业和公司制企业，这里从所有制的角度对产业投资主体进行介绍。

（1）个人所有制企业。

个人所有制企业是指个人拥有并独立经营的企业，是最早、最简单的企业形式。个人所有制企业的设立比较简便，企业主对企业的债务负有无限责任。因为个人的投资能力和管理能力有限，个人所有制企业的规模一般较小。

（2）合伙制企业。

合伙制企业是指两个或两个以上的人组成的企业。在一般合伙制企业中，每个合伙人要按协议分担一部分工作和资本，并且分享相应的利润和亏损。合伙制企业相对业主制企业而言，可以凭借两个或两个以上的人的资本和才能在较大规模上从事投资与经营。但是，它有两个缺点：第一，非经其他合伙人的同意，任何合伙人不能将自己的份额出售给第三者。如果不能取得同意，整个合伙制企业必须解散。第二，每个合伙人要对企业的债务承担无限责任。即使你在企业中只占有10%的份额，当企业严重亏损、资不抵债时，如果其他合伙人不能偿还90%的债务，你也必须代替他们以个人其他财产予以偿还。

（3）公司制企业（公司）。

公司制企业（公司）是指依照《公司法》设立的独立的法人组织，是现代企业的组织形式。公司制企业的突出优点是：第一，股东即出资人只按出资额承担有限的债务责任，投资的最大损失是已经付出的支出。第二，公司是独立的法人，股东可以转让自己的股份，如果不发生严重亏损，公司可以永久存在。第三，股东可以推选董事会，并由董事会聘任职业经理人员对公司进行管理。公司可分为有限责任公司和股份有限公司。其中，有限责任公司靠发起设立，不能向社会公开募集资金，股东转让自己的出资时，必须征得一定比例（我国《公司法》规定为半数以上）股东的同意。股份有限公司的全部财产分为等额的股份，公司可以向社会公开募集资金，股东持有的股份可以自由转让。

公司制企业的出现特别是股份公司的出现，为广泛筹措和集中资金、分散和转移投资风险提供了可能，打破了个别资本在数量上的限制，使需要巨额资本的企业和部门得以建立，对产业投资的发展具有革命性的意义。

2.产业投资的目标

（1）产业投资目标的界定。

为了分析产业投资决策，我们必须假定投资者有一个明确的目标。从一般意义上说，投资者放弃现期的消费而进行投资，目的是未来有更大的消费购买能力，这就要求投资在未来时期不断增值。因此，我们可以假定产业投资的目标是追求资本增值的最大化。

①资本增值与现金流。

产业投资决策是一种跨时选择，必然涉及时间因素。投资者现在付出货币资金，是现金的流出；在未来时期获得收益，是现金的流入。资本是否增值，就要看未来时间的现金流入是否大于现期的现金流出。因此，资本增值是未来时期现金流入与现期现金流出的一种比较。只有当未来时期的现金流入大于现期的现金流出时，资本才可能增值；否则，未来时期的现金流入小于现期的现金流出，资本不仅不能增值，还会受到损失。

②资本增值与会计利润。

会计利润是评价企业经营业绩的综合性指标，股东红利来源于利润分配，公司资本增值则来源于未分配利润再投资。可见，会计利润是一个重要指标。在使用会计利润指标时，必须注意如下几点：第一，会计利润是反映企业经营历史和现期业绩的指标，投资决策是关于未来的决策，需要考虑的是投资在未来时期能否为投资者带来利润，它不同于会计核算中的利润。第二，利润存在虚假的可能性。会计利润是会计核算的结果，不同的会计核算方法可能导致不同的利润计算结果。同时，利润指标十分容易被管理者通过一定的会计手段进行调整。第三，追求短时期的会计利润容易导致管理者的短期行为，而忽视企业的长远发展。投资决策要考虑在未来较长时期能否为投资者带来收益。

③资本增值与企业价值。

企业价值，也称股东财富，是指股东拥有的资产存量的价值。我们知道，利润是一个流量指标，企业价值则是从所有者投入资本到计算期的累积量，可以综合反映投资者资本增值的程度，同时也可以综合反映企业的经济实力。但是，企业价值可有4个不同的测度指标：第一个指标是企业资产或净资产总额。它反映企业累积的资产规模的大小，企业的总资产减去负债，即为股东权益。有关企业资产总额或净值的数据可以直接来自企业的会计报表。但是，会计报表中的资产指标同样存在是否真实的问题，而且，这些资产的实际作用如何，并不能依据会计报表做出判断。第二个指标是企业的重置价值。所谓重置价值，是用现时市场价格重新购置企业资产所需支付的货币价值。这个指标反映了资产价格变动的情况，但同样不能表现资产的实际作用如何。第三个指标是企业的内在价值，即通过将企业未来收益资本化来确定企业的价值。这个指标可以克服前几个指标的不足。但是，要评估企业的价值，必须准确估计企业未来的收益。第四个指标是企业的市场价值，即企业股份数与股票价格的乘积。企业股票价格的高低直接决定投资者转让股票所能获得的资本收益的多少，这无疑是股东所关心的。在资本市场有效的条件下，企业的市场价值应等于企业的内在价值。但是，企业股票价格会受到整个股市行情的影响，同时单个企业的股票价格还存在被操纵的可能性。投资决策关注的是企业未来的内在价值和市场价值，这与关注企业未来的现金流本质上是一致的。

（2）产业投资目标的实现。

在个人所有制企业和合伙制企业，投资者既是出资人，又是企业的经营者，企业的收入就是业主和合伙人的收入，企业的资产也是业主和合伙人的财产；反过来，企业如果严重亏损，业主和合伙人可能不仅不能收回投资，其财产也可能受到损失。在这种情况下，投资者与经营者的目标通常都是一致的。但是，在公司制企业条件下，企业的所有权与经营权分离，投资涉及三类不同的主体：所有者、经营者和利益相关者，企业投资者的目标能否实现与这三类主体之间的权、责、利的配置密切相关，而这三类主体之间的权、责、利的配置则是公司治理的核心问题。

公司制企业的所有者是股东，他们为公司提供资本金，可以分享企业的红利，也可以通过转让股票或股权获得资本增值收益，同时承担企业投资的风险。因此，理性的投资者期望在一定的风险条件下实现资本增值的最大化。但是，他们通常并不直接经营企业，只能通过两种途径来保证他们投资目标的实现：一是通过选举董事会来实施对公司的控制；二是转让股票，俗称“以脚投票”。

董事会理论上是所有者的代表，但是事实上，董事会与股东之间的信息具有不对称性，董事会并不能公正不偏地代表每一位股东。由于大股东在推选董事会成员方面有着决定性的作用，董事会在许多场合可能更多地代表大股东的利益。即使是独立董事，常常也并非完全独立。董事会成员还可能与经营者合谋而偏离甚至侵害所有者的利益。

经理是所有者的受托人，他们与所有者之间是一种委托代理关系，直接负责企业的经营管理。所有者与经营者之间的信息具有不对称性。所有者的投资目标能否实现，取决于股东大会和董事会能否为经营者设立适当的管理目标，并构建相应的激励与约束机制来保证这些目标的实现。不同的激励与约束机制将会直接影响公司投资目标的选择。例如，在实行股票期权制的条件下，企业投资可能追求股票价格的提高，甚至导致经营者操纵股票价格的行为；当经营者的收入与销售额或利润额挂钩时，企业投资可能追求销售和短期利润的增长。

利益相关者包括债权人，还包括顾客及供应商等。利益相关者对公司的发展有着重要的影响，公司投资目标的选择不能不考虑他们的利益。反过来，利益相关者的行为也会影响投资者目标的实现。

值得指出的是，政府投资、国有独资企业的投资以及非营利组织的投资目标不同于企业的投资目标。它们的投资目标与它们的职责有关。例如，政府投资更多地关注社会福利目标；对垄断部门的国有独资企业，政府应实行盈利水平或价格控制，企业投资应尽量考虑如何降低成本；学校、医院等非营利组织，其目标是以可支付的成本尽可能为社会提供优质服务。

3.产业投资决策与企业发展战略

产业投资决策是企业的战略决策。企业是一种组织，不同于单个的个人，必须以明确的战略统领企业的各个分支部门，整合企业的各种资源，并协调企业与利益相关者的关系。发展战略是依据企业所处的环境，通过对企业优势和劣势的分析，对企业发展目标以及如何发展的一个筹划。发展战略的核心是如何创造竞争优势。因此，发展战略又被定义为“一个组织为了创造和维持竞争优势而采取的分析、决策和行动”。

根据迈克尔·波特的竞争优势理论，企业组织的生存和发展取决于企业创造的价值。波特竞争优势理论中的价值是购买者愿意为公司提供的产品所支付的金额。价值的多少可以用总收入来衡量。如果企业获得的价值超过了公司为创造产品或服务而支付的成本，则公司是盈利的，这时资本才可能增值。

企业发展战略，依据价值的来源，可以分为三种：第一，差异化战略，即通过创造具有差异性的产品赢得顾客，并为企业创造价值；第二，成本优势战略，即通过降低成本，使企业产品或服务的成本低于竞争对手，从而为企业创造价值；第三，综合化战略，即同时利用差异化和成本优势战略。

从企业的价值链来看，企业的价值并不是单纯由销售环节决定的，而是由从投资到生产到销售等的整个价值链条决定的。为了创造企业的竞争优势，就必须科学地进行投资决策；在投资决策中，就必须考虑企业未来的发展目标是什么以及怎样才能实现企业的发展目标。从资源的角度看，企业发展战略的分析、决策和执行的过程，实质上就是分析企业资源、决策资源配置方案和整合利用资源的过程，其中关键是投资的决策和投资方案的执行。尽管投资决策实施好了并不能保证企业就能生存和发展，但是至少可以为企业创造竞争优势提供必要的条件；反过来，再好的企业，如果投资决策和实施出现重大的失误，必然在市场竞争中遭遇失败。

专栏9-1

国务院关于促进国家高新技术产业开发区高质量发展的若干意见

2020年7月13日，国务院印发《关于促进国家高新技术产业开发区高质量发展的若干意见》。意见指出，要建设绿色生态园区，支持国家高新区创建国家生态工业示范园区，严格控制高污染、高耗能、高排放企业入驻。加大国家高新区绿色发展的指标权重。加快产城融合发展，鼓励各类社会主体在国家高新区投资建设信息化等基础设施，加强与市政建设接轨，完善科研、教育、医疗、文化等公共服务设施，推进安全、绿色、智慧科技园区建设。

为进一步促进国家高新区高质量发展，发挥好示范引领和辐射带动作用，意见进一步明确了发展目标：到2025年，国家高新区布局更加优化，自主创新能力明显增强，体制机制持续创新，创新创业环境明显改善，高新技术产业体系基本形成，攻克一批支撑产业和区域发展的关键核心技术，形成一批自主可控、国际领先的产品，涌现一批具有国际竞争力的创新型企业和产业集群，建成若干具有世界影响力的高科技园区和一批创新型特色园区；到2035年，建成一大批具有全球影响力的高科技园区，主要产业进入全球价值链中高端，实现园区治理体系和治理能力现代化。

对此，意见提出6方面任务举措。一是大力集聚高端创新资源，吸引培育一流创新人才，着力提升自主创新能力。二是支持高新技术企业发展壮大，进一步激发企业创新发展活力。三是大力培育发展新兴产业，做大做强特色主导产业，推进产业迈向中高端。四是加大开放创新力度，推动区域协同发展。五是深化管理体制机制改革，优化营商环境，建设绿色生态园区，营造高质量发展环境。六是加强分类指导和组织管理。

资料来源：史小静.国务院关于促进国家高新技术产业开发区高质量发展的若干意见.[EB/OL].[2020-07-17]. http://www.gov.cn/zhengce/content/2020-07/17/content_5527765.htm.此处有删减.

9.1.3 产业投资的运动过程

产业投资必然按其内在的时序，要经历一定的阶段。这些阶段环环相扣，前一阶段为下个阶段创造条件，而下个阶段必须在前一阶段的基础上进行。只有了解产业投资的运动过程，并依照其内在的时序行事，才能使产业投资各阶段的工作有条不紊地进行，避免不必要的损失和浪费。产业投资的种类很多，各类投资的运动过程及所经历的阶段也不尽相同。就一般而论，产业投资要经过三个阶段：投资前期、投资期和投资回收期。

1.投资前期

投资前期即投资工程建设的前期，其主要任务是进行可行性研究和资金筹措。

投资可行性研究，是指对拟建的投资项目进行技术经济论证和方案比较，为投资决策提供依据。早在20世纪30年代初期，美国在开发田纳西河流域时就曾运用过可行性研究。第二次世界大战后，可行性研究在许多国家的经济重建中获得了普遍的应用，并得以发展和充实。可行性研究一般分为机会可行性研究、初步可行性研究和详细可行性研究三个阶段。

机会可行性研究的主要任务是对投资方向进行规划设想，鉴别和确定一个项目的投资机会，并将项目设想转变为概略的投资建议简介，散发给潜在的投资者，以激发广泛的投资响应。机会可行性研究是相当粗略的，往往是根据调查得到的当时情况，通过与类似现有项目的比较来获得总的估计数据。但是对投资额估计的误差一般要求在30%以内。机会可行性研究的时间短，一般是1～3个月；费用也不多，所花的研究费一般占总投资的0.2%～1.0%。

初步可行性研究是在更为详尽的研究报告中系统阐述项目的设想，其目的是对项目设想进行初步估计，判明投资机会是否有这样的前途，以便可以在详细阐明资料的基础上做出投资决策，或确定需要通过诸如市场调查、实验室实验、工厂试验等手段，进行深入研究和深入调查，使项目设想具有足够的吸引力。初步可行性研究只需概括地研究市场需求和工厂生产能力、原材料投入、地点和厂址、项目设计以及财务效益。在初步可行性研究的基础上，对项目的各种方案可以进行初次筛选，以确定对其中较优的方案作进一步的比选。初步可行性研究对投资估算的误差要求在20%以内，所需时间约3～4个月，研究费用占总投资的0.25%～1.25%。

详细可行性研究报告是投资者做出投资决策的主要依据。它必须全面研究并回答六个方面的问题，即说明六个“w”：①why——说明投资的目的，即为什么要投资建设这个项目。②where——说明投资地点、项目建在何处、当地的自然条件和社会经济条件如何，对建厂地址要进行多方案比较，选取其中最优者。③when——说明何时开始投资、何时建成投产、何时收回投资。④what——说明投资的对象、什么样的项目、准备选择怎样的原料路线和工艺路线、采取怎样的技术、多大的企业规模、经济上的盈利性如何。⑤who——说明由谁来承担施工和生产管理。⑥how——说明采取何种方法筹措资金、进行工程建设和生产管理。总之，详细可行性研究的任务是拟订详细的建设方案，进行深入的技术经济分析论证。它对投资估算的误差要求在10%以内，所需的时间和经费随项目的大小及复杂程度有所不同，时间少则几个月，多的话会达到几年，经费占项目总投资的0.2%～3%。

国外的成熟投资者一般都十分重视可行性研究。例如，日本新建的沿海大钢铁厂，可行性研究花了5～6年的时间，而第一期工程却只花了2～3年的时间。在国内，一些投资者却往往轻视项目的可行性研究，结果造成许多项目的返工浪费，即使建成投产也不能很好地发挥作用。国内外的经验表明，成功的投资必须重视可行性研究。

投资前期的另一项活动是筹措资金。当企业决定从事产业投资之后，必须设法筹措资金以使投资计划方案付诸实施。企业的资金来源可分为内部资金和外部资金。所谓内部资金，是指企业所有者提供的资金和企业通过生产经营活动所取得的资金，主要包括：股东出资、累计折旧、资本公积、盈余公积、出售资产等；外部资金是指向企业以外的单位筹措的资金，包括向银行借款、发行债券、商业信用资金等。筹资方式不同，必然影响融资的成本、投资项目建成后的所有权、经营管理方式以及收益的分配形式。在筹措资金时，必须综合考虑这些因素。

2.投资期

投资期是投资的实施阶段，其主要任务是通过编制设计委托书、委托设计、委托施工和竣工验收等活动，把投资转化为固定资产、存货和无形资产，最后变为现实的生产能力。

设计委托书是投资者委托设计的主要依据。设计委托书的内容，因建设项目的不同而有所不同。大中型工业项目一般应包括以下几个方面：建设的目的及依据；建设规模、产品方案或纲领、生产方法或工艺原则；矿产资源、水文、地质和原材料、燃料、动力、供水、运输等协作配合条件；资源综合利用和“三废”治理要求；产品销路、盈利和竞争能力；建设地区或地点以及占用土地估算；建设进度和工期；投资控制数；资金来源和预测投资回收年限；技术经济总评价；存在的问题和解决办法。

在编制设计委托书之后，投资企业就可以采取招投标或其他方式委托设计企业进行投资项目的设计。设计是在技术经济上对投资项目进行全面具体的规划。它是委托施工的主要依据。设计的好坏直接影响施工的质量、进度和工程成本；同时，设计还决定着项目建成后的使用效果，要使项目建成后的技术先进，设计中就必须采用新技术和新工艺。

设计工作是一项非常复杂的综合性技术经济工作。在进行设计以前，必须进行工程地质和水文地质的勘察，收集并研究建设地区的自然条件和技术经济条件资料。

投资项目的设计一般按两个阶段进行，即初步设计和施工图设计。但对技术复杂而又缺乏设计经验的重大项目，可根据各行业的特点，增加技术设计阶段。初步设计的任务是阐明在选定的地点、控制的投资额和规定的期限内，拟建工程在技术上的可行性和经济上的合理性，并对设计的项目做出基本的技术决定，同时编制项目的总概算。初步设计一般包括以下内容：设计依据，设计的指导思想，建设规模，产品方案，原料、燃料、动力的用量和来源，工艺流程，主要设备选型和配置，主要建筑物、构筑物、公用辅助设施，新技术采用情况，主要材料用量，外部协作条件，占地面积和土地利用情况，综合利用和三废治理，生活区建设，生产组织和劳动定员，各项技术经济指标，建设顺序和期限，总概算。上述内容需用文字和图表进行说明。技术设计是根据初步设计和更详细的调查研究资料编制的。它进一步具体地确定初步设计中所采用的工艺流程和建筑形式并解决设计方案中重大的技术问题及有关试验、设备制造等方面的问题。施工图设计是在批准的初步设计或技术设计的基础上，将设计的工程加以形象化。施工图设计图纸应包括施工总平面图、房屋建筑施工平面图、安装施工详图、各种专门工程的施工图、非标准设备的加工详图以及设备和各类材料的明细表等。施工图设计应全面贯彻初步设计的各项重大决策，应能满足工程施工和制造非标准设备的要求，施工图预算一般不得突破初步设计的概算。

在设计完成之后，投资企业也可以采取招标、投标或其他方式委托施工企业进行投资项目的施工。施工是按设计要求，把投资项目的建筑物和构筑物建造起来，同时也是把规定的机器设备安装就绪的过程。

施工通常是投资过程中耗时较长的一个阶段。为了保证投资项目顺利建成投产，必须做好各方面的协调工作，使投资、工程内容、施工图纸、设备材料、施工力量得到全面的落实。

成功组织施工的关键，是正确选择投资项目的施工承包人。为此就需要根据工程的具体情况，详细拟定工程招标对建设进度、工程质量、工程费用等方面的要求；需要对投标人进行严格的审查，优中选优；需要和承包人签订明确的经济合同，严格规定双方的权、责、利；还要在施工进行过程中对承包人进行严格的监督，促使承包人认真履行合同，当然也要做好和承包人的配合，为其施工创造必备的条件，这就是说，首先要保证自己履行合同。

所有投资项目，按设计所规定的内容建造安装完毕后，要经过负荷试运转和试生产考核，生产出合格的产品，才可以组织竣工验收。竣工验收是对已建成的投资项目和单项工程进行全面考核、检验以及办理交接手续和工程价款的结算。通过验收，能够全面考核工程质量是否符合设计要求，有利于办理结算，有利于今后的生产管理和设备维修和改造。

竣工验收一般分单项工程验收和全部验收两个阶段。若投资项目的某个单项工程或某个车间已按设计要求建成，能够生产合格产品，具备使用条件，即可办理单项工程的验收和价款结算。当整个投资项目按设计要求全部建成，并符合竣工验收标准时，即可办理全部验收。

为了确保竣工验收的质量，在对生产性项目验收时，要突出抓好单体试车、无负荷联动试车和负荷联动试车三个重要环节。只有在负荷联动试车成功，并能生产合格产品以后，才能正式办理竣工验收手续和工程价款的最后结算。

3.投资回收期

投资回收期是投资回流的阶段，是同企业的生产过程紧密联系在一起的。

企业正式的生产过程是在竣工验收完毕之后开始的。但是，为了将新建成的资产高效率地投入生产，在办理竣工验收前，就需要着手培训管理人员和生产技术工人，落实外部协作条件，组织原材料的订货。在工程竣工验收以后，企业只需经过一些必要的准备，就可以正式投入生产。

投资的回收是通过企业的销售收入来实现的。企业运用新建的资产，将新购置的原材料加工成为产品，然后将产品推销出去，即可取得销售收入。销售收入中包含有固定资产的折旧成本、原材料成本、工资成本以及税金等，除此之外就是利润。原材料、工资等垫付的投资经过一次生产过程，在销售实现之后，即可得到回流。为了进行下一次的生产过程，企业还需要将回收的资金再次用来购买原材料和支付工资等，因而总有一部分资金在那里作垫底资金周转使用。固定资产投资经过一次生产过程，在销售实现之后，只能回流一部分。回流的部分究竟有多大，取决于折旧和利润的多少。折旧和利润多，回流的部分就大，回收期就短；反之，回收期就长。

既然投资的回收是在生产过程中实现的，生产经营的好坏无疑直接影响投资回收的快慢。为了尽快回收投资，理应千方百计地加强生产的经营管理，提高管理人员和劳动者的生产积极性。但是，投资回收绝不只是生产过程中的事，投资前期和投资期在投资回收期之前，投资回收是投资前期和投资期活动的结果，投资回收快慢是整个投资过程工作质量的综合反映。为了尽快回收投资，还必须从投资前期开始。

4.三个阶段的关系

综合起来看，投资是一项极其复杂的经济活动，需要依次经过投资前期、投资期和投资回收期三个阶段。要想获得投资的成功，必须做好各阶段每个环节的工作。在这三个阶段中，投资前期工作尤为重要。这是因为，投资计划方案是在投资前期形成的，投资计划方案确定后，一旦项目上马，就必须连续地追加投资，直至将工程建成投产。而固定资产一旦投产，通常就固定在一定地点长期发挥作用。如果产品方向不当，技术不过关，布局不合理，再要调整就十分困难。投资前期能否制订好的投资计划方案，能否落实资金，直接影响项目能否顺利建成投产，投产后能否获得良好的经济效益。

值得指出的是，投资运动三个阶段各个环节的时序不能任意跳跃，更不能颠倒，但绝不是说各个阶段的具体工作不能适当交叉。为了尽可能缩短投资运动过程所需要经历的时间，适当交叉是可能的。例如，在投资前期需要充分考虑能否筹措到项目所需要的全部资金，但并不要求在项目动工前资金一次全部到位；相反，对建设工期长的项目，应依据工程的进展及其对资金的需要，分次融资。这样既能满足工程的需要，又能避免资金闲置，降低成本。在投资实施阶段，总体上讲应先勘察设计、后施工。但对技术成熟的简单的工程项目，并不需等到全部施工图纸出齐后才上马施工。再如，在竣工验收前，就可以进行生产准备。

微课9-1　产业投资的运动过程

5.产业投资管理程序

在我国，政府为了加强对投资过程的管理，早在1952年，政务院财经委员会就颁发了《基本建设工作暂行办法》，对开展基本建设工作做了明确规定："在进行设计之前，应先调查研究，提出设计任务书，并经批准后，方得开始设计。""设计经批准后，方能列入基本建设计划，设计文件未批准，不得施工。"1978年决定实行改革开放政策后，陆续颁布了《关于试行加强基本建设管理的几个规定》以及《关于做好基本建设前期工作的通知》等文件，规定了基本建设工作的严格程序。这个程序称为"基建程序"。这套程序有的是按照投资运动自身时序的要求，如先是可行性研究，然后勘察、设计，最后施工，这些在任何时候都是必须遵循的。但是程序中的有些内容是按计划经济的要求设计的，如大中型投资项目必须由计划部门乃至国务院审批可行性研究报告，必须列入年度计划等。可行性研究无疑是必要的，但主要应靠内在的约束机制去促使投资者认真进行可行性研究。当投资的好坏与投资者的物质利益相联系时，投资者自然会认真进行可行性研究。如果投资者不承担投资风险，企业能从政府获得补偿资金，可行性研究必然会变成"可批性研究"。

随着经济体制和投资体制改革的逐步深入，在市场经济条件下，我国已采取缩小行政审批范围、减少行政审批环节和简化行政审批内容等一系列举措。2004年国务院颁发《关于投资体制改革的决定》，明确提出要彻底改革现行不分投资主体、不分资金来源、不分项目性质，一律按投资规模大小分别由各级政府及有关部门审批的企业投资管理办法。对于企业不使用政府投资建设的项目，一律不再实行审批制，区别不同情况实行核准制和备案制。区别两者的依据是该决定的附件《政府核准的投资项目目录》。该目录内的项目实行核准制，目录外的项目实行备案制。基本建立现代企业制度的特大型企业集团，投资建设该目录内的项目，可以按项目单独申报核准，也可编制中长期发展建设规划，规划经国务院或国务院投资主管部门批准后，规划中属于该目录内的项目不再另行申报核准，只需办理备案手续。对于政府投资项目，采用直接投资和资本金注入方式的，从投资决策角度只审批项目建议书和可行性研究报告，除特殊情况外不再审批开工报告，同时应严格政府投资项目的初步设计、概算审批工作；采用投资补助、转贷和贷款贴息方式的，只审批资金申请报告。

§9.2　风险投资

风险投资在促进高新技术向现实生产力转化方面起着异常突出的作用，对经济增长有显著的贡献。掌握风险投资的基本原理，是学习风险投资的基本要求。

9.2.1　风险投资概述

1.风险投资的概念

风险投资是指一定的经济主体为了获取预期不确定的高额收益，而将现期一定的资源或经济要素冒险投入处于高风险状态（阶段）中的投资对象（风险企业），从而转化为（权益）资本的过程。

这里所说的经济主体有两层含义，一是指将自有资产直接或间接投入风险企业的投资者（机构或个人）；二是指专门的风险投资家，即专门从事投资者与被投资风险企业之间的连接性中介服务的个人或机构。风险企业处于高风险状态是指企业能否成熟具有很大的不确定性，这种不确定性的原因，主要是被投资企业的产品技术含量很高或是创新性的技术，被转化为市场接受的产品的难度很大。由于这种不确定性最容易发生在企业的初创阶段，所以创业投资是风险投资最常见的形式，有些人甚至将创业投资等同于风险投资。风险投资可能获得高额收益，因为它冒的风险很大，失败的概率很大，一旦成功，回报也很大。高新技术的培育有最明显的高风险、高收益特征，所以高新技术投资也是风险投资的常见表现形式。严格地讲，创业投资和高新技术投资都不能与风险投资完全画等号。

风险投资的发源地是美国，英文是“venture capital”，原意指风险性的资本，由于资本的运动过程就是一个投资过程，所以我国约定俗成地将其称为风险投资。

2.风险投资的特点

风险投资与其他投资相比，有非常突出的特点。

第一，高风险和高收益性投资。风险投资主要是对创新技术和产品进行投资，而技术的初创或技术进入产业化初期时，常常没有什么可作抵押和担保的资产，一般不具备贷款资格。同时，由于创新的技术和产品不仅在创新的成功上没有把握，而且在被市场接受上也没有把握，所以，风险投资在技术、经济和市场等方面的风险都相当大。大量经验表明，风险投资的成功率只有20%左右。从投资风险与收益的关系原理可知，风险投资存在获取高额收益的较大可能性，风险投资可获取高额收益的原因，还在于高新技术产品培育一旦成功，就可以在一个时期内带来垄断利润。

第二，权益投资。风险投资与借贷资本投资不同，它是通过获得被投资企业的权益，然后等到被投资企业成熟后，通过上市或其他方式出售权益而退出，从而获取高额回报。因此，风险投资的着眼点往往不是被投资企业当前一时的盈亏，而是其发展前景和资本的增值潜力。

第三，典型的长期投资。因为风险投资看中的是被投资企业的发展潜力，而这种潜力的实际发挥往往不是一时半会儿就能实现的，所以必须经过较长时间的投资，才能有所回报，这个投资期一般在3～7年甚至更长的时间。

第四，主动参与管理型投资。风险投资不仅只是对被投资企业提供资金支持，同时风险投资的管理者——风险投资家还要向被投资企业提供附加的管理服务，包括管理咨询、寻求新的合作伙伴、组建和主导风险企业的董事会、策划追加投资、制定企业发展策略和营销计划、监控财务业绩和经营状况、物色挑选和更换管理层、处理危机事件等。通常，风险投资家都会在被投资企业中担任一定的高管职务，虽不直接参与企业的日常管理工作，但在很多重大决策中会起到重要的作用。这主要是因为风险投资是权益投资，投资者与被投资企业的利益是共享的，风险是共担的。

第五，组合性投资。风险投资的高风险性，决定了其必须通过组合投资来分散风险。风险投资通常都是同时投资于多个项目，使投资项目形成一个投资项目群，以便利用成功的项目所取得的高额回报来对失败项目的损失进行抵偿。因此，风险投资一般不以个别项目的失败对收益进行评估，而是以项目的投资组合为单位对收益进行评估。

3.风险投资的分类

风险投资经过几十年的发展，已经形成了一个以传统风险投资为基础的多种风险投资类型共存的格局，而且新的风险投资形式还在不断出现。从现有的比较成熟的风险投资的种类看，可以根据不同的标准对其进行分类。

（1）根据创新企业的发展阶段将风险投资分为：

① 种子期投资。这种投资所面对的企业，往往只有一个创意、设想、专利、发明或是一项新技术，除此之外一无所有。种子投资主要是帮助企业家或创业者研究其创意和设想、构筑经营计划、组建管理队伍、开展市场调研等。由于种子投资承担着极大的失败风险，所以种子投资一般能获得被投资企业的较多收益（股权）。

② 起始（导入）期投资。其面对的被投资企业一般刚刚开始初步的运转，企业在其拥有的创意、新技术、新发明、新技术和专利进一步完善的基础上，开始进入产品的研发和试验阶段，没有什么收入，经营管理队伍尚未形成。

③ 跟进创建期投资（第一期正式投资）。这时，被投资企业已开始正式生产，并开始向市场拓展，经营管理队伍也基本形成。只有少量客户试用产品，但营业费用很大且不断增加，仍没有销售收入。

④ 成长或发展期投资（第二期正式投资）。这时，被投资企业进入了发展阶段，产品进一步改进，经营管理队伍进一步成形，市场有一定拓展，处于一个需要较多资金来增加人员、发展生产经营的状态。

⑤ 扩张期投资（第三期正式投资）。这时的被投资企业开始比较正式地出售产品和服务，但由于产品销售量仍不大，所以支出仍明显大于收入，一般还没有盈利，还需要投资用于提高生产和销售能力，促进生产更好地运行，同时也希望扩大生产规模，增强研发后劲。

⑥ 麦则恩投资（半层楼投资）。这种投资面对的被投资企业，一般正处于从无利润到有盈利过渡的阶段，对投资的需求主要来自生产和市场的进一步扩张，迅速加大产品销售量，为企业上市做准备等。

⑦ 过桥投资（最后投资）。这是在被投资企业处于走向第一次公开上市的最后阶段时所进行的投资，这时的投资主要用于继续巩固和发展已有生产和市场，筹备上市等。有时麦则恩投资被并入过桥投资。

一般将上述前4种投资统称为早期风险投资，后3种统称为晚期风险投资。

（2）根据被投资企业的特征将风险投资分为：

① 创新企业风险投资。创新企业风险投资即对创新型企业所进行的风险投资，主要通过上述第1类的7种投资来实现。

② 非创新企业风险投资。风险投资家除了瞄准创新企业进行投资外，也常常对那些正在破产边缘挣扎或者经营资金严重周转不灵，处于高风险状态中但又有巨大市场潜力的非创新企业进行投资，在使其重新获得新生后退出，并取得高额投资回报。非创新企业风险投资的具体形式通常有风险并购、风险杠杆并购和风险租赁等。

风险并购是风险投资家通过用风险资本收购的手段，将有潜力的现有企业合成具有一定规模的大公司，然后在公开资本市场上市，从而将股权变现的投资。

杠杆并购是风险企业（收购方）通过向风险投资家借债并用所取得的风险资本来获得自救企业的产权的过程。

风险租赁是以风险企业为对象的融资租赁，其中承租方是风险企业，出租方是一般企业，第三方是风险基金，它一般是风险企业的主风险投资者。

（3）根据风险投资的衍生关系将风险投资分为：

① 传统或基本风险投资，也叫创业投资，它是传统的典型意义上的风险投资，主要是指对创新企业的早期风险投资。

② 衍生风险投资，是指在传统风险投资基础上衍生出来的其他风险投资，包括对创新企业的晚期风险投资、对非创新企业的风险收购投资、风险杠杆收购投资、风险租赁投资等。

（4）私募股权投资。

私募股权投资（private equity，PE），指通过投资取得被投资单位的股份，企业（或者个人）通过购买其他企业（准备上市、未上市公司）的股票或以货币资金、无形资产和其他实物资产直接投资于其他单位，最终目的是获得较大的经济利益。这种经济利益可以通过分得利润或股利获取，也可以通过其他方式取得。

广义的PE为涵盖企业首次公开发行前各阶段的权益投资，即对处于种子期、初创期、发展期、扩展期、成熟期企业所进行的投资；狭义的PE主要指对已经形成一定规模的，并产生稳定现金流的成熟企业的私募股权投资部分，主要是指创业投资后期的私募股权投资部分，而其中并购基金和夹层资本在资金规模上占最大的一部分。

私募股权投资主要组织形式有有限合伙制、信托制和公司制。有限合伙制是指在有一个以上的合伙人承担无限责任的基础上，允许更多的投资人承担有限责任的经营组织形式。通过信托计划，进行股权投资也是阳光私募股权投资的典型形式。公司制私募基金有完整的公司架构，运作比较正式和规范。半开放式私募基金也能够以某种变通的方式，比较方便地进行运作，不必接受严格的审批和监管，投资策略也就可以更加灵活。

PE与VC及私募基金的区别表现在：PE与VC虽然都是对上市前企业的投资，但是两者在投资阶段、投资规模、投资理念和投资特点等方面有很大的不同。很多传统上的VC机构现在也介入PE业务，而许多传统上被认为专做PE业务的机构也参与VC项目，也就是说PE与VC只是概念上的一个区分，在实际业务中两者界限越来越模糊。另外，PE基金与内地所称的“私募基金”也有区别，PE基金主要以私募形式投资于未上市的公司股权，而我们所说的“私募基金”则主要是指通过私募形式，向投资者筹集资金，进行管理并投资于证券市场（多为二级市场）的基金，主要是用来区别共同基金（mutual fund）等公募基金的。

4.风险投资的功能

风险投资在经济发展中发挥着非常重要的作用，主要表现在：

第一，高科技产业化的有力“助推器”。风险投资主要是在高科技发展的关键时刻，即试验阶段和小批量生产阶段而进入高科技产业化过程的，这填补了高科技产业化过程中无法进行正常融资阶段的融资手段空白，使高科技产业化在最为关键的环节上能够得到资金支持。而高科技产业化是发展社会生产力的重要方面。

第二，对创新具有巨大的推动作用。创新是一个国家，也是全社会生产力发展的重要源泉。风险投资为创新提供了融资保障，使创新得以发展，一是推动了企业的技术创新，二是推动了科技创新，三是推动了企业制度和投融资制度创新。

第三，为高科技中小企业开辟了适宜的融资渠道。高科技中小企业由于实力有限，常不具备商业银行借款资格，而这类企业往往具有巨大的发展潜力，风险投资为解决这一矛盾提供了有效机制。

第四，有利于提高社会资源的利用效率。高科技和成长性企业的培育是社会生产力不断发展的客观要求，然而因风险较大而难以吸引资金，风险投资将必要的资金投向高科技和成长性企业，调节和优化了资源的配置。

第五，有效提供就业机会。风险投资一旦成功，往往就意味着一个全新的企业甚至行业的诞生，这为扩大就业创造了很好的条件。

微课9-2 风险投资

专栏9-2

有些投资，一旦错过就不再

——腾讯的投资故事

1996年的夏天，以色列的三个年轻人维斯格、瓦迪和高德芬格在一次聚会上决定携手开发一款软件，通过充分利用互联网快速、即时的特点去实现人与人直接的在线交流，ICQ便应运而生。一年后，马化腾接触到了ICQ并成为它的用户。马化腾和腾讯的伙伴们最初的想法是做一个中文的ICQ软件，然后找机会卖给有实力的企业，他们当时完全没有想过公司最终会靠这个在当时还不是多起眼的小软件成为中国互联网的巨头。可他们最终没能如愿与愿意出资的公司达成一致，腾讯只好自己做起了最初权当副业的OICQ。

OICQ的用户数几何级增长，更大的麻烦接踵而至：每月以几何级增长的服务器托管费用让腾讯不堪承受，OICQ养活不起了。众人便只好四处奔走，找人投资入股。可那些人根本不理解腾讯技术和无形资产的价值，他们要么冲着OICQ的用户数给出了一个很勉强的价格，要么直接表示不考虑投资。而贷款的路，由于腾讯当时没有什么固定资产可以抵押，也走不通。

腾讯团队通过“当年的高交会”认识了当时国内首屈一指的VC公司IDG总经理王树。尽管还没有清晰的商业模式，团队成员曾李青还是拿着数易其稿的商业计划书，拉着还躺在病床上的马化腾一同与王树会面。这次会面最终让IDG决定冒险投资腾讯。锦上添花的是，马化腾他们后来还托人牵线找到了李泽楷的盈科，虽然对方一度犹豫，但看IDG最终拍板之后，盈科最后也就同意投资。IDG和盈科携手投资220万美元，各占20%股份，腾讯的救命钱算是搞定了。看在国外的前辈ICQ的成功经验上，“两家一起进，壮着胆子”，盈科数码和IDG投资了腾讯。

临近2000年年末，新的危机又在等着马化腾和他的伙伴们。由于互联网业持续的萧条，此前投资的IDG和盈科逐渐有了要撤股套现的想法。可同时，腾讯却需要新的资金添置服务器来支持公司的继续发展。在IDG看来，腾讯的商业模式并不受主流的资本市场青睐，而且，它实在太烧钱了。马化腾将融资所得的资金几乎全数用于服务器的添置，可是在用户急剧增加的同时，盈利仍然遥遥无期。磋商几次后陷入僵局，马化腾坚持创业团队必须保持控制权，而IDG和盈科不认为在当前的形势下，腾讯还有溢价增发的空间。于是，王树提出了一个折中的方案，两家股东向腾讯提供200万美元的贷款，以可转换债券的方式执行。不过，谁的心里都清楚，如果这笔钱也花完了，就再也不会追加投资了。IDG开始张罗着帮忙寻找新的买家。

"当时觉得，最可能的买家是已经上市的那几家门户网站。IDG去找了搜狐的张朝阳，被拒绝了。我和张志东到北京，去找了新浪的王志东和汪延，也被拒绝了。在互联网业内的技术人员看来，腾讯的活，他们自己都能做，干嘛花几百万美元去买呢？而且当时纳斯达克的股价嗖嗖地跌，大家谁也不敢轻举妄动。"马化腾说。

除了新浪和搜狐，IDG还牵线找了雅虎中国，被拒绝。马化腾去拜访了同样在深圳、也是由IDG投资的金蝶，被拒绝。曾李青还辗转找到大名鼎鼎的联想集团，当时的联想正与美国在线合力推广门户网站FM365，当然也被拒绝。

2000年的第四个季度在四处碰壁之中一天一天地过去了，腾讯的用户数仍然在显赫地猛增，注册用户很快就要突破1亿的惊人纪录，可是全中国却没有一个人愿意购买它的股份。眼看着到了山穷水尽的地步，马化腾的好运气又开始"发功"了。2001年1月，一位美国人带着一个中国人突然出现在赛格创业园的腾讯办公室里，他操着一口流利的汉语，自我介绍叫网大为，是南非MIH中国业务部的副总裁，随同者是MIH投资的一家中国公司世纪互联的总裁。马化腾与曾李青第一次听到MIH这个名字。

就这样，峰回路转、让人窒息的腾讯股权交易案尘埃落定。偶然闯入的MIH以拥有32.8%的股份，成为腾讯的第二大股东。腾讯估值为6 000万美元，与新浪在纳斯达克的融资额相同。获得投资的腾讯从此摆脱了资金短缺的困扰。在融资到位之后，吴宵光等人从各自单位正式辞职，加入腾讯。

在第二次融资成功的同时，还有几件值得记录的事情发生：2001年5月，纳斯达克指数在这个月触底反弹，互联网的大寒冬即将结束。也是在这个月，QQ的注册用户达到1亿。腾讯业绩的增长速度在2002年和2003年开始令人炫目，腾讯一方面推出QQ行、QQ秀等一些新业务，另一方面又不断学习，比如学着新浪推短信和铃声、学着网易推出交友业务QQ男女、学着盛大开办网络游戏。在2002年，腾讯净利润达1.44亿元，比上一年增长10倍之多；2003年，腾讯净利润为3.38亿元，比2002年又涨了一倍多。2004年6月，腾讯在香港主板上市，这使马化腾获得了稳定的资本支持。

MIH成了最大的赢家，以投资回报率计算，MIH投资腾讯，到2014年，回报近1 500倍。不仅投资回报倍数创了纪录，而且超过470亿美元的净收益额也是史无前例的。根据Naspers公司2013年年报数据，其在腾讯的持股市值，是其资产总额（99.75亿美元）的4.72倍，是其年度总收入（74亿美元）的6.36倍，更是其年度净利润（7.97亿美元）的59.1倍。

愈是这样，愈是有许多人懊悔不迭，因为他们有人曾有投资腾讯的机会，却最终拒绝；有人则过早地把持有的腾讯股份转手他人。

资料来源：qqtn冬冬.腾讯帝国的发展之路 曾几度面临夭折［EB/OL］.［2014-10-10］. https：//www.qqtn.com/article/article_92985_1.html.此处有删减.

9.2.2 风险投资主体

1.投资者的含义

风险投资者中的投资者是为了获取预期高额收益，而冒险将自有即期资金直接或间接投入风险企业的个人或机构，投资者是风险资本最主要的供给者，其风险资本的供给状况，包括供给规模、速度、回报预期等，从许多方面影响着风险投资的运行效果。

投资者最早是以个人形式出现的，这种投资者将自有资金直接投入风险企业，随着风险投资公司这一中介的出现，多数个人投资者将资金交给风险投资公司去运作，成为风险资本的间接投入者。个人投资者之所以愿意将资金交给风险投资公司运作，主要是因为：（1）风险投资专门知识和技能的限制；（2）降低个人时间及精力成本的需要；（3）风险投资专业分工的必要；（4）资金规模的限制；（5）风险分散的需要等。

在个人投资者的基础上逐渐出现了机构投资者，机构投资者一般都通过风险投资公司向风险企业间接投入风险资本。之所以一般不直接向风险企业投入资本，除上述个人投资者的那些原因外，还有一个重要原因是政策限制，比如养老基金，因其性质的特殊性，其投资方向、风险等一般都受政策的严格限制，而通过风险投资公司间接向风险企业投入风险资本则常常可以绕过许多政策限制。

2.投资者的类型

（1）个人投资者。

个人投资者分为直接投入风险资本和间接投入风险资本两大类，前者被称为天使投资。这是最古老的一种风险投资者。无论在风险投资发展初期，还是风险投资发达的今天，它都是一种不可或缺的投资，在风险投资业中发挥着重要作用。由于天使投资的资金较少，所以一般是投向那些被风险投资公司忽视，但同样有很大市场潜力的小型风险企业项目。天使投资本质上也是风险投资，它集合了个人投资者和风险投资公司的特征，是现代风险投资业的重要一员。然而，与现代普遍大规模的通过风险投资公司的中介作用运作的风险投资相比，它只能是一种补充，正因为如此，天使投资被称为非正式的风险投资。

（2）金融机构。

许多金融机构都涉足风险投资。商业银行是风险投资的早期投资者之一，其介入风险投资的方式有两种：第一，成立小企业投资公司进行直接风险投资；第二，成立独立的分公司通过风险投资公司进行间接风险投资。保险公司一般通过风险投资公司进行风险投资，且其风险资本一般主要参与对发展型企业的融资。而投资银行通常通过自己参与创立的风险投资公司进行风险投资，在这种风险投资公司中，投资银行不是一般的投资者，它还起着风险资本的管理人的作用。

（3）企业。

一般通过风险投资公司进行风险投资，也有一些大企业建立自己的子公司专门经营风险投资业务。大企业风险投资的投向主要是创业企业，其投资目的常是利用中小企业在高科技创新上的优势，与竞争对手展开市场竞争。企业进行的风险投资大多数是战略性的。

（4）基金。

基金包括企业养老基金、共同养老基金等。

（5）政府。

在风险投资发展的初期，政府拿出一定的财政资金进行风险投资，以带动其他风险资本，这是必要的。另外，一些特殊项目的风险投资业需要政府进行必要的风险资本投资。

3.风险投资公司

风险投资家有个人和机构两种：指个人时，既包括机构中的高级管理人员，也包括天使投资者；指机构时，即风险投资公司。

风险投资公司是整个风险投资过程的核心，其主要作用是将投资者与风险企业连接起来，即向投资者融资，然后将融到的风险资本投入到经过严格审定的风险企业中，并主动参与风险企业的管理，等到风险企业成熟后，择机上市出售股权，以获得高额收益，最后再根据一定的分配规划将收益的一部分分给投资者。可见，风险投资的运作，实际上主要是通过风险投资公司来实现的。

风险投资公司按其资金来源不同，可以分为：

（1）独立的私人投资公司。这种风险投资公司自己筹集资金，然后投入风险企业进行运作，一般采取有限合伙制的组织形式。风险投资一般都指这种风险投资公司。

（2）附属于企业的风险投资公司。它们大都是企业的子公司，提供的管理人员报酬中与业绩挂钩的成分不多，基金也不能提供稳定的投资，在组织结构和激励机制上有一些不足。但它可利用企业的人才及信息资源，与企业产生互补效应。

（3）小企业风险投资公司。这种风险投资公司往往得到政府的支持和补贴。

（4）金融机构附属风险投资公司。其主要是商业银行和保险公司附属的风险投资公司。

风险投资公司按组织形式可分为公司制风险投资公司和合伙制风险投资公司。

由于风险投资公司常依托于风险投资基金而存在，所以也可以通过组建风险投资基金而成立不同的风险投资公司。这样就有公众型风险投资基金式的风险投资公司和合伙制风险投资基金式的风险投资公司。

通过有限合伙人组建风险投资基金是最普遍的组织形式。有限合伙制风险投资基金指由几个或几个以上个人或机构合伙成立的风险投资基金，有限合伙制由两部分构成：一部分是一般合伙人，另一部分是有限合伙人。风险投资管理者充当一般合伙人，承担无限责任，他们发起基金并投入约1%的自有资金，获得15%～25%的附带权益，同时得到相当于总投资额2%～3%的管理酬金。外部投资者充当有限合伙人，负有限责任，他们提供99%的资金，得到大部分的投资收益，但对公司或基金的管理只有有限的权力，一般不介入日常管理之中。

风险投资公司一般可同时管理一个以上的风险投资基金，各基金的管理分离，有自己的有限合伙人和一般合伙人，有自己的投资策略和偏好。

4.风险企业

风险企业是风险投资的投资对象，其最大特点是潜力大，风险也很大，所以风险企业所在的行业必须能够提供未来的高增长。因此，夕阳产业的企业不大可能成为风险投资的投资对象，而朝阳产业则最易成为风险投资的投资对象。正因为这样，高新技术企业才一直是风险资本追逐的焦点。

对风险投资有需求的企业一般都有许多无形资产，如新理念、新技术、新专利等，但前景有很大的不确定性。它们共同的特点是：企业产品或服务前景不明朗，风险很大；企业没有足够的抵押品作为融资担保；因为一般是私人企业，所以企业运行的信息透明度较低，投资者面临着严重的信息不对称，进一步加大了风险。这些特点使这些企业被排斥在银行贷款和债务融资以外，因此它们对风险资本有较大需求。

风险企业有多种类型，最常见的是创新或创业企业，根据其发展阶段，又分为：处于产品开发阶段的种子企业；处于产品进一步试验完善和市场试销阶段的开创型企业；正在进入成熟期的发展企业；成熟且规模较大和具有巨大市场潜力的成熟企业等。

风险投资的上述三大主体在相互依存、相互制约中发挥各自的功能和作用，共同推动风险投资的运行。

除上述三大风险投资运行主体外，风险投资运行过程中还有一些辅助性主体在发挥作用，如会计师、资产评估师和律师等中介。

9.2.3　风险投资运行过程

风险投资的运行过程是指风险投资家运用风险资本进行风险投资的过程。这个过程一般由以下相互依存和传递的四个阶段构成：

1.投资决策

这一阶段的任务是通过对风险项目的筛选和评价，做出投资于什么项目的决定。这一阶段主要完成两项工作：

（1）风险投资项目的筛选。对于私人风险投资机构来说，项目主要来源于以下几个渠道：与创业家的直接联系、其他风险投资机构、金融中介、律师和会计师。

对于子公司型的风险投资机构来说，还有另外一个重要的项目来源，那就是母公司的其他部门。

筛选的标准因不同的风险投资机构而异，但都包括以下四个方面：①投资规模。大多数风险投资机构都规定了风险资金规模。对于超过最大值的项目，风险投资机构一般与同行联合投资。②风险企业的技术和市场定位。许多风险投资机构通常选择它们所专长的领域进行投资，因为这不但会减轻进一步评估的难度，而且也便于投资以后实施监督和向被投资企业提供有效的帮助。此外，为了达到预期的高额投资回报，风险投资家们偏好投资于技术密集行业，特别是生产新技术产品或开发现有技术新用途的企业。③发展阶段选择。对风险企业的发展阶段的偏好与风险投资机构所处的地区、资金来源、自身经验及行业的竞争程度有关。这要根据实际情况而定。④被投资企业的地理位置。如果被投资企业的地理位置远离风险投资机构，将会给风险投资家的参与管理造成极大的不便和产生很高的成本；而且，即使风险投资家并不刻意追求地理上的集中，它们的投资组合也会自然而然地表现出这一特点来。

（2）风险投资项目的调研审查，即风险投资机构对该风险投资项目的所有特点和细节进行详细的考查和分析。这个过程的主要目标是决定是否投资。审慎调查是一项复杂而且耗时的工作，风险投资家的注意力经常集中在几个领域上，其中最为重要的包括：创业家和管理队伍的素质（承诺、动机、信誉和创造力）；产品的特点（价格、分销渠道和竞争优势等）；使用的技术及其弱点；市场潜力。

2.达成风险投资交易协议

达成风险投资交易协议是指企业的创业家与风险投资家之间经过协商达成的一系列协议，目的是协调双方在特定风险投资交易中的不同需求。在这个阶段要解决的问题是：使用金融工具的种类与组合，即决定资本结构、交易的定价、协议的其他条款。

在对交易结构进行协商时，风险投资家的主要考虑是：相对于交易的风险水平赚取合理的回报；对风险企业的发展施加足够的影响，通常要求出任风险企业的董事长；使交易产生的现金流的纳税最小化；不管未来出现何种情况，都要保证投资能够撤出；享有投票控制权，以便在企业业绩恶化的情况下能够更换管理者。在构造交易结构时，还有一些问题是风险投资家和创业家所共同关心的，如交易结构应具有一定的灵活性，以便于随着企业的成长进行后续融资和激励管理者及雇员。此外，最终的财务结构还应对其他资金供应者有足够的吸引力。

这一阶段主要完成三项工作：

（1）选择金融工具。从风险投资家的角度来看，选择金融工具最为关键的问题是：投资的变现、对投资的保护和对企业的控制。纯粹债务融资的优点是有固定的利息收入、在清算时享有优先权、在破产时处于控制地位。其不利之处在于风险投资家不能分享企业未来的增长潜力。金融工具的另一个极端是普通股。它的优点是股东能够享受企业价值上升的好处，但当企业破产时，普通股对资产只具有最低级别的剩余求偿权，但少数股权会导致风险投资家对企业控制能力的削弱。由于纯债务融资和普通股融资有以上种种缺点，因此风险投资家经常使用被称为混合金融工具的投资方式，它们综合了直接债权和直接股权的特点，并隐含了选择权在内。最常见的几种是：优先股、可转换债券以及附认股权债。

（2）定价。定价实际反映了风险投资家在投资寿命期内期望的收益率水平，它既包括当期收入（股利和利息），也包括资本利得。只有当期收益率能够补偿他们所预见的风险时，风险投资家才接受这一定价。风险投资家对每个投资阶段要求的最低收益率水平不同，对创建阶段的投资一般要求平均每年50%以上的收益率。

（3）签订协议。当风险投资家与创业家就证券类型与价格达成一致意见之后，就开始讨论全部条款。风险投资协议的条款包括的主要内容有：投资额；作为融资工具使用的证券类型和构成；管理层的声明和保证，即创业者需要为经营计划中包含的财务报告提供证据；肯定誓约，即创业者同意在风险投资期内不从事的活动。

3.资本增值经营和监控

风险投资机构在投资中还有参与被投资企业运作的意愿。风险投资机构这样做的目的是为他们的投资者创造资本利得。风险投资机构对被投资企业的监督是为了通过监测可能出现的问题和提供及时的决策信息使损失最小化和收益最大化。其具体做法是追踪企业的经营效果并提供专业建议。监控方式有积极干预型、间接参与型和放任自由型三类。不同的风险投资机构介入被投资企业的程度各有不同，有的偏好依赖于管理层报告和定期视察，有的则愿意发挥更积极的作用。

4.风险资本退出

风险投资过程的最后阶段是投资退出。退出条件通常在投资协议中，目的是避免风险投资家脱手时资金被“卡住”。风险投资家的退出权利实际上是一个随时可以执行的期权。一般来说，它的时间跨度越长，价值就越高。这一价值还取决于以下两个方面：风险投资机构的投资组合和风险投资机构的融资来源。退出时，风险投资的结算条件和价格将决定风险投资机构的业绩。风险投资有三个最基本的退出方式：公开上市、出售、清算和破产。其中，出售包含两种形式：售出和股票回购。售出又分为两种：一般收购和第二期收购。一般收购主要指公司间的收购和兼并；第二期收购是指由另一家风险投资机构收购，接收第二期投资。**股票回购（stock repurchase agreement）是指风险企业的管理层或风险企业家购回风险投资家手中的公司的股份。**

风险投资运行的流程如图9-1所示。

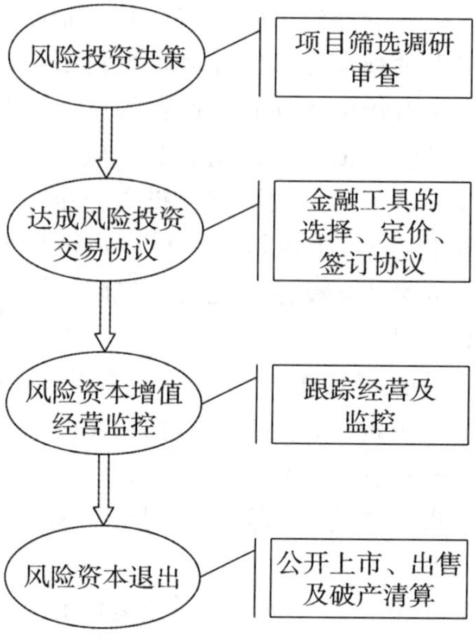

图 9-1 风险投资运行流程

9.2.4 风险投资退出机制

风险投资实际上是一场资本接力循环：开始是风险投资家将资本投入到初创期的风险企业，并通过对其进行悉心培植使之成长壮大起来；企业的发展目标实现后，开始进行资本扩张，这时下一批资本投进来，初始风险投资家出售其一部分或全部的股权，将早期的投资收回，并获得一定的收益，然后确定一个目标再进行投资。风险资本就是这样经过投入-退出-再投入周而复始的运动而不断地发展起来。由此可见，一旦风险资本不能从风险企业退出，投资循环就被中断，风险资本的运转就无法进行下去。因此，风险投资家必须构思一个清晰的退出方式，以使资本安全地撤出，完成整个风险投资的预期计划。风险投资的成功与否很大程度上在于风险资本退出的成功与否。

1.首次公开上市

公开上市通常被认为是风险资本最理想的一种退出方式。当风险企业发展壮大到一定程度时，风险投资家会尽量使企业在证券市场上公开上市。**进入公开市场的企业，可以向公众发行普通股股票，这就是所谓的首次公开上市（initial public offering），即IPO。**

对风险企业的好处是：第一，首次公开上市可以使公司获得在证券市场上持续融资的渠道；第二，在一定程度上保持了公司的独立性，避免了一些大股东对公司事务过度干预，影响管理层的运营。

对于风险投资家来说，IPO方式是退出风险企业最有吸引力的途径，通过这种方式，风险投资形成的股权可以在广阔的公开市场上转让，能够很快实现投资增值和流动的目的。在股市高涨时，公开上市可以使风险投资家和风险企业家在一夜之间暴富。

IPO方式对风险投资家是有利的，这是因为：

（1）风险企业成功上市能给其带来丰厚的利润，使其对风险企业的投资几十倍、几百倍地增值。

（2）风险企业能成功上市，表明风险投资家具有资质出色的投资决策和企业管理能力，为风险投资家的融资活动增加了筹码。

IPO方式也有一些不利因素：

（1）风险投资家的投资不能在首次公开上市时一次完全撤出，主要原因是这样做容易使风险企业的正常营运受到巨大冲击。在美国，根据有关法规，当风险投资公司投资的企业实施首次公开上市股票后，风险投资公司不能立即售出其所拥有的全部股份，只能出售很小比例的股份，在一定的时间以后，才解除对出售其余股份的限制，因此，在公司首次公开上市股票后相当一段时间内，风险投资家仍得保持对风险企业的投资。

（2）一个公开上市的公司必须披露本身的大量信息，这些信息可能被公司的竞争者利用，被与公司打交道的客户利用，被公司的雇员利用，这些都会对公司的利益有所损害，所以这是公司的管理层所不愿意看到的。

（3）所有公开上市的公司都必须服从政府，特别是证券交易主管部门的各种法规；此外，还必须提供股票持有者的某些信息。这就意味着公司将增加用于各种报告、检查的时间和费用。另外，首次公开上市时，还得花费大量的资金用于公司的评估和股票的承销，如律师费用、会计费用和承销费用，不论按什么标准，都高得惊人。

（4）在公司首次公开上市后，公司的管理者将受到公司内外的巨大压力，不再能够利用公司增加企业家和风险投资家的个人财富，所有的事务都必须按市场化程序处理，否则将受到证券管理部门的检查甚至起诉。

风险企业公开上市可以选择主板市场上市，但更多和更有可能的是在二板市场上市。

2.兼并收购

兼并收购是风险资本退出的又一重要途径。当风险资本很难以IPO方式退出风险企业或者风险投资家认为风险企业缺乏发展前途时，风险投资家会与其他投资者协商，寻求在私人权益市场上出售其所拥有的股份，协议达成之后，就产生了风险企业的并购行为。风险企业的兼并收购主要有两种方式：一是对风险企业有兴趣的其他公司将风险企业并购；二是其他的风险投资公司买下原来风险投资家手中的股份而成为风险企业的主要投资人。

一般公司通过收购风险投资家的股权而实现的风险企业并购通常被称作股权的一般收购。一家风险投资公司将其所拥有的风险企业股份转让给另一家风险投资公司，即二次出售。通过二次出售，风险企业的产权实现转移，风险资本得到流动。

相对而言，并购方式具有如下优点：

（1）对于风险投资家来说，通过这种方式可以马上收回现金或可流通证券，使其能够立即从风险企业退出。

（2）对于风险企业来说，被大公司兼并有许多好处，例如，可以得到有保障的投资，可以分享大公司的技术设备，可以进入大公司的市场销售网络等。

通过风险企业兼并收购退出也具有许多不利之处：

（1）在收益率上，并购退出的所得仅大约为IPO方式的1/5。据统计，在美国公开上市的平均收益率为30%～60%，而并购的平均收益率仅为14.9%，这与风险投资家高收益率的预期相去甚远。

（2）被其他公司并购，意味着原来的风险企业将失去独立性，这是许多风险企业家所不愿意接受的。

3.风险企业回购

风险企业回购股份是风险资本退出的最保守的方法，即在投资期满，风险企业无法上市或无法将股份转售给其他公司的情况下，风险资本或投资家与风险企业家协商，由企业家回购其所拥有的股份。通常，风险投资家在签订投资协议时，注明了在一定投资期限之后，风险企业家回购风险投资形成的股份的条款。在投资协议中列入回购条款是为了保证风险投资家的最低收益，尽量降低投资风险。也有一些风险投资在投资协议中没有列入回购条款，而在一定投资期限之后由风险投资家和企业协商，另行签订回购协议。回购包括两种方式：一是给普通股的持股人以股票卖出的期权；二是优先股的强制赎回。

风险投资家采用这种退出途径的优点在于：

（1）当投资不是很成功时，还不如带着较低的投资收益及早撤出风险企业，将收回的资金投入到更有潜力的项目。

（2）虽然通过回购方式退出风险企业的收益率远低于IPO方式，但风险投资家可以立即收回资金，完全从风险企业退出，并获得一定的投资回报。

（3）操作简单，成本较低。风险企业家的好处是：①可以重新获得已经壮大了的企业的所有权和控制权，这正符合许多风险企业家的初衷。②离开了风险投资家，可能使公司获得更好的发展。

但是，对于风险投资家来说，风险企业回购方式所实现的投资收益率远远低于IPO方式，是在投资不很成功的情况下才采用的退出途径。另外，对于风险企业来说，回购方式加大了它所承担的风险，具有“准贷款”的性质，不论企业是否盈利，都得以一定的价格赎回风险投资家手中的股份，这不利于风险投资家积极性的发挥。

4.破产清算或注销

破产清算是风险投资家和风险企业家都不希望看到的结果，如果企业进入破产清算，一般情况下风险资本的收益率最高只能是零，大部分的投资收益是负数，即使不考虑资金成本，投资的结果也是产生了净损失。许多实践均表明，以清算方式退出的风险资本仅能收回原投资额的60%。

风险投资可能获得暴利，也可能血本无归，相当大部分的风险投资是不成功的，风险投资的巨大风险就是反映在高比例的投资失败上。由于高技术创新所具有的巨大的不确定性，大部分风险投资不很成功，风险投资的失败率很高，尤其是处于早期阶段的投资，失败的比例更高。因此，对于风险投资家来说，一旦确认风险企业失去了发展的潜力或者成长性太慢，或者在技术开发、市场营销、管理等环节上运行不畅，企业很难起死回生，不能实现预期的高回报，就要果断地撤出，将能收回的资金用于下一个投资循环。但并不是所有的投资失败都会进行破产清算，因为破产清算的法律成本较大，如果一个失败的风险企业没有其他债务，风险投资家和风险企业家不会申请破产清算，而是通过协商等方式注销企业，决定企业的残值分配，任其自生自灭。

§9.3 大宗商品投资

大宗商品（commodity）是指可进入流通领域，但非零售环节，具有商品属性，用于工农业生产与消费使用的大批量买卖的物质商品。在投资市场里，大宗商品指同质化、可交易、被广泛作为工业基础原材料的商品，如原油、有色金属、农产品、铁矿石、煤炭等。大宗商品包括三类产品：金属产品类、化工产品类和农副产品类。金属产品类包括金、银、铜、铝、铅、锌、钯、铂等；化工产品类包括石油、取暖用油、无铅普通汽油、丙烷、天然橡胶等；农副产品包括大豆、玉米、小麦、稻谷、燕麦、大麦、黑麦、猪腩、活猪、活牛、小牛、大豆油、可可、咖啡、棉花、羊毛、糖、橙汁、菜籽油等。

截至2016年，在国内可以进行大宗商品期货交易的期货交易所及其期货交易品种有：

（1）上海期货交易所：

金属：铜、铝、锌、铅、镍、锡、黄金、白银、螺纹钢、线材、热轧卷板。

能源：燃料油、沥青。

化工：天然橡胶。

（2）大连商品交易所：

农业品：玉米、玉米淀粉、黄大豆1号、黄大豆2号、豆粕、豆油、棕榈油、纤维板、胶合板、鸡蛋。

工业品：聚乙烯、聚氯乙烯、聚丙烯、焦炭、焦煤、铁矿石。

（3）郑州期货交易所：

强麦、普麦、棉花、白糖、PTA（精对苯二甲酸）、菜籽油、早籼稻、甲醇、玻璃、油菜籽、菜籽粕、动力煤、粳稻、晚籼稻、铁合金、铁合金。

大宗商品的特点主要有：一是价格波动大。只有商品的价格波动较大，有意规避价格风险的交易者才需要利用远期价格把价格确定下来。比如，有些商品实行的是垄断价格或计划价格，价格基本不变，商品经营者就没有必要利用期货交易来规避价格风险或锁定成本。二是供需量大。期货市场功能的发挥是以商品供需双方广泛参加交易为前提的，只有现货供需量大的商品才能在大范围进行充分竞争，形成权威价格。三是易于分级和标准化。大宗商品电子交易合同是事先规定了交易商品的质量标准，因此，交易品种必须是质量稳定的商品，否则，就难以进行标准化。四是易于储存、运输。商品期货一般都是远期交割的商品，这就要求这些商品易于存储、不易变质、便于运输，保证期货实物交割的顺利进行。

大宗商品可以设计成期货形式，作为金融工具来交易，以便更好地实现价格发现和规避价格风险。由于大宗商品多是工业的基础，处于最上游，因此反映其供需状况的期货及现货价格变动会直接影响整个经济体系。例如，大豆价格上涨将会提高以大豆为原材料的相应行业的成本；铜价上涨将提高电子、建筑和电力行业的生产成本；石油价格上涨则会导致化工产品价格上涨，并带动其他能源如煤炭和替代能源的价格和供给提升。投资者，尤其是投资相关行业的投资者应当密切关注大宗商品的供求和价格变化。本节以黄金、石油和大豆分别代表金属产品、化工产品和农副产品加以介绍。

9.3.1 黄金投资

黄金是一种全球性的投资品种。由于黄金具有优良的特性，一直以来，黄金充当了货币的职能，具备价值尺度、流通手段、储藏手段、支付手段和世界货币的职能。黄金被各国政府视为国际储备，黄金也被人们视为财富的象征，黄金在工业和科学技术上更具有独特的物理、化学属性。投资黄金不仅可以规避地缘政治和经济危机风险，也可以达到保值的目的，甚至我们也可以利用金价的波动进行买卖来赚取利润。

1.黄金投资的功能

（1）避险功能。

①投资黄金可以规避地缘政治风险。

黄金是战争的强力后盾，每当世界政治局势有风吹草动，投资者就会将投资目标转向黄金以规避风险。如果发生战争就会存在信用凭证贬值甚至变得一文不值的危险，而黄金本身是具有价值的投资工具，黄金的本质决定了它在避险功能上的优越性。

从多年发生的政治事件可以发现，对于突发性的政治事件，由于事件发生的本身超过了人们的预期，所以黄金价格的波动也是突发性的，价格通常都是剧烈波动；对于人们预期内的政治事件，在事件发生前，黄金价格就已经跟着人们的预期而上下波动，当事件随着预期发生时，黄金价格便不会剧烈波动了。

②投资黄金可以规避经济危机风险。

世界政治局势不稳定时，黄金发挥了优越的避险功能，当世界经济不稳定时，投资者仍然会存在着避险的情绪，也会寻找除了信用工具之外的自身具有价值的投资工具——黄金。同时，在避险情绪与需求增多的双重因素驱使下，黄金价格在经济危机时期通常会一路走高，更加出色地发挥了黄金所具有的避险功能。

2007年，由美国次级抵押贷款风险引发的经济危机席卷全球，世界各国都陷入了经济保卫战中。经济危机导致美联储接管房利美和房地美、雷曼兄弟申请破产保护、美国通用汽车申请破产保护等一系列重大经济危机，世界各国纷纷向经济体注入资金以期望救市，但结果仍然异常惨重。在全球股市大跌、经济危机持续不停的动荡时刻，黄金市场却表现出了大涨的势头，2007年黄金价格上涨了31%，2008年上涨了5.4%，2009年上涨了24.4%，2010年上涨了29.7%。进入2011年以后，黄金更是新高不断，9月6日更创出了历史新高1 920.80美元每盎司，离2 000美元每盎司大关仅一步之遥。2013年4月12日以来，黄金价格大幅跳水。2015年12月3日，黄金价格达到新低1 045.40美元，之后黄金价格在底部盘整。2018年10月，黄金价格从1 182.54美元开始一路上涨，至2020年8月7日创下2 074.71美元的高点后，开始整理。截至2020年11月30日，黄金价格为1 788美元。

（2）保值功能。

从古至今，黄金一直是财富的象征，特别是在货币发行量大幅增多、通货膨胀严重的年代，黄金就成了对抗通货膨胀的最有力的武器而受到投资者的青睐。通货膨胀较为严重时，黄金的货币和商品属性就逐渐显现出来。一方面，作为硬通货，黄金的货币属性进一步显现，黄金的价格随着通货膨胀率的升高而上升。另一方面，作为商品，价格是价值的体现，通货膨胀下，黄金作为商品的价格也呈上升的趋势。

（3）投资功能。

随着黄金价格的不断上涨，越来越多的投资者将目光转向了黄金市场，黄金市场的风险投资功能也越来越多地体现出来。相对于全球的其他投资工具来说，黄金投资有许多自身的特点，比如全球24小时不间断的交易市场、保证金交易、做市商制度等，黄金市场所独有的特点吸引了众多投资者参与其中，使黄金市场更加活跃，经过多年的发展，黄金市场越来越成熟，投资价值也更加凸显出来。

2.黄金市场

世界黄金市场以欧、亚、北美三个区域为主，其中欧洲以伦敦、苏黎世黄金市场为代表；亚洲以中国香港为代表；北美以纽约、芝加哥和加拿大的温尼伯为代表。随着改革开放的程度逐步深化，我国内地的黄金市场也得到长足的发展，我国内地主要的黄金市场有上海黄金交易所、商业银行的黄金业务以及上海期货交易所。

（1）上海黄金交易所。

2001年4月，中国人民银行宣布取消黄金“统购统销”的计划管理体制，在上海组建黄金交易所，并于2001年11月28日开始模拟运行，于2002年10月30日正式开业，从此中国的黄金市场走向了全面开放的历程。

上海黄金交易所现在共有163家会员，其中包括25家国内金融类会员、5家外资金融类会员、130家综合类会员以及3家自营类会员。会员单位的黄金年交易量约占全国的80%，用金量占全国的90%，冶炼能力占全国的90%。

上海黄金交易所交易的商品有黄金、白银和铂金。其中黄金交易的品种分别有Au99.95、Au99.99、Au50g、Au100g四个现货实盘交易，Au（T+5）与Au（T+D）两个延期交易，以及Au（T+N1）、Au（T+N2）两个中远期交易品种。交易时间为每周一至周五（节假日除外）的9：00—11：30、13：30—15：30、21：00—2：30三个时段，为目前国内交易时间最长的黄金交易市场。上海黄金交易所的建立完善了我国的金融市场体系。

（2）商业银行的黄金业务。

上海黄金交易所自成立以来，一直以企业会员为主，2005年7月18日，中国工商银行的“金行家”实物黄金投资产品正式接受个人投资，标志着我国黄金市场正式向个人开放，也标志着商业银行正式进入了我国的黄金市场体系。

商业银行的黄金业务发展迅速，从仅有个别国有银行开展黄金业务直到现在几乎所有银行都开展了黄金投资业务，仅经历了5年的时间。我国商业银行开展的黄金业务主要包括出售（回购）实物黄金、黄金T+D交易、纸黄金交易以及银行相关的理财产品等。其中经营实物黄金业务的主要有建设银行、工商银行、农业银行、招商银行、民生银行、中信银行等近十家银行；经营黄金T+D业务的有兴业银行、民生银行等。而几乎所有的银行都经营与黄金相关的理财产品。

商业银行利用其自身的客户优势与信誉优势，大力发展相关的黄金业务，不仅从中间业务中获取了丰厚的利润，更增加了我国黄金市场的活力。

（3）上海期货交易所。

上海期货交易所的黄金期货于2008年1月9日正式挂牌交易。黄金期货的上市开辟了我国金融期货品种的新时代，也完善了我国黄金市场体系，拓宽了投资者的投资渠道。

上海期货交易所的黄金期货自上市以来就表现良好，上市的第一年按单边统计，累计成交389万手。如果根据交易手数排名，位居全球黄金期货交易量的第八位；如果根据交易吨数计算，则名列全球黄金期货交易量的第五位，成为全球黄金期货市场的重要组成部分。黄金期货的上市不仅完善了我国的期货交易品种，更完善了我国的黄金市场体系，并促进我国黄金市场更加健康有效地运行。黄金期货相比实物黄金而言，是个新品种，具有良好的投资前景。上海期货交易所黄金期货情况见表9-1。

3.影响黄金价格的因素

由于黄金兼具商品、货币和金融属性，又是资产的根本象征。黄金价格不仅受商品供求关系的影响，而且对政治、经济的变化也非常敏感，石油和金融危机、地区动荡等都会引起黄金价格的涨跌。20世纪70年代以前，黄金价格基本由各国中央政府或中央银行决定，黄金价格也比较稳定。从70年代初期开始，黄金价格不再与美元直接挂钩，黄金价格逐渐市场化，影响黄金价格变动的因素日益增多，具体有如下一些因素。

表9-1　　上海期货交易所黄金期货

交易品种	黄金
交易单位	1 000克/手
报价单位	元（人民币）/克
最小变动价位	0.05元/克
每日价格最大波动限制	不超过上一交易日结算价±3%
合约交割月份	1-12月
交易时间	上午9：00—11：30，下午13：30—15：00和交易所规定的其他交易时间
最后交易日	合约交割月份的15个交易日（遇法定节假日顺延）
交割日期	最后交易日后连续5个工作日
交割品级	金含量不小于99.95%的国产金锭及经交易所认可的伦敦金银市场协会（LBMA）认定的合格供货商或精炼厂生产的标准金锭
交割地点	交易所指定交割仓库
最低交易保证金	合约价值的4%
交易手续费	不高于成交金额的万分之二（含风险准备金）
交割方式	实物交割
交易代码	AU
上市交易所	上海期货交易所

（1）美元汇率。

国际市场黄金价格以美元标价，美元升值促使黄金价格下跌，美元贬值则推动黄金价格上涨。这是美元汇率影响黄金价格的一方面，更深刻的一面是美元强弱所代表的意义和影响，美元坚挺一般代表美国经济良好，股票和债券得到投资者竞相追捧，民间黄金储备功能受到削弱；而美元贬值则意味着通货膨胀、股市低迷等，黄金保值功能得到强化。

（2）通货膨胀。

黄金是应对通货膨胀的“根本武器”。从长远来看，每年的通货膨胀率若是在正常范围内波动，金价对其的反应并不敏感；如果在短期之内，物价大幅持续上升，货币的单位购买力严重下降，引起人们对贬值的恐慌，金价将会明显上升。通货膨胀率越高，黄金对其的反应越敏感。比如20世纪90年代后，世界进入低通货膨胀时代，作为货币稳定标志的黄金一直在低位徘徊，黄金作为长期投资工具，收益率低于债券和股票等有价证券。但是，进入21世纪以后，随着美元的持续走低、商品价格的上涨、各国通货膨胀的加剧，黄金价格一路走高。

（3）国际政治局势。

全球重大的政治、战争事件都会使金价大幅波动。政府为战争或维持国内经济的平稳运行，将预支费用和将大量投资转向黄金保值，这些行为的存在和消除都将会扩大或减少对黄金的需求，刺激金价波动。比如第二次世界大战、美越战争、“9·11”恐怖袭击、中东政治局势、利比亚战争等事件，都使得金价有不同程度的上升。

（4）生产成本。

黄金的生产成本影响黄金的供应量。在黄金价格不变的情况下，黄金生产成本的上升，会减少生产企业的盈利。如果成本上升过快，企业无法转移成本，导致企业亏损，企业则会减少黄金的产出。2005年以来，受到矿石品位下降，劳动力成本、能源等原料成本上升等多重因素的影响，国外黄金企业的生产成本大幅增加，年均增长达到25%左右。成本的上升，一方面制约了黄金产量的提升，另一方面抬高了黄金的价格。

（5）其他影响因素。

影响黄金价格的因素还与国际贸易、财政和债务赤字有关。在处理国家之间债权债务关系的过程中，不仅债权国关心偿债国的支付能力，而且债务国也十分注重自身的经济运行和偿债能力。如果债务国本身发生无法偿债导致经济停滞，而经济停滞又进一步恶化债务，从而陷入恶性循环，就连债权国也会因与债务国的关系破裂，面临金融崩溃的危险。所以在国际贸易中，各国都会提高支付能力，维持本国经济不受伤害而大量储备黄金，最终引起黄金价格波动。除此之外，黄金价格波动还受到股市行情、中央银行政策以及资本市场实际回报率等因素的影响。

微课9-3　黄金投资

9.3.2　石油投资

原油又称石油，石油（petroleum）由拉丁文中的石头“petra”和油“oleum”衍生而来。能源是世界各国最为关心和瞩目的重要资产之一，从20世纪60年代起，石油就在能源消费结构中占据近50%的份额，所以不得不说石油已成为能源的焦点。如今，石油的重要性越来越受到各国政府以及相关企业和个人的重视。从微观上看，石油在国民经济各部门有着广泛的用途，被誉为“黑色的金子”“工业的血液”。

石油交易有实货交易（包括现货交易和远期交易）和期货交易，实货交易已经形成包括欧洲、美国和亚洲三个主要的石油市场。由于各国政府和相关企业在进行实货交易时，经常因为石油价格剧烈波动而遭受大量损失。面对价格波动幅度的增加以及对未来油价的稳定性失去信心，各机构和个人就需要新的避险工具。于是，在这种背景下原来的石油贸易商、独立的炼油商和大石油公司发展了新的交易工具来缓冲这些市场与日俱增的价格波动。石油期货就这样应运而生，经过若干年的发展，石油期货已经成为各国政府、相关企业以及投资者极为重视的石油投资渠道。由于石油期货具有重要的投资价值，本部分主要围绕石油期货投资展开。

1.石油期货投资的功能

（1）价格发现。

期货市场上聚集着众多的商品生产者、经营者和投机者，他们以生产成本加预期利润作为定价基础，相互交易，相互影响。各方交易者对商品未来价格进行行情分析、预测，通过有组织的公开竞价，形成预期的石油基准价格，这种相对权威的基准价格，还会因市场供求状况变化而变化，具有一定的动态特征。在公开竞争和竞价过程中形成的期货价格，往往被视为国际石油现货市场的参考价格，具有重要的价格导向功能，能够引导企业生产经营更加市场化，提高社会资源的配置效率。

（2）规避风险。

套期保值是石油期货市场的基本运作方式之一，企业通过套期保值实现风险规避，能够使生产经营成本或预期利润保持相对稳定，从而增强企业抵御市场价格风险的能力。套期保值的基本做法是企业买进或卖出与现货市场交易数量相当但交易方向相反的石油商品期货合约，以期在未来某一时刻通过对冲或平仓补偿的方式，抵消现货市场价格变动所带来的实际价格风险。

（3）规范投机。

资本具有天然的投机需求。利用石油期货市场可以吸引大量资金，从而为石油产业发展提供第一推动力。利用期货市场，交易商一方面可以规避国际油价波动的负面影响，另一方面可以通过投机交易从市场价格波动中获取更多的利益。

在规范的市场，投机行为要受到严格的监督和管理，投机者是在严格遵循交易规则的条件下获取正常经济利益，监督和管理使投机行为成为调节期货市场的工具。投资者在石油期货市场下，可以获得投资收益。

2.石油期货市场

（1）纽约商品交易所。

纽约商品交易所的英文名字为 New York Mercantile Exchange Inc.，简称NYMEX。1978年，纽约商品交易所引进了取暖油期货合约，该合约的成功上市交易开创了石油期货合约的新篇章，自此之后纽约商品交易所于1981年推出了汽油期货合约，于1983年推出了轻质低硫原油期货合约，于1987年推出了丙烷期货合约，于1990年推出了天然气期货合约，于1996年推出了电力期货合约。如今，纽约商品交易所成为石油期货交易最重要的市场之一，纽约商品交易所分布挂牌交易的对象有：轻质低硫原油、布伦特原油、取暖油、无铅汽油、天然气以及丙烷等相关的石油期货。

（2）国际石油交易所。

伦敦的国际石油交易所（IPE）是欧洲最重要的能源期货和期权交易场所。它成立于1980年，是非营利性机构。1981年4月，伦敦国际石油交易所推出了重柴油期货交易，合约规格为每手100吨，最小变动价位为25美分/吨。1988年6月，伦敦国际石油交易所推出了国家三种基准原油之一的布伦特原油的期货合约。布伦特原油期货合约的上市取得了巨大的成功，迅速超过重柴油期货合约成为该交易所最活跃的合约，从而使得伦敦国际石油交易所成为国际原油期货交易中心之一，而北海布伦特原油的期货价格也成为国际油价的基准之一。

（3）东京工业品交易所。

东京工业品交易所的英文名为Tokyo Commodity Exchange，简称TOCOM。东京工业品交易所成立于1984年11月，它合并了东京纺织品交易所、东京橡胶交易所和东京黄金交易所。从开始成立至今，东京工业品交易所经历了快速的市场扩张。从成交量的意义上说，东京工业品交易所已经是世界上最大的汽油、煤油期货市场。日本许多大型石油公司，如出光兴产等在向伊藤忠商社购买汽油和煤油时，已经开始采用与东京工业品交易所的汽油、煤油期货价格联动再加升贴水的办法成交。日本石油期货市场的影响和作用正越来越大。

（4）国内石油期货市场——上海期货交易所。

上海期货交易所前身之一的原上海石油交易所于1993年初成功地推出了石油期货交易，到1994年初，原上海石油交易所的日均交易量已超过新加坡国际金融交易所（SIMEX），因其交易量大，运作相对规范，在国内外引起了广泛关注。此后，原华南商品期货交易所、原北京石油交易所、原北京商品交易所等相继也推出石油期货合约。上海期货交易所推出的石油期货合约主要包括有250#燃料油期货合约、大庆原油期货合约、90#汽油期货合约和0#柴油期货合约四种，因为其较好地发挥了套期保值和价格发现的经济功能而受到广大石油生产者、经营者、消费企业和投资大众的普遍欢迎。表9-2对其中的燃料油期货合约做了简单介绍。

表9-2 **上海期货交易所燃料油期货合约**

交易品种	燃料油
交易单位	50吨/手
报价单位	元（人民币）/吨
最小变动价位	1元/吨
每日价格最大波动限制	不超过上一交易日结算价±5%
合约交割月份	1～12月（春节月份除外）
交易时间	上午9：00-11：30，下午13：30-15：00
最后交易日	合约交割月份前一月份的最后一个交易日

续表

交易品种	燃料油
交割日期	最后交易日后连续5个工作日
交割品级	180CST燃料油或质量优于该标准的其他燃料油
交割地点	交易所指定交割地点
最低交易保证金	合约价值的8%
交易手续费	不高于成交金额的2‰（含风险准备金）
交割方式	实物交割
交易代码	FU
上市交易所	上海期货交易所

（5）影响石油价格的因素。

石油价格的波动受到多重因素的影响。短期来看，石油价格的波动会受到石油库存变化、美元汇率变动、突发事件、政治事件、国际资本市场资金的短期流向、气候异常、市场干预等诸多因素的影响；长期来看，石油价格的波动主要取决于供给和需求。

①石油库存。

石油库存由一般商业性库存和国家战略储备构成。商业库存的主要目的是保证在石油需求出现季节性波动的情况下企业能够高效运作，同时防止潜在的原油供给不足；国家战略储备的主要目的是应对石油危机。石油库存在一定程度上能够反映石油供需状况，库存降低，说明石油需求旺盛、供给紧张，反之亦然。美国能源信息署（Energy Information Administration，EIA）每周都会发布美国原油库存数据，这一指标便是国际石油市场冷暖的温度计，也是石油期货参与者的重要参考指标。

②美元汇率。

美元作为国际货币对石油价格的影响是不容忽视的。从美元在国际上的历史地位来看，第二次世界大战后的美国凭借其在政治和经济上的霸主地位，使美元成为国际上最重要的储备结算货币。“布雷顿森林体系”解体后，美元不再与黄金挂钩。为了维护美元的国际地位，美国与沙特达成协议，沙特同意把美元作为石油的唯一定价货币，随后OPEC其他成员国也接受了这一协议。自此以后，石油美元成为国际金融体系的重要组成部分。美元汇率的波动必然会对石油价格产生重要影响，近期美元不断贬值，石油价格也呈现出不同程度的上升。

③突发事件和气候因素。

突发事件与气候状况使油价波动更加不确定。石油除了具有一般商品属性和金融属性外，还具有战略物资的属性，其价格和供应很大程度上受政治势力和政治局势的影响，局部的政治动荡或战争都会刺激油价的波动。近年来，随着政治多极化、经济全球化、生产国际化的发展，争夺石油资源和控制石油市场已成为石油市场动荡和油价飙升的重要原因。紧张的地缘政治强化了国际石油市场对供给收缩的预期，针对石油设施的恐怖袭击、石油工人罢工、产油国政局动荡等地缘政治因素都会对石油价格带来冲击。

④国际石油的投机因素。

石油价格已经不单单是体现在作为一个单纯实物商品的价格上，而是兼具了现货市场和金融市场双重身份。国际石油期货市场被金融手段操控，期货交易量与实际供给量与需求量脱离。从投资性需求来看，近几年来在国际金融领域，股票市场、货币市场、基金市场等投资收益缺乏保障，再加上全球经济复苏带动能源和原材料需求旺盛，从而导致部分投机资金从股票、货币、基金等市场撤出，大量涌入期货市场，炒作石油期货，所以投机性需求的增长是油价暴涨不可忽视的重要因素。

⑤供给需求关系。

从长远来看，石油的价格则受到石油供给与需求的影响。由于石油是不可再生资源，石油输出国组织（OPEC）成员国控制着世界上绝大部分石油资源，为了共同的利益，各成员国之间达成关于产油的协议，由于OPEC是世界上最主要的石油供应方，其生产政策对石油价格产生重大的影响。全球经济的增长会通过改变石油市场的需求量影响石油价格。石油作为现代经济社会重要的原材料之一，经济活动的高涨一般伴随石油需求量的上升。全球经济增长或超预期增长会扩大对石油的需求量，长远来看也会牵动国际石油价格出现上涨。

专栏9-3

史无前例！石油每桶-37.63美元？

受新冠肺炎疫情、国际局势等因素影响，美国石油市场供应严重过剩。原油期货合约即将到期，再加上得克萨斯州决定减产等负面消息的传来，纽约原油期货价格在2020年4月20日早盘低开，盘中持续走低，尾盘加速下跌，收盘时罕见跌入负值，收于每桶-37.63美元。油价跌入负值，这是纽约商品交易所1983年开设轻质原油期货交易以来从未出现过的现象。而纽约商品交易所6月交货的轻质原油期货价格也大幅下跌18.37%，收于每桶20.43美元。6月交货的伦敦布伦特原油期货价格下跌2.51美元，收于每桶25.57美元，跌幅为8.94%。受国际原油期货价格暴跌影响，纽约股市三大股指20日下跌，其中，道·琼斯工业平均指数下跌2.44%，标准普尔500种股票指数下跌1.79%，纳斯达克综合指数下跌1.03%。

由于全球疫情影响，石油需求萎靡，俄罗斯和OPEC要做掉美国页岩油，并没有降低产能，使得油价也跟着暴跌，各国就趁低油价在过去的一两个月大量储备原油，而经济复苏没有达到预期，所以造成库存饱和，没有多余的储备空间（包括产油国），特别是在内陆产油区，疫情引发了基础设施和交通物流不畅等问题，原油很难外输或储存。而石油开采又不能停产（停产后再开采成本更高），更不能直接排到大海，如果倾倒、焚烧造成环境污染，所面临的处罚比亏本卖要严重得多，所以亏本卖是生产商迫不得已的选择，交易员被迫平掉多头头寸，以免在没有库容的情况下购入实物原油。于是5月份交割的期货合约，如果不采取手段平仓的话，就要采用现货交割的方式，在约定时间内交割拉走，尤其是个人投资者，更不可能跑到美国的交易所去拉几桶油放在家里，于是就出现了期货合约价格为负值。期货价格为负，并不是把油送给你还倒给你钱的意思，只是市场上期货投机被迫平仓的结果。

除了“无处安放”的理由外，还有分析师表示，早在两个星期之前，这个“负数”的油价就已经出现了苗头。撮合沙特、俄罗斯签订OPEC史上最大规模的原油减产协议之后，有关方面其实就已经在布局，交易所先把有保护交易价格的熔断机制取消，并提前一周（4月15日），突然打开负价格交易程序。其据此认为，负油价其实是一场精心准备的谋杀！

资料来源：佚名.受美国石油市场供应严重过剩历史性崩盘，“负油价”来了！[EB/OL].[2020-04-22]. http：//www.gxcbt.com/redian/2020/0422/7622.html.此处有删减、改编.

9.3.3　大豆期货交易

大豆期货一直是国际商品期货市场上的热门产品。一方面，大豆品种价格波动较大，产业链条长，参与企业多，影响的范围广，企业避险和投资需求都较为强烈；另一方面，大豆品种本身具有季节波动性，进入门槛低，吸引了大量的投资者，成为国际期货市场投资的常青树。在我国，大豆期货也一直是成交量最为活跃的期货品种之一，连续很多年都是我国成交量最大的期货品种，是当之无愧的期货界的“无冕之王”。

1.大豆生产与供应情况

全球大豆以南北半球分为两个收获期，南美（巴西、阿根廷）大豆的收获期是每年的3—5月，而地处北半球的美国、中国的大豆收获期是9—10月份。因此，每隔6个月，大豆都有集中供应。

大豆生产遍及世界各地，其中北美洲、南美洲和亚洲的种植面积最大。多年来，世界大豆产量一直居各类油料作物之首。美国是世界上最大的大豆生产国，其生产量的变化对世界大豆市场产生较大的影响。巴西、阿根廷、中国的大豆产量居于世界第2、3、4位。中国种植的大豆大部分为非转基因大豆，北美和南美大豆是转基因大豆。

中国大豆的最主要产地是黑龙江。近年来，我国大豆整体呈现供大于求的局面，2009年我国大豆的总播种面积为8.7百万公顷，总产量为14.9百万吨，而世界大豆总播种面积为101.8百万公顷，大豆总产量为253.38百万吨。从中可以看出，我国每年大豆的播种面积占到世界播种面积的8%左右，总产量占世界大豆总产量的6%左右。

大豆的食用消费相对较稳定，对价格的影响较弱。大豆压榨后，豆油、豆粕产品的市场需求变化不定，影响因素较多。大豆的压榨需求变化较大，对价格的影响比较大。随着我国城乡居民生活水平的提高，我国对大豆的需求量呈现逐年增加的趋势。首先，大豆压榨需求增幅极大，主要是国内对豆油、豆粕的需求出现持续快速增长。其次，大豆的食用及工业消费量也一直在稳步增加。表9-3介绍了大连商品交易所黄大豆1号期货的情况。

表9-3 **大连商品交易所黄大豆1号期货**

交易品种	黄大豆1号
交易单位	10吨/手
报价单位	人民币
最小变动价位	元（人民币）/吨
涨跌停板幅度	上一交易日结算价的4%
合约月份	1月，3月，5月，7月，9月，11月
交易时间	每周一至周五上午9：00～11：30，下午13：30～15：00，以及交易所公布的其他时间
最后交易日	合约月份第10个交易日
最后交割日	最后交易日后第3个交易日
交割等级	大连商品交易所黄大豆1号交割质量标准（FA/DCE D001-2012）
交割地点	大连商品交易所指定交割仓库
交易保证金	合约价值的5%
交易手续费	不超过4元/手
交割方式	实物交割
交易代码	A
上市交易所	大连商品交易所

2.影响大豆价格的因素。

（1）基本面因素。

基本面因素通常是供求因素以及与之相关的库存等因素，它们对期货价格的影响途径与方向都是类似的。一般来说，对于大豆的供给而言，商品供给的增加会引起价格的下降，供给的减少会引起价格的上扬；对于需求而言，商品需求的增加将导致价格的上涨，需求的减少会导致价格的下跌。

此外，大豆的库存也是影响供求关系的重要因素。在一定时期内，一种商品库存水平的高低直接反映了该商品供需情况的变化，是商品供求格局的内在反映。一般来说，在库存水平提高的时候，供给宽松；在库存水平降低的时候，供给紧张。

（2）气候因素。

对农产品来讲，天气永远是一个不稳定的因素，甚至会直接带来农产品价格的大涨大跌。大豆作为农产品，无论是现货价格还是期货价格都会受到天气因素的影响。播种和生长期间，天气情况的变化会直接影响大豆的产量。理想的天气会使大豆丰产，导致供给增加，而不理想的天气会造成大豆减产，使供给减少。美国是全球最大的大豆生产国和出口国，因此，不仅我国的天气变化情况会对我国大豆期货价格产生影响，美国天气变化情况也会对我国大豆市场产生间接的影响，其他主产区如南美天气的变化也需要重点关注。

（3）相关农作物。

作为食品，大豆的替代品有豌豆、绿豆、芸豆等；作为油料，大豆的替代品有菜籽、棉籽、花生等。如果豌豆或菜籽的价格相比大豆有较大的下跌，那么部分大豆需求者就有可能转向购买豌豆或菜籽，从而减少大豆的购买，最终使得大豆的价格下跌。这些替代品的产量、价格及消费的变化对大豆价格会产生明显的影响。另外，大豆的后续产品如豆油、豆粕的价格会逆向影响大豆的价格，当这两种产品的需求量增加的时候，也会刺激大豆的需求量，最终影响大豆的价格。

大豆和玉米种植期间有较大的重叠，通常大豆与玉米是竞争作物。一般地，种植玉米单产高，但种植成本较高；种植大豆单产低，但成本也较低。农户会比较玉米和大豆种植的效益，来权衡玉米和大豆的种植面积。当农民普遍认为种植玉米能赚取更多利润的时候，农民就会将更多的土地用来种植玉米，同时减少大豆的种植量，这样就会降低大豆的供给量，最终也会影响大豆的价格。

（4）国际市场价格。

国内大豆的进口量在世界大豆贸易量中占有较大比重，国际市场大豆价格与国内大豆价格之间互为影响。国际市场价格上涨，将降低对国外转基因大豆进口量，提高对国内非转基因大豆总供应量，继而导致国内大豆价格上涨。同时，国际市场大豆价格的上涨，会对人们的心理产生影响，预期国内的大豆价格会上升，最终也抬高大豆期货价格。

★ 思政课堂

着力增强政府投资对全社会投资的带动作用

【归类】理论探讨

【属性】高质量发展，资源配置

2023年7月底召开的中共中央政治局会议指出，2023年以来国民经济持续恢复、总体回升向好，高质量发展扎实推进，产业升级厚积薄发，为实现全年经济社会发展目标打下了良好基础。同时指出，当前经济运行面临新的困难挑战，主要是国内需求不足，一些企业经营困难，重点领域风险隐患较多，外部环境复杂严峻。扩大国内需求要更好发挥政府投资带动作用，提高政府投资效益，规范政府投资行为，激发社会投资活力，实现经济质的有效提升和量的合理增长。

在全力稳定出口的同时，必须把扩大内需作为扩大需求的主要着力点。扩大内需，关键取决于国内消费和投资主体的相关意愿与能力，当前居民和企业这两个主体，缺少扩大需求的能力或者愿望，因此，扩大内需，必须发挥好政府投资的关键作用。政府在基础设施和公共服务设施建设方面承担着重大职责。政府投资主要是关系整体和长远利益的领域，可以克服市场需求收缩的制约。国内外实践都表明，面对需求收缩，必须发挥政府投资在扩大需求方面的作用。

针对需求侧面临的严峻形势，必须采取果断措施，显著加大政府基础设施投资力度，着力增强政府投资对全社会投资的带动作用。

第一，进一步加大规划工作力度。既往的基础设施投资主要是紧迫需求引导，现在的基础设施投资需要转向规划引导。要围绕中华民族伟大复兴，统筹安排，科学规划好国土空间布局、城乡布局、产业布局、生态环保布局和人口布局等各个方面的规划。

第二，进一步加强建设资金的保障力度。当前地方财政普遍比较困难，也在较大程度上制约了其筹集资金的能力。要着力解决这些资金制约问题，可考虑较大规模发行一般债，包括特别国债，有效增加事关全局和长远利益的重大基础设施项目建设所需资金。

第三，进一步完善基础设施建设项目评价体系。基于对基础设施、公共服务设施建设目标的认知，要针对不同项目确定经济效益、社会效益、当前效益、长远效益等多个方面评价指标的合理组合比例，准确评价基础设施项目的建设投资效果。

资料来源：张立群：着力增强政府投资对全社会投资的带动作用［EB/OL］.［2023-08-29］. http://www.jjckb.cn/2023-08/29/c_1310738798.htm.

★ 本章小结

1. 产业投资是指为获取预期收益，以货币购买生产要素，从而将货币转化为产业资本，形成固定资产、流动资产和无形资产等的经济活动。按照资产形态的不同，产业投资可分为固定资产投资、流动资产投资和无形资产投资。

2. 产业投资主体按照不同的标准有不同分类：按经济形式可分为国有单位、集体单位、城乡个人、混合所有制单位；按企业所有制形式可分为个人所有制企业、合伙制企业和公司制企业。

3. 风险投资是指将现期一定的资源或经济要素投入处于高风险状态中的企业，从而转化为（权益）资本的过程，最终以期获得不确定的高额收益。

4. 风险投资的主体包括投资者、风险投资公司和风险企业。

5. 风险投资的退出渠道主要有首次公开上市（IPO）、兼并收购、风险企业回购、破产清算或注销四种。

6. 大宗商品因其价格波动大、供需量大、易于存储分级等特点，故将大宗商品设计成期货形式进行交易可以更好地实现价格发现和规避价格风险。大宗商品投资包括金属产品类投资、化工产品类投资以及农副产品类投资三类。

★ 综合训练

9.1　单项选择题

1.产业投资的作用不包括下列哪一种？(　　)

A.影响企业的经济效益和整个国民经济的效益

B.影响企业制度和整个经济制度

C.影响生产要素的区际流动和生产力的布局

D.影响中小企业的融资渠道

2.(　　)是现代企业的组织形式。

A.合伙制企业　　B.公司制企业

C.集体所有制企业　　D.个人所有制企业

3.“被投资的创新企业已开始正式生产，并开始向市场扩展，经营管理队伍基本形成。”这是处在风险投资的哪一发展阶段？(　　)

A.起始期投资　　B.跟进创建期投资

C.成长或发展期投资　　D.扩张期投资

4.(　　)被认为是风险资本最理想的一种退出机制。

A.公开上市　　B.出售　　C.重组　　D.清算

5.(　　)不是黄金的功能。

A.避险功能　　B.交易功能　　C.保值功能　　D.投资功能

9.2　多项选择题

1.通常在企业的财务核算中，依据资产形态的不同，产业投资可以分为哪几种投资种类？(　　)

A.固定资产投资　　B.房地产投资

C.流动资产投资　　D.无形资产投资

2.产业投资包括哪些特点？(　　)

A.长期性　　B.不可分性　　C.同质性　　D.不可逆性

3.按照经济性质，产业投资的主体分为哪些类型？(　　)

A.家庭　　B.企业　　C.政府　　D.个人

4.风险投资与其他投资相比，有什么突出特点？(　　)

A.高风险高收益　　B.债权投资

C.长期投资　　D.单一性投资

5.大宗商品有哪些特点？(　　)

A.易于分级和标准化　　B.价格波动大

C.易于储存、运输　　D.成交金额大

9.3　思考题

1.什么是固定资产投资？它有什么特点？

2.什么是无形资产？它有什么特点？

3.产业投资的运动过程分哪几个阶段？每个阶段需要注意些什么？

4.试着说明风险投资的功能。

5.试着阐述一下风险投资的四个阶段以及各个阶段的含义。

6.风险投资退出机制包括哪些？

7.大宗商品投资在我国的发展情况如何？我国三大商品期货交易所主要从事的期货交易类型有哪些？合约有何特点？

参考文献

［1］邢天才，王玉霞.证券投资学［M］.6版.大连：东北财经大学出版社，2023.

［2］中国证券业协会.金融市场基础知识［M］.北京：中国财政经济出版社，2023.

［3］中国证券业协会.证券市场基本法律法规［M］.北京：中国财政经济出版社，2023.

［4］陈善昂.金融市场学［M］.5版.大连：东北财经大学出版社，2022.

［5］吴晓求.证券投资学［M］.5版.北京：中国人民大学出版社，2022.

［6］贺学会.证券投资学［M］.3版.大连：东北财经大学出版社，2019.

［7］汪昌云，等.投资学［M］.3版.北京：中国人民大学出版社，2017.

［8］任淮秀.证券投资学［M］.3版.北京：高等教育出版社，2016.

［9］苏东水.产业经济学［M］.4版.北京：高等教育出版社，2015.

［10］张中华.投资学［M］.3版.北京：高等教育出版社，2014.

［11］霍文文.证券投资学［M］.4版.北京：高等教育出版社，2013.

［12］曹凤岐，刘力，姚长辉.证券投资学［M］.3版.北京：北京大学出版社，2013.

［13］张亦春，郑振龙.金融市场学［M］.4版.北京：高等教育出版社，2013.

［14］郝玉柱，等.中国大宗商品贸易问题研究［M］.北京：中国经济出版社，2012.

［15］华猛.证券投资分析［M］.北京：中国人民大学出版社，2010.

［16］杨继.热门商品期货投资指南［M］.武汉：武汉大学出版社，2008.

［17］张凤鸣，等.决胜黄金投资［M］.北京：中国财政经济出版社，2008.

［18］任淮秀.投资银行学［M］.北京：中国人民大学出版社，2006.

［19］褚玦海，等.石油期货交易［M］.北京：中国金融出版社，2006.

［20］博迪，等.投资学［M］.汪昌云，张永骥，等译.10版.北京：机械工业出版社，2017.

［21］赫尔.期权、期货及其他衍生产品［M］.王勇，等译.9版.北京：机械工业出版社，2014.

［22］米什金，埃金斯.金融市场与金融机构［M］.丁宁，等译.7版.北京：机械工业出版社，2013.

［23］罗斯，威斯特菲尔德，杰富，等.公司理财［M］.吴世农，等译.9版.北京：机械工业出版社，2012.